新曲綫 New Curves | 用心雕刻每一本......

http://site.douban.com/110283/
http://weibo.com/nccpub

用心字里行间　雕刻名著经典

# 萨缪尔森宏观经济学（第19版）

# 学习指南

［美］保罗·萨缪尔森　威廉·诺德豪斯　著

萧琛　杜月 等　译

萧琛　李权 审校

人民邮电出版社

北　京

**图书在版编目（CIP）数据**

萨缪尔森宏观经济学（第 19 版）学习指南 /（美）萨缪尔森，（美）诺德豪斯 著；萧琛 等译 .
—北京：人民邮电出版社，2014. 7（2021.4 重印）

ISBN 978-7-115-35093-0

Ⅰ. ①萨… Ⅱ. ①萨… ②诺… ③萧… Ⅲ. ①宏观经济学 – 高等学校 – 教学参考资料 Ⅳ. ① F015

中国版本图书馆 CIP 数据核字（2014）第 057849 号

Paul A. Samuelson, William D. Nordhaus

**Study Guide online access for Economics**, 19e

ISBN 0-07-734927-X



**萨缪尔森宏观经济学（第 19 版）学习指南**

◆ 著　［美］保罗 · 萨缪尔森　威廉 · 诺德豪斯
译　萧　琛　杜　月等
审　校　萧　琛　李　权
策　划　刘　力　陆　瑜
责任编辑　徐向娟
装帧设计　陶建胜

◆ 人民邮电出版社出版发行　北京市丰台区成寿寺路 11 号
邮编　100164　电子邮件　315@ptpress.com.cn
网址　http://www.ptpress.com.cn
电话（编辑部）010-84931398　（市场部）010-84937152
三河市少明印务有限公司印刷
新华书店经销

◆ 开本：850 × 1092　1 /16
印张：13.75
字数：478 千字　2014 年 7 月第 1 版　2021 年 4 月第 6 次印刷

ISBN 978-7-115-35093-0/F

定价：39.00 元

本书如有印装质量问题，请与本社联系　电话：（010）84937152

# 内容提要

《萨缪尔森宏观经济学（19版）学习指南》是萨缪尔森19版《宏观经济学》教材的配套学生指导用书，书中的每一章与教材一一对应。每章的内容包括概述、学习目标、关键概念复习、小结与提纲、学习提示、习题和答案，帮助学生在学习教材之后辅以习题巩固和自测。本书的内容编排贴近教材，是学生学习宏观经济学的配套辅导用书。

# 目 录

## 第 1 章

# 经济学基本概念

## 一、概述

在本章开头部分，我们讨论经济学的基本概念。第一部分旨在给出经济学原理的轮廓，其主要目的是让你对经济学有一个基本的把握，并说明为什么人们总会觉得自己与经济学有着紧密的联系。为此，我们需要从广义或一般意义上考察如何学习经济学。

本章第二部分提出并讨论了经济组织中的三大问题。第二部分的最后讨论了每个社会都会面临的生产可能性边界问题。总之，第二部分有助于阐述所有经济在面临稀缺问题时的各种约束条件。

本章末有一个附录，集中于经济分析中图的使用。附录列出了与图的使用和解释有关的基本方程式。与教材类似，《学习指南》的第 1 章也有附录，以便于对照。

## 二、学习目标

在你读完教材第 1 章后，完成本书的习题，你将能够：

1. 认识到，虽然经济问题与经济决策的具体例子不胜枚举，但它们所体现的都是经济学的基本定义：经济学研究的是社会如何使用拥有多种用途的稀缺的生产性资源，以生产各种各样的商品，并将它们分配给不同的人。
2. 理解经济决策中生产什么、如何生产以及为谁生产。
3. 界定在生产中的三种基本投入要素：土地、劳动和资本。
4. 区分微观经济学和宏观经济学。
5. 在经济学推理中，理解并避免常见的谬误。
6. 区分实证经济学与规范经济学。
7. 理解生产效率的概念，以及它是如何与**投入**（input）和经济学的基本定义联系起来的。
8. 运用**生产可能性边界**（production-possibility frontier）来阐述社会面临的选择。
9. 理解**机会成本**（opportunity cost）的概念，并解释它与生产可能性边界的关系。

## 三、关键概念复习

在 B 栏中寻找与 A 栏术语相应的解释，并将序号填在术语前边。

| A | B |
|---|---|
| __ 稀缺 | 1. 经济学的一个分支，研究经济的总体绩效。 |
| __ 效率 | 2. 企业在生产过程中所使用的商品或服务，如土地、劳动或资本。 |
| __ 免费品 | 3. 根据放弃的那个次优选择的价值衡量的成本。 |
| __ 经济品 | 4. 最有效地利用社会资源以满足人们的愿望和需要。 |
| __ 宏观经济学 | 5. 描述经济事实和经济行为。 |
| __ 微观经济学 | 6. 对局部来说正确的东西，对总体来说也正确的假定。 |
| __ 规范经济学 | 7. 人们需要的物品和资源供给是有限的。 |
| __ 实证经济学 | 8. 生产过程中创造的物品和劳务。 |
| __ 自由放任 | 9. 政府不对经济决策施加任何影响的市场经济。 |
| __ 投入 | 10. 假设因为先发生，所以前一个事件导致后一个事件。 |
| __ 产出 | 11. 供给有限的物品。 |

__ 后此谬误 12. 涉及经济的伦理信条和价值判断。

__ 合成谬误 13. 物品和资源的供给是没有限制的。

__ 机会成本 14. 经济学的一个分支，研究市场、企业、家庭等单个实体的行为。

## 四、小结与本章提纲

本节对教材第 1 章的关键概念进行总结。

### A. 为何学习经济学?

1. 经济学作为一门学科存在，是因为生活中我们需要的“东西”并不是无限制供给的。这些“东西”包括（但不只限于）原材料和资源、干净的空气、水，以及各种制造品和服务。如果世界上的每一个人都能得到他们所希望的东西，那么经济学就没有存在的必要了。
2. 经济学是研究社会如何利用稀缺资源来生产有价值的商品，并将它们分配给不同的个人。
3. 为了满足人们的需要（尽管有的无法实现），经济体就必须努力有效地生产物品与服务。当一个经济体实现有效率的生产时，它如果不减少一种产品的生产就不能再生产更多的另一种产品。
4. 在经济学研究中，必须区分两种行为，即一方面是经济中的个体（个人、家庭、企业、行业等）行为，另一方面是经济的总体运行。前者被称为**微观经济学**（microeconomics），主要研究大系统下的小的组成部分。例如，如何确定蔬菜价格？人们如何在订立劳动合同时进行谈判？这些问题都属于微观经济学研究的范畴。
5. 与微观经济学相对应，**宏观经济学**（macroeconomics）集中研究范围更广的各种问题。失业率与通货膨胀率之间呈什么样的关系（如果有的话）？我们应该如何看待庞大的联邦政府预算赤字？这些都是典型的宏观经济学问题。
6. 在课本中所讲的微观经济学和宏观经济学之间的区别在现实生活中并不那么明显。例如，失业不仅仅是一个国家问题，而且还是一个家庭问题。当一个行业足够大时，有关它对税收的反应的研究就是一个宏观问题，而不是微观问题。区分两者的界限并不十分重要，重要的是我们要认识到，微观经济学与宏观经济学对世界运行的解释必须保持一致。
7. 尽管经济学是一门社会科学，但经济学家们在处理经济问题时，经常会运用科学的方法。为了接受或驳斥经济学理论，他们找出经济问题，形成理论，收集并分析数据，以及采用统计的专业分支——**计量经济学**（econometrics）。在任何一项科学调查中，必须努力控制与所考虑问题相关的其他因素。例如，如果我们对解释消费者购买的 CD 的价格与数量之间的关系感兴趣，那么我们就应该假定这位消费者的收入不变。在通常情况下，我们认为产品价格上涨时，需求的数量就会下降。但是，正像公司提高 CD 价格那样，消费者也可能同时会得到一份薪水更高的工作，或者遇到加薪的情况。因此，如果我们没有假定收入不变，就有可能得出价格上涨、消费者会需要更多 CD 的结论。
8. “*Post hoc*”是拉丁语，意为“在这之后”。仅仅因为一件事发生在另一件事之前，就想当然地认为前者是后者产生的原因，这就是*后此谬误*。**合成谬误**（fallacy of composition）指对局部正确的东西，对总体来说不一定正确。例如，一家公司利用降价从竞争对手那里抢夺顾客，从而获取更多利润。另一方面，如果所有的公司都降低价格，那么它们就无法从竞争对手那里吸引到顾客，也会因为收益下降而陷入亏损。

### B. 经济组织中的三个问题

1. 由于我们面临稀缺性以及人们的欲望问题，所以每一个社会必须决定生产什么物品与服务。没有哪一个国家有足够的资源来满足所有公民的所有欲望。稀缺性意味着必须做出选择。
2. “如何生产”主要涉及生产过程。一般而言，生产某一特定的产品可能有好几种不同的方法。例如，一名油漆工为给一幢建筑物涂漆，可以采用压缩机和喷枪。他还可以雇几位工人用刷子来完成这项工作。哪种方法是最有效的，取决于**投入**（input）的可得性（和成本）。**技术**（technology）或者用于组合投入的知识也是决定*如何生产*的一个重要因素。
3. 最后，社会必须决定谁得到这些生产出来的产品。这就是经济学问题中的“为谁生产”的部分。这是一个非常困难的决策，在决定如何分配一国产出时，经常会碰到公平与平等的问题。
4. 社会运用了两种不同的方法解决了这三个问题。在**市场经济**（market economy）中，个人和私人企业对于生产什么、如何生产以及为谁生产做主要决策。在**指令经济**（command economy）中，这些决策由政府决定。当代社会中没有任何一个社会完全属于上述两种极端中的一个。相反，所有的社会都属于**混合经济**（mixed economy），既带有市场成分也带有指令成分。

**C. 社会的技术可能性**

1. 企业利用**投入**生产物品和服务，这些物品和服务称为**产出**（output）。投入有三大要素：**土地**（land）、**劳动**（labor）和**资本**（capital）。
2. 土地包括土地本身以及所有我们能够获得的宝贵的（而且稀缺的）**自然资源**（natural resource）。在今天这个拥挤的世界上，我们必须拓宽"土地"的定义，不能局限于土地就是自然资源。实际上，土地还包括**环境资源**（environmental resource），如空气、水和气候。这些环境资源同样变得越来越稀缺，经常受生产决策的不利影响。
3. 劳动包括所有用于生产过程中的人们的时间。有熟练工人和非熟练工人；有管理者和流水线工人；有医生、律师、工程师和经济学家。对于一个发达国家来说，劳动是最熟悉和最重要的生产要素。资源和资本可以从别国进口——但每一个国家都有自己的劳动力。
4. 资本资源是一个经济体为生产其他物品与服务而生产出来的耐用物品。资本品包括工厂、卡车、计算机、洗衣机、压缩机和刷漆用的喷枪等。
5. 经济学家经常利用图来解释经济概念。生产可能性边界（PPF）用于解释稀缺性概念与社会所面临的生产选择。

   生产可能性边界上的点代表资源的充分利用。在社会资源既定的条件下，边界外的点是不可行的；边界内的点代表资源的未充分利用。由于更多的资源被发现，或者技术创新提高了既有资源的效率，因此生产可能性边界会随时间而改变。商业周期和环境退化导致的浪费致使经济向生产可能性边界以内移动。
6. **机会成本**（opportunity cost）是根据所放弃的次优选择衡量做某事的成本。上大学的机会成本就是 4 年（或更长）工作经验，还加上学杂费的最佳利用方法。假定社会只生产两种物品，多生产一种物品的机会成本就是必须放弃的另一种物品的数量。因为经济资源稀缺，社会必须做出选择。这些选择的成本可以用机会成本来衡量。

## 五、学习提示

1. 所有的经济问题最终都要归结为稀缺性这一概念。因为我们面临着稀缺性，我们必须做出各种选择。回顾一下教材第 1 章开头所提到的 8 个定义/例子，确定你已明白它们是如何与稀缺性概念相联系的。
2. 在某种程度上所有的决策都与经济学相关。就个人而言，你的时间（类同于收入）是一种稀缺资源，并且你会一直都在决定如何更好地使用它。多花一个小时在床上或上课或学习或吃早餐的决定，最终都归结为稀缺性和选择的概念。你越早掌握这种经济学的最基本观点，你（还有你的老师）就会感到越轻松！
3. 投入经常被称为**生产要素**（factors of production），这两个概念经常混用。
4. 资本是对经济学家有特殊意义的概念之一。对于非经济学家来说，"资本"经常与资金同义使用。商业人士在谈到投资项目时经常会用到资本。但是，对于经济学学生来说，资本就是生产要素。它本身来自前一个生产过程的产出。请记住，资本是有形的东西，比如一组设备，企业用之作为投入以生产物品与服务。资金并不是资本。
5. 产出与物品和服务经常混用。
6. 经济学家经常利用图（比如生产可能性边界，*PPF*）来简化和解释一个概念。*PPF* 描述的是当社会生产一种物品而不生产另一种物品时所面临的替代关系。当然，在现实生活中，经济体生产成千上万种物品。在 *PPF* 三维图中，加上 Z 轴表示三种物品的替代关系。尽管我们不能画出四维图，但在概念的解释上，二维图与四维图的效果是一样的。
7. 经济学不像自然科学那样能在一个受控制的环境下进行实验，从这个意义上讲，经济学不是一门精确的学科。在经济学中，我们要明确知道所讨论的对象，而且要明确哪些变量假定不变；还要注意区分后此谬误与合成谬误。
8. 在经济分析中，**机会成本**（opportunity cost）是一个很重要的概念。经济学家经常衡量成本与收益，权衡经济决策的正反面。机会成本为衡量一项经济决策的成本提供了一种有效的方法。请记住，机会成本通常用所放弃的次优选择的价值来衡量，而不是用货币衡量。机会成本的概念在经济学中被反复运用。

## 六、选择题

下列问题按照教材中的顺序安排，从各选项中选出一个最佳答案。

### A. 为什么要学习经济学？

1. 经济学主要涉及：
   a. 货币。
   b. 决定公司的利润与亏损。
   c. 稀缺资源的分配。
   d. 平衡你的支票簿。
   e. 所有以上选项。
2. 对于萨缪尔森教授和诺德豪斯教授在教材中所写的“相对于无限需求，物品总是有限的”这句话，你理解为：
   a. 人在本性上是贪婪的，不愿与人分享。
   b. 政府需要重新分配产出。
   c. 现有的生产方式是无效率的。
   d. 对于稀缺性和人的欲望的无限性这一经济学的基本问题，并没有简单的解决方案。
   e. 以上选项都不是。

### B. 经济组织中的三个经济问题

3. 下列哪一项是经济品？
   a. 大西洋的海水。
   b. 爱荷华州的农场。
   c. 加利福尼亚的海岸线。
   d. 所有以上选项。
   e. 除了a项，以上均是。
4. 下列哪种情况会产生后此谬误？
   a. 一个问题发生在另一个问题之后。
   b. 局部正确的东西对整体来说也是正确的。
   c. 很多变量同时在变化，你没有根据变化进行调整。
   d. 仅仅因为一件事发生在另一件事之前，就想当然地认为前者是后者的原因。
   e. 不同学派的经济学家探讨同样的经济问题。
5. 下列哪种情况会产生合成谬误？
   a. 一个问题发生在另一个问题之后。
   b. 局部正确的东西对整体来说也是正确的。
   c. 很多变量同时在变化，你没有根据变化进行调整。
   d. 仅仅因为一件事发生在另一件事之前，就想当然地认为前者是后者的原因。
   e. 不同学派的经济学家探讨同样的经济问题。
6. 下列哪种情况会造成不能保持其他条件不变？
   a. 一个问题发生在另一个问题之后。
   b. 局部正确的东西对整体来说也是正确的。
   c. 很多变量同时在变化，你没有根据变化进行调整。
   d. 仅仅因为一件事发生在另一件事之前，就想当然地认为前者是后者的原因。
   e. 不同学派的经济学家探讨同样的经济问题。
7. 下列关于经济组织中的三个经济问题的描述，哪一项是正确的？
   a. 与稀缺性这一概念密切相关。
   b. 在现在不如文明伊始时重要。
   c. 生产什么、如何生产以及为什么生产。
   d. 土地、劳动和资本。
   e. 所有以上选项。
8. 下列关于生产什么这一经济问题的描述，哪一项是正确的？
   a. 是单个企业寻求利润的问题，并不是社会整体的问题。
   b. 可以描述为在生产可能性曲线上选择一点的问题。
   c. 只有在生产资源储备很少时发生。
   d. 只有在所有的生产投入达到专业化，只能生产一种物品而不能生产另一种物品时发生。
   e. 以上选项都不是。
9. 出现下列哪种情况，关于如何生产这一经济问题就不会存在？
   a. 如果所有商品所需的投入比例固定不变，那么生产中一种投入就不可能替代另一种投入。
   b. 如果生产没有达到充分就业水平。
   c. 如果资本存量相对于劳动较少。
   d. 在技术先进的社会里，合适的技术已能做到为生产每一种物品采用最佳方法。
   e. 在任何情况下，如何生产的问题都是一个技术问题，而不是经济问题。
10. 下列哪种陈述符合混合经济的特征？
    a. 混乱的、缺乏组织的。
    b. 在各个生产期间资源的分配变化。
    c. 现实中不存在真正混合经济的真实例子。
    d. 混合经济既带有市场经济的成分，又带有指令经济的成分。
    e. 以上选项都不是。

## C. 社会的技术可能性

11. 下列关于资本的描述，哪一项是正确的？
    a. 与货币同义。
    b. 经济规划的总指挥。
    c. 既包括投入，又包括产出。
    d. 所有以上选项。
    e. 以上选项都不是。
12. 下列关于土地、劳动和资本的描述，哪一项是正确的？
    a. 数量有限。
    b. 用来生产产出。
    c. 生产的基本要素。
    d. 在生产过程中与技术联系在一起。
    e. 所有以上选项。
13. 下列哪一种陈述不符合生产可能性边界（*PPF*）？
    a. *PPF* 与稀缺性概念密切相关。
    b. 投入的数量在图中以坐标轴表示。
    c. *PPF* 会随着时间而发生移动。
    d. 资源的分配发生变化，曲线上的点会沿着曲线移动。
    e. 技术会改变 *PPF* 的形状。
14. 下列哪一项解释了经济体的产出水平处于生产可能性边界以内的原因？
    a. 适合于某一种产出的现有资源并不一定适合于另一种产出。
    b. 现有技术知识体系没有得到充分利用。
    c. 社会更愿意生产两种产出中的一种。
    d. 在现实社会中，经济体生产成千上万的物品，而不仅仅是两种。
    e. 再也没有其他边界。
15. 当一个经济体处于它的生产可能性边界时，下列哪种陈述是错误的？
    a. 无法在不减少一种物品产量的前提下，生产出更多的另一种物品。
    b. 资源得到了充分利用。
    c. 该经济体的生产是有效率的。
    d. 消费者将拥有他们所需的全部东西。
    e. 工人的罢工会导致产出水平处于 *PPF* 以内。
16. 下列哪一种陈述可用来解释一国生产可能性边界的向外移动？
    a. 技术改进。
    b. 该国人口增加。
    c. 该国决定增加投资，推迟当前消费。
    d. 在海洋里发现新的自然资源。
    e. 所有以上选项。
17. 下列哪一项代表生产可能性边界的坐标轴？
    a. 生产性投入或资源的数量。
    b. 产成品的数量。
    c. 产成品的价值。
    d. 所有以上选项。
    e. 以上选项都不是。
18. 生产可能性图中的每一个点（不管是否在曲线上）都代表生产两种物品的某种组合。在投入量既定的情况下，其中的一些点是可以达到的，而其他点不能达到。具体而言，对于生产，经济体能够在下列情况下运行：
    a. 在曲线上的任何地方，而且仅在曲线上。
    b. 在曲线上的任何地方，或在曲线内部（在左下方）。
    c. 在曲线上的任何地方，曲线内部或曲线外部。
    d. 所有以上选项。
    e. 以上选项都不是。
19. 为了把 *PPF* 向外移动（向上向右），一个经济体应该：
    a. 增加投入量。
    b. 精简政府机构。
    c. 消除垄断势力滥用资源的情况。
    d. 所有以上选项。
    e. 以上选项都不是。
20. 如果一个经济体增加了投入量，或者它确实发现了新的生产技术，那么生产可能性曲线会：
    a. 保持不变。
    b. 向里、向左移动。
    c. 向外、向右移动。
    d. 所有以上选项。
    e. 以上选项都不是。

参照图 1－1 回答题 21～24。

21. 在实线 *ABCD* 的生产边界上，哪一点与一国最重视食物相对应？
    a. *A* 点。
    b. *B* 点。
    c. *C* 点。
    d. *D* 点。
    e. *E* 点。

**图 1－1**

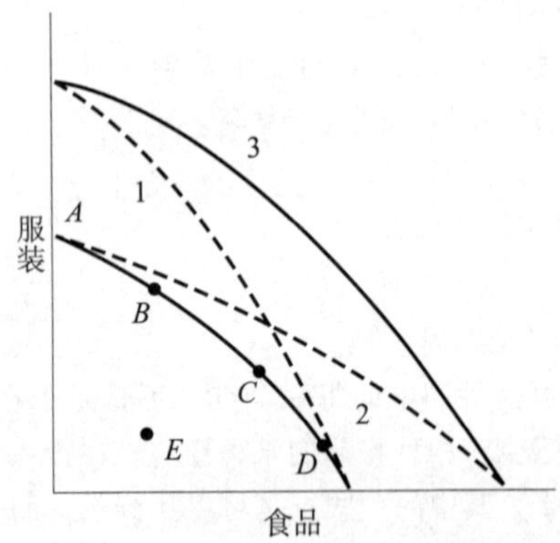


22. *PPF* 移动到 1 的位置表明：
    a. 该国人口的喜好发生了变化——想要更多的食物，更少的衣服。
    b. 只在服装行业利用了新的资源。
    c. 两个行业的技术都得到改善。
    d. 生产组合变化包括服装产出的增加和食物产出的减少。
    e. 只在食品行业改进了技术。
23. 如果 *PPF* 移动到 2 的位置，问题 22 的选项中哪一项是正确的？
    a. 该国人口的喜好发生了变化——想要更多的食物，更少的衣服。
    b. 只在服装行业利用了新的资源。
    c. 两个行业的技术都得到改善。
    d. 生产组合变化包括服装产出的增加和食物产出的减少。
    e. 只在食品行业改进了技术。
24. 如果 *PPF* 移动到 3 的位置，问题 22 的选项中哪一项是正确的？
    a. 该国人口的喜好发生了变化——想要更多的食物，更少的衣服。
    b. 只在服装行业利用了新的资源。
    c. 两个行业的技术都得到改善。
    d. 生产组合变化包括服装产出的增加和食物产出的减少。
    e. 只在食品行业改进了技术。

参照图 1－2 回答题 25～27。

25. 如果一国的经济从 *A* 点移动到 *B* 点，那么：
    a. 它放弃了 8 个单位的住房而获得了 40 个单位的食物。
    b. 它放弃了 8 个单位的食物而获得了 40 个单位的住房。
    c. 闲置资源得到了充分利用。
    d. 经济变得更加有效。
    e. 技术有所突破。

**图 1－2**

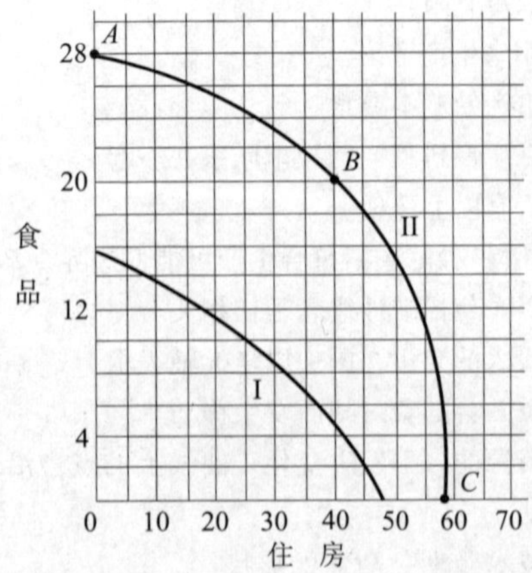


26. 如果一国的经济从 *B* 点移动到 *C* 点，那么：
    a. 它放弃了 20 个单位的食物而获得了 17 个单位的住房。
    b. 它放弃了 20 个单位的住房而获得了 17 个单位的食物。
    c. 闲置资源得到了充分的利用。
    d. 经济变得更加有效。
    e. 技术有所突破。
27. 假定技术进步是 *PPF* 从 I 移动到 II 的原因，这表明：
    a. 技术对食品和住房行业具有相同的影响。
    b. 技术对食品行业的影响相对较大。
    c. 技术对住房的影响相对较大。
    d. 技术实际上受到了损害。
    e. 以上选项都不是。
28. 机会成本的概念指：
    a. 仅在讨论生产可能性边界时有用。
    b. 用来衡量次优选择的成本。
    c. 用美元或美分计量。
    d. 仅被经济学家使用。
    e. 以上选项都不是。

29. 在镇上修理道路的机会成本可能是：
    a. 增建一所学校。
    b. 购买新的铲雪机。
    c. 从志愿组织向全职消防部门的转变。
    d. 以上选项都是，取决于哪一项是次优选择。
    e. 以上选项都不是。

## 七、解答题

下列问题旨在帮助你运用教材中提到的概念。

### A. 为什么要学习经济学

1. 以下列出的一些研究题目，旨在帮助你加深对微观经济学和宏观经济学之间的区别的理解。根据标题所显示的内容，你认为哪些主要与微观经济有关，哪些主要与宏观经济有关？用字母 MI 代表微观，用 MA 代表宏观。
    a. 长期经济增长和资本积累
    b. 工会的工资议价能力
    c. 亚洲和拉丁美洲通货膨胀率的差别
    d. 汇率对美国竞争力的影响
    e. 对电信业放松管制的议题
    f. 儿童护理补贴和婚姻市场

### B. 经济组织中的三个问题

2. 本题针对规范经济学与实证经济学之间的区别而设计。指出下列哪一项是规范经济学（用 N 表示）的陈述，哪一项是实证经济学（用 P 表示）的陈述。
    a. 税收应该是累积的。
    b. 税收打击了工作积极性。
    c. 当失业率较低时，通货膨胀趋于上涨。
    d. 通货膨胀的危害小于失业的危害。
    e. 污染控制减少就业。
    f. 污染控制物有所值。

### C. 社会的技术可能性

资本对于任何现代经济来说都是至关重要的。在当今世界，一个成功的发达国家的特征是都离不开资本。

3. 画出下列有资格作为资本的选项：
    a. 炼油厂。
    b. 通用汽车发行的股票。
    c. 业主保险柜的现金。
    d. 木工的螺丝刀。
    e. 企业为了扩大经营范围而向银行贷的款。
    f. 一家钢铁公司拥有的钢锭存货。
    g. 汽车制造商未售出的汽车。
    h. 超市未售出的食品存货。
4. 任何一个发达国家都拥有大量的资本存量，每一天的生产活动都在为资本的保值和增值而做出努力。因此，今天保值和增值的生产活动是为了满足（**昨天的/今天的/明天的**）需要，而消费品实际上是今天消费掉（**昨天的/今天的/明天的**）的劳动。
5. 画出下列你认为正确的表达：
    a. 资本存量越多，消费品的产出就有可能越多。
    b. 在生产可能性边界上，增加资本存量会使 *PPF* 向上向外移动。
    c. 关于是否生产更多资本品的决策并不在生产什么的决策之列。
    d. 在充分就业的经济体，生产更多的资本品必须同时减少消费品的生产。

**图 1－3**

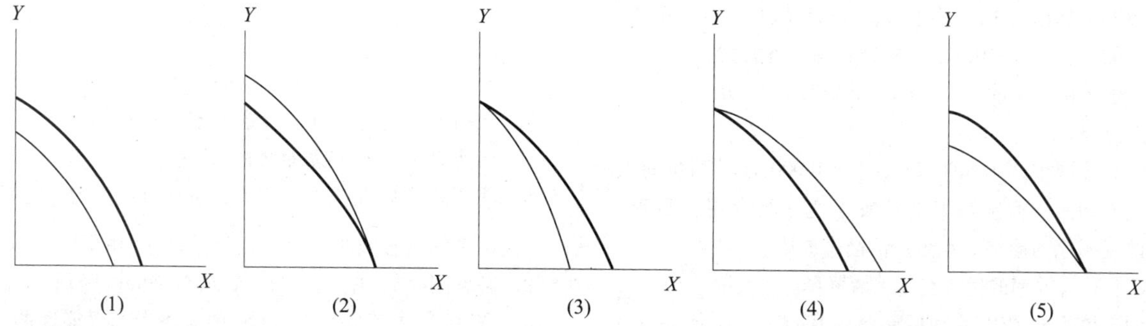

参照图 1－3 的生产可能性边界，运用不同的 *PPF* 回答题 6～10。在每一种组合中，细的曲线表示初始曲线，粗的曲线表示经济发生变化后的曲线。

6. 假定科学发明提高了只用于生产 *X* 的资源的生产率，那么哪一个图最准确地反映了这一发展？______
7. 很多科学家认为，我们正在用尽自然资源。假定用于生产物品 *X* 的资源正在被用尽，但至少到目前为止，还没有影响到物品 *Y* 的生产。______
8. 假定劳动力增加，新的工人经过专业培训生产物品 *Y*。______
9. 技术进步，两个行业都或多或少地从新技术中受益。______
10. 战争用尽了用于生产物品 *X* 的一些资源。______

## 八、讨论题

回答下列问题，并解释你这样回答的原因。

表 1－1 列出了某国两种商品的生产可能性：公寓和面包。在表中的每一个点，该国所有的资源被充分利用，而且所有的技术知识都被派上了用场。

**表 1－1　某国的生产可能性**

| 公寓（单位：千套） | | 面包（单位：百万个） |
|---|---|---|
| 0 | A | 30 |
| 6 | B | 29 |
| 12 | C | 26 |
| 18 | D | 22 |
| 24 | E | 16 |
| 30 | F | 0 |

1. 在图 1－4 中标出各点，并画出该国的 *PPF* 曲线。在 *PPF* 上标出表 1－1 中的 *A*、*B*、*C*、*D*、*E*、*F* 各点。在开始之前，请留意图中纵轴和横轴各自代表的物品。
2. *C* 点是有效率的生产点吗？请解释。*A*、*B*、*D*、*E*、*F* 点是吗？
3. 找到该国生产 16 000 套公寓和 1 000 万只面包的点，用 *G* 表示。假定 *PPF* 的位置不变（至少现在不变），请说明该国能在 *G* 点生产的两个原因。
4. *G* 点是有效率的生产点吗？请解释。
5. 假定该国的 *PPF* 移动后能穿过 *G* 点，但不能穿过 *A*、*B*、*C*、*D*、*E*、*F* 各点。画出新的 *PPF*，解释是什么原因导致了 *PPF* 的这种移动。
6. 找到该国生产 50 000 套公寓和 5 000 万个面包的点，用 *H* 表示。假定当前的 *PPF* 的位置不变，该国能生产这种组合吗？请解释原因。

假定该国的经济发生了一些变化，出现了新的生产可能性组合。表 1－2 列出了新的产品组合。

**图 1－4**

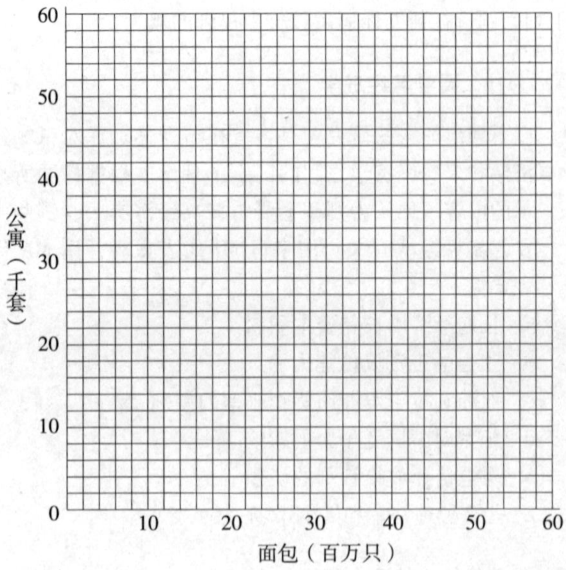


**表 1－2　该国新的生产可能性**

| 公寓（单位：千套） | 面包（单位：百万个） |
|---|---|
| 0 | 50 |
| 6 | 48 |
| 12 | 46 |
| 18 | 40 |
| 24 | 40 |
| 30 | 34 |
| 36 | 16 |
| 42 | 0 |

7. 在图中加上这些点，并绘出该国新的 *PPF* 曲线。给出使 *PPF* 曲线移动的两种原因。
8. 在新的 *PPF* 曲线上，该国能在 *H* 点生产吗？请解释。

下面两个问题参照图 1－5，也就是教材中的图 1－5。

9. 解释图（a）中 $A_1$、$A_2$、$A_3$ 各点之间的区别。
10. 图（a）中三点与图（b）中三条生产可能性曲线有什么关系？

**图 1－5**

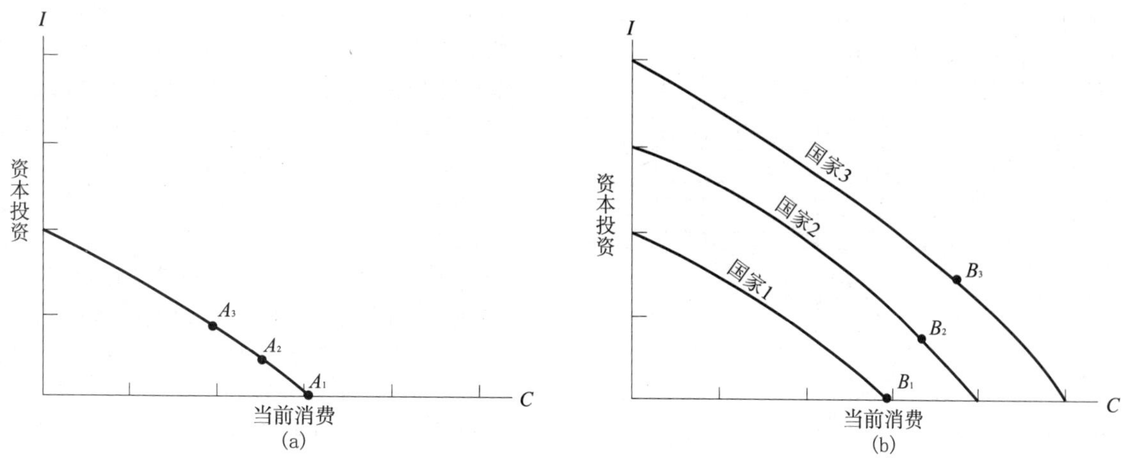


11. 当一个经济体决定增加资本品的生产时，它必须（至少是在现在）减少生产消费品吗？请解释原因。
12. 列出上 4 年大学的机会成本。解释你是否应该将住宿和伙食列入在内的原因。

## 九、答案

### 三、关键概念复习

7　稀缺
4　效率
13　免费品
11　经济品
1　宏观经济学
14　微观经济学
12　规范经济学
5　实证经济学
9　自由放任
2　投入
8　产出
10　后此谬误
6　合成谬误
3　机会成本

### 六、选择题

1. C　2. D　3. E　4. D　5. B　6. C　7. A
8. B　9. A　10. D　11. C　12. E　13. B　14. B
15. D　16. E　17. B　18. B　19. A　20. C　21. D
22. B　23. E　24. C　25. B　26. A　27. B　28. B
29. D

### 七、解答题

1. a. MA　b. MI　c. MA　d. MA　e. MI　f. MI
2. a. N　b. P　c. P　d. N　e. P　f. N
3. a，d，f
4. 明天的，昨天的
5. a，b，d
6. （3）
7. （4）
8. （5）
9. （1）
10. （4）

## 八、讨论题

1.

**图 1－4**

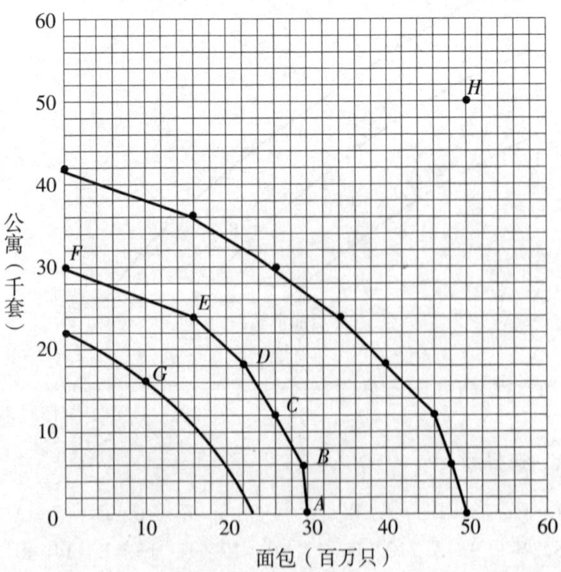


2. A、B、C、D、E、F 点都是有效率的生产点。社会处于生产边界上，资源得到了充分利用，而且多生产一种物品势必会减少另一种物品的生产。
3. 该国可以处于 G 点，可能是因为资源未得到充分利用，或其他无效率的原因，如罢工或政治动乱。
4. 由于 G 点在生产可能性边界之内，它代表无效率的点——社会可以做得更好。
5. 如果社会用尽了资源，PPF 就会向左移动。
6. 就目前而言，H 点是无法达到的。该国不具备资源，也不具备技术在 H 点生产。
7. 如果技术进步，或找到、获得更多的资源，PPF 就会向右移动。
8. H 点仍然无法达到，该国要么生产 42 000 套公寓不生产面包，要么生产 5 000 万个面包不生产公寓。
9. 当该国从 $A_1$ 移到 $A_3$ 时，它为了获得更多的资本品而放弃了当前消费品。资本品的增加会使该国在未来生产更多的物品与劳务。图 1－5（a）中的所有点都代表着充分就业和现有技术的有效利用。
10. 在图 1－5（a）中，如果该国将更多的资源分配给资本投资，那么它在未来就能获得更多的经济增长。$A_1$、$A_2$、$A_3$ 各点代表着拥有相同资源禀赋的三个国家的三种不同选择。国家 1 将所有的资源用于当前消费，它的经济就不会获得增长，图 1－5（b）中的 PPF 类似于图 1－5（a）中的 PPF。国家 2 和国家 3 将更多的资源分配给资本投资。用于资本投资的资源越多，经济就会增长得越快，未来 PPF 就会向右移动得越多。
11. 是的。资源稀缺，替代经常发生。在资本品上分配更多的资源，能促进该国的经济增长，在未来就会生产出更多的消费品和资本品，但它必须牺牲某些当前消费。这不是一个大问题。由于资本品的生产（至少部分）由储蓄支持，居民户就向生产者发出信号：目前他们不需要消费品。资本投资能使经济体生产更多，因此他们将当前消费推后到了未来。
12. 上大学的机会成本包括对这 4 年时间的次优选择，例如，没有做市场工作而损失的收入；也包括对学费、书本费、杂费的次优选择，你也许可以用这笔钱来做金融投资。用在住宿和伙食上的花费不是机会成本。不管你怎么度过这 4 年，生活开支都是必需的。当然，如果上大学的生活开支与不上大学的生活开支大相径庭，那么一些多出的部分应该算作机会成本。

# 如 何 看 图

## 一、概述

经济学大量运用图形和图表，教材中几乎每一章都有图形和图表。教材第1章的附录讲述了关于图形和图表的基本知识，本附录拟对此进行展开。

图形和图表是说明基本概念、并用以进行推理的工具。一图胜千言。如果不了解图表的话，你在学习中就会处于劣势，就像在打篮球时，你把两只手紧紧放在身后进行防守那样。

本附录旨在简要介绍基本的图形分析，并对其用途进行拓展。即使你对图形已经有所了解，也仍然需要浏览本附录所讨论的内容。经济学中用图的基本目的是为了说明一些数字与另一些数字之间的关系。

## 二、学习目标

在你读完教材第1章附录，并完成《学习指南》的练习后，你将能够：

1. 解释图表中的经济关系。
2. 利用（经济）数据，自己绘图。
3. 算出各曲线的斜率。
4. 理解图中各变量之间的关系。
5. 利用方程式描述两个变量之间的线性关系。

## 三、关键概念复习

在B栏中寻找与A栏中术语相应的解释，并将序号填在术语前边。

| A | B |
|---|---|
| __ 斜率 | 1. 与曲线上的一点相切而非相交的直线，用来计算这条曲线在该点的斜率。 |
| __ 截距 | 2. 表明两个变量同方向变动（同时增加或减少）的直接关系。 |
| __ 原点 | 3. 表示某一特定变量如何随时间的变化而变动的图，图中横轴表示时间。 |
| __ 正斜率 | 4. 图中一条线与纵轴的交点所对应的纵坐标值。 |
| __ 负斜率 | 5. 可以根据斜率算出，它表示一个变量的变化如何关联到另一个变量的变化。 |
| __ X轴 | 6. 图中的纵轴，沿着该轴的度量是由下至上进行的。 |
| __ Y轴 | 7. 横轴上变量的每单位变化所引起的纵轴上变量的变化。 |
| __ 网格线 | 8. 用来形象揭示两个变量之间关系的一系列点组成的图。 |
| __ 切线 | 9. 表明两个变量反方向变动的相反的或间接的关系(当一个变量增加时,另一个变量减少,反之亦然)。 |
| __ 散点图 | 10. 图中的横轴，沿着该轴的度量是由左至右进行的。 |
| __ 时间序列图 | 11. 图中用于参照开始点，在左下角。 |

**学生们请注意：**由于本附录的重点在于看图练习，所以我们改变了通常的格式，以便你能更多地练习使用图例。

## 四、例子

### 例一：学习时间与闲暇时间

假定你要计划一天的活动时间。一天 24 小时中很大一部分要用在睡觉、吃饭和听课上。假定这些事情每天占用 14 小时，那么还剩下 10 小时可以用做学习或闲暇时间。

这 10 小时有无数种分配方式。一种极端方式就是将这 10 个小时全部用于闲暇而不学习。这种特殊的分配方式并不能让人满意，因为在某种程度上它可能导致与教务主管人的不愉快的谈话，但这确实是一种可能的分配方式。另一种极端就是将这 10 小时全部用于学习而不用于闲暇，例如临考前的一周。在这两种极端之间存在一系列的选择，如表 1A－1 所示。

**表 1A－1**

| | *A* | *B* | *C* | *D* | *E* | *F* | *G* |
|---|---|---|---|---|---|---|---|
| 闲暇时间（小时） | 10 | 8 | 7 | 6 | 4.5 | 2.5 | 0 |
| 学习时间（小时） | 0 | 2 | 3 | 4 | 5.5 | 7.5 | 10 |

表 1A－1 列出了两组数字。一组是学习时间的分配，另一组是相应的闲暇时间的分配（闲暇时间与学习时间总共有 10 小时）。换句话说，这两组数字紧密相联，每一学习时间都有与之相应的闲暇时间。图表通常显示了这两种时间的配对过程，而其中每一闲暇/学习权衡的对应关系都是实例中的一组数据。表 1A－1 中所有的数字组都呈现出一种关系：用于学习的时间与用于闲暇的时间之和必须等于 10。

所有这些点都在图 1A－1 中的线段 *AG* 上（假定不允许出现小时负数）。请注意图 1A－1 中左边的垂直线和下边的水平线，是如何通过横轴与纵轴绘出的。每一个点都对应着表中的一组数值：学习时间（用横轴表示）和闲暇时间（用纵轴表示）。

连接这些点的倾斜线段 *AG* 绘出了闲暇时间与劳动时间的实际关系。该线段上的每一点与表 1A－1 中的组合相对应。以 *B* 点为例，表 1A－1 中的 *B* 点为 2 小时学习时间和 8 小时闲暇时间的组合。图 1A－1 中的虚线代表着同样的意思。在 *B* 点向横轴引垂直线，得到 2 小时学习时间；在 *B* 点向纵轴引水平线，得到 8 小时的闲暇时间。表 1A－1 和图 1A－1 表达了同样的意思，不论是对于 *B* 点而言，还是对于线上所有其他点而言。

1. 在图 1A－1 中，*B* 点代表 2 小时（**学习/闲暇时间**）和 8 小时（**学习/闲暇时间**）。

**图 1A－1**

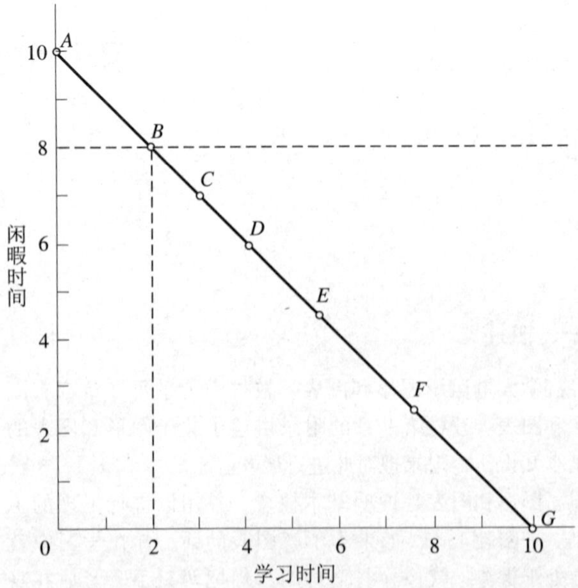


2. 在图 1A－1 中，（**纵轴/横轴**）代表闲暇时间，（**纵轴/横轴**）代表学习时间。
3. *D* 点代表______小时闲暇时间和______小时学习时间；9 小时学习时间和 1 小时闲暇时间处于点（***A* 和 *B* 之间，*D* 和 *E* 之间，*F* 和 *G* 之间**）。
4. 每牺牲 1 小时学习时间可换来______小时闲暇时间。
5. 本图中线段 *AG* 的斜率是______。
6. 在由 *AG* 和两条坐标轴围成的三角形内取任意一点，该点的横坐标值和纵坐标值之和：
   a. 一定大于 10。
   b. 一定小于 10。
   c. 一定等于 10。
   d. 可能大于 10 或小于 10。
7. 在第 6 题中的哪一个选项正确描述了在 *AG* 线段之外的点（右上方）？（**a/b/c/d**）
8. 假定有 11 个小时而非 10 小时，我们重新来看这个例子，线段 *AG* 会有什么变化（线段 *AG* 仍旧表示所有可能的组合）？
   a. 向外移动（即向右上方移动），与现在这条线平行。
   b. 向里移动（即向左下方移动），与现在这条线平行。

c. 位置不变。

d. 以 *A* 点为轴心向外旋转。

**例二：货币、苹果和橘子**

假定某人喜欢吃苹果和橘子，他手中有40美元，要么买苹果，要么买橘子，或两样都买。假定苹果价格为每蒲式耳2美元，橘子价格为每打1美元。表1A－2列出了他考虑要买的苹果和橘子的所有可能组合。注意：他如果用全部的钱来买苹果，就能买20蒲式耳（表1A－2中的 *A* 点）；如果用全部的钱来买橘子，就能买40打（表1A－2中的 *G* 点）。表1A－2中其他中间的组合也是可能的，不要忽略这些组合！事实上，中间的这些组合比只消费一种水果更让人偏好。

**图1A－2**

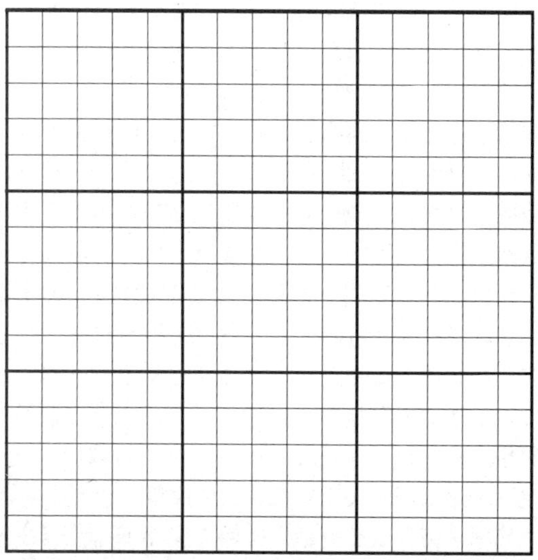

**表1A－2**

| | *A* | *B* | *C* | *D* | *E* | *F* | *G* |
|---|---|---|---|---|---|---|---|
| 苹果（蒲式耳） | 20 | 18 | 15 | 10 | 5 | 2 | 0 |
| 橘子（打） | 0 | 4 | 10 | 20 | 30 | 36 | 40 |

图1A－2是空白的具有横纵坐标的网格图，用来帮助你找到表中数据对应的点。在图1A－2上绘出一条表示表1A－2中各点的图形。首先标出横坐标和纵坐标，然后在坐标上标出单位刻度，也就是说，选择多大距离表示1蒲式耳苹果，多大距离表示1打橘子。标了刻度之后，在图上标出表1A－2中的七个点，每一个点用字母标出。同图1A－1一样，这些点应呈直线分布。当你确信这些点呈直线分布时，可将各点连接成一条直线。这条“光滑的”直线反映了在你有足够的时间和耐心的情况下所有的苹果和橘子的组合（包括分数）——用40美元购买的所有橘子和苹果组合。上文提到的观点值得我们重提一下。回头看图1A－1，在线段 *AG* 之外，你不可能找到这样的组合：该组合由两个和为10的正数组成）。线段 *AG* 代表所有可选的组合，而且，它还代表另一层意思：不满足两者之和等于10的点在线段 *AG* 上根本就找不到。换句话说，线段 *AG* 在某种程度上是“两者之和等于10规则”的图形化展示，因为：（1）它包括所有满足这条规则的点；（2）它仅包括满足这条规则的点。同样，你在图1A－2上画的这条线包括了所有价值40美元的苹果和橘子的组合，而且仅仅包括这些点。

9. 在这个例子中，这位爱吃水果的男士想要买20蒲式耳苹果和20打橘子，他（**能/不能**）这样做，因为他的钱（**够/不够**）。
10. 如果要买第9题所说的组合，即20蒲式耳苹果和20打橘子，他需要花______美元。
11. 在学习时间—闲暇时间的例子中，学习时间和闲暇时间的比率是每牺牲1小时闲暇时间，换来______小时的学习时间。在本例中，少买1蒲式耳苹果，可多买______打橘子。

**例三：黄油和大炮**

教材第1章的第1个图就是关于黄油和大炮的。表1A－3列出了一些组合（与教材中表1A－1相同）。

**表1A－3**

| | *A* | *B* | *C* | *D* | *E* | *F* |
|---|---|---|---|---|---|---|
| 黄油（百万磅） | 0 | 1 | 2 | 3 | 4 | 5 |
| 大炮（千门） | 15 | 14 | 12 | 9 | 5 | 0 |

黄油和大炮是最基本的稀缺性案例之一。一个经济体的机器、劳动，以及所有生产所需物品（如黄油或大炮）的资源是有限的并且是固定的。这些资源中的一些可以被用来生产两者之一。例如，劳动就可以从大炮的生产转向黄油的生产，反之亦然（在允许培训时间——劳动力熟悉新岗位的条件下）。如果劳动从生产大炮转向生产黄油，那么黄油的产出增加，相应地，大炮的产出

减少。从这个例子延伸开来，在资源充分利用的条件下，增加一种产品的生产将不得不以减少另一种产品的生产为代价。

“黄油或大炮”这个隐喻起源于纳粹德国。20 世纪 30 年代末，希特勒政府把众多德国工业都转向军备生产，因而造成一些民用物品的短缺，黄油就是其中之一。已故但无人悼念的赫尔曼 · 戈林当时为了安抚公众的抱怨，发表了一次著名的演讲。在演讲中他宣称：“我们必须在大炮和黄油之间做出选择!”确实，他们做出了选择。

继续我们的做图练习，在图 1A－3 中运用表 1A－3 的数据画出大炮与黄油的关系图。像之前一样，首先标出两个坐标轴，用纵轴表示大炮的数量，用横轴表示黄油的数量（与教材保持一致）。一般地，你想尽可能利用图内空间。在图 1A－3 中，黄油数量的最大值应该为 5（百万磅），因此图的右下角应该是 5。横坐标上有 15 个小方格，如果 5 在第 15 个小方格处，那么我们必须在第 3 个小方格处标 1，在第 6 个小方格处标 2，依次类推。我们再来看大炮，大炮的最大值为 15（千门），因此图的左上角应该是 15，并向下依次递减。注意，（就图的距离来说）两个数值的刻度应该不一样。在这里，衡量 500 万磅黄油（横轴）和衡量 15 000 门大炮（纵轴）的距离相等。

**图 1A－3**

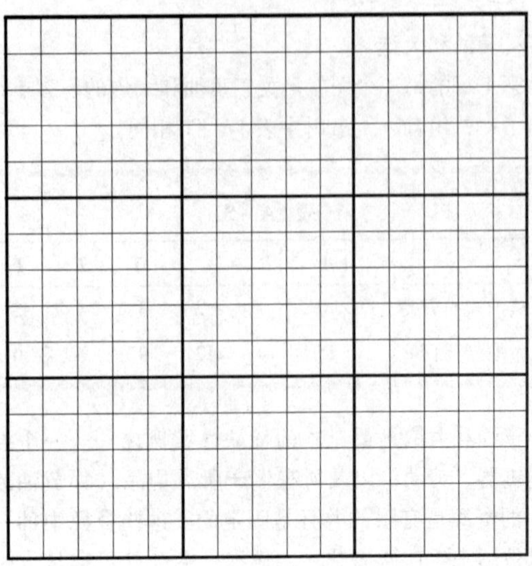

在标好数值之后，在图中描出表 1A－3 中的 6 个点（这就是所谓的描点），用字母标识，并把这些点用一条光滑的曲线连接起来。这样，你就绘制出了大炮—黄油的生产可能性边界（*PPF*）。你能从图中学到什么？为什么我们要花大力气讨论这个问题？以下是四个不同的观察结果：

a. 边界（曲线 *ABCDEF*）的右上方区域代表更加理想但不能到达的区域。该区域内的点代表着比目前边界上的点更大的大炮—黄油组合，但它们是无法到达的，除非该经济体拥有更高生产率的机构，或利用现有资源开发更好的技术。经济增长的过程可以表示为生产可能性边界不断向外移动的过程。

b. 边界（曲线 *ABCDEF*）的左下方区域是完全可以到达的。如果该区域的点代表经济中大炮—黄油的实际产量，那么这意味着（a）经济体没有充分利用现有资源；（b）尽管充分利用了现有资源，但不知什么缘故，它没有发挥出这些资源的最大优势。我们假定在不打乱社会秩序、不对生产机构施压的前提下，该经济体能够达到边界上的任意点，而且人民也希望生产达到这一边界。那么相对于需求而言，这两种物品是稀缺的。

c. 如果不考虑无法到达的边界以外的区域和不希望到达的边界以内的区域，那么只剩下边界这一种情况。该经济体的人们（或他们的领导）必须做出关于生产什么的决策，在图中就表现为选择 *ABCDEF* 曲线上的哪一点的问题。把这个描述为“大炮或黄油”的决策或许有点误导人，它的言下之意就是要么选择大炮，要么选择黄油。如果大炮和黄油都是希望得到的，最有可能出现的情况是把 *A* 点和 *F* 点排除在外，取而代之的是一些中间点（如 *C* 点或 *D* 点）更可取。

d. 在实际生活中，关于生产什么的决策一直是需要考虑的问题，而且以后也是。这种决策并不是曾经决定过以后就会因为偏好的变化或生产条件的变化而被遗忘。相反，它是一个更加现实的问题。经济体目前是在 *D* 点生产，举个例子来说，该经济体可能打算花费“和平红利”（peace dividend）向黄油稍微做一些移动。这意味着该经济体的生产从 *D* 点移至 *E* 点。

12. 表 1A－3 中大炮和黄油的数字表示某假定的社会在某一单位时间内生产的这两种物品的(**最大/最小**)组合。这些数字代表大炮和黄油的(**货币值/实际产量**)。

13. 如果所有可用资源或投入都被用于生产黄油，那么黄油产出将是______百万磅，大炮产出将是______千门。如果该经济体希望在每一个时期生产 9 000 门大炮，那么黄油的产出不可能超出______百万磅。

14. 假定该经济体生产 100 万磅黄油，如果它决定增加 100 万磅黄油的生产，那么，大炮必须减少______千门。如果该经济体目前正在生产 400 万磅黄油，它还想增加 100 万磅黄油的生产（即总共为 500 万磅）那么，大炮必须减少______千门。

15. 假定该经济体目前生产 15 000 门大炮，并考虑将大炮的生产减少到 14 000 门。这一变化将带来______百万磅黄油生产的增加。或者，如果该经济体目前生产 9 000 门大炮，并考虑将大炮的生产减少到 5 000门，那么这一变化将带来______百万磅黄油生产的增加。如果大炮的生产从 9 000 门增加到 10 000 门，所增加的 1 000 门大炮必然会带来大约______百万磅黄油产出的减少。

注意：第 14 题中两个答案是不同的，这表明放弃大炮生产黄油的成本会随着黄油生产的数量增加而有所变化。这一概念将在以后重点讨论。

贯穿经济学思想的一个最基本的区别就是沿着曲线的移动和曲线的移动。表 1A－3 中大炮—黄油的例子已经指出了这一点：打算生产更多黄油的经济体会从一个点（如 *D* 点）移至另一个点（如 *E* 点）。但是，请注意：这种变动很清楚地表明黄油生产增加，大炮生产减少。*D* 点表示生产 300 万磅黄油和 9 000 门大炮，*E* 点表示生产 400 万磅黄油和 5 000 门大炮。如果资源没有增加或技术得不到改进，这种沿着 *PPF* 的移动是该经济体的惟一选择。

但是，在构建原曲线的条件发生变化之后，整条曲线就会移动。例如，假定按照表 1A－3 生产大炮和黄油的经济体发现了更好的生产黄油的方法——应用了更少的用来生产大炮的资源。表 1A－4 反映了这种变化。

比较表 1A－3 和表 1A－4。表 1A－4 所表现出的技术进步意味着，在任何大炮产出水平上（最大值除外），黄油的生产都增加了一倍。

**表 1A－4**

| | *A′* | *B′* | *C′* | *D′* | *E′* | *F′* |
|---|---|---|---|---|---|---|
| 黄油（百万磅） | 0 | 2 | 4 | 6 | 8 | 10 |
| 大炮（千门） | 15 | 14 | 12 | 9 | 5 | 0 |

**提示：一般来说，如果对于某些问题的分析很重要的变量发生了变化，而且不是由图中的坐标轴来衡量量，那么，这将带来曲线的移动。在我们所举的例子中，技术发生了变化。（注意，技术没有在 *PPF* 的坐标轴上表现出来，两个坐标轴衡量的仅仅是大炮和黄油。）既然技术与我们的分析密切相关，那么，*PPF* 将会随着技术的变化发生移动。相应地，大炮或黄油的变化不会引起 *PPF* 的移动；但如果拿大炮来换黄油，我们就会沿着 *PPF* 移动。**

根据表 1A－4 中的数据，在图 1A－4 中绘出生产可能性边界。（我们建议用 1 个小方格表示 1 000 门大炮，用 1.5 个小方格表示 100 万磅黄油，但你可以根据自己的判断作图。一定要标出坐标轴。）在图中标出这些点并连成一条光滑的曲线。把表 1A－3 所代表的生产可能性边界复制在这张图上。我们发现在每一大炮产出水平上边界均向外移动（从表 1A－3 移到表 1A－4），只有一点例外，在该点上，黄油的产量为零，大炮的产量为 15 000 门。不要忽视这个点，因为黄油生产的新技术为经济带来了更多的机会，除了这种情况：它忽略黄油生产的新技术，而且只生产大炮。从 *D* 点到 *E* 点的移动不再必要。*D* 点移至 *D′* 点表明黄油的生产增至 400 万磅，而大炮的产量保持 9 000 门不变。

**图 1A－4**

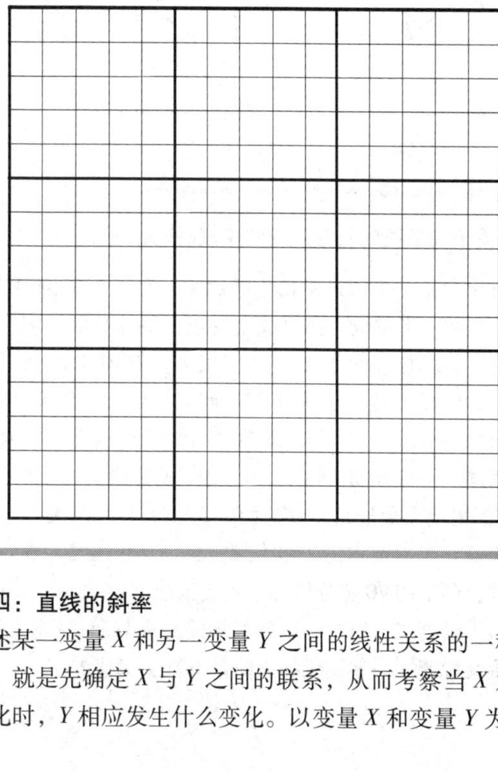

**例四：直线的斜率**

描述某一变量 *X* 和另一变量 *Y* 之间的线性关系的一种方法，就是先确定 *X* 与 *Y* 之间的联系，从而考察当 *X* 发生变化时，*Y* 相应发生什么变化。以变量 *X* 和变量 *Y* 为例，我们通常会问："如果 X 的位置（即 X 的值）发生变化，Y 将如何变动？"或许以一种更有用的方式，我们会问："如果 X 增加或减少 1 个单位，Y 将如何变动？"

为了使这个问题更加形象，我们考虑以下情形：以直线上的某一点为起点，将该点向右的轻微移动分成两个阶段。在此，我们用严格意义上的一段水平移动来表示 X 的值增加 1 个单位。由于这种移动是水平的，所以 Y 值没有发生任何变化。然后考虑表示 Y 方向的垂直上升或下降变化：垂直距离等于该点回到这条直线所需的移动量。例如，图 1A－5 的两幅小图都画出了直线 ABDE，但是，从 B 点到 D 点的移动可以被认为分成了两个部分。首先，从 B 点移至 C 点（1 单位 X 的变化使这一点暂时脱离直线 ABDE），然后，将 C 点修正移至 D 点（X 的变化引起 Y 相应的变化，最终要回到直线 ABDE）。如果 BC 的长度表示 1 单位 X 的增加，那么，CD 的长度必定表明这条直线上 Y 的变化相应于 X 变化的比率。在这个例子中，这种变化的垂直距离就是直线 ABDE 的斜率。

**图 1A－5**

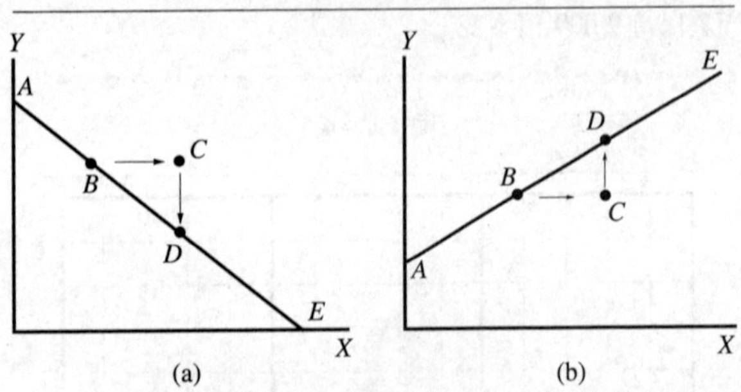


关于一条线的斜率，我们应该明确以下几点：

1. 斜率总是一个衡量变化率的数字。它是 1 单位变量 X 的变化引起的同一条直线上变量 Y 的变化量。具体而言，斜率也表示了边际值。例如，在图 1A－5（a）中，假设 X 代表了锻炼的时间，Y 代表胆固醇水平，斜率是 －2。这说明多运动一小时将减少 2 单位的胆固醇水平。在图 1A－5（b）中，X 是收入，Y 是税收（都用美元衡量），斜率为 0. 3 表示了边际税率是 30 美分：对每增加的 1 美元收入，30 美分成为应交税款，剩下的 70 美分供你个人支出或储蓄。
2. 如果是直线，那么，这条直线的斜率只有一个。这恰恰又说明了一条直线的方向是不发生变化的。
3. 如果 X 与 Y 的变化相反（如 X 增加，Y 减少），那么斜率肯定为负。学习—闲暇时间（图 1A－1）和苹果－橘子（图 1A－2）这两个例子都具有这个性质，图中直线的斜率都为负。在图 1A－5（a）中，直线向右下方倾斜，因此斜率为负；图 1A－5（b）刚好相反，直线向右上方倾斜，因此斜率为正。

现在更加全面地考虑一下用图衡量和表示直线斜率的方法。我们已经说过，图 1A－5 中任一条直线 ABDE 的斜率可以用 CD 的长度来衡量。这其中包含一个假定，即 BC 的长度等于 1 单位 X。因此，正确的说法应该是斜率用分数 CD/BC 来衡量，CD 和 BC 的长度用它们所代表的数字来表示。由于 BC 的长度等于 1，因此 CD/BC 可以简化为 CD。将斜率定义为 CD/BC 的惟一缺陷在于它使用不便。但是，将斜率用更一般的分数 CD/BC 来衡量，这本身就暗示着 Y 的变动（CD）只是与变量 X（BC）的变化量相关。

一些人认为把"高度除以长度"当做斜率会大有裨益。"高度"指垂直距离，在图 1A－5 中，CD 是高度。"长度"指水平距离，在图 1A－5 中，BC 是长度。因此，在本例中，运用"高度除以长度"规则，我们可以得出斜率等于 CD/BC。

我们通常将斜率与直线上升或下降的陡峭程度联系在一起，一条比较陡的直线通常斜率值较大，不管是正值还是负值。有时，这一结论是正确的，但是不要忽视以下事实：图中直线上升或下降的陡峭程度部分取决于坐标轴的刻度。图 1A－6 中（*a*）和（*b*）都表示出了同一对关系。但是，请注意：（*b*）中的横轴刻度与（*a*）相比变大了。这样就让人感觉（*b*）中的直线比（*a*）中的直线要平缓，尽管这两种情况下的斜率都等于＋1/2。

只有当刻度相同时，直线的相对陡峭程度才能准确地反映相对斜率。因此，如果一幅图中有两条直线，你就能肯定地说较陡的那条斜率较大（当然是绝对值）。如果两条线的斜率为负且向下倾斜，那么较陡的那条负值更小；如果两条线的斜率为正且向上倾斜，那么较陡的那条正值更大。举个例子，在图 1A－6（*c*）中，直线 I 的斜率为 4，直线 Ⅱ 的斜率为 2，很显然直线 I 比直线 Ⅱ 要陡。在图 1A－6（*d*）中，直线 I 的斜率为 －4，直线 Ⅱ 的斜率为 －2，数字 4 比数字 2 要大，且 －4 比 －2 更小，因此直线 I 还是比直线 Ⅱ 陡。

**图 1A-6**

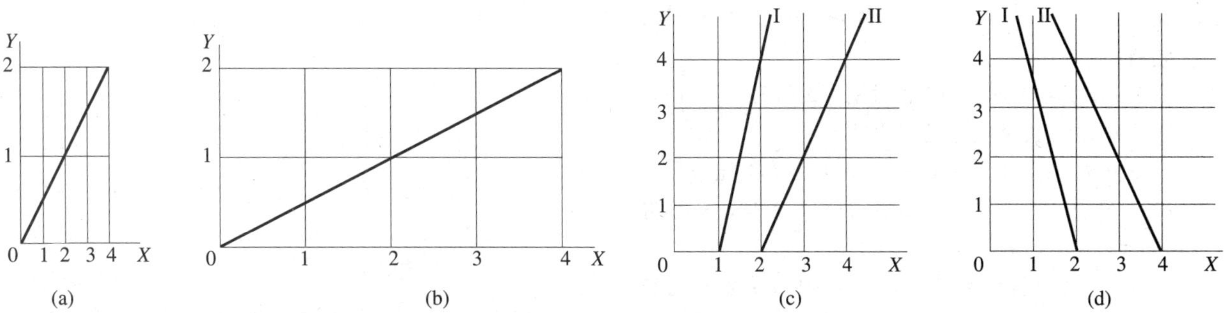


**图 1A-7**

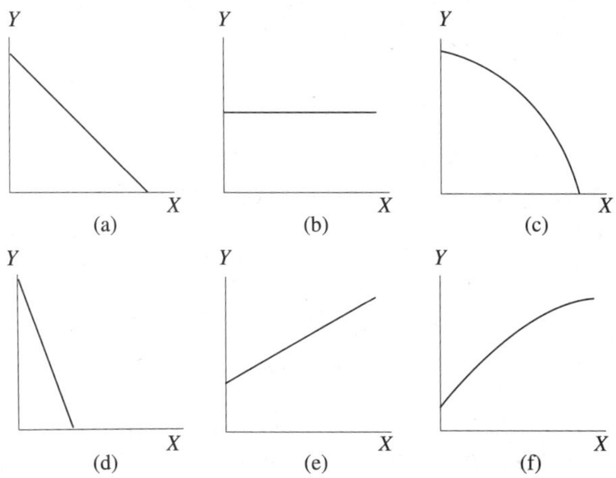


图 1A-7 包含了 6 幅不同的图。在每幅图中，变量 $X$ 表示用横轴衡量的量值，变量 $Y$ 表示用纵轴衡量的量值。第 16～25 题用这几幅图来回答问题。有些问题不止有一个正确答案。

16. 图（**a/b/c/d/e/f**）表示 $X$ 与 $Y$ 的反向关系。
17. 在图（**a/b/c/d/e/f**）中，$Y$ 的变化相对于 $X$ 的变化是 0。
18. 图（**a/b/c/d/e/f**）表示 $X$ 与 $Y$ 的正向关系。
19. 在表示 $X$ 与 $Y$ 的反向关系图中，斜率为常数的图有（**a/b/c/d/e/f**）。
20. 图（**a/b/c/d/e/f**）最适宜于反映成人每天卡路里摄取量（用 $X$ 轴表示）与体重（用 $Y$ 轴表示）的关系。（有两个正确答案）
21. 图（**a/b/c/d/e/f**）最有可能反映小孩年龄（$X$）与身高（$Y$）的关系。
22. 图（**a/b/c/d/e/f**）最有可能反映考试前你投入的学习时间（$X$）与你期望获得的分数（$Y$）之间的关系。
23. 假定在图（$d$）中的直线与 $Y$ 轴相交于 10 单位，与 $X$ 轴相交于 5 单位（你可以在图中标出这些数字）。1 单位 $X$ 的增加一定会引起（**0/0.5/1/2/4/10**）单位 $Y$ 的（**增加/减少**）。
24. 在图（$b$）中，假定直线与 $Y$ 轴相交于 4 单位。当 $X$ 值为 0 时，$Y$ 值一定为（**0/1/2/4/无法判断**）。同样，当 $X$ 值为 10 时，$Y$ 值一定为（**0/1/2/4/无法判断**）。
25. 在图（$e$）中，假定该直线上有一点代表当 $X=0$ 时，$Y=4$。该点被称为（**截距/原点/斜率**）。假定直线中还有一点代表当 $X=3$ 时，$Y=5$。这两点表示一种关系，即 $X$ 值每增加 1 单位一定会引起（**0.25/0.33/1/3/4**）单位 $Y$ 值的（**增加/减少**）。

**注意：**如果你发现自己不能理解其中一些问题，或者说如果你没有正确回答问题，也不用过于着急，毕竟熟能生巧嘛！有必要的话，回头复习一下前面所学的内容，直到弄清楚每一个问题为止。

26. 斜率是衡量（**0 单位/1 单位/同一数字**）$X$ 的变化引起 $Y$ 值变化的比率。
27. 如果一条线在所有的点时都有相同的斜率，那么这条线是（**曲线/上升的/直线/下降的**）。
28. 我们可以通过在线的上方或下方作出一个直角三角形来表示或衡量该条线的斜率。斜率是这个三角形的（**垂直/水平**）边的长度与（**垂直/水平**）边的长度之比。
29. 如果 $X$ 与 $Y$ 呈反向的关系，那么，图形就像是当一点向右移动时，该点（**下降/上升**）的路径。在这组关系中的斜率为（**正/0/负**）。

30. 在图1A－7（b）中，直线的斜率为（**正/负/0/无法判断**）。
31. 假定一条直线上两点的 $X$ 值分别为5和7。当 $Y$ 值处于下列情况时，斜率各为多少？
    a. 5和7，斜率为（**－3/－2/－1/0/1/2/3/无穷大**）。
    b. 4和2，斜率为（**－3/－2/－1/0/1/2/3/无穷大**）。
    c. 2和－2，斜率为（**－3/－2/－1/0/1/2/3/无穷大**）。
    d. 4和4，斜率为（**－3/－2/－1/0/1/2/3/无穷大**）。
    e. －2和－8，斜率为（**－3/－2/－1/0/1/2/3/无穷大**）。
    f. －8和－2，斜率为（**－3/－2/－1/0/1/2/3/无穷大**）。

**例五：直线方程式**

虽然一图胜千言，但一个方程式能清楚地表示两个变量之间的线性关系。假定有两个线性相关的变量 $X$ 和 $Y$，下列方程式被用来描述它们之间的关系：

$$Y = a + bX$$

在这一关系中，$a$ 为这条直线的截距，$b$ 为其斜率（不妨回想一下，截距就是直线与 $Y$ 轴或纵轴的交点所对应的纵坐标值）。举个例子，回头看看表示闲暇时间与学习时间之间关系的图1A－1。该直线在 $Y$ 轴的截距为10，斜率为－1。因此，这条直线的方程式可以写为：

$$Y = 10 - 1X$$

32. 回头看看表示苹果与橘子之间关系的图1A－2，写出表示这一关系的方程式。（这道题与闲暇时间和学习时间的例子不同，斜率不再为－1。因此，可能有两个正确答案，取决于你将哪种水果作为纵轴。）

______________________________

33. 回头看看图1A－7（*e*）。假定 $Y$ 轴截距为3，直线的斜率为2，写出该直线的方程式。

______________________________

34. 回头看看图1A－7（*b*）。假定截距为4，写出该直线的方程式。（提示：该直线的斜率为多少？）

______________________________

除了可以根据图写出方程式之外，你还可以根据表中的数据归纳出方程式。一旦推导出方程式之后，你就很快能画出这条线。假定有一张关于 $X$ 与 $Y$ 的表：

**表1A－5**

| *Y* | *X* |
|---|---|
| 22 | 20 |
| 25 | 25 |
| 28 | 30 |

在这种情况下，我们既不知道这一线性关系的斜率，也不知道它的截距。但是，我们能看出它们是正向相关（$X$ 与 $Y$ 同时增加）。

首先我们需要做的事情是找出斜率。从上往下看，$Y$ 总是增加3单位，$X$ 总是增加5单位。因此，斜率就是 $Y$ 的变化量与 $X$ 的变化量的比率，即＋3/5，或＋0.6。这时，我们可以得出：

$$Y = a + 0.6X$$

为了求出截距 $a$，我们可以选择表1A－5中任何一组数据。例如，选择28和30，将这两个数字代入方程式，解出 $a$。

$$28 = a + 0.6 \times 30$$
$$28 = a + 18$$
$$28 - 18 = a$$
$$10 = a$$

现在，表1A－5中的数据可以表示为下列方程式：

$$Y = 10 + 0.6X$$

这是一个多么有用的方程式！即使该表只有三组数字，只要你知道与 $Y$ 相对应的 $X$ 的值，你就能求出 $Y$ 的任意值。

35. 如果 $X = 85$，$Y$ 就等于______。除非你有一张很大的表或一张很大的图画纸，否则没有这个方程式，你就很难得出正确答案。

**例六：曲线的斜率**

曲线的斜率不断变化，也就是说，1单位 $X$ 的变化引起的 $Y$ 的变化量根据起始变化的位置而变化。以图1A－8中曲线 *ABCDEF* 为例，假定我们现在处于 $B$ 点。如果我们知道在该曲线上每一点的 $X$ 值和 $Y$ 值，那么要得出从 $B$ 点到 $E$ 点 $X$ 和 $Y$ 的变化量就没有任何困难。而且，我们可以在 $B$ 点和 $E$ 点之间的线段下方作一个直角三角形，两

个角分别在 $B$ 点和 $E$ 点。通过这个三角形，我们可以得到斜率的值——这个值被称为从 $B$ 点到 $E$ 点的弧形斜率。

**图 1A－8**

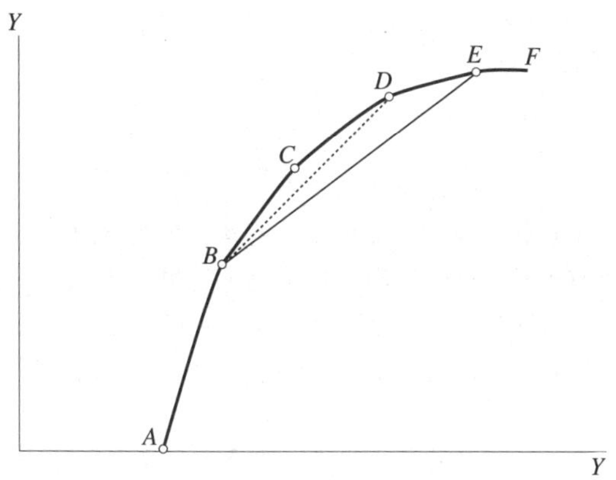


但是，弧形斜率不是曲线本身的斜率，它实际上衡量的是从 $B$ 点到 $E$ 点的直线斜率。如果我们从 $B$ 点移动到 $D$ 点，又会得出不同的斜率，而且比从 $B$ 点到 $E$ 点的直线斜率要大。从 $B$ 点移动到 $C$ 点，又会得出一个不同的值。

出于某些目的考虑，我们知道从 $B$ 点到 $E$ 点，或从 $B$ 点到 $D$ 点，或从 $B$ 点到 $C$ 点的弧形斜率就够了。但是，如果还要解决其他问题，就有必要知道在曲线某一确定点（如 $B$ 点）的斜率值。

将一条线的斜率精确到一个点上有意义吗？可以肯定地说，在 $B$ 点，若被孤立地考虑，它既没有斜率，也没有方向。当 $B$ 点是作为曲线 $ABCDEF$ 的一部分时，它的斜率就是另外一回事情了。根据两个坐标轴的刻度，该曲线的斜率衡量它运动的方向。现在假设 $ABCDEF$ 是一辆汽车沿着一条曲线走过的路径。汽车的方向不断在变换（因为它是沿着这条曲线在运行），但我们说在任一特定的时刻，这辆汽车都处于一个特定的方向，就像它经过 $B$ 点那样。我们可以在汽车仪表板上放一个指南针，指南针的准确读数告诉我们汽车处于哪一方向。

但是在 $B$ 点的方向如何在一张图纸上表示出来呢？答案十分简单：根据该曲线上 $B$ 点切线。根据定义，曲线的切线本身就是一条直线，它并不穿过曲线，它与该曲线仅交于一点。例如，在图 1A－9（a）中，我们很清楚地看到切线 $FJ$ 的斜率就是该曲线在 $B$ 点的斜率；同样，$GH$ 是 $D$ 点的斜率。理所当然地，接下来我们要运用画直角三角形的一般方法来计算每一条直线的斜率。

**图 1A－9**

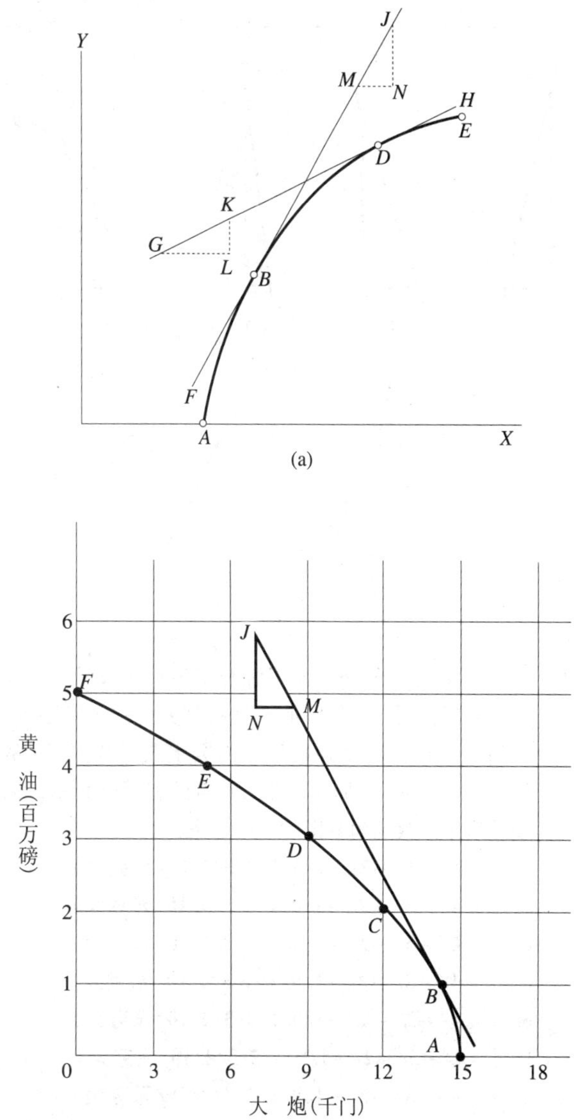


这个斜率意味着什么？图 1A－9（b）根据表 1A－4 中的数据重新画出了黄油—大炮的生产可能性边界。在 $B$ 点，已经做出了切线，而且这条切线的斜率（$JN/MN$）代表了表 1A－3 中 $B$ 点的斜率。直观上看，该斜率反映了需要牺牲多少门大炮才能换来增加 1 磅而不是 100 万磅黄油的生产。在现实中，$B$ 点切线的斜率表示为增加少量黄油的生产而牺牲的大炮数量，当然，1 磅相对 100 万磅简直是小巫见大巫。（注意，我们也可以用曲线某点切线的斜率来度量曲线在该点的边际值。）

**图 1A－10**

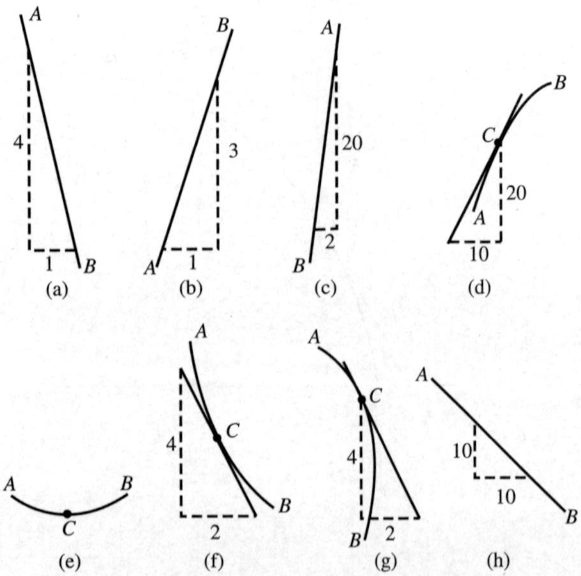


36. 图 1A－10 有 8 幅图，每一幅都代表着一条线的一部分。在每幅图中，线段的长度由其旁边的数字表示。下列从（*a*）～（*h*）括号中的数字表示线段 *AB* 的斜率。如果 *AB* 是曲线，那么 *C* 点的斜率就表示该曲线的斜率。找出每幅图的正确答案：
    a. （**－4/－3/－2/－1/0/1/2/3/4/10/无穷大**）
    b. （**－4/－3/－2/－1/0/1/2/3/4/10/无穷大**）
    c. （**－4/－3/－2/－1/0/1/2/3/4/10/无穷大**）
    d. （**－4/－3/－2/－1/0/1/2/3/4/10/无穷大**）
    e. （**－4/－3/－2/－1/0/1/2/3/4/10/无穷大**）
    f. （**－4/－3/－2/－1/0/1/2/3/4/10/无穷大**）
    g. （**－4/－3/－2/－1/0/1/2/3/4/10/无穷大**）
    h. （**－4/－3/－2/－1/0/1/2/3/4/10/无穷大**）

### 例七：一幅图中有两条或两条以上的线

到目前为止，我们讨论了一幅图中有一条线的情况。但是，在教材中，大多数图都包括了两条或两条以上的线，通常相交于一点或多个点。教材第 3 章中的供求图就是很好的例子。需求线，或者说需求曲线，通常都是通过两组数字画出来的。表 1A－6 就是一条需求曲线的例子。

表 1A－6 表示在某一市场上，如果小麦价格属于表中这 5 种价格水平中的任一种时，小麦买者所需求（即打算购买）的数量。

**表 1A－6**

| | 小麦价格（每蒲式耳） | 需求量（百万蒲式耳/月） |
|---|---|---|
| A | $5 | 9 |
| B | 4 | 10 |
| C | 3 | 12 |
| D | 2 | 15 |
| E | 1 | 20 |

不管这是现实中的市场，还是一个假想的市场，这都没有关系。表中的确切数字也不是很重要。这张表只是为了说明当小麦价格下降时，买者可能会增加购买数量。换句话说，购买小麦的数量应该与小麦的价格呈反向关系。

我们还得准备另一张表，表明小麦卖者（小麦生产者或小麦供给者）在既定价格下愿意供给的小麦数量。在这种情形下，我们很自然地就会想到如果价格上升，供给者就会增加供给的数量，因为高价格会给他们带来高的回报。相反，如果小麦价格下降，他们就会选择减少供给量。表 1A－7 列出了这一与表 1A－6 不同的关系，它清楚地表明小麦供给量与小麦的价格呈正向关系。

**表 1A－7**

| | 小麦价格（每蒲式耳） | 需求量（百万蒲式耳/月） |
|---|---|---|
| A | $5 | 18 |
| B | 4 | 16 |
| C | 3 | 12 |
| D | 2 | 7 |
| E | 1 | 0 |

在这一阶段，你完全理解由需求表和供给表所传达的概念并不是很关键。最重要的是，你在这一结构中找到了某些熟悉的东西：需求曲线包括两组正相关的数字，而供给曲线包括两组负相关的数字。这表明每一组数字都能体现在同一幅图中。

为什么这么说呢？尽管它们有不同之处，但这两张表还是存在着根本的相似。尽管它们代表两个不同群体的态度或意图，但是这两张表互相匹配，因为一栏中的数据代表价格，而另一栏中的数据代表数量。正是因为这一点它们互相匹配，所以能体现在同一幅图中。如果我们在一幅图中画两条或两条以上的线，那么它们就必须指代同一事物，而且衡量的单位也必须相同。

在图 1A－11 中，画出这两张表相对应的线（即描出这 5 个点，并用一条光滑的曲线将它们连接起来）。标出哪一条是需求曲线（*DD*），哪一条是供给曲线（*SS*）。这两条线必须相交于一点而且仅交于一点：表示价格为每蒲式耳 3 美元和数量为 1 200 万蒲式耳的那一点。这一点的意义就是在这一价格水平上，而不是别的价格水平上，买者的意图和卖者的意图相匹配。因此，3 美元的价格被称为“均衡价格”，1 200 万蒲式耳的数量被称为“均衡数量”。在 3 美元的价格水平上，买者想要购买 1 200 万蒲式耳小麦，而这恰好是卖者愿意供给的数量。

**图 1A－11**

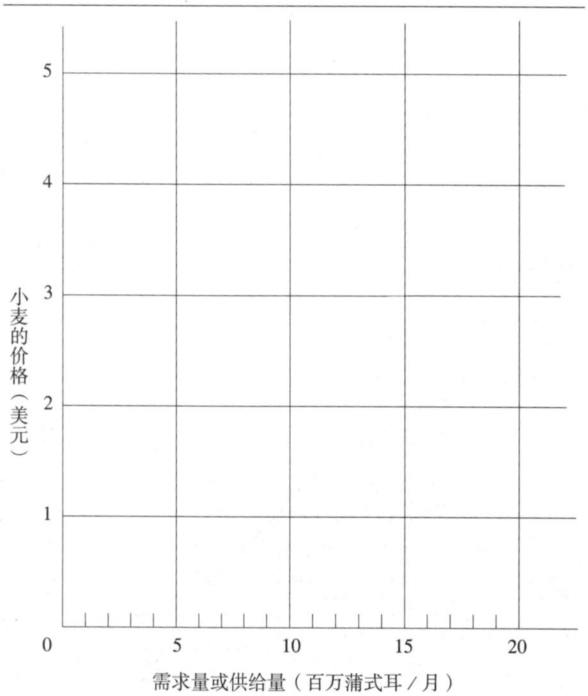


## 五、复习

37. 图中有一点代表 $X=4$，$Y=10$，还有一点代表 $X=5$，$Y=8$。如果用一条直线把这两个点连接起来，那么这条直线的斜率等于______。

38. 一条直线的斜率等于 $-3$。该直线上从一点移动到另一点，$Y$ 从 10 增加到 16，那么相应的 $X$ 应该如何变化？它一定（**增加/减少**）（**6/3/2/1/0.5**）。

39. 假定图中有一个半圆：起始于原点，开始上升，随后下降，最后落在横轴上。下面哪一个陈述正确说明了它从原点到右边终点的斜率？
    a. 斜率一直在变化，但是始终为正。
    b. 斜率开始时为负（在左边时），随着向右方的移动斜率的值越来越大，但最终斜率将变为正。
    c. 斜率开始时为正，随着向右方的移动斜率的值越来越大，但最终斜率将变为负。
    d. 斜率开始时为正，随着向右方的移动斜率的值越来越小，斜率在半圆的顶点时为零，随后斜率变为负。

40. 在图 1A－11 中，*DD* 曲线的斜率为（**负/正**），它的斜率值始终（**不变/变化**）。*SS* 曲线的斜率为（**负/正**），它的斜率值始终（**不变/变化**）。

## 六、结论

图是用来帮助理解概念的，画图既不费时间也不费精力。但是，如果你想要利用好图形，你就必须学会以下规则，还必须学会问正确的问题：

1. 图中的两个轴各自代表什么？每个轴上的刻度是什么？图中的每一条线都表示两组数字之间的某种关系或联系。
2. 这条线的方向是什么？它是向右上升还是向右下降？如果它向右下降，那么这两组数字呈反方向关系（即一个增加，另一个减少）；如果它向右上升，那么这两组数字呈同方向关系，且直接相关。
3. 这条线是直线还是曲线？如果是直线，*Y* 值的变化与 *X* 值的变化的比率是不变的；如果是曲线，那么这一比率就会发生变化。
4. 如果一幅图中有两条或两条以上的线，那么其背后肯定会存在两张或两张以上的表。每一张表包含的是哪一种关系？为什么把这些表体现在一幅图中很重要？通常情况下，这两条线会交于一点，这个交点很重要，因为在这一点上，两张表互相匹配。
5. 如果你所考察的变量发生了变化，你应该是沿着曲线移动还是使曲线发生移动？一般而言，如果是图中任一个轴代表的数值发生了变化，那么你就应该沿着曲线移动；如果其他一些相关变量发生了变化，譬如说 *PPF* 分析中的技术进步了，那么曲线就会发生移动以体现这一变化。我们要再三强调理解这一点（沿着曲线的移动和曲线的移动之间的区别）的重要性。

## 七、答案

### 三、关键概念复习

7　斜率
4　截距
11　原点
2　斜率为正
9　斜率为负
10　X 轴
6　Y 轴
5　边际值
1　切线
8　散点图
3　时间序列图

### 四、例子

1. 学习时间，闲暇时间
2. 纵轴，横轴
3. 6，4，F 和 G 之间
4. 1
5. −1
6. b
7. a
8. a
9. 不能，不够
10. $60
11. 1，2
12. 最大，实际产量
13. 5，0，3
14. 2，5
15. 1，1，0.33
16. a，c，d
17. b
18. e，f
19. a，d
20. e，f
21. f
22. e

图 1A－2

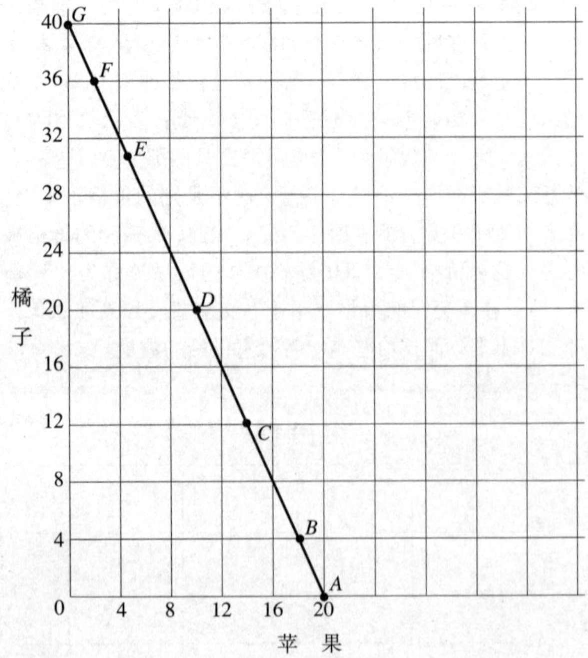


图 1A－3

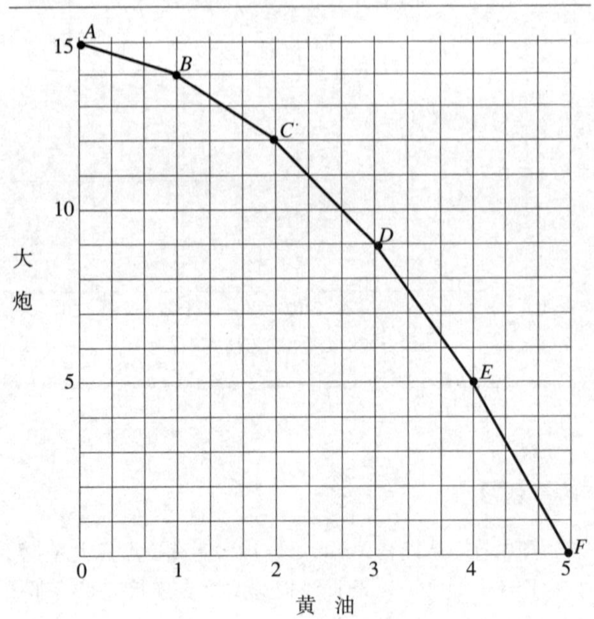

**图 1A－4**

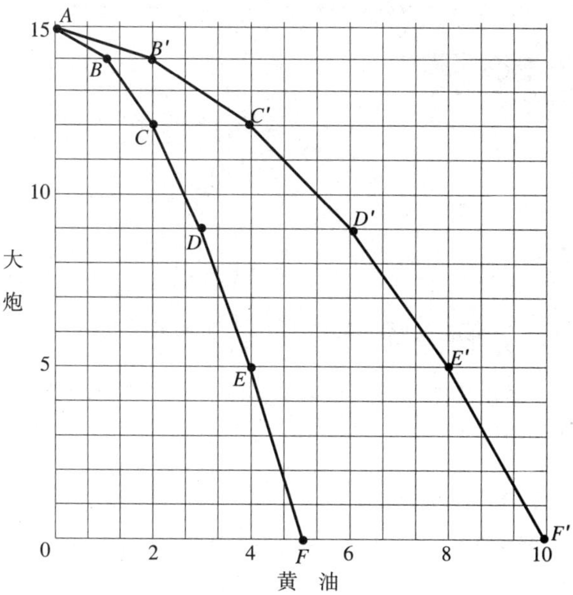


23. 2，减少
24. 4，4
25. 截距，增加，0.33
26. 1 单位
27. 直线
28. 垂直，水平
29. 下降，负
30. 0
31. a. 1　b. －1　c. －2　d. 0　e. －3　f. 3
32. 如果苹果（AP）在纵轴，那么：AP＝20－0.5×OR。
    如果橘子（OR）在纵轴，那么：OR＝40－2.0×AP。
33. $Y=3+2X$
34. $Y=4$
35. 61
36. a. －4
    b. 3
    c. 10
    d. 2
    e. 0
    f. －2
    g. －2
    h. －1
37. 2
38. 减少，2
39. d
40. 负，变化，正，变化

**图 1A－11**

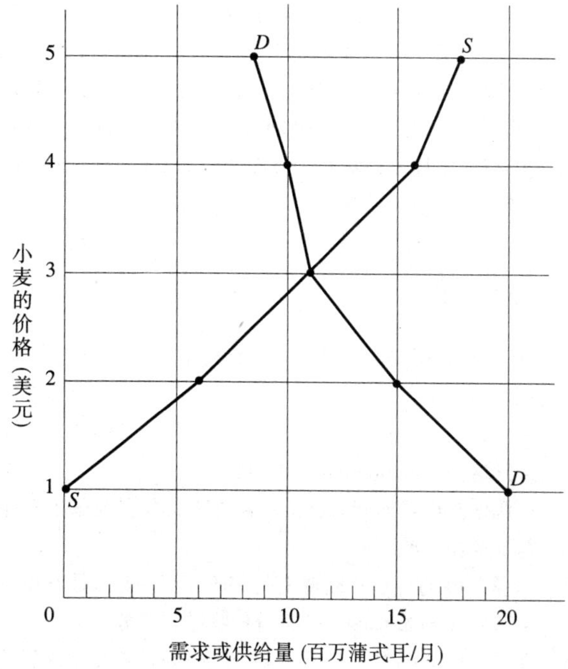

第 2 章

# 现代混合经济

## 一、概述

本章介绍了一些基本观点和概念，这些观点和概念界定了发达经济中经济问题的实质和经济机会的来源。这些观点和概念很重要，因为它们构成了市场经济分析的基础。世界上每一个国家都是混合经济——私人企业部门和政府部门的混合体——只是二者所占份额不同。例如，在有些国家，政府干预和管制占主导地位；而另一些国家则奉行最小程度的政府干预市场。本章讨论市场体系，还有政府在经济中的作用。

## 二、学习目标

在你读完教材第 2 章，完成学习指南中本章的习题之后，你将能够：

1. 说出**市场**（market）的含义，并能说出在市场经济中达到**均衡**（equilibrium）的过程。
2. 运用你对市场均衡的定义，解决所有社会面临的三个基本经济问题。
3. 解释在市场经济中价格体系如何像一只“**看不见的手**”（invisible hand）那样分配物品与劳务。
4. 理解（a）专业化；（b）劳动分工；（c）货币；（d）生产要素；（e）资本与产权在现代经济运行中的重要性。
5. 运用**流程图**（circular-flow diagram）来表示现代经济中市场主体和市场之间的关系。
6. 理解在混合经济中，政府为了促进**效率**（efficiency）、**平等**（equity）、**宏观经济增长**（macroeconomic growth）和**稳定**（stability）而进行干预的条件。
7. 解释福利国家的含义是什么，并理解这种潮流的由来及其中的症结。

## 三、关键概念复习

在 B 栏中寻找与 A 栏中术语相应的定义，并将序号填在术语前边。

| A | B |
|---|---|
| __ 市场机制 | 1. 一种商品只有一个企业供给的市场结构。 |
| __ 市场均衡 | 2. 收入分配中涉及到“公平”的事宜。 |
| __ 完全竞争 | 3. 生产投入包括所有耐用产成品，耐用产成品反过来又用于生产。 |
| __ 看不见的手 | 4. 买者和卖者相互作用并共同决定商品交换的价格和数量的机制。 |
| __ 专业化和劳动分工 | 5. 在现有投入和技术既定的情况下，利用经济资源使满意水平达到最大化。 |
| __ 资本 | 6. 市场上供给与需求达到平衡。 |
| __ 效率 | 7. 一种针对老年人、穷人和失业者的社会安全网体制。 |
| __ 公平 | 8. 生产或消费对其他群体产生的积极或消极影响。 |
| __ 垄断 | 9. 每一组人都集中在一起完成特定任务的一种组织生产的方法。 |
| __ 外部性 | 10. 市场中每一个人都追逐私人的利益，市场体系使每个人都受益。 |

__ 财政政策 11. 市场中没有哪一个企业或消费者大到能够影响市场价格。

## 四、小结与本章提纲

本节对教材第 2 章的关键概念进行总结。

### A. 市场机制

1. 市场经济的核心是买者和卖者互相交换物品与服务的行为。指导这些经济主体行为的不是其他更高的权威，而是市场上“看不见的手”，由它来分配最终物品和服务，以及生产要素。
2. 买者和卖者通过价格来接收对方的信号。如果买者想要购买更多的物品，那么价格就会上升，卖者就会因此而增加供给量。如果买者想要减少购买量，那么价格就会下降，卖者就会因此而减少供给量。这就是“看不见的手”的含义。价格随着人们行为的改变而自然上升或下降；不需要更高的权威来控制。价格信号告诉卖者应该如何控制其生产水平。
3. 买者想要购买的数量正好是卖者想要供给的数量，这种情况下的价格就达到了市场均衡。
4. 市场机制要求经济体同时解决三大经济问题，即生产什么、如何生产以及为谁生产。消费者通过他们购买物品或服务的意愿来表现他们对于生产什么的偏好，企业则通过考虑能带来最大利润（即销售收入与生产成本之间的差额）的最终产品组合来加以回应。由于企业生产成本由用于生产过程中的投入和技术决定，这必然涉及到如何生产的问题。这两个问题都解决之后，为谁生产就是指为那些支付货币购买物品和服务的消费者而生产。

### B. 贸易、货币和资本

1. 现代经济运用复杂的贸易体系，目的是为了积聚经济体中人们想要消费的大量的物品和服务。人们生产他们能最有效率生产的物品和服务，之后将多余的物品和服务与其他人进行交换，获得他们所需的其他物品和服务。
2. 货币不是一种投入或生产要素。消费者和企业使用货币是为了更有效地进行市场交易；它是一种润滑剂，让经济体这台机器能以最小的摩擦进行运转。
3. 在本课程中，资本一词并不是指货币。事实上，资本指的是本身被制造出来的生产性投入。资本的言下之意应该是指如熔铁炉、厂房、机床、电钻、轻型凿岩机等这样一些耐用品。资本还包括半成品，半成品是指将成为消费品，但仍属于在生产过程后期被使用的制造品投入。
4. 资本积累是经济增长的一个重要决定因素。一个已经具备强大资本基础的经济体在生产要素——资本——方面做出了很大的投资，从而使其他要素变得更具生产效率和有用。在市场经济中，资本被私人所拥有，因此，个人能对其应用做出决策。因为这些个人能直接从资本的利用当中获益，他们自然就会有动力使自己所拥有的资本得到有效利用。

### C. 政府的经济职能

1. 在现实世界中，市场并不尽如人意。市场的不完善带来一系列的问题，因而政府就会介入市场解决这些问题。
2. 政府干预市场经济是为了促进效率。
   a. 市场配置只有在完全竞争的条件下才是有效率的。这意味着没有企业或消费者大到足以影响投入或产出的市场价格。当一个市场存在很多小企业时，竞争就迫使所有的企业以尽可能低的成本和价格运营。
   b. 当存在外部性时，市场配置就变得缺乏效率。外部性是指企业或个人对行业之外的其他人造成的积极影响或消极影响。例如，当人们接受教育时，学校和学生获益，但他们所在社区中的其他人也会受益。
   c. 当存在公共品时，市场配置通常不能正常运行。公共品具有非排他性（即我消费该物品并不排斥你对它的消费），而且公共品能被共同消费（即我们可以同时享用）。正因为很难或需要花费很大成本排除他人消费，或者说需要很大的代价才能做到，所以公共品一般由政府提供。其中一个例子是铲雪。一旦街上的雪被铲除干净之后，街区里的任何人都可以享用，然而，在每个人经过该街区时向他们收费却是不现实的。
3. 政府干预市场经济是为了促进资源和收入分配方面的公平。对于公平没有一个统一的概念，所以理解起来比较困难。市场将物品与服务分配到那些有钱购买它们的人的手中，并不是分配给那些最需要它们的人的手中。
4. 政府干预市场经济是为了促进宏观经济增长和稳定。

政府的财政政策（税收和支出的权力）和货币政策（调整货币供给和利率的权力）是用来帮助经济朝着稳定的方向运行，避免过度的通货膨胀和失业。

5. 经济效率要求市场和政府之间有恰当的平衡。市场可以对中央计划的低效率进行提升，而政府干预则可以遏制资本的无节制行为，编织社会安全网和发挥其他作用。现代混合经济不可偏废地需要这两大部分。

## 五、学习提示

1. 近些年来，世界发生了翻天覆地的变化，因而市场经济也发生了变化。苏联解体，俄罗斯和新兴独立国家正处于市场改革之中。这些之前中央计划经济占主导的大经济体，发现旧的（指令）体制在缓解稀缺性问题上做得并不令人满意。
2. 市场并不是经济问题的惟一解决方案。事实上，有些经济体就利用意愿或指令方式鼓励资源由集体共同所有。例如，以色列的基布兹（kibbutz，以色列人的聚居区——译者注）体系鼓励集体消费和生产方式的集体所有。这些小型经济共同体（按照群体标准）能够有效而平等地满足其公民的需求。
3. 我们很容易认为，当市场经济有效运行时，它同时也提供了对收入和机会进行公平分配的有效方式。然而，现实情况并不是这样。在美国，一些人从他们的亲属那里继承财富和产权，而另外一些人却什么也继承不到。同样，一些人有机会就读名牌大学，而另外一些人甚至高中还没有毕业就不得不参加工作。这些因素不总是由市场决定，有时市场会导致人们收入分配的不公平。

## 六、选择题

下列问题按照教材中的顺序安排，从各选项中选出一个最佳答案。

### A. 市场机制

1. 市场在下列情况下出现：
   a. 同一产品的买者和卖者能互相交流时。
   b. 只有在买者和卖者拥有用于交换的货币时。
   c. 只有在政府介入并管制买者和卖者的行为时。
   d. 所有以上选项。
   e. 以上选项都不是。
2. 如果像花生这样的商品存货过多，卖者将：
   a. 提高价格，目的是为了弥补销量过低。
   b. 提高价格，目的是为了增加对花生的需求。
   c. 降低价格，以吸引更多的买者进入市场。
   d. 降低价格，目的是为了鼓励竞争对手之间的竞争。
   e. 在明年种植更多的花生，以弥补今年的损失。
3. 市场均衡在下列情况下发生：
   a. 政府已经平衡了供求双方的力量时。
   b. 买者想要购买的价格和数量正好等于卖者想要出售的价格和数量时。
   c. 价格和数量都相等时。
   d. 价格上升时。
   e. 价格下降时。
4. 三个经济问题，即生产什么、如何生产以及为谁生产：
   a. 主要适用于集权或中央计划的社会，这些社会（体制）直接导致了计划问题的产生。
   b. 只适用于（或主要适用于）自由企业或资本主义社会，在这些社会里，选择问题是最尖锐的问题。
   c. 只适用于（或主要适用于）欠发达社会，因为只有发展才能解决这三个问题。
   d. 适用于所有社会，不管其发展阶段和政治组织形式。
   e. 并不一定适用于上述情况，因为它们属于个别的企业或家庭问题，而不是社会问题。
5. 如果______，就不一定是生产什么的问题。
   a. 生产资源的供给很少，所以我们不得不从一组必需品中选择一些进行生产。
   b. 生产还没有达到收益递减规律发生作用的阶段。
   c. 生产资源的供给足以使生产一些奢侈品成为可能。
   d. 每一项生产投入都是专业化的，以至于它只能生产一种物品，而不能用来生产其他物品。
   e. 在生产成本下降或保持不变（而不是成本上升）的条件下进行生产。
6. “看不见的手”指的是：
   a. 政府在市场中的作用。
   b. 将财富从富人手中重新分配到穷人手中的税收制度。
   c. 这样一个事实：市场经济中个人在追逐自己利益的同时，使社会上所有人的利益都达到最大。
   d. 每个人执行最适合他的任务的一种生产体系。
   e. 每一个国家生产与特定资源相匹配的产品的一种

生产体系。

## B. 贸易、货币和资本

7. 以下哪一项是生产专业化的例子？
   a. 在美国生产小麦，用来交换在日本生产的汽车。
   b. 美国产的西红柿大部分是在爱达荷州和缅因州种植的，因为这两个州的土壤和气候比较适宜西红柿的生长。
   c. 一所大学的教师教授各自专业领域的课程。
   d. 所有以上选项。
   e. 以上选项都不是。
8. 在现代经济中，专业化（或劳动分工）是无止境的，因为它能利用给定的资源供给使产出增加。专业化的结果包括（多选题）：
   a. 物品交换。
   b. 使用货币。
   c. 社会之间的相互依赖性。
   d. 加剧稀缺。
   e. 社会成员之间可能在一定程度上的疏远感。
9. 按照经济学的意义，资本应该包括下列各选项，除了：
   a. 杂货商的存货。
   b. 100 美元现钞。
   c. 10 台新计算机，现在正在被你所在大学的会计系使用。
   d. 木匠买的一把新锤子。
   e. 学生食堂中心新买的一个锅炉。
10. 货币不算做资本，因为它：
   a. 对生产很重要。
   b. 在生产中不起作用。
   c. 在生产中没有实际发挥出作用，尽管在购买生产所需的实际投入时货币很重要。
   d. 被算做劳动的一部分。
   e. 以上选项都不是。
11. 当有人谈到“资本主义经济”时，说话者可能指的是一个经济体：
   a. 大多数资本品归私人所有。
   b. 资本存量与该经济的人口高度相关。
   c. 在共产主义或社会主义的意识形态下，资本的产权流向政府。
   d. 正经历着高且逐渐上涨的通货膨胀率。
   e. 利用有限的经济资源进行生产。
12. 美国国会于 1991 年通过了《空气清洁法》，部分原因是 20 世纪汽车的过度使用。从根本上来说，该法案的目的是为了：
   a. 鼓励专业化生产。
   b. 更好地界定空气使用的产权。
   c. 禁止美国能源生产部门的劳动分工。
   d. 消除空气使用的产权。
   e. 以上选项都不是。
13. 全球化的例子应该包括（多选题）：
   a. 空中客车飞机使用美国制造的飞机引擎。
   b. 对其他国家的物品征收进口税。
   c. 对进口到美国的物品使用配额。
   d. 意大利公民在德国工作。
   e. 日本金融机构为美国企业贷款。

## C. 政府的经济职能

14. 自由放任指的是：
   a. 政府通过中央计划委员会来控制经济。
   b. 允许经济中的企业实行垄断以获取高额利润。
   c. 利用物物交换代替货币来完成所有交易。
   d. 政府利用税收和支出政策对收入和财富进行再分配。
   e. 政府尽量不干预经济事务。
15. 政府在现代经济中的职能是：
   a. 确保效率。
   b. 纠正不公平的收入分配。
   c. 促进经济增长和稳定。
   d. 所有以上选项。
   e. 以上选项都不是。
16. 完全竞争指的是：
   a. 所有的物品和服务都有价格，并在市场上进行交易。
   b. 没有企业或消费者大到能够影响市场价格。
   c. 每个行业都由一个垄断企业所控制。
   d. a 和 b。
   e. 所有以上选项。
17. 很多政府为基础性研究提供补贴，其原因是基础性研究对所有公民都有益，即使是对那些不积极参与到研究中的人而言也是如此。这使基础性研究是（具有）：
   a. 负的外部性。
   b. 私人品。

c. 公共品。
d. 有效物品。
e. 权益。

18. 旨在更加公平地分配资源的政府政策包括：
a. 减少转移支付。
b. 取消累进税。
c. 提供全国性的医疗保险。
d. 为低收入家庭提供住房补贴。
e. 以上选项都是，取决于该国对公平的定义。

19. 控制污染政策是用来促进（改善）：
a. 公平
b. 效率
c. 收入分配
d. 稳定
e. 以上选项都不是

## 七、解答题

下列问题旨在帮助你运用教材中学到的概念。

### A. 市场机制

1. 确定下列事件是否会导致商店货架**存货不足**或**存货过多**，并解释它对市场经济中的价格的影响。
a. 中西部发生洪灾，大面积的玉米受损。商店货架的玉米存货会（**不足/过多**），玉米的价格将（**上升/下降**）。
b. 你所在大学的篮球队赢得了NCAA篮球比赛冠军。商店货架运动衣的存货会（**不足/过多**），运动衫的价格将（**上升/下降**）。
c. 科学家发现在电影院出售的爆玉米花对我们的健康有害。电影院的爆玉米花存货会（**不足/过多**），爆玉米花的价格将（**上升/下降**）。

2. 在下面空白处画一个流程图，以表示居民户与企业在物品市场和投入市场之间的相互关系。运用这幅图解释市场经济是如何回答所有社会都面临的生产什么、如何生产以及为谁生产这三个问题的。

### B. 贸易、货币和资本

3. 判别以下论断是否正确。
a. 劳动分工使生产单位的技能和专长多样化。____
b. 苹果音乐播放器iPod是一个全球产品，在世界各地进行生产。____
c. 货币的价值通常是稳定的，这解释了它作为交换的促进者的吸引力。____
d. 资本的形成允许社会将现有消费与将来消费进行交易。____
e. 私人产权只授予实体商品。____

### C. 政府的经济职能

4. 考虑下列事件，它们表示接近自由放任还是远离自由放任？
a. 委内瑞拉总统乌戈·查韦斯解雇了国内罢工的空中交通管制员。（**接近/远离**）
b. 美国总统巴拉克·奥巴马支持全国医疗保险。（**接近/远离**）
c. 中国政府通过向私人投资者出售国有企业（例如中国电信）的方式实行“私有化”。（**接近/远离**）
d. 美联储采取措施减少货币供给，因而使利率上升。（**接近/远离**）
e. 政府要求所有的汽车制造商在新产的汽车中安装安全带。（**接近/远离**）
f. 美国联邦贸易委员会（FTC）解散谷歌，其原因是该公司的垄断力量过强。（**接近/远离**）

## 八、讨论题

回答下列问题，解释你这样回答的原因。

1. 在过去的几十年中，政府一直在采取保护环境的措施。最近，一项新的政策又出台了，该政策主要是运用经济学基本概念为污染者减少污染提供激励。市场上已经出现了可以交易的“污染权”。政府官方根据各个地方的情况规定企业可以排放到空气中的污染物的限额，然后将这些权力分配给这一区域的各个企业，只要拥有排放权力的企业就能够排放污染物。
a. 利用这一信息，解释“污染权”的市场是如何产生的。产权如何确立？为什么确立产权很重要？
b. 为什么这一政策并不能达到理想的效果，即不能激励企业将污染物排放减少到最低程度？请解释。

2. 既然经济学家没有把货币归为资本一类，为什么我们在经济生活中还要用货币呢？货币的主要作用是什么？请解释。

3. 讨论在经济中推崇自由放任的正反面作用。你赞成自由放任吗？为什么？

4. 解释公平的含义。为什么经济学家们很难找到资源的公平分配的确切定义？请解释。

5. 解释累进税的含义。它是如何在更公平地分配收入中发挥作用的？

## 九、答案

### 三、关键概念复习

| | |
|---|---|
| 4 | 市场机制 |
| 6 | 市场均衡 |
| 11 | 完全竞争 |
| 10 | “看不见的手” |
| 9 | 专业化和劳动分工 |
| 3 | 资本 |
| 5 | 效率 |
| 2 | 公平 |
| 1 | 垄断 |
| 8 | 外部性 |
| 7 | 福利国家 |

### 六、选择题

1. A 2. C 3. B 4. D 5. D 6. C 7. D
8. A，B，C，E 9. B 10. C 11. A 12. B
13. A，D，E 14. E 15. D 16. B 17. C
18. E 19. A

### 七、解答题

1. a. 不足，上升
   b. 不足，上升
   c. 过多，下降
2.

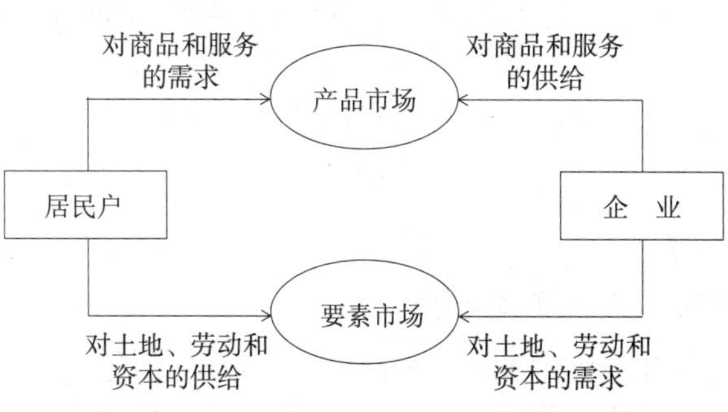


3. a. F b. T c. F d. T e. F
4. a. 远离 b. 远离 c. 接近
   d. 远离 e. 远离 f. 远离

### 八、讨论题

1. a. 一个行业中的每一个企业都拥有一定限额的污染空气的权力。如果一个企业排放的污染物超过了它被允许的限额，政府就要对其罚款。从根本上来说，每一个企业都“拥有”一定数量的空气。如果一个企业污染的空气超过了它所“拥有”的空气总量，它就要遭到惩罚。但是，如果它没有超过限额，它就能把剩余的部分出售给其他企业。通过这种方式，减少污染物排放的企业就要受到奖励，超额排放的企业则受到了惩罚。通过确立对空气的产权，企业受到激励，从而保管好自己所“拥有”的东西。
   b. 只要企业被授予一定数量空气的产权，它们就不会受到激励而将污染物的排放降至低于规定的水平。从根本上来说，企业排放一定数量的污染物是免费的。
2. 货币是一种非常有用的交换媒介。当卖者将货币当成一种支付手段时，这就表明买者没有必要提供其他卖者想要而自己又没有的物品。卖者能用收到的货币来购买他们所需的物品。
3. 正面：职业和生产方面的选择自由；低税率意味着能成功地保住个人收入的大部分；由社会而不是政府来决定如何分配资源。

   反面：经济稳定的无计划性；不能提供公共品的生产；消费者保护减少；对外部性缺乏监督。
4. 平等与公平相关。经济学家很难定义公平这一概念，因为我们的品位、偏好、需求和能力都各不相同。个人是应该根据他们的努力程度还是需要来获得报酬？这个问题的答案涉及到主观评价。
5. 累进税是一种随着收入上升，适用税率也相应上升的税制。富人通常会支付最高比例的税率。这些税收收入通过政府重新分配给那些最穷困的家庭，这样就使收入分配变得更加公平。

第3章

# 供给与需求的基本原理

## 一、概述

本章讨论市场经济中买者和卖者之间的相互作用，为你以后的学习打下基础。从根本上说，几乎所有的经济问题都能从供求的角度来分析，因为资源有限，但人的欲望却是无限的，而市场的魔力就在于给消费者和生产者提供信号。我们隐含的假定是价格能够在买者和卖者之间传递信息，因此，价格是决定市场双方行为的最重要因素。

## 二、学习目标

在你读完教材第3章之后，完成本书的习题，你将能够：

1. 运用文字、表格和图形来定义市场中的**需求**（demand）。
2. 描述由除了价格之外的其他因素引起的**需求的移动**（shift in demand），这些因素影响消费者的购买意愿。
3. 解释需求的变动和需求量变动之间的区别。
4. 运用文字、表格和图形来定义市场中的**供给**（supply）。
5. 描述由除了价格之外的其他因素引起的**供给的移动**（shift in supply），这些因素影响企业生产和销售的意愿。
6. 解释供给的变动和供给量变动之间的区别。
7. 运用**短缺**（shortage）和**剩余**（surplus）的概念来描述市场向均衡移动的自然趋势。
8. 运用图形描述供给或需求的移动的影响。

## 三、关键概念复习

在B栏中寻找与A栏中术语相应的解释，并将序号填在术语前边。

| A | B |
|---|---|
| __ 有效的需求 | 1. 劳动供给增加的原因之一。 |
| __ 供给的增加 | 2. 除了价格之外的一种改变供给的因素。 |
| __ 消费者收入 | 3. 除了价格之外的一种改变需求的因素。 |
| __ 技术 | 4. 供给曲线向上倾斜的一种原因。 |
| __ 替代品价格 | 5. 其他条件保持不变，每单位时间内在既定的价格水平上一种物品的需求量。 |
| __ 移民 | 6. 这个因素的增加会使需求向右方移动。 |
| __ 边际收益递减规律 | 7. 既没有剩余也没有短缺的价格和数量。 |
| __ 均衡产出水平 | 8. 当一种产品的价格下降时会发生的情况。 |
| __ 剩余 | 9. 当供给量大于需求量时会发生的情况。 |
| __ 供给量的减少 | 10. 最近由于计算机技术快速发展所导致的情况。 |

## 四、小结与本章提纲

本节对教材第3章的关键概念进行总结。

有很多因素都能推动产品价格的上升或下降：人们爱好和偏好的改变，收入的变化，生产成本的变化，替代品价格的变化，政府政策的变化，等等。例如，如果

Jonas Brothers乐队的音乐不再流行，如果音乐爱好者的收入减少，如果吉他的价格翻倍，如果Hannah Montana乐队演出的票价下降，或者如果政府决定对门票收入征税，那么他们演出的票价就会下降。

为了评价这些事件中所产生的影响，我们需要将这些因素分成两组：对市场需求方有初始影响的因素和对市场供给方有初始影响的因素。

**A. 需求表**

1. 当经济学家提到*需求向下倾斜规律*时，他们指的是所考察的买者中某一特定行为，而且很少有例外，所以才能被定义为行为“规律”。
2. 记住需求曲线是一条**条件曲线**（conditional schedule），这一点很重要；它回答的是“如果这样，那么那样”类型的问题。它尤其表明，当某种物品的价格处于某一特定水平时，消费者愿意购买相应数量的物品。
3. 从需求曲线上读到的一种物品或劳务的数量，并不取决于在既定价格下供给这一数量是否可行。它反映的仅仅是只关心自己的偏好和是否能够买得起的消费者的购买意愿。
4. 记住价格并不是影响消费者购买决策的惟一因素。平均收入、买者的数量、相关商品的价格和可获得性、爱好和偏好等都能影响市场中买者的行为。这些因素的任何变动都能导致需求曲线的移动。

**B. 供给表**

1. *供给表（以及供给曲线）*表示的是其他条件保持不变的情况下，一种物品的市场价格和生产者愿意生产和销售的数量之间的关系。
2. 从供给曲线读到的一种物品或劳务的数量，并不取决于消费者是否想要购买这一数量。它反映的仅仅是只关心成本和预期利润的供给者的目标。
3. 技术、投入价格、相关物品的价格、政府政策等都能影响卖者的行为。因此，这些因素的任何变动都能导致供给曲线的移动。

**C. 供给与需求的均衡**

1. 买者和卖者的划分几乎是很绝对的。除非有极个别的情况，经济因素要么*直接*影响市场上的需求方，要么直接影响市场上的供给方，*但不会两个都影响*。
2. 当供给量与需求量相等时，就会出现市场出清的均衡价格。
3. 当需求量超过供给量时，所发生的短缺会推动价格上涨并向均衡价格移动。另一方面，当需求量低于供给量时，所发生的剩余就会引起价格下降。
4. 当我们在画需求表和供给表时，我们是在描述某一物品的需求量或供给量与其相对价格之间的关系。当相对价格发生变化时，消费者或生产者就会改变他们的行为，这会发生*沿着*需求曲线和供给曲线的移动。只有当除了物品自身价格以外的其他因素发生变化时，需求曲线和供给曲线才会发生移动。

## 五、学习提示

理解需求和供给曲线图对于理解市场经济的运行至关重要。仅仅记住适用于不同市场情形的曲线的变动和移动是不够的。作为一名学生，你应该善于思考问题，并与实际结合起来。不管怎样，下面提出的一些指导方法对于你研究市场还是有帮助的。

1. 每当你遇到供给和需求的问题时（不管是在选择题中还是在判断题中），你可以*画出*相应的图形，并用图形来解释你预期市场将发生的变化。图形法会帮助你弄清哪些变量变了，哪些没有变（一个是需求方，一个是供给方）。同时，你也能避免犯一些错误，如将需求量或供给量的变化（沿着需求曲线或供给曲线的移动）与需求曲线或供给曲线的变化（需求曲线或供给曲线的移动）相混淆。
2. 在任何一幅图中，如果纵轴或横轴上的任一变量发生了变化，曲线都不会发生移动。你只需沿着曲线移动就能反映出该变量的变化。例如，在需求与供给图中，价格是由纵轴来衡量的。根据这一规则，如果价格发生变化，曲线不会发生移动。别忘了，为了先画出需求曲线和供给曲线，我们必须知道在每一价格水平上的需求量或供给量。如果*其他任何*变量发生了变化且与市场有联系，曲线将会发生移动。
3. 当需求曲线和供给曲线发生移动时，要想到是向*左*移还是向*右*移，而不是上下移动。通常而言，向上移动意味着增加而不是减少。因而，若供给曲线向上移动，则在每一价格水平上的供给量就会减少。为了避免这一陷阱，我们还是应用*左右移动*这样的术语。
4. 当市场达到均衡时，这表示市场出清。也就是说，所有对某种产品的市场价格有支付意愿的消费者都能够买到该产品，生产者也能卖掉在市场上出售的所有该产品。然而，市场均衡并不一定就意味着所有的消费者或生产者对这个均衡位置感到满意。一些消费者可能有购买这种产品的意愿，却支付不起市场出清的价格。例如，我想买一辆 Infinity 汽车，但是我现在被市场“出清”了，原因是我支付不起那个价格。另一方面，汽车制造商也想生产更多的豪华汽车，但他们没有这么做，因为他们认为现有市场上的价格太低。

5. 超额需求与短缺同义。
6. 超额供给与剩余同义。

## 六、选择题

下列问题按照教材中的顺序安排，从各选项中选出一个最佳答案。

### A. 需求表

1. 装饰品的需求曲线表明：
   a. 人们的支出模式是如何随着收入的变化而变化的。
   b. 当装饰品的价格上涨时，人们会花更多的钱来购买。
   c. 在其他影响需求的因素不变的情况下，在每单位时间内每一价格水平上人们购买装饰品的数量。
   d. 当价格上涨时，企业在每一单位时间内愿意供给更多的装饰品。
2. 随着机票价格的上升，会出现：
   a. 机票的需求增加。
   b. 机票的供给减少。
   c. 机票的需求量减少。
   d. 机票的供给量减少。
3. 需求向下倾斜规律意味着：
   a. 物品的剩余会引起价格下降。
   b. 人们一般会在他们的收入增加时购买更多的物品。
   c. 一种物品的价格下降，消费者一般都会增加购买。
   d. 一种物品由于过时，或者被其他质量更好的物品替代，它的购买量将会减少。

利用图 3－1 回答题 4～7。

**图 3－1**

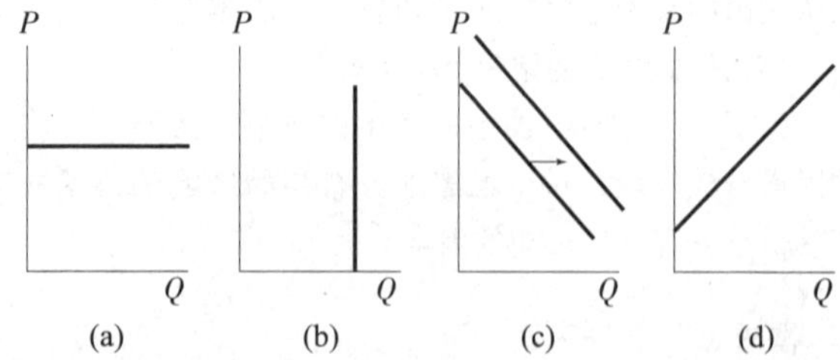


4. 一个病人必须购买一定数量的药品（不多，也不少），无论药品的价格是多少，他都必须支付这一价格。哪一幅图最能体现这条需求曲线？
   a. (*a*)
   b. (*b*)
   c. (*c*)
   d. (*d*)
5. 政府宣布，以每盎司 410 美元的价格购买国内金矿供给的所有黄金。哪一幅图最能体现这条需求曲线？
   a. (*a*)
   b. (*b*)
   c. (*c*)
   d. (*d*)
6. 消费者的货币收入的增长会使他们增加对任何价位的物品的需求。哪一幅图最能体现这条需求曲线？
   a. (*a*)
   b. (*b*)
   c. (*c*)
   d. (*d*)
7. 我能在就近的超市购买到价格固定为每磅 40 美分的任意数量的糖。不管我买多少，我总是支付相同的价格。哪一幅图最能体现这条供给曲线？
   a. (*a*)
   b. (*b*)
   c. (*c*)
   d. (*d*)
8. 以下哪一项不是导致 Wheaties 牌麦片需求增加的原因？
   a. 用于生产麦片的小麦价格下降。
   b. 美国卫生署的一个新报告指出小麦有助于治疗晒伤。
   c. 在 Wheaties 牌麦片的包装盒上印有著名球星迈克尔·菲尔普斯的照片。
   d. 它的竞争对手 Cheerios 牌麦片的价格上涨。
9. 假定商品 *X* 的需求曲线向左移动，引起这一变化的合理解释是：
   a. *X* 的供给因为某种原因减少。
   b. *X* 的价格已经上涨，因此人们决定减少对它的购买。
   c. 消费者的品位发生了变化，更加青睐这种商品，并且他们想在任意价格增加对它的购买。
   d. $X$的价格已经下降，因此人们决定增加对它的购买。
   e. 以上选项都不是。
10. 下面5个事件中有4个能合理解释牛肉的需求移到了一个新的位置。哪一项不是合理的解释？
   a. 牛肉的替代品的价格上涨。
   b. 牛肉的价格下降。
   c. 牛肉消费者的货币收入增加。
   d. 牛肉生产者的广告攻势增强。
   e. 人们对牛肉的品位发生变化。
11. 我们在分析$X$商品的需求时，经常会说“其他条件保持不变”。“其他条件保持不变”的意思是：
   a. $X$的价格保持不变。
   b. 买者的收入和$X$的价格保持不变。
   c. 买者的收入、品位和$X$的价格保持不变。
   d. 所有可能会影响$X$需求的因素都保持不变，包括$X$的价格。
   e. 以上选项都不是。
12. 如果IBM生产的计算机和康柏生产的计算机互为替代品，IBM计算机的价格下降则会引起：
   a. 康柏计算机的需求减少。
   b. IBM计算机的需求增加。
   c. IBM计算机的供给增加。
   d. 康柏计算机的供给增加。
13. 正常品的需求曲线将向右移动，如果：
   a. 价格上涨。
   b. 收入增加。
   c. 生产成本增加。
   d. 以上都不是。

**B. 供给表**

14. 供给曲线描述的是：
   a. 价格与供给量的反向关系。
   b. 收入与供给量的直接关系。
   c. 消费与储蓄的循环关系。
   d. 价格与供给量的直接关系。
15. 若生产雪橇的原材料的成本增加，那么这会引起雪橇市场的如下变化：
   a. 需求曲线向右移动。
   b. 供给曲线向左移动。
   c. 需求曲线和供给曲线都向左移动。
   d. 两条曲线都不会移动。
16. 以一个生产皮鞋和皮包的厂家为例。皮鞋价格的上升会引起：
   a. 皮包供给的减少。
   b. 沿着皮包供给曲线的移动。
   c. 皮鞋需求曲线的移动。
   d. 皮鞋供给曲线和皮包供给曲线都向左移动。
17. 由于越来越多的人喜欢滑雪板运动，因而最近滑雪板的需求增加。这会引起滑雪板的供给曲线：
   a. 向左移动。
   b. 向右移动。
   c. 保持不变。
   d. 第二年减少。
18. 一般而言，供给曲线的“斜率为正”。这句话的意思是指：
   a. 生产成本的任何增加都会引起沿着供给曲线向上移动。
   b. 价格越低，消费者能够购买的数量越多。
   c. 价格越高，供给者希望出售的数量越多。
   d. 供给者出售的数量越多，为了能够把产品卖出去，他们的报价越低。
   e. 以上选项都不是。
19. 下列哪一项不能决定供给曲线的位置？
   a. 技术。
   b. 资源成本。
   c. 消费者收入。
   d. 政府税收。
20. 既定价格下，商品$X$的供给增加是由于：
   a. $X$的价格上升。
   b. 生产这种商品所需的关键要素的价格上升。
   c. 生产这种商品所需的关键要素的价格下降。
   d. 以上都不是。

**C. 供给与需求的平衡**

21. 市场均衡指的是：
   a. 供给量等于需求量时的价格。
   b. 每一个想要购买的买者在均衡价格购买，每一个想要出售的卖者在均衡价格出售。
   c. 价格没有变化的倾向。
   d. 所有以上选项。
   e. 以上选项都不是。
22. 在繁荣时期，商品$X$的均衡价格和数量可能同时上升。这种情况：

a. 是需求向下倾斜规律的一个例外。

b. 正是需求向下倾斜规律所说的内容。

c. 是需求曲线从西南向东北方向运动的结果。

d. 不能通过一般的供给和需求曲线分析来解释。

e. 是由于一条向右移动的需求曲线和一条稳定的供给曲线而引起的。

23. 牛肉生产国发生旱灾，牛肉供应急剧下降。消费者转向将猪肉作为牛肉的替代品，因为他们认为这两种肉都对健康有益。在牛肉市场上，这两种现象用供给和需求来表示就是：

a. 需求曲线向左移动。

b. 供给曲线向左移动。

c. 需求曲线向右移动。

d. 供给曲线向右移动。

e. 供给曲线和需求曲线都会向左移动。

24. 在问题23中哪一个选项能正确反映猪肉市场的情况？

a. 需求曲线向左移动。

b. 供给曲线向左移动。

c. 需求曲线向右移动。

d. 供给曲线向右移动。

e. 供给曲线和需求曲线都会向左移动。

25. 假定一种物品的价格为5美元。在这一价格水平上，如果买者希望每周购买4 000单位，而卖者希望出售5 000单位，那么：

a. 价格在未来会上涨。

b. 企业产出在未来会增加。

c. 价格和产出在未来保持不变。

d. 价格在未来会下降。

e. 这种情况不会发生。

图3-2表示的是去年家用燃油的市场情况。市场的初始均衡位置为$P_1$（价格）和$Q_1$（数量）。请用它来回答题26~27。

26. 根据以往的气象记录，今年东北部还会异常的寒冷，并且会有暴风雪。家用燃油市场上新的均衡点将为：

a. *A*点。

b. *B*点。

c. *C*点。

d. *D*点。

图3-2

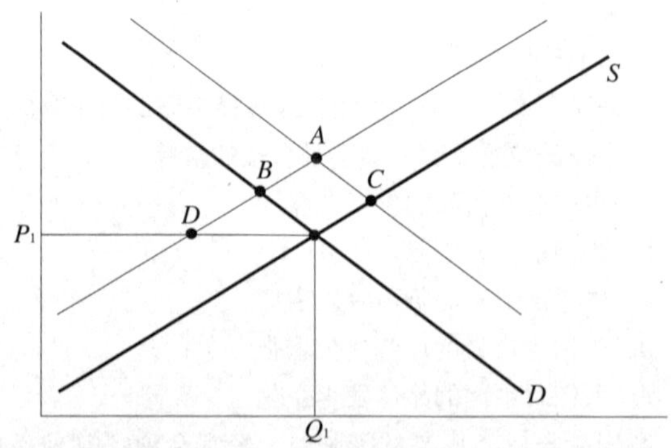


27. 在旧的均衡点，现在存在着：

a. 短缺。

b. 剩余。

c. 均衡。

d. 超额供给。

表3-1列出了山地车市场的一些数据。请用这些数据回答题28~29。

表3-1

| 价格（$） | 供给量（每周） | 需求量（每周） |
|---|---|---|
| 100 | 1 000 | 4 000 |
| 200 | 2 000 | 3 500 |
| 300 | 3 000 | 3 000 |
| 400 | 4 000 | 2 500 |
| 500 | 5 000 | 2 000 |

28. 该市场的均衡价格为：

a. $100。

b. $200。

c. $300。

d. $400。

29. 该市场交易的均衡数量为：

a. 2 000辆。

b. 3 000辆。

c. 4 000辆。

d. 5 000辆。

30. Doc Martens鞋和靴子在大学生中日益流行。这一时尚对锐步运动鞋的市场带来了很大的冲击，因为它是 Doc Martens 鞋的替代品。我们可以预期：

a. 锐步的均衡价格下跌，交易的均衡数量增加。

b. 锐步的均衡价格和均衡数量都上升。

c. 锐步的均衡价格和均衡数量都下降。

d. 锐步的均衡价格上升，均衡数量减少。

31. 如果消费者在某种正常品上的开支增加，那么这种商品的均衡价格将会：

a. 上升。

b. 下降。

c. 保持不变。

d. 信息不足，难以回答。

## 七、解答题

下列问题旨在帮助你运用教材中提到的概念。

1. 判断下列陈述，若陈述正确就在横线上标 *T*，若是错误就标 *F*，若不确定就标 *U*。

**A. 需求表**

__ a. 替代效应告诉我们，如果价格下跌，人们就会购买更多的物品，因为他们的购买力增加了。

__ b. 由于在过去 50 年内汽车的价格下跌了，因而汽车的需求增加了。

__ c. 当需求减少、价格下跌时，供给曲线向左移动。

**B. 供给表**

__ d. 在过去几年中，CD 播放机的价格下跌了，同时，CD 播放机的供给增加。在这个例子中，供给规律失效。

__ e. 技术进步能引起供给曲线向右移动。

__ f. 如果百事可乐的价格上涨，很有可能可口可乐的市场供给曲线会向右移动。

__ g. 如果汽车工人的工资增加，那么汽车的供给曲线就会向左移动。

**C. 供给与需求的平衡**

__ h. 物品市场是通过决定价格和产出水平的供给者的行为来决定的。

__ i. 如果市场的实际价格超过均衡价格，我们就会预期产出和价格下降。

__ j. 在市场经济中，物品通过价格体系分配到那些有支付能力的人手中。

2. 表 3－2 列出了一些使需求曲线或供给曲线移动的因素。在每一种情况下，确定哪条曲线会移动，并在横线上填上**需求**或**供给**；然后再填上这条曲线是**向右**还是**向左**移动。此外，还要确定均衡价格和均衡产出是**上升**了还是**下降**了。第一种情况已经填出。

**表 3－2**

| 移动因素 | 需求或供给 | 移动 | 向左或向右 | 价格将 | 产出将 |
|---|---|---|---|---|---|
| a. 人口增加 | 需求 | 移动 | 向右 | 上升 | 上升 |
| b. 投入价格增加 | ___ | 移动 | ___ | ___ | ___ |
| c. 关税取消 | ___ | 移动 | ___ | ___ | ___ |
| d. 平均收入下降 | ___ | 移动 | ___ | ___ | ___ |
| e. 技术进步 | ___ | 移动 | ___ | ___ | ___ |
| f. 产品越来越畅销 | ___ | 移动 | ___ | ___ | ___ |

3. 本题涉及到需求和供给曲线的移动。图 3－3 列出了 4 种不同的需求或供给曲线的移动。仔细考虑一下每一种移动。

**图 3－3**

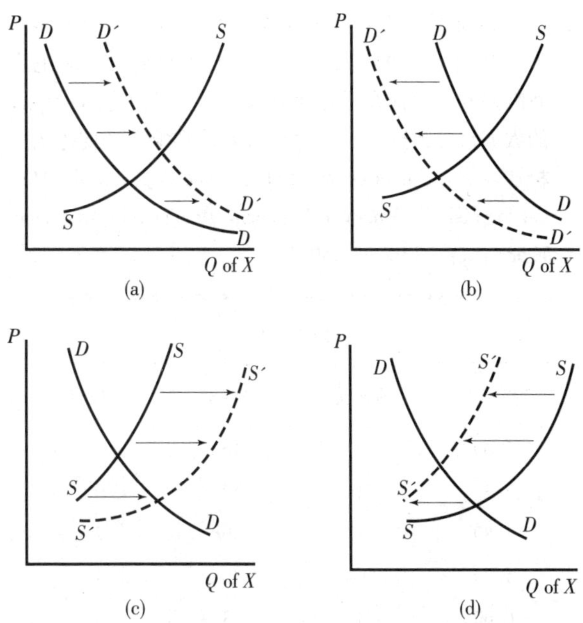

**表 3－3**

| 市场的变化 | 图 | 变动因素 | 价格将 | 产出将 |
|---|---|---|---|---|
| a. X 物品是样式过时的服装 | b | 品位的变化使 DD 曲线向左移动 | 下降 | 下降 |
| b. 对供给者征收污染税 | | | | |
| c. 对外国购买者开放市场 | | | | |
| d. 替代品的价格下降 | | | | |
| e. 市场结构需要更多的广告 | | | | |
| f. 所得税全面减免 10% | | | | |
| g. 机器人使生产变得更富效率 | | | | |

表 3－3 考虑了 7 种不同的市场中的变化。你认为(a)、(b)、(c) 或 (d) 各适合于哪一种市场。然后列出导致曲线移动的变动因素。最后，确定均衡价格和产出是升高了还是下降了。第一种情况已经填出。

4. 本题涉及到鱼市场和教皇保罗六世（Pope Paul VI）于 1966 年颁布的法令，该法令授予当地天主教的主教准许罗马教徒在周五食肉的权利。我们将运用假设的数据来分析这一法令对鱼市场的影响。（具体的分析请参阅：Frederick W. Bell，“The Pope and the Market for Fish.” American Economic Review 58 [December 1968], pp. 1346－1350。）

**表 3－4**

| 价格（$） | 需求量 | 供给量 | 新数量 |
|---|---|---|---|
| 3.00 | 0 | 15 | 0 |
| 2.40 | 2 | 12 | 0 |
| 1.80 | 4 | 9 | 2 |
| 1.20 | 6 | 6 | 4 |
| 0.60 | 8 | 3 | 6 |
| 0 | 10 | 0 | 8 |

表 3－4 列出了每磅鳕鱼的市场价格（单位：美元）与在这些价格水平上的需求数量和供给数量（单位：千磅）。（现在，暂时不考虑右边“新数量”那一栏。）

a. 鳕鱼价格每磅下降 60 美分，需求量将增加________________。

b. 鳕鱼价格每磅下降 60 美分，供给量将减少________________。

c. 在图 3－4 中，画出市场需求曲线和供给曲线。

d. 市场均衡价格和均衡数量各为多少？________________

e. 现在假设颁布了教皇法令，哪一条曲线将会受到影响？________________

f. 哪一个变动因素会导致这条曲线的移动？________________

**图 3－4**

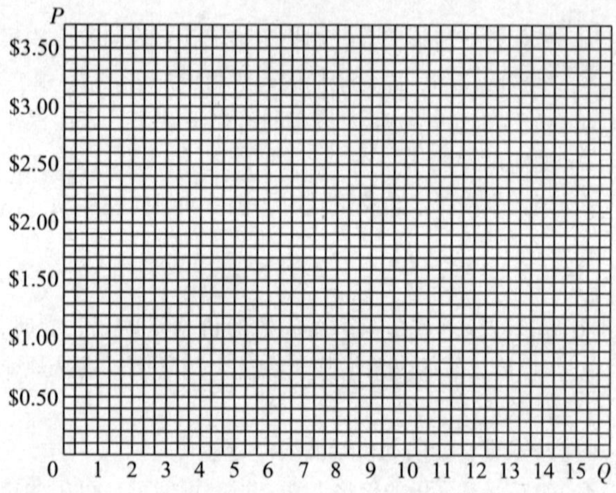


假定表 3－4 中标有“新数量”的一栏代表市场中的变化。

g. 在图 3－4 中画出新的曲线。（对于那条曲线移动有疑问吗？）

h. 均衡价格和均衡数量的大致位置在哪里？________________

i. 什么类型的变化会引起沿着需求曲线的移动而不是它本身的移动？________________

j. 颁布法令会引起供给曲线的移动吗？鳕鱼的供给数量

将发生变化吗？请解释。

5. 在经济衰退时期，如果家庭收入减少，那么二手车的价格将会发生什么变化？表 3 – 5 中的前 3 栏列出了经济衰退前的价格、供给量和需求量的数据。

**表 3 – 5**

| 价格（$） | 需求量 | 供给量 | 新数量 |
|---|---|---|---|
| 500 | 100 | 400 | ___ |
| 600 | 150 | 300 | ___ |
| 700 | 200 | 200 | ___ |
| 800 | 250 | 100 | ___ |
| 900 | 300 | 0 | ___ |

a. 在图 3 – 5 中画出该市场的供给曲线和需求曲线。

b. 确定均衡价格和均衡产出。

c. 在什么价格下供给数量将降至零？

d. 供给曲线在纵轴上的截距是多少？

e. 供给曲线和需求曲线的斜率各为多少？

**图 3 – 5**

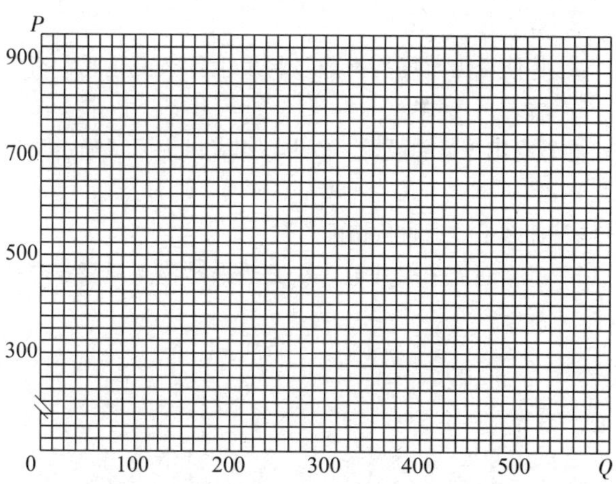


该市场的一个特征就是居民户或消费者既是二手车的供给方，也是需求方。当经济进入衰退后，价格和数量就会出现一组新的关系。假定新的关系如表 3 – 6 所示。

**表 3 – 6**

| *P*（$） | Q |
|---|---|
| 500 | 55 |
| 700 | 155 |
| 900 | 255 |

f. 把这些数字填入表 3 – 5 中的最后一列，注意有一些空没有数据。

g. 计算空白处的数字并填上。

h. 在图 3 – 5 中画出新的曲线。

i. 新的均衡价格和均衡产出的大致位置在哪？

j. 为什么曲线要发生移动？

k. 你能想出曲线会向相反的方向移动的原因吗？

l. 假设最后由于经济不景气，一些家庭决定购买一辆二手车而不是新车。进一步假定一些原本打算购买二手车的家庭推迟了购买决定。第二个假设占主导地位，或者强于前面提到的第一个假设。在图 3 – 5 中画出这种变化，并解释它对市场价格和产出的影响。

6. 另一个重要市场是劳动市场。我们可以用工人的供给和需求来描述和分析它。劳动、土地和资本被认为是企业用来生产物品或提供服务的基本生产要素。生产要素的交换发生在要素市场。另一方面，物品和服务在产品市场上进行交易。为了能正确理解这些市场的各自功能，建议你仔细阅读教材中的图 2 – 1。

在劳动的要素市场上，个人和企业的作用与他们在产品市场上刚好相反。在要素市场中，个人是劳动的供给方，而企业是劳动的消费者，也即需求方。在其他条件保持不变的情况下，在较高的价格或工资水平下，工人将提供更多的服务；而当工资下降时，企业将需要更多的服务。

图 3－6 画出了完全竞争市场中的劳动需求和供给曲线。如图所示，均衡市场工资为 5 美元（每小时）。

**图 3－6**

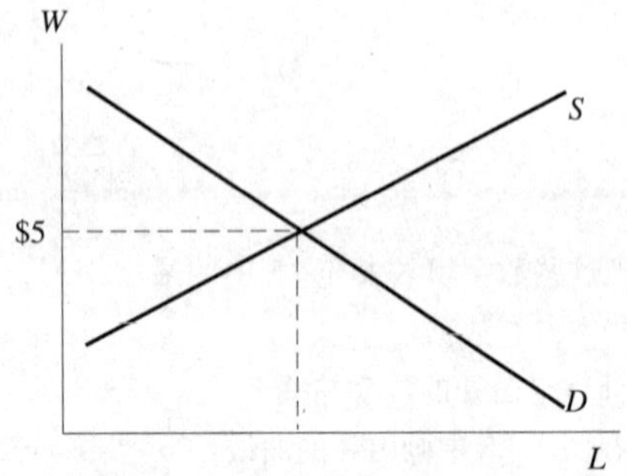


a. 如果工资低于均衡工资，你认为是需求曲线还是供给曲线会发生移动？请解释。

b. 如果工资低于均衡工资，什么因素会促使工资向均衡工资移动？

c. 假定政府通过了一条法令，规定该行业所有工人的工资不得低于每小时 6 美元。你认为是需求曲线还是供给曲线会发生移动？请解释。

d. 假定没有其他变化，描述这条法令对这一市场的工资、就业和失业的影响。

e. 该市场的劳工移民增加会对工资产生什么影响？劳工市场上对劳动力的需求增加时，如何描述移民劳工进入劳工市场的结果？

## 八、讨论题

回答下列问题，解释你这样回答的原因。

1. 解释任何商品的市场供给曲线的斜率都为正的原因。
2. 解释任何商品的市场需求曲线的斜率都为负的原因。
3. 解释在供求分析中，“假定其他条件保持不变”概念的重要性。

**图 3－7**

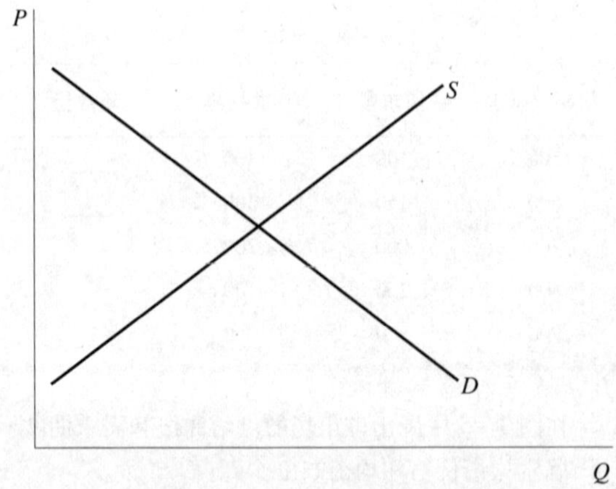


4. 假定我们正在研究玉米片市场。进一步假定下一个夏天将发生以下事件：（1）农场地带的天气异乎寻常的热，而且雨水较少；（2）一项新的研究发表并广为人知：吃玉米片有益于人体健康，还能延年益寿。图 3－7 画出了玉米片市场的初始均衡位置。
   a. 在图上画出上述两个事件给玉米片市场带来的变化。
   b. 你能说出市场均衡价格将发生什么变化吗？请解释。
   c. 你能说出市场均衡数量将发生什么变化吗？请解释。
5. 在教材第 3 章的最后一节中，作者讨论了“通过价格配给”。
   a. 什么是“通过价格配给”？
   b. 社会还能采取其他什么方法来对物品和服务进行配给？

## 九、答案

### 三、关键概念复习

5 有效需求

10　　供给增加
3　　消费者收入
2　　技术
6　　替代品的价格
1　　移民
4　　边际收益递减规律
7　　均衡产出水平
9　　剩余
8　　供给量的减少

## 六、选择题

1. C　2. C　3. C　4. B　5. A　6. C　7. A
8. A　9. E　10. B　11. E　12. A　13. B　14. D
15. B　16. A　17. C　18. C　19. C　20. C　21. D
22. E　23. E　24. C　25. D　26. C　27. A　28. C
29. B　30. C　31. A

## 七、解答题

1. a. F　b. F　c. F　d. F　e. T
   f. F　g. T　h. F　i. T　j. T
2. b. 供给，向左，上升，下降
   c. 供给，向右，下降，上升
   d. 需求，向左，下降，下降
   e. 供给，向右，下降，上升
   f. 需求，向右，上升，上升
3. b. （d）成本增加引起 *SS* 曲线向左移动，上升，下降
   c. （a）买者数量增加引起 *DD* 曲线向右移动，上升，上升
   d. （b）替代品价格下降引起 *DD* 曲线向左移动，下降，下降
   e. （d）成本增加引起 *SS* 曲线向左移动，上升，下降
   f. （a）收入增加引起 *DD* 曲线向右移动，上升，上升
   g. （c）技术进步引起 *SS* 曲线向右移动，下降，上升
4. a. 2（千磅）
   b. 3（千磅）
   c. 见图 3－4
   d. $P_1=1.20$（美元/磅）　$Q_1=6$（千磅）
   e. 需求曲线将会向左移动
   f. 消费者的品位和偏好将会受到该法令的影响
   g. 见图 3－4
   h. $P_2$ 大约为每磅 0.96 美元
   $Q_2$ 大约为 4.8 千磅

**图 3－4**

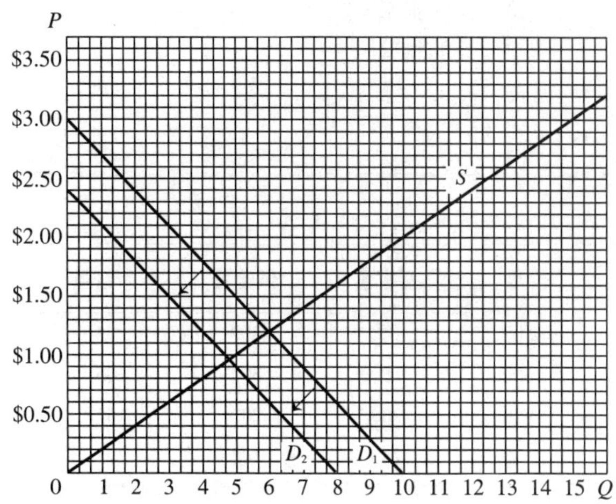


   i. 如果鳕鱼的价格发生变化，消费者将沿着需求曲线移动。
   j. 教皇的法令会引起需求曲线的移动，但不会引起供给曲线的移动。生产者将沿着现有供给曲线移动，直到与新的需求曲线相交。结果价格下降，生产者的利润减少，迫使一部分企业退出该行业。当这种情况发生时，供给曲线就会向左移动。但是教皇的法令并不直接影响供给曲线的位置或形状。
5. a.

**图 3－5**

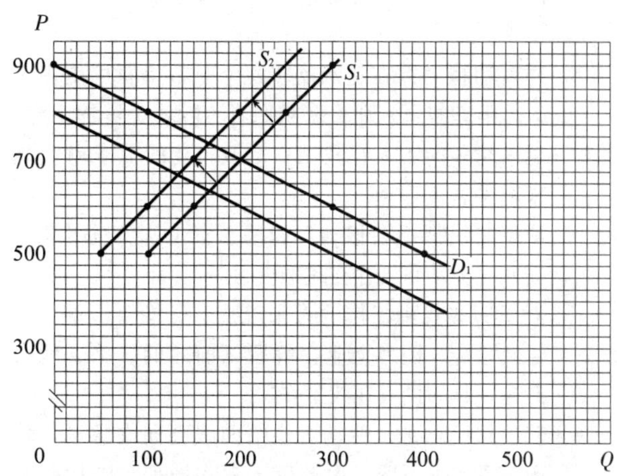


   b. $P_1=\$700$　$Q_1=200$

c. $300

d. $300

e. 供给曲线的斜率 =2

需求曲线的斜率 = -1

f. 见表3-5

g. 见表3-5

**表3-5**

| 价格 | 需求量 | 供给量 | 新数量 |
|---|---|---|---|
| $500 | 100 | 400 | 55 |
| 600 | 150 | 300 | 105 |
| 700 | 200 | 200 | 155 |
| 800 | 250 | 100 | 205 |

h. 见图3-5

i. $P_2$ 大约为 $730

$Q_2$ 大约为 162

j. 在经济衰退时期，汽车所有者会延长拥有汽车的时间。或许因为他们的收入减少了，或者他们失业了。

k. 如果居民户的收入急剧下降，人们就会被迫卖掉汽车换钱。(在经济萧条时期，这种情况有可能发生。)

l. 见图3-5。需求曲线向左移动。市场价格和产出都会下降。

6. a. 两条曲线都不会移动。由于工资是用纵轴来表示的，那么你就会沿着这条曲线移动直到均衡工资水平。

b. 对劳动将会存在超额需求。企业希望雇用更多工人，但却找不到那么多求职者。随着工资的上涨，越来越多的工人在找工作，但企业的需求就会越来越少。

c. 两条曲线都不会移动。如果工资上涨为每小时6美元，劳动将会存在超额供给。

d. 对于那些找到工作的人来说，工资将会上涨。失业会增加，因为企业会解雇以前雇的工人，就会有越来越多的人在找工作。

e. 若仅移民增加，劳动力供给曲线会向右移动，均衡工资水平下降。而若劳工需求增加，则均衡工资将不再以同样的幅度下降，相反甚至还有可能上升。在这种情况下，移民就不会“导致”工资变动，但较高的工资水平能够吸引移民进入某些劳工市场。

## 八、讨论题

1. 如果企业生产更多的产出，它们就会占用其他行业的资源，这些产出的成本就会增加，因此生产的产出越多，其成本也就越大。

2. 当消费者购买商品时，他们从每增加的一单位中得到的满意度逐渐下降。因此，他们对该商品的购买意愿同样也会减少。

3. 如果我们不保持其他条件不变，就很难解释经济是如何运行的。如果多于一个以上的条件同时发生变化时，我们就不可能解释其中的因果关系。

4. a.

**图3-7**

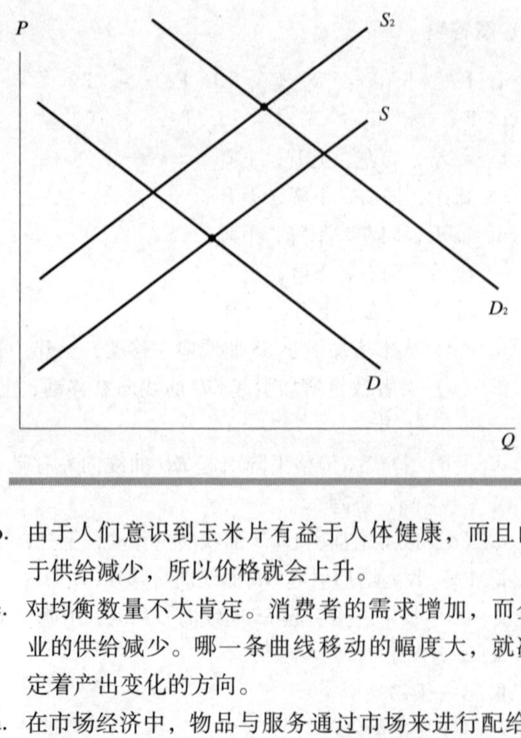


b. 由于人们意识到玉米片有益于人体健康，而且由于供给减少，所以价格就会上升。

c. 对均衡数量不太肯定。消费者的需求增加，而企业的供给减少。哪一条曲线移动的幅度大，就决定着产出变化的方向。

5. a. 在市场经济中，物品与服务通过市场来进行配给。消费者拥有货币“选票”，并决定生产什么。

b. 配给计划还有一个实施方式，就是通过政府来执行。这就是指令经济。请记住：所有的社会都面临着稀缺，它们必须以某种方式对物品和服务进行配给。

# 第 4 章

# 宏观经济学概述

## 一、概述

宏观经济学考察的是一幅"巨型图"，所研究的是整个经济如何做出资源配置的决策。其涉及的范畴包括诸如增长、通货膨胀、失业以及商业周期的根源；政府通过一系列政策工具促进（或抑制）经济发展；政策有效或失效的原因等。

研究经济政策对经济整体影响的实证经济学家发现，特定的政策目标与为达到这些目标所采用的政策工具之间有时会互相冲突。尽管某一政策目标看似颇有价值，为追求这一目标的政策却往往会伤害到同样重要的其他目标。例如，采取降低失业率政策的同时会提高通货膨胀率。

当你完成本章的学习之后，并不能得到众多问题的答案，相反，还会发现大量的问题。这些问题将在接下来的 12 章得到解答。不过，此时对这些问题的思考也并非在做无用功。你了解了每一个问题的背景及其重要性，那么就为以后获得更多的宏观经济学知识奠定了扎实的基础。

## 二、学习目标

在读完教材第 4 章并完成本书相应的习题后，你将能够做到以下几点。

1. 解释**微观经济学**（microeconomics）与**宏观经济学**（macroeconomics）的区别。
2. 明确宏观经济政策的主要目标。
3. 明确为达到宏观经济政策目标而采取的主要政策工具。
4. 了解 20 世纪的一些主要的经济事件，以及相关经济政策对美国经济的影响。
5. 评价**约翰·梅纳德·凯恩斯**（John Maynard Keynes）对政府宏观经济政策发展的贡献。
6. 认识在两个或两个以上的政策目标间进行权衡的可能性（如价格稳定与高就业水平，高增长率与当前的高消费，等等）。
7. 了解**政策工具**（policy instrument）以及**外生变量**（exogenous variable）如何影响**引致变量**（induced variable）或**内生变量**（endogenous variable）。
8. 评价国际经济的重要性以及一国经济与国际经济的联系。
9. 深入了解总供给、总需求以及宏观经济均衡的基本原理。
10. 利用总供求分析来说明政策工具和外生变量是如何影响宏观经济的供给方或需求方的。

## 三、关键概念复习

在 B 栏中寻找与 A 栏中术语相应的解释，并将序号填在术语前边。

| A | B |
|---|---|
| __《1946 年就业法案》 | 1. 导致**总供给**（aggregate supply）剧烈变动的成本或生产率条件的突然变化。 |
| __ 商业周期 | 2. 既定时期内一国企业愿意生产和销售的商品和服务的总量。 |
| __ 财政政策 | 3. 一个经济体实际产出的短期下降。 |
| __ 货币政策 | 4. 用以衡量普通城市消费者购买固定的一篮子商品和服务的成本的指标。 |

__ 收入政策 5. 出口产品价值与进口产品价值的差额。

__ 国内生产总值（GDP） 6. 失业人数占劳动力总数的百分比。

__ 名义 GDP 7. 经济活动扩张和收缩的模式。

__ 实际 GDP 8. 中央银行对一国的货币、信贷、银行系统进行管理以影响宏观经济活动的行为。

__ 潜在 GDP 9. 一般物价水平的年增长或降低的百分比。

__ GDP 缺口 10. 用以控制工资和价格的政府政策。

__ 失业率 11. 一定时期内经济各部门愿意购买的商品和服务的总量。

__ 消费价格指数 12. 稳定的价格水平下产出的最高水平。

__ 净出口 13. 以当前市场价格加以衡量。

__ 贸易政策 14. 一国确定其本币价格与他国货币价格比率的方式。

__ 总供给 15. 据此，联邦政府宣布了自身在促进就业、产出和购买力最大化上的职责。

__ 总需求 16. 通过政府支出和税收影响宏观经济变量。

__ 国际金融管理 17. 潜在 GDP 与实际 GDP 之间的差额。

__ 供给冲击 18. 以不变市场价格加以衡量。

__ 衰退 19. 关税、配额以及其他限制或鼓励进出口的规定。

__ 通货膨胀 20. 一年内一国生产的最终产品和服务的市场价值。

## 四、小结与本章提纲

本节对教材第 4 章的关键概念进行总结。

### A. 宏观经济学的核心概念

1. **宏观经济学**（macroeconomics）是对整体经济的行为进行的研究。它考察的是一国产出、就业和价格的总体水平。**微观经济学**（microeconomics）则研究个体（产品、市场、行业、企业）的价格、数量和市场。
2. 由于大萧条的出现，许多经济学家和政策制定者认识到，政府必须更多地参与稳定国家经济健康的活动。约翰·梅纳德·凯恩斯所著的《就业、利息与货币通论》，使宏观经济学发生了革命性的变化。凯恩斯指出：（a）市场经济依靠自身并不能达到充分就业和经济繁荣，相反倒可能陷于高失业和生产能力利用不足的境地；（b）政府可以运用**财政政策**（fiscal policy）和**货币政策**（monetary policy），以减少失业和缩短经济衰退时间。财政政策是指运用税收政策和调节政府支出。货币政策则是通过国家货币和信贷供给来确定短期利率，而短期利率则可以影响金融和经济状况。
3. 广义而言，健康经济的特点是：稳定的高水平经济增长、高水平就业和低水平失业，以及稳定的（或轻微上升的）物价。为努力实现这些目标，大多数政府把财政政策和货币政策结合起来运用。在一国经济中，用来管制工资和物价的**收入政策**（income policy）则较少运用。
4. 经济增长总是伴随着经济活动不规则的衰退和扩张——**经济周期**（business cycles）。政府运用**政策工具**（policy instrument）以减缓经济活动中的这种波动，并且尽力使 GDP 保持或接近于其潜在水平。
5. 劳动力分为两部分：正在工作的个体和正在寻找工作的个体。**失业率**（unemployment rate）衡量的是正在寻找工作的劳动力的比率。既没工作也不在寻找工作的个体未被列入劳动力之中。这些个体包括儿童、全日制学生、退休者以及专职家庭主妇。经济学家并不把这些个体算作失业者，因为他们并不谋求就业。那些想干全职但当前却在干兼职的个体则被算作就业者。
6. 稳定的物价是健康经济的一个至关重要的组成部分。物价的迅速变化会扭曲公司和个人的经济决策。对物价总体水平最常用的衡量方法是**消费价格指数**（consumer price index）。
7. 各国经济与世界其他地区通过贸易和金融紧密相连。全球各国的政治领导人和中央银行的决策者日益努力地协调其宏观经济政策，因为一国的财政政策和货币政策会形成溢出效应，从而对其邻国产生影响。

### B. 总供给和总需求

1. 一国的**总供给**（aggregate supply，*AS*）取决于企业能

够要求的价格水平，以及经济的生产能力或潜在产出。**潜在产出**（potential output）或潜在 GDP 是由可以获得的生产性投入以及使用这些投入的管理和技术效率决定的。

2. **总需求**（aggregate demand，*AD*）是指经济各部门在一给定时期内愿意对商品和服务支出的总额。总需求是消费者、企业和政府支出的总和。总需求受价格水平、货币政策、财政政策和其他因素的影响。
3. 向下倾斜的**总需求曲线**（aggregate demand schedule）和向上倾斜的**总供给曲线**（aggregate supply schedule）之间的相互作用，决定了经济的总产出。一国的产出和价格水平由需求者愿意购买量与企业愿意出售量相等时的那一点来确定。由此确定的产出和价格水平决定就业、失业和净出口。
4. 可以运用总需求和总供给曲线来分析 20 世纪对美国经济产生影响的某些重大经济事件：（a）越战时期的经济扩张；（b）20 世纪 70 年代供给冲击产生的滞胀；（c）20 世纪 80 年代货币紧缩造成的严重衰退；（d）20 世纪 90 年代和 21 世纪初的生产率冲击（正向的和负向的）；（e）20 世纪经济增长的惊人记录。
5. 宏观经济政策的主要任务是对经济状况进行“诊断”，并对症下药。当然，关于应当如何行事，在经济学家中间甚至在财政政策和货币政策决策者中，并非总是意见一致。然而，政府决策对经济活动产生的影响可能是巨大的。

## 五、学习提示

1. 在计算**失业率**（unemployment rate）时，务必只计算那些正在积极地寻找工作的个体。请记住，**劳动力**（labor force）包括失业者和正在市场上工作的就业者。
2. 经济增长总是以**实际**（real）的价格或经通货膨胀调整后的价格来衡量。假如名义 GDP 从这一年到下一年增长 8%，而通货膨胀率在此期间也增长了 8%，那么经济没有任何增长。价格水平增长了 8%，这就是（名义）GDP 比上年高 8% 的原因。完全没有诸如**名义**（nominal）经济**增长**（growth）的事情。
3. 为了对一段时间内或各国的 GDP 作比较，应当运用实际数字（经济学家偏爱用实际值来衡量各种数据）。
4. 经济增长通常用百分比来衡量。百分比变化是相当容易计算的。任何百分比变化，只是某些变量的改变量除以某个基数或初始值，再乘以 100%。例如，假定你有两个苹果，把其中一个给了朋友，我们可以说，你持有的苹果减少了 50%。变化的绝对数量是 1，基数值是 2，我们乘以 100% 得到 50%。就这么简单！在本章的注释 2，萨缪尔森和诺德豪斯用下列公式计算以消费价格指数表示的通货膨胀率：

$$\text{消费物价的通货膨胀率} = \frac{\text{CPI（今年）} - \text{CPI（去年）}}{\text{CPI（去年）}} \times 100\%$$

这个公式显然可以被认为是一种百分比变化。

5. 教材中对 *AS* 和 *AD* 曲线的警示值得重复。切勿把宏观经济的 *AD* 和 *AS* 曲线与微观经济的需求曲线和供给曲线混为一谈。在微观经济学中，需求曲线和供给曲线表示单个市场中产品的数量和价格，前提是诸如国民收入和其他产品的价格等保持不变。然而，在宏观经济学中，总供给和总需求曲线表示的是总产出和总体价格水平的确定，前提是诸如货币供给量、财政政策和资本存量等保持不变。两组曲线看上去相似，但解释的却是完全不同的经济现象。
6. 分析 *AS* 和 *AD* 图形时，要对曲线的移动和沿着曲线的移动进行区分。假如价格水平发生变化，曲线将不会移动。请记住，由于价格水平是用纵轴表示的，价格的变化就可以由沿着曲线的移动来解释——这是关于这两条曲线由来的基本原理。如果任何其他相关变量发生变化（例如，财政政策、货币政策甚至天气），那么（至少）有一条曲线将发生移动。你若需要学习这一概念，请复习第 1 章附录。
7. 同生产可能性边界一样，总供给和总需求图形是一种经济模型。我们做出某些简化的假设，假定其他变量不变，以便更好地理解和解释某个经济事件。
8. 当你继续学习宏观经济学时，请把这些新概念与第 1 章介绍的稀缺和生产可能性边界等问题联系起来。也请注意这些概念与诸如企业、市场和个人等微观经济问题的联系。

## 六、选择题

下列问题按照教材中的顺序安排，从各选项中选出一个最佳答案。

**A. 宏观经济学的核心概念**

1. 宏观经济学的研究包括下列哪些课题：
   a. 通货膨胀、失业和经济增长的根源。

b. 总体经济活动的微观基础。
c. 一些经济体取得成功而另一些经济体则归于失败的原因。
d. 为实现宏观经济目标，增加取得成功的可能性而采取的政策。
e. 所有以上选项。

2. 指导政府政策以支持美国宏观经济健康发展的做法，正式开始于：
a. 1978 年汉弗莱－霍金斯法。
b. 1986 年税制改革法。
c. 1946 年充分就业和均衡增长法。
d. 1985 年平衡预算法。
e. 2003 年的退税条例草案。

3. 至少某些经济学家认为，价格稳定的目标可以对下列进行调整而实现：
a. 财政政策。
b. 货币政策。
c. 收入政策。
d. 所有以上选项。
e. 以上选项都不是。

4. 名义 GDP 和实际 GDP 的主要区别是：
a. 实际 GDP 按价格变化做了调整，而名义 GDP 则没有。
b. 名义 GDP 按价格变化做了调整，而实际 GDP 则没有。
c. 名义 GDP 更适合于比较若干年的产出。
d. 实际 GDP 在通货膨胀时增长更多。
e. 凯恩斯认为名义 GDP 在大萧条期间计算有误。

5. 经济衰退和萧条的主要区别是：
a. 萧条通常先于衰退发生。
b. 在萧条期间，失业水平较高且持续时间较长。
c. 衰退往往是由不当的财政政策引起的，而萧条则通常是由糟糕的货币政策引起的。
d. 衰退被认为是商业周期的一部分，而萧条则不是。
e. 经济预测人员对萧条预测得较好。

6. 假如潜在 GDP 大于实际 GDP，那么：
a. 出口一定大于进口。
b. 通货膨胀从上年起已增加。
c. 经济中可能有些失业。
d. 应当以名义价格做比较。
e. a 和 b 都正确。

7. 旨在刺激出口的政策可以影响：
a. 国内就业前景。
b. 价格稳定。
c. 相对于潜在 GDP 的实际 GDP 的增长。
d. 对外贸易平衡。
e. 所有以上选项。

8. 约翰·梅纳德·凯恩斯最让人铭记的可能是：
a. 与俄罗斯一位芭蕾舞演员结婚。
b. 代表国王学院所做的精明的投资。
c. 对英国财政部提出的建议。
d. 对现代艺术和珍贵书籍的收藏。
e. 考察宏观经济学和宏观经济政策的新方法。

9. 在下列各对目标中，哪一对看起来是相互矛盾的？
a. 低通货膨胀率和低失业率。
b. 低失业率和实际 GDP 的高增长率。
c. 实际 GDP 的高增长率和对外贸易平衡。
d. 价格稳定和对外贸易平衡。
e. 价格稳定和潜在 GDP 的迅速增长。

10. 失业、通货膨胀和实际 GDP 的增长率都属于：
a. 政策变量。
b. 外部变量。
c. 国际变量。
d. 由经济决定的变量。
e. 以上选项都不是。

11. 下列哪一个选项在长期内是潜在产出的决定因素？
a. 税收。
b. 货币。
c. 技术。
d. 资本投资。
e. c 和 d 都正确。

12. 以下哪一个是宏观经济学研究的中心主题？
a. 产出、就业和价格的短期波动。
b. 产出和生活水平的长期波动。
c. 企业的利润水平。
d. a 和 b。
e. 所有以上选项都不是。

13. 1946 年的就业法案旨在：
a. 促进就业。
b. 促进产出增长。
c. 保持价格稳定。
d. a 和 c。
e. a、b 和 c。

**B. 总供给和总需求**

14. 在短期内，总供给曲线的斜率为正，这是因为：
   a. 生产成本递增。
   b. 规模报酬递减。
   c. 产出价格通常比投入价格上升得更快。
   d. 存在高失业的可能性。
   e. 以上选项都不是。
15. 在一个宏观经济模型中，下列哪个选项最有可能是外生变量？
   a. 外国对美国的出口。
   b. 本国的出口。
   c. 利率。
   d. 税收。
   e. 货币政策。
16. 在一个宏观经济模型中，下列哪个选项最有可能是引致变量？
   a. 供给冲击。
   b. 外国的出口。
   c. 人口增长。
   d. 第二次世界大战。
   e. 国民产出。
17. 增加防务支出而又不随之增加税收的短期效应是：
   a. 较高的价格和较高的 GDP。
   b. 较高的价格和较低的 GDP。
   c. 较低的价格和较低的 GDP。
   d. 较低的价格和较高的 GDP。
   e. 较低的价格和不变的 GDP。
18. 假如 *AD* 曲线向右移动，以适应石油输出国组织的石油冲击，那么：
   a. 价格和 GDP 应当保持稳定。
   b. 产出应当保持不变，尽管价格较高。
   c. 产出应当增加，价格应当下降。
   d. 国内石油价格应当下降。
   e. 以上选项都不是。
19. 美国 20 世纪 80 年代初协调安排提高利率的后果，可由 *AS*－*AD* 图形的下列变动充分证明：
   a. *AS* 曲线向左移动。
   b. *AS* 曲线向右移动。
   c. *AD* 曲线向左移动。
   d. *AD* 曲线向右移动。
   e. *AD* 曲线或 *AS* 曲线均不移动。
20. 美国 1900 年以来的产出增长：
   a. 缓慢且不稳定。
   b. 几乎 20 年受同一因素影响。
   c. 平均每年增长 0.5%～3%。
   d. 平均每年增长 6%。
   e. b 和 c。

## 七、解答题

下列问题旨在帮助你运用教材中提到的概念。

**A. 宏观经济学的核心概念**

1. 产出通常以其最全面的尺度 GDP 来衡量。这里的图 4－1 转自教材中的图 4－2，用此图来回答本题中的 e、f、g、h。
   a. GDP 是在任一给定年份所生产的全部商品和服务的（**市场/贴现/稳定的**）价值。
   b. 在按现行价格衡量时，GDP 被称为（**名义/实际/潜在**）GDP。
   c. 按经过通货膨胀率调整后的价格衡量时，GDP 被称为（**名义/实际/潜在**）GDP。
   d. 在按最大可持续产出衡量时，GDP 被称为（**名义/实际/潜在**）GDP。
   e. 20 世纪 70 年代末，高通货膨胀引起实际 GDP（**达到潜在 GDP/超过名义 GDP/小于名义 GDP**）。
   f. 20 世纪 80 年代初，高失业引起名义 GDP（**超过潜在 GDP/小于潜在 GDP/小于实际 GDP**）。
   g. 20 世纪 90 年代初，低失业引起名义 GDP（**超过潜在 GDP/小于潜在 GDP**）。
   h. 在什么时期 GDP 缺口最大？

      ________________________________

      从历史上看，这一时期发生过什么情况？

      ________________________________

   i. 在 GDP 缺口占 GDP 百分比为负数时，你能否讲一下实际 GDP 和潜在 GDP 之间的关系？

      ________________________________

      从历史上看，这一（这些）时期发生过什么情况？

      ________________________________

图 4－1

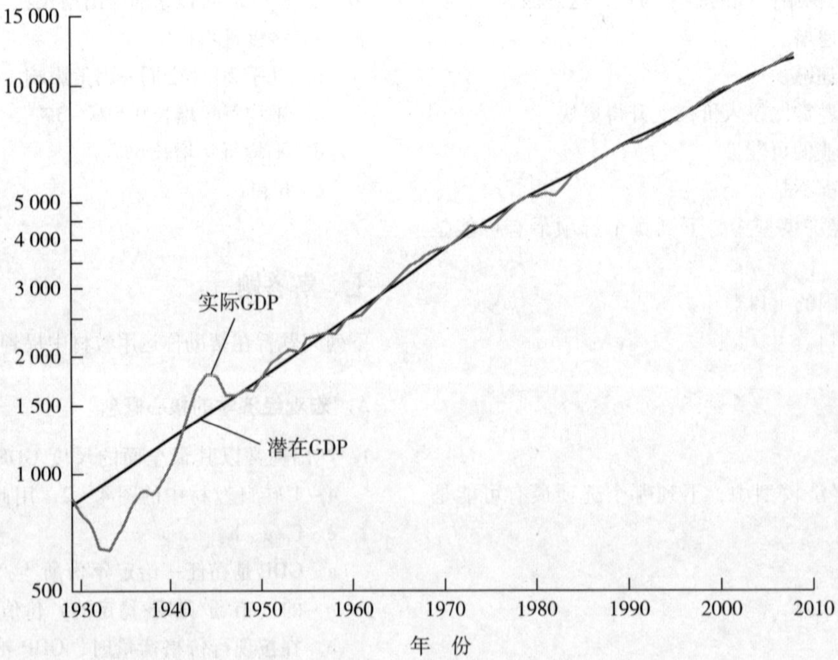


2. 作为宏观经济政策目标之一的价格稳定，并不是指全部价格的绝对稳定。绝对稳定将会消除相对价格的变化在配置商品和服务时所起的自然作用。图 4－2 转自教材中图 4－4，运用此图回答本题中的 c、d、e 和 f。

   a. 相反，价格稳定是以像 CPI 一样的价格指数所表示的经济目标。（**这里的价格指数忽略不计全部商品和服务的价格波动/对全部商品和服务的价格波动进行平均/只包括全部商品和服务的价格增长**）。

   b. 那么，通货膨胀可用（**指数变化率/物价指数的绝对值/代表性商品的绝对价格水平**）衡量。

   c. 在哪一年通货膨胀率最高？

   ______________________________

   d. 在过去的 30 年中，通货膨胀在（**20 世纪 70 年代中期和 80 年代初期/20 世纪 80 年代中期和 90 年代早期/20 世纪 90 年代中期和 21 世纪初**）达到最高峰。

   e. 你如何解释图 4－2 的头几年中价格大幅度的下降？

   ______________________________

   f. 你如何解释 20 世纪 90 年代通胀率的下降和 21 世纪初通胀率的回升？

   ______________________________

3. 可供决策者运用的政策工具名目繁多。它们属于 3 种类型：财政政策（FP）、货币政策（MP）和收入政策（IP）。把下列更具体的政策与其所属政策类型相匹配，即在横线上填写正确的字母缩写。

   a. 联邦所得税率的变化。____

   b. 货币供给量的增加。____

   c. 对高薪的税收惩罚。____

   d. 国防支出的增加。____

   e. 对应税收入取消利息减免。____

   f. 银行借款时，所支付利率的变化。____

   g. 一项限制生厂商对新产品涨价的总统令。____

4. 下列各项中哪一项是政策工具（PI）或可能对经济造成冲击的外部变量（EV）？在横线处填写正确的字母缩写。

   a. 货币供给量____

   b. 战争____

   c. 对苏联扩大谷物销售____

   d. 政府支出____

图 4－2

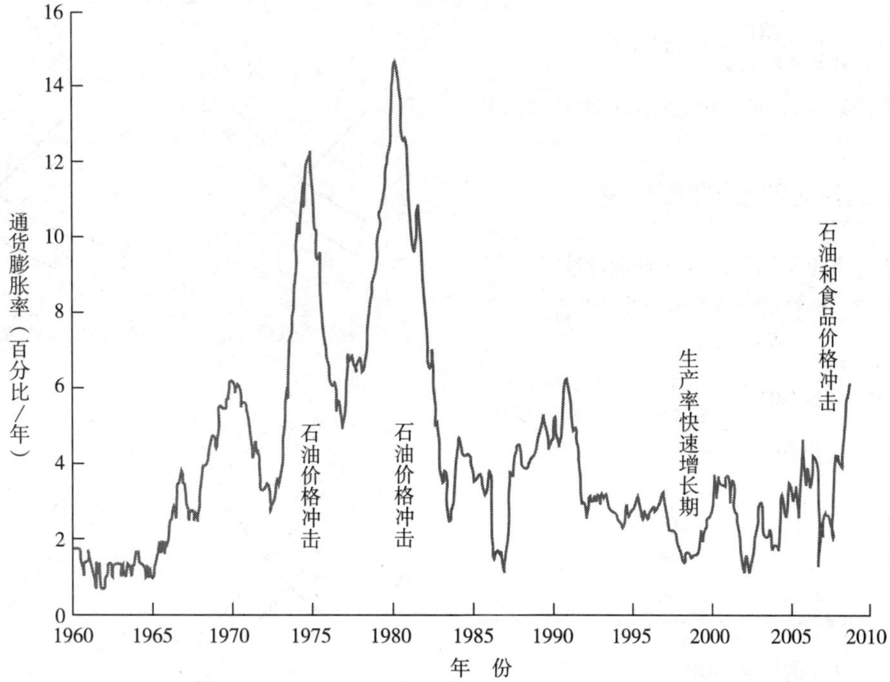


e. 太阳黑子____
f. 人口增长____
g. 进口关税____
h. 税收减免____
i. 天气变化____
j. 公共就业计划____
k. 欧佩克的石油禁运____

5. 假设一国人口为 2 亿，再假设 9 600 万人在市场上就业，400 万人在寻找工作。
   a. 劳动力为多少？____
   b. 失业率为多少？____
   c. 下列每一句的陈述内容，对劳动力和失业率有何影响？
      (1) 一名学生大学毕业并开始寻找工作。
      劳动力将（**增加/减少/保持不变**），而失业率则将（**上升/下降/保持不变**）。
      (2) 一名学生大学毕业立即被他母亲的企业录用。
      劳动力将（**增加/减少/保持不变**），而失业率则将（**上升/下降/保持不变**）。
      (3) 琼斯辞职并开始寻找一份更好的工作。
      劳动力将（**增加/减少/保持不变**），而失业率则将（**上升/下降/保持不变**）。
      (4) 琼斯辞职并为孩子花更多的时间。
      劳动力将（**增加/减少/保持不变**），而失业率则将（**上升/下降/保持不变**）。
      (5) 史密斯对其现在的工作不满意。他开始寻找新的工作，但并没有辞掉现在的工作。
      劳动力将（**增加/减少/保持不变**），而失业率则将（**上升/下降/保持不变**）。

6. GDP 紧缩指数是另一种物价指数。这种物价指数类似于 CPI，因为它是对一国通货膨胀或涨价的全面衡量。这两种指数的关键区别在于，CPI 包含的是典型的消费品和服务的样本，而 GDP 紧缩指数包含的则是经济中所生产的全部商品和服务。（也有些别的区别，我们将在以后第 30 章详细讨论通货膨胀时讨论。）

   选择某一年为物价指数的基年。在基年，物价指数的值为 100。由于价格在一段时期内一般是上升的，因此在基年前的年份，物价指数通常小于 100，而在基年后的年份则大于 100。

   为了根据名义 GDP 计算实际 GDP，我们可用名义

GDP除以物价指数或 GDP 紧缩指数，然后再乘以100。或者我们可以写为：

$$实际\ GDP = \frac{名义\ GDP}{GDP\ 紧缩指数} \times 100$$

同样，用下列公式，可以根据实际 GDP 计算出名义 GDP：

$$名义\ GDP = \frac{实际\ GDP \times GDP\ 紧缩指数}{100}$$

表 4-1 包括 5 个不同年份 GDP 的假设数字。

**表 4-1**

| 年份 | 名义 GDP | 实际 GDP | GDP 紧缩指数 | 实际 GDP 百分比变化 |
|---|---|---|---|---|
| 1 | ___ | 3 690 | 84 | ___ |
| 2 | 3 800 | ___ | 91 | ___ |
| 3 | 4 000 | ___ | 100 | ___ |
| 4 | 4 240 | ___ | 106 | ___ |
| 5 | ___ | 4 800 | 110 | ___ |

a. 计算第 2、3、4 年的实际 GDP。

b. 计算第 1 年和第 5 年的名义 GDP。

c. 解释第 3 年中名义 GDP 和实际 GDP 的关系。

d. 计算各年之间实际 GDP 的百分比变化。

e. 根据你的计算，哪一年为最佳？请解释。

f. 解释第 3 年到第 4 年的 GDP 增长率。

g. 根据你的计算，哪一年为最差？请解释。

h. 你能举出美国的 GDP 紧缩指数从上一年到下一年实际减少的一个例子吗？（提示：请看前面的图 4-2）

**B. 总供给和总需求**

7. 图 4-3 运用总供给和总需求来表明对宏观经济环境变化的 4 种可能反应。在每一幅图中，*AD* 和 *AS* 各自代表总需求和总供给的初始状态。在（*a*）和（*b*）中，*AS*′代表总供给的新变化；在（*c*）和（*d*）图中，*AD*′代表总需求的新变化。

表 4-2 列举了宏观经济环境的 6 种可能发生的变化。

a. 在第（2）栏中指出图 4-3 中的哪一幅最能表明每一种变化。

b. 在第（3）栏和第（4）栏中表明价格和产出变化的方向，用“+”号表示增加，用“-”号表示减少。

**图 4-3**

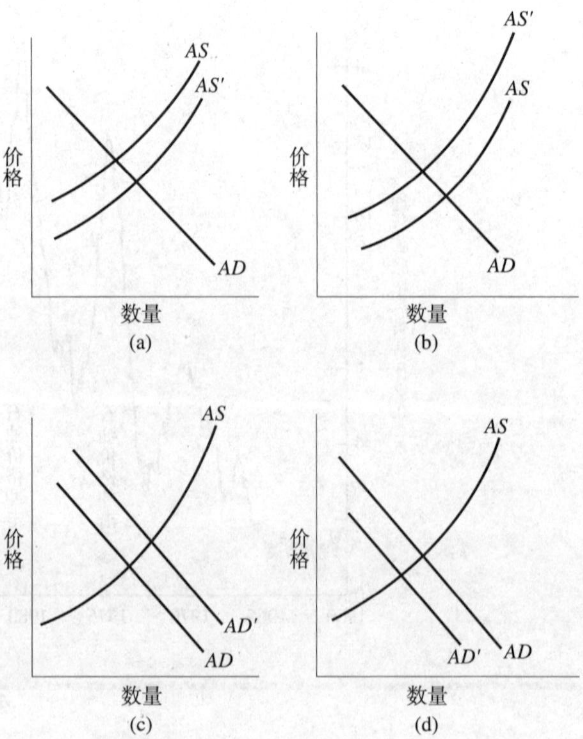


**表 4-2　宏观经济环境的变化**

| (1) 条件 | (2) 图 | (3) 价格 | (4) 产出 |
|---|---|---|---|
| 1. 国防支出增加 | ___ | ___ | ___ |
| 2. 与天气有关的谷物歉收 | ___ | ___ | ___ |
| 3. 个人税大幅度削减 | ___ | ___ | ___ |
| 4. 利率上升 | ___ | ___ | ___ |
| 5. 政府对投入品的征税减少 | ___ | ___ | ___ |
| 6. 中央银行的货币供给量减少 | ___ | ___ | ___ |

8. 假设图 4-4 表示一场突如其来的负面能源冲击所产生的影响。

a. *AD* 表示冲击前的总需求曲线，（**$AS_1$/$AS_2$**）表示冲击前的总供给曲线，（**$AS_1$/$AS_2$**）表示冲击后的总供给曲线。

b. 为了适应冲击并使产出保持在冲击前的水平，从短期来看，需要总需求（**增加/减少/不变**）。

c. 由于 *b* 中变化的结果，（**价格/产出**）甚至会（**小于/大于**）初始的能源冲击所引发的结果。

图 4－4

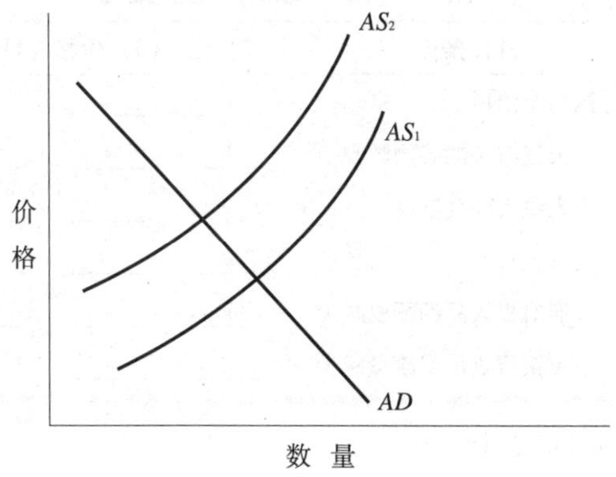


## 八、讨论题

回答下列问题，并解释你这样回答的原因。

1. 简要阐释凯恩斯对宏观经济学所做的主要贡献。
2. 《1946 年就业法案》是如何表明联邦政府政策变化的？
3. 请描述政府用来影响经济的主要政策工具。指出政府哪一部门或机构控制着上述政策工具。
4. 假如现在发生一场巨大的石油价格冲击，政府应当怎样做出反应？请描述所运用的政策工具可能发生怎样的不一致。

## 九、答案

### 三、关键概念复习

15　《1946 年就业法案》
7　商业周期
16　财政政策
8　货币政策
10　收入政策
20　国内生产总值（GDP）
13　名义 GDP
18　实际 GDP
12　潜在 GDP
17　GDP 缺口
6　失业率
4　消费价格指数
5　净出口
19　贸易政策
2　总供给
11　总需求
14　外汇市场管理
1　供给冲击
3　衰退
9　通货膨胀

### 六、选择题

1. E　2. C　3. D　4. A　5. B　6. C　7. E
8. E　9. A　10. D　11. E　12. D　13. E　14. C
15. B　16. E　17. A　18. B　19. C　20. E

### 七、解答题

1. a. 市场
   b. 名义 GDP
   c. 实际 GDP
   d. 潜在 GDP
   e. 小于名义 GDP
   f. 小于潜在 GDP
   g. 超过潜在 GDP
   h. 20 世纪 30 年代；大萧条
   i. 实际 GDP 超过潜在 GDP；二战和越南战争
2. a. 对全部商品和服务的价格波动进行平均
   b. 指数变化率
   c. 1947 年
   d. 20 世纪 70 年代中期和 80 年代初期
   e. 在大萧条期间，价格大幅度下降，同时产出下降，并存在大量的失业。
   f. 20 世纪 90 年代的生产率增长和 2000 年（伊拉克战争/卡特里娜飓风）的石油供给波动。
3. a. FP
   b. MP
   c. IP
   d. FP
   e. FP
   f. MP
   g. IP
4. a. PI
   b. EV
   c. PI

d. PI
e. EV
f. EV
g. PI
h. PI
i. EV
j. PI
k. EV

5. a. 1亿
b. (4÷100) ×100% =4%
c. (1) 增加，上升
(2) 增加，下降
(3) 保持不变，上升
(4) 减少，上升
(5) 保持不变，保持不变

6. a. (3 800÷91)×100=4 175.82,4 000,
(4 240÷106)×100=4 000.00
b. (3 690×91)÷100=3 099.60
(4 800×110)÷100=5 280.00
c. 第3年为基年，因为GDP紧缩指数等于100。在那一年，名义GDP和实际GDP相同。
d. [(4 175.82-3 690.00)÷3 690]×100=13.17
[(4 000.00-4 175.82)÷4 175.82]×100=-4.21
[(4 000.00-4 000.00)÷4 000]×100=0
[(4 800.00-4 000.00)÷4 000]×100=20
e. 按实际GDP增长计算，第5年为最佳。观察GDP紧缩指数的数字可知，第5年的通货膨胀增长最小。
f. 从第3年到第4年，实际GDP不变，因此没有增长。
g. 第3年为最差，因为实际GDP下降了。经济处于衰退之中。更糟的是，通货膨胀率增长了(9÷91) ×100% =9. 89%，高于其他任何一年。
h. 假如价格从某一年到下一年下降，GDP紧缩指数也将下降。这种情况曾发生于大萧条时期。

7.

表4-2 宏观经济环境的变化

| (1) 条件 | (2) 图 | (3) 价格 | (4) 产出 |
|---|---|---|---|
| 1. 国防支出增加 | c | + | + |
| 2. 与天气有关的谷物歉收 | b | + | - |
| 3. 个人税大幅度削减 | c | + | + |
| 4. 利率上升 | d | - | - |
| 5. 政府对投入品的征税减少 | a | - | + |
| 6. 中央银行货币供给量减少 | d | - | - |

8. a. $AS_1$，$AS_2$
b. 增加
c. 价格，大于

## 八、讨论题

1. 1936年，凯恩斯对当时的经济理论和政策观点提出质疑。他建议政府在克服大萧条和制定经济政策方面发挥更大的作用。
2. 联邦政府第一次确认其在促进经济增长、充分就业和物价稳定方面应起的作用。
3. 政府的两种主要政策工具是货币政策和财政政策。货币政策由联邦储备系统控制，财政政策则由政府的行政和立法部门决定。货币政策主要依靠利率和货币供给的变化，而财政政策是指政府支出和税收的变化。
4. 由于石油价格冲击的结果，价格将上涨，产出将下降。假如政府试图以紧缩银根政策或限制性财政政策来限制价格上涨，将使产出和失业问题更加恶化。相反，假如政府试图保持就业和产出水平，价格将会更高。比较理想的方法是，政府可以对某种供给方面的变化制定法律，使总供给曲线向右移动。

第5章

# 经济活动的衡量

## 一、概述

鉴于本章的重要性，读者必须认真的研读。你将发现本章阐述的是一个基本思想。尽管看似复杂，但知识点只有一个，即一国对其任意一年内生产的产品和服务的市场价值进行加总以计算总产出的核算过程。任何一个国家都是以有限的劳动、机器设备以及原材料来生产各种产品和服务的。

在现实生活中，计算一国的总产出存在着很多困难。这里我们并不要求读者本人去进行计算，读者应该做的只是理解其计算规则。当真正掌握了本章的内容之后，读者也就完成了下列学习目标。否则，每当经济学家谈起增长、失业及通货膨胀时，你都会难以理解。

## 二、学习目标

在你读完教材第5章并完成本书相应的习题后，你将能够做到以下几点。

1. 清楚地解释**国内生产总值**（gross domestic product, GDP）的概念以及理解为什么精确地衡量一国产出非常重要。
2. 给出计算GDP的**产品流量法**（flow of product approach）、**收入法**（earnings approach）或**成本法**（cost approach）的定义。
3. 了解计算GDP时**中间产品**（intermediate product）和**附加值**（value added）的含义。
4. 解释如何通过产品法中的最终产品或收入法中的附加值来帮助统计人员避免**重复计算**（double counting）。
5. 解释**名义GDP**（nominal GDP）和**实际GDP**（real GDP）之间的区别，尤其要注意GDP紧缩指数的作用。
6. 按照产品流量法分析GDP的构成：消费（$C$）、国内私人总投资（$I$）、政府购买（$G$）以及净出口（$X$），并解释其原因。

   $GDP = C + I + G + X$
7. 了解**国内生产总值**（gross domestic product）、**国内生产净值**（net domestic product）、**国民生产总值**（gross national product）的差别。
8. 理解家庭的**可支配收入**（disposable income）与GDP是如何发生联系的。
9. 解释为什么一国总投资（$I_T$）通常要等于该国总的私人储蓄（$S^P$）加政府购买（$S^G$）。
10. 了解GDP所衡量和不衡量的内容，评价经济学家发展“扩充的国民收入账户”的原因。
11. 区分3种不同的价格指数：CPI、GDP紧缩指数和PPI，并理解它们是如何被用来调整通货膨胀的。

## 三、关键概念复习

在B栏中寻找与A栏中术语相应的解释，并将序号填在术语前边。

| A | B |
|---|---|
| __ 最终产品 | 1. 总投资减去资本折旧。 |
| __ 实际GDP | 2. 商品和服务的出口减去进口。 |
| __ 名义GDP | 3. 家庭收入减去个人所得税。 |
| __ GDP紧缩指数 | 4. 一个企业的销售额和从其他企业购买原材料和服务的成本之间的差额。 |

__ 中间产品 5. 通过调整基期以适应相对价格的迅速变动，从而尽快确立新的价格和数量。

__ 附加值 6. 用于消费或投资的、生产出来并供销售的产品和服务。

__ 净出口 7. 以当年实际市场价格衡量的 GDP。

__ 国内生产净值 8. 政府向个人支付的、不以商品和服务的交换为目的的行为。

__ 政府转移支付 9. 总的国内投资加外国净投资。

__ 可支配收入 10. 用以生产其他产品的产品。

__ 一国总投资 11. 用以衡量在不同时期购买一篮子消费品和服务的成本的指标。

__ 净投资 12. GDP 减去资本折旧。

__ 国民收入 13. 将名义 GDP 转化为实际 GDP 的价格指数。

__ 系列权数 14. 以不变价格计算的 GDP。

__ 消费价格指数 15. 基于大约 3 400 种商品价格得来的，衡量的是生产或批发环节的价格水平。

__ 生产者价格指数 16. 来自劳动、资本和土地的全部要素收入。

## 四、小结与本章提纲

本节对教材第 5 章的关键概念进行总结。

1. 国内生产总值（或 GDP）是对一国物品和服务总产出的最全面的计量。它可使总统、国会和联储对经济是紧缩还是扩张，是否需要推动或稍加遏制，以及是否将遭受严重衰退或通货膨胀等问题做出判断。如果没有像 GDP 这样对经济总量进行计量的指标，决策者将在浩瀚无边的散乱数据中游移不定。此外，如果没有 GDP 和其他国民产出指标，宏观经济理论也将变得无法理解。
2. 有两种计量 GDP 的方法：一种是**产品流量法**，另一种是**收入法**或**成本法**。在计量非常精确的情况下，这两种方法计算 GDP 的结果相等。事实上，这两种方法相互可以进行有效的检验。
3. 用**产品流量法**，GDP 是按经济中在产品（或物品和服务）上支出多少计量的。在宏观经济中，有 4 种主要支出领域：

   a. 家庭或消费者购买（$C$）

   b. 企业的投资（$I$）

   c. 政府对商品和服务的购买（$G$）

   d. 净出口，这是商品和服务的出口额和进口额之间的差额（$X$）

   把净出口包括在 GDP 中，看上去可能有点让人迷惑不解。假如外国人购买若干本国生产的商品和服务，我们希望把这种支出包括在我们对 GDP 的计算之中。然而，假如我们的若干支出是用于购买别国的产品，那么我们必须从 GDP 中减去这个数字，因为它并不反映国内的产出。
4. **收入法或成本法**通过把企业从事经营活动时所付出的各种成本加总来计算 GDP。这些成本包括付给劳动力的工资、支付使用土地的租金以及支付所用资本的利润。由于最终是由居民户来提供土地和用于获得资本的货币，所以这些企业成本也就代表了家庭所得到的收入。当我们把资本设备的损耗（**折旧**）和政府的影响（即**税收**和**转移支付**）包括在内时，分析就变得更加复杂了，但是分析的基本标准仍然相同：*全部支出的美元总价值必须等于全部收入的总价值*。
5. 把 GDP 计量为 1 年中最终物品和服务的总产出量。*最终产品*是所销售的供消费之用的产品，或是投资产品。这里的关键是，这种产品无需被加以改变或加工后再向他人出售。这种产品已完成生产，可直接用做消费品或是资本品。若汽车制造商从玻璃公司订购玻璃用于安装在汽车上，该玻璃便被视为*中间产品*。玻璃的价值不应被计为 GDP 的一部分，因为在这辆汽车（最终产品）售出时，其购买价格将包括玻璃的价值。假如我们把汽车制造商购买的玻璃计入 GDP，我们便把玻璃计算了两次。这是统计学家们极力加以避免的*重复计算问题*。

   在*收入法或成本法*中，为了解决这一问题，统计学家们只计量在生产的每一阶段企业的*附加值*。这种附加值是以其销售额与从其他公司购买材料和服务的成本之间的差额来计算的。
6. 当我们以现行市场价格评估一国当年产出时，我们是在计量*名义* GDP，即将所有商品的产量乘以价格然后加总得到。这样，名义 GDP 是价格乘以数量（$PQ$）的一个很大的加总。因此，如果名义 GDP 逐年变化，

这可能是由于 $P$ 或 $Q$ 的变化，或者是两者的共同变化而引起的。既然我们非常关心一段时间内的经济增长，我们就必须了解 GDP 的哪些组成部分正在发生变化。

例如，假设价格比上一年上升，而产出下降，则 $P$ 乘以 $Q$ 的结果仍然不变。由于名义 GDP 未变，如果只看 GDP，经济就仿佛处于与前一年相同的水平。事实上，这时经济会有两个新问题：价格较高，因此通货膨胀会增加；产出较低，因此失业大概也会增加。当通货膨胀和失业一起增加时，经济学家把这种情形称为**滞胀**（stagflation，经济增长放慢或停滞的同时价格上升）。

为了准确地评估一段时间内的**实际**经济增长，我们需要用一组不变的价格来计量产出。可以选择某一年作为基年，然后以基年的价格评估每年的产出。（美国用来计算实际 GDP 的基年为 1987 年。）最后，假如我们把名义 GDP 除以实际 GDP（并乘以 100），我们就可得出总体价格指数，我们称其为 **GDP 紧缩指数**（GDP deflator）。

$$\frac{\text{名义 GDP}}{\text{实际 GDP}}=\frac{(\text{现行 }P\times\text{现行 }Q)}{(\text{基年 }P\times\text{现行 }Q)}=\text{GDP 紧缩指数}$$

7. 直到二十几年前（1991 年），美国还是主要靠国民生产总值（GNP）而不是 GDP 作为对产出的主要计量方法。GNP 专注于资源的所有权，而 GDP 则关注于何处生产。例如，用美国人拥有的资本在英国制造的福特汽车记入美国 GNP 中，却不记入美国 GDP 中。对于像美国这样的国家而言，它在国外拥有大量的生产设施，但同时也有大量外国公司在美国生产物品和服务，二者衡量的结果几乎是一致的。对于这种计量方法的转换，有两个主要原因。首先，其他大多数国家已经采用 GDP 作为其总产出的计量方法，因此变为 GDP 在与别国进行比较时就容易一些。其次，GDP 可能为我们提供一幅有关国内经济健康状况的更加可靠的图景，这在制定宏观经济政策时至关重要。

8. 一国经济中储蓄和投资之间的关系很重要。首先考虑一个没有政府、没有对外部门和没有企业储蓄的简单经济。用收入法或成本法计算，GDP 等于家庭总收入。家庭花费掉其大部分收入（$C$），但是一部分家庭收入被储蓄（$S$）起来。在计算 GDP 的产品流量法中，经济的总支出由家庭消费支出（$C$）和企业投资支出（$I$）组成。因此，我们可用下列两种方法中的任一种计算 GDP：

   收入法或成本法得到的 GDP = 家庭总收入 = $C+S$
   
   产出流量法得到的 GDP = $C+I$

   $S$ 与 $I$ 之间的联系应当是明显的，对这两个变量之间的关系也有合乎逻辑的解释。当家庭储蓄时，他们是向市场经济发出一种信号，家庭在对生产者说："我们现在对购买商品和服务不感兴趣。我们把一些收入保留起来，这样我们在将来可以花得更多。"另一方面，当企业投资时，它们是在利用某些（稀缺）资源来购置或建造资本设备。它们今天生产较少的商品和服务，这样将来就有更大的生产能力——假如一切顺利的话，正好在消费者希望购买之时。也应当指出，企业通常经由信贷市场借款来为其投资项目筹措资金。信贷市场资金的主要来源就是家庭储蓄。

   从某种意义上说，储蓄可视为从经济中的漏出——它代表家庭没有直接花费的货币。假如我们把消费支出作为经济中支出的主要部分，企业的投资则可以作为增加总支出的一种补充或注入。在环流图分析中，所有的漏出应该等于所有的注入。

   在一个包括对外贸易和政府的扩大了的经济中，我们应当把净出口（X）包括在另一种支出注入当中。政府的盈余（$S^G$，如果有的话）则是一种漏出。在私人储蓄（$S^P$）包括个人储蓄和企业储蓄的情况下，注入与漏出的等式可以表达为：

$$I+X=S^P+S^G$$

9. 各种形式的投资其实质在于：它是为将来的收益而进行生产。一台刚制成的机床并不产生任何直接的消费者满足。制造它是为了创造将来的收益，在其今后 5 年或 10 年的生命期中，预期它会对将来的消费品生产有所贡献；同样，新建住房之所以列在投资项下，是因为预期它在今后几十年内对消费者的满足有所贡献。

   制造商在年底增加的库存也必须等而视之。假设一家衬衫制造商在 2010 年生产了价值 1 000 美元的衬衫，这些衬衫在那一年并未售出。销售的衬衫要计入消费，并未售出的衬衫也必须记入 GDP 中（因为它们是在 2010 年生产的），但是因为它们并未出售，所以不计入消费之中。把它们包括在投资中，是因为它们将在今后被消费，例如在下一年。

   反之，这种库存规则也起作用。假如衬衫生产商的期初库存为 4 000 美元，期末库存为 3 000 美元，那么我们应该将负 1 000 美元计入投资中。

图 5－1

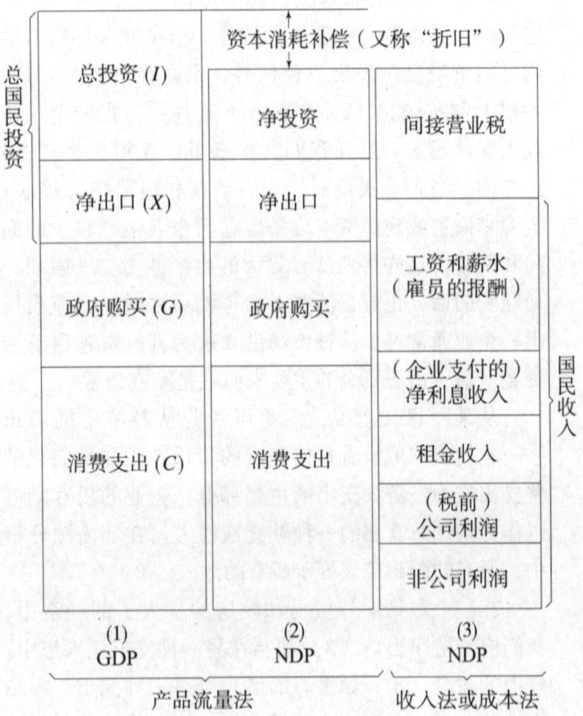


10. 可用图 5－1 复习国民收入计算的基本内容，并证明*产品流量法*和*收入法或成本法*的计算结果相等。在第（1）栏和第（2）栏的产品流量法中，有政府购买（$G$）、消费支出（$C$）、净出口（$X$）和投资（$I$）。GDP 和 NDP 之间的差额清楚地表现为折旧。总国民投资（总投资加净出口）从两者——第（1）栏中的总投资和第（2）栏的折旧净值——的顶部算起。第（3）栏为针对同一核算问题的收入法或成本法。请注意，该栏主要包括 5 大类：

   a. 工资和薪水
   b.（向企业贷款者的）利息收入
   c.（向提供财产的人支付的）租费和其他财产收入
   d. 公司利润和非公司利润
   e.（向企业征收的）间接营业税

   根据定义，上述 d 项中的利润为产出价值与投入成本之间的差额。换言之，它们是确保收入法或成本法得出与产品流量法同样结果的价值差。

11. 充其量，GDP 是对一国产出的准确计量，但它无法衡量整体福利或满意度。经济学家已开始开发扩充的国民收入账户，包括对地下经济的估算，并要扣除污染成本。

12. 通货膨胀是以某一时期（例如 1 年）到下一时期价格指数的变化率来衡量的。假设 $P_1$ 表示在第 1 年记录的价格指数，$P_2$ 表示在第 2 年记录的价格指数，那么在第 1 年和第 2 年间的通货膨胀率应为：

$$\frac{P_2 - P_1}{P_1} \times 100\%$$

   在一国经济经历通货膨胀时，并不一定意味着所有的价格都上涨了。通货膨胀表示价格和成本总体水平的上升。

13. 可运用不同的价格指数衡量一国经济的通货膨胀情况。一种常用的价格指数，依据的是具有代表性的消费者所购买商品的价格，称为*消费价格指数*（CPI）。它的计算基于一个市场篮子的货物和服务的花费，而该市场篮子涵盖了多种不同类型的商品。CPI 中各种商品的权数是按消费者在该商品上的花费占总支出的比例来确定的，在美国该比例由*美国劳工统计局*调查所得。

   第二种广泛采用的价格指数是*生产者价格指数*（PPI）。它依据的是大约 8000 种产品的批发价格。

   上面讨论的 GDP 紧缩指数可以视为一种针对 GDP 所有组成部分的价格指数。因为 GDP 紧缩指数依据的是现行产出，而权数实际上是每年都发生变化的，这就使 GDP 紧缩指数更加难以计算。在 CPI 和 PPI 中采用的权数是建立在以前年份基础之上的，所以计算这些指数所需的唯一现行信息就是现行价格。为了计算 GDP 紧缩指数，就需要现行产出和现行价格数据。

## 五、学习提示

1. 在宏观经济中，通常用*简单经济*这一术语来描述只有一个家庭和一个企业部门的经济。为这种狭义的经济建立起一种模型之后，就可以将其扩充，把政府和国际贸易包括在内。
2. 对经济学家（和对经济学学生）来说，*投资*是又一个具有特殊含义的术语。企业所做的投资，旨在获取或建造新的资本设备和建筑物，然后利用它们在将来提高企业的生产能力。对经济学家而言，投资并非货币。投资代表耐用资本品（有形）存量的增加。

3. 像任何其他物品一样，资本品在一段时间内会磨损或折旧。结果，要用每年投资中的一部分来替换磨损的厂房和设备。这种对"用尽的"资本的替换实际上并不会推动经济增长——它有助于防止经济向后倒退，但并不把经济向前推进。理论上，GDP 减折旧得到国内生产净值（NDP），它可以更好地描述一国的经济健康状况。然而，折旧很难衡量，所以 GDP 是普遍公认的产出衡量指标。
4. 储蓄和投资之间的联系很重要。投资和经济增长之间进一步的联系也很重要。可以在后几章中查看这一内容。
5. 注意区分政府用于商品和服务的支出和政府的转移支付。$C+I+G+X$ 中的 $G$ 包括政府对最终商品和服务的购买（如退伍军人管理局下属医疗机构使用的药品、学校使用的课本和空军使用的飞机，等等），它并不（也不应当）包括像退伍军人福利和社会保障这样的转移支付在内。这些转移支付占政府预算的很大一部分，但是并不应当包括在对 GDP 产品流量的计算之中。请注意，这些转移支付表现为从政府到家庭而非企业的流动。政府预算既包括对商品和服务的支出，也包括政府向其公民所作的转移支付。
6. 在国民收入账户中，经常用资本消耗补偿这一术语来代表折旧。这两个术语意思相同，因此可以互换。
7. 从收入中支付的税收包括个人所得税和公司所得税。它们属于直接税。由公司征收然后交给政府的其他税收，如销售税和消费税，被认为是间接税。
8. 再观察一下宏观教材分册中的图 5－4，上面写着"从 GDP 到国民收入到可支配收入"。显然，图中第 1 列（GDP）中的数字是通过产品流量法计算的，而第 2 列（NI）是用收入法或成本法计算的。
9. 价格指数有两个主要缺陷。首先，这些指数没有把质量变化考虑进去。质量更高的产品花费的成本更多，将会引起任意一种价格指数上升。这不应该计量为通货膨胀。其次，有固定权数的价格指数不能反映出当价格上涨时，消费者将用较便宜的产品替代较昂贵的产品这种情况。这种行为模式消除了特定商品价格膨胀的影响。
10. 请记住，经济增长总是以实际量衡量的。假如不对价格变化加以控制，那么就根本无法在各年份之间做有意义的比较。远离那些谈论名义增长的人吧。

## 六、选择题

下列问题按照教材中的顺序安排，从各选项中选出一个最佳答案。

1. 计算 GDP 的产品流量法和收入法或成本法：
   a. 是用来衡量 GDP 的两个不同方面，因此互不相关。
   b. 是衡量同一事物的两种不同方法。
   c. 如果 GDP 以实际价格衡量，两种方法可得出相同的结果；如果 GDP 是以名义价格衡量，则得出两个不同的结果。
   d. 与环流图无关。
   e. 以上选项都不是。
2. 重复计算问题是指：
   a. 在计算 GDP 时，既包括中间产品又包括最终产品。
   b. 当价格翻一番时，GDP 会出现较高的名义价值。
   c. 产品流量法和收入法或成本法等值。
   d. 在环流图的下方采用附加值所引起的问题。
   e. 所有以上选项。
3. 假如统计人员打算加上______，那么 GDP 就会出现重复计算。
   a. 采矿业增加的净值和钢铁制造业增加的净值。
   b. 面粉厂存货增加的净值和面包坊存货增加的净值。
   c. 铁矿的总产出和铁的总产出。
   d. 面包师的增值和面粉的价值。
   e. 购买的消费者服务的总额和生产的投资品的总额。
4. 为了计算一个企业按其附加值对 GDP 的贡献，它生产的商品按市场价格计算的价值必须减去：
   a. 支付的全部间接营业税。
   b. 任何未分配的利润。
   c. 折旧。
   d. 对其他企业的全部销售额。
   e. 以上选项都不是。
5. 经济增长总是以实际值衡量，因为：
   a. 产出逐年变化。
   b. 产品流量法并非总能得出与收入法或成本法相同的结果。
   c. 逐年的名义 GDP 差距太大。
   d. 价格水平逐年变化。
   e. 所有以上选项。
6. 在 GDP 统计中，投资包括：
   a. 在该年中为政府生产的任何产品。
   b. 对该年发行普通股票的购买。

c. 该年年底存货量比年初存货量的任何增加。
d. 由消费者购买但到该年年底并未全部消费掉的任何商品。
e. 以上选项都不是。

7. 在GDP统计中，负的总投资数字：
a. 不可能发生。
b. 如果对建筑物和设备的折旧总额太大，就有可能出现。
c. 如果在这一年中不建造楼房或设备，就会自动出现。
d. 可能是由于这一年中存货大幅度减少而引起的。
e. 将意味着经济的生产超过消费。

8. 在NDP统计中，负的投资数字：
a. 从不发生。
b. 如果对建筑物和设备的折旧总额太大，就有可能出现。
c. 如果在这一年中不建造楼房或设备，就会自动出现。
d. 可能是由于这一年中存货大幅度减少而引起的。
e. 将意味着经济的生产超过消费。

9. 在GDP统计中，住房服务的价值（在此期间，住房被其所有者占据）：
a. 并未计入，因为房地产服务没有被认为是生产。
b. 并未计入，因为这种房地产服务已经包括在住房本身的价值中。
c. 并未计入GDP，但却出现在对租金采用主观估价的NDP中。
d. 以对租金的主观估价计入GDP中。
e. 计入NDP，但不计入GDP。

10. 下列哪一项不像其他四项那样属于国民收入核算的一类：
a. 公司收入（或利润）。
b. 政府转移支付。
c. 由企业支付的净利息。
d. 租金收入。
e. 工资。

11. 如果你想从NDP中计算个人可支配收入，那么你不能做的是：
a. 扣除折旧。
b. 增加政府转移支付。
c. 扣除间接营业税。
d. 扣除社会保障税收。
e. 扣除未分配的公司利润。

12. 在计算GDP的政府支出部分的规模时：
a. 计入了政府对商品和服务的所有支出。
b. 计入了政府对商品的所有支出，但没有计入对服务的支出。
c. 计入了政府对最终商品和服务的所有支出，也计入了所有的政府转移支付。
d. 计入了政府转移支付，但没有计入对商品和服务的支出。
e. 以上选项都不是。

13. 用于国民产出和国民收入统计的国民收入（NI）这一术语的意思是：
a. NDP加上全部非收入税，即NDP加上间接税。
b. NDP减去收入税，如个人所得税和公司所得税。
c. NDP加上收入税，如个人所得税和公司所得税。
d. NDP减去全部非收入税，即NDP减去间接税。
e. 以上选项都不是。

14. 如果1992年的名义GDP为3 600亿美元，若1990～1992年的价格水平上升了20%，那么，以1990年价格衡量，1992年的GDP为：
a. 3 000亿美元。
b. 3 200亿美元。
c. 3 400亿美元。
d. 3 600亿美元。
e. 4 320亿美元。

15. 在计算国民收入和国民产出账户时，把下列哪两个项目加在一起是错误的：
a. 消费支出和个人储蓄。
b. 净投资和消费支出。
c. 公司利润和企业支付的净利息。
d. 政府购买和消费支出。
e. 政府购买和工资。

16. 在下列哪种情形下统计人员运用系列权数：
a. 为了把产品的权数联系在一起。
b. 为冶金业建立价格指数时。
c. 当名义GDP比实际GDP增长得快时。
d. 当实际GDP比名义GDP增长得快时。
e. 当产品的相对价格变化迅速时。

17. 消费价格指数部分地建立在用于哪类支出的收入基础之上？
a. 住房。
b. 食品。

c. 医疗支出。
d. 交通费用。
e. 所有以上选项。

18. 在运用单一年度支出权数的 CPI 中，按年变化来衡量的通货膨胀可能会高估通胀对个人购买力的影响，因为它：
    a. 忽略了对相对昂贵的商品的替代可能性。
    b. 忽略了世界价格对美国商品的抑制影响。
    c. 忽略了失业对总需求的影响。
    d. 错误地包括了改进生产技术带来的价格效应。
    e. 以上选项都不是。
19. 2003 年的 CPI 组成部分中医疗的价格指数为 357。因此，2003 年的 CPI 的值一定______。
    a. 大于 357。
    b. 小于 357。
    c. 正好等于 357。
    d. 等于其他任何数字，因为实际上医疗支出并不包括在 CPI 中。
    e. 以上选项都不是。
20. 消费价格指数衡量了什么？
    a. CPI 衡量了城市消费者支付一市场篮子的商品和服务的平均价格变化。
    b. CPI 是包含了一国生产的所有商品和服务的价格（消费、投资、政府购买、净出口）的价格指数。
    c. CPI 衡量了处于批发和生产阶段的价格水平。它包括了食品、工业制成品和矿产品的价格。
    d. CPI 是食品、住房和汽油价格的等权数加权平均值。
    e. 以上选项都不是。
21. 计算 CPI 时所涉及到的问题有：
    a. 不同的价格如何加权。
    b. 如何调整价格指数以反映新改良的产品和服务的贡献。
    c. 如何找到上千种商品和服务的价格。
    d. a 和 b 都正确。
    e. a、b、c 都正确。

## 七、解答题

下列问题旨在帮助你运用教材中提到的概念。

1. 假设在一个简单经济中，国民产出只有两种商品构成：消费品 X 和资本品 Y（生产时需要的某种形式的机器或工具）。2010 年，正好生产了 500 单位 X，并按每单位 2 美元的价格出售给了消费者；生产了 20 单位 Y，并按每单位 10 美元的价格出售给了企业。

a. 2010 年的总产出为（**500 美元/800 美元/1 000 美元/1 200 美元/1 500 美元/2 000 美元**）。

上面所计算出的数字为 GDP。然而，为生产这一总产出，国家现有的资本品存量一定会在某种程度上消耗殆尽或受到磨损。也就是说，资本存量一定会有折旧。假设该国年初有 100 台 Y 的存量（为简便起见，假定只涉及一种资本品）。到年底时，最老的几台机器已完全报废，所有其他的机器也几乎成了废品。

现在假设对 2010 年折旧的最佳估算为 50 美元。在折旧金额中没有现金支出。这只是对在这 1 年中“磨损”程度的估算。如果一台新 Y 的价格为 10 美元，就可以认为年初崭新的 5 台 Y 经过一年的生产，到年底已经完全磨损了。

这 1 200 美元的 GDP 包括了所生产的 20 台新 Y。但在制造这些机器以及生产 500 单位消费品 X 的过程中，消耗了相当于 5 台新 Y 的等价物。

b. 因此，可以获得的资本存量到年底时并没有*增加* 20 台，而是只增加了（**5/10/15**）台。

c. “总”是指“不对折旧做抵减”，“净”要求“对折旧做抵减”，该国 2010 年的 GDP 为 1 200 美元，NDP 则为（**1 000 美元/1 050 美元/1 100 美元/1 150美元/1 200 美元**）。

在构成 GDP 和 NDP 的商品中存在某些区别。最基本的区别在于：（a）生产供该年消费的商品，和（b）在该年生产并不供消费之用，但添加到现存资本存量的商品。这正是上面曾提到的差别，其中 X 代表消费品，Y 代表投资品。

消费品总额在 GDP 和 NDP 中的数额相同。GDP 中的投资品数额是总投资：没有进行折旧抵减的新资本品的总产出量。NDP 中的投资数额是净投资：在对折旧做扣除后所生产的新资本品的价值。

d. 在上述事例中，1 200 美元的 GDP 是由（**200 美元/800 美元/1 000 美元/1 150 美元/1 200 美元**）的消费和（**0 美元/100 美元/150 美元/200 美元/250 美元/300 美元**）的总投资组成。

e. 1 150 美元的 NDP 是由（**200 美元/800 美元/1 000 美元/1 200 美元/1 500 美元**）的消费和（**0 美元/**

**100 美元/150 美元/200 美元/250 美元/300 美元**）的净投资组成。

2. 在采用 GDP 的成本法或收入法时，政府统计人员运用附加值衡量法。表 5－1 表示生产 1 吨钢时有关的（假设的）步骤和成本。在我们简化的事例中，矿工不购买中间产品，我们可以假设矿工家庭拥有铁原矿多年，矿工开矿并把铁矿石运走。我们也假设全部相关的生产成本都包括在下表中。

**表 5－1**

| 生产阶段 | (1) 销售收入 | | (2) 中间材料成本 | | (3) 附加值 |
|---|---|---|---|---|---|
| 1. 矿工 | $4 | － | $0 | = | $4 |
| 2. 铁制造商 | 9 | － | ____ | = | ____ |
| 3. 钢制造商 | 16 | － | ____ | = | ____ |
| 4. 钢零售商 | 20 | － | ____ | = | ____ |

a. 填写表中第（2）栏和第（3）栏。

b. 哪个公司使最终产品增值最多？

______________________________

c. 全部销售收入的总额是多少？

______________________________

d. 全部附加值的总额是多少？

______________________________

e. 哪个数字归于 GDP？简要解释其原因。

______________________________

f. 把钢零售商的销售收入与附加值相比较。解释这两个数字之间的关系。

3. 某国只生产 3 种商品：苹果、T恤和自行车。每种商品 3 年的价格和产出如表 5－2 所示。

**表 5－2**

| | 第 1 年 | | 第 2 年 | | 第 3 年 | |
|---|---|---|---|---|---|---|
| 产品 | $P_1$ | $Q_1$ | $P_2$ | $Q_2$ | $P_3$ | $Q_3$ |
| 苹果 | $1 | 50 | $3 | 60 | $4 | 70 |
| T恤 | 6 | 100 | 8 | 140 | 7 | 160 |
| 自行车 | 80 | 90 | 100 | 100 | 90 | 110 |

a. 计算每一年的名义 GDP。

1. 名义 $GDP_1$ =
2. 名义 $GDP_2$ =
3. 名义 $GDP_3$ =

b. 假设把第 1 年作为基年。计算每一年的实际 GDP。

1. 实际 $GDP_1$ =
2. 实际 $GDP_2$ =
3. 实际 $GDP_3$ =

c. 计算每一年 GDP 紧缩指数的值。

1. GDP 紧缩指数$_1$ =
2. GDP 紧缩指数$_2$ =
3. GDP 紧缩指数$_3$ =

d. 计算下列通货膨胀率：

1. 从第 1 年到第 2 年
2. 从第 2 年到第 3 年

（**提示**：就是 GDP 紧缩指数的百分比变化）

e. 下列年份中该国的经济增长了多少：

1. 从第 1 年到第 2 年
2. 从第 2 年到第 3 年

（**记住**：经济增长是以实际值衡量）

f. 假设把第 2 年而不是第 1 年作为基年。重新计算实际 GDP、GDP 紧缩指数和通货膨胀率的变化。

实际 $GDP_1$ = ______，GDP 紧缩指数$_1$ = ______；
实际 $GDP_2$ = ______，GDP 紧缩指数$_2$ = ______，
通货膨胀率变化 = ______；
实际 $GDP_3$ = ______，GDP 紧缩指数$_3$ = ______，
通货膨胀率变化 = ______。

（**请注意**：通货膨胀率的百分比变化应与上面 ***d*** 部分相类似。）

4. 假设一国 GDP 2010 年为 2 600 亿美元，2020 年为 3 250亿美元。这两个数字是以相关年份的市场价格计算出来的。价格指数从 2010 年的 100 上升到了 2020 年的 130。

a. 从 2010～2020 年，实际产出（**增加/减少**）了。

b. 按 2020 年的价格，2010 年的 GDP 为______。

c. 按 2010 年的价格，2020 年的 GDP 为______。

d. 十年中的总体通货膨胀率大约为______。

5. 某公司在一给定时期的收益表以其销售价值开始。例如，已知公司 2010 年的销售额为 800 美元。然后，列出生产和销售这些商品时所发生的成本：折旧、工资、所付利息和租金。假设折旧为 25 美元，其他 3 项总共为 650 美元。那么，利润可计算为扣除这些成本后所剩下的收入。

a. 在本例中，利润将为（**0 美元/25 美元/50 美元/75 美元/100 美元/125 美元/150 美元**）。

b. 800 美元这一初始销售额将计入产品流量法下的

GDP。扣除折旧，公司的 NDP 贡献将是（**700 美元/725 美元/750 美元/775 美元**）。

c. 同时，公司的收入或成本将等于工资、所付利息、租金和利润的总额，即（**700 美元/725 美元/750 美元/775 美元**）。因此，这一收入或成本数字将（**小于/等于/大于**）（净）产品流量数字。

d. 利润是使收支相抵的剩余项。假如公司支付的工资、利息和租金总额为 775 美元，其利润（考虑到折旧）将是（**0 美元/25 美元/50 美元/70 美元/100 美元**）。收入或成本数字（**仍然/不再**）为 775 美元，因此它（**仍然/不再**）同（净）产品流量估计相一致。

6. 假设在 2010 年上半年所建的一座房屋在同年以 90 000 美元出售，用做出租房产。如果 6 个月的租金总收入为 6 000 美元，对同期折旧的估计为 600 美元。在 2010 年的统计中，该房屋所属的适当的项目将是：

a. （**0 美元/600 美元/6 000 美元/89 400 美元/90 000 美元**）的总投资。

b. （**0 美元/600 美元/6 000 美元/89 400 美元/90 000 美元**）的净投资。

c. （**0 美元/600 美元/6 000 美元/89 400 美元/90 000 美元**）的消费支出。

因此，该房屋的建造和使用将如下计入 2010 年的 GDP 和 NDP 统计之中：

d. GDP 为（**89 400 美元/90 000 美元/95 400 美元/96 000美元**）。

e. NDP 为（**89 400 美元/90 000 美元/95 400 美元/96 000美元**）。

7. 表 5 - 3 包括一个简单经济的经济数据。这些数字是完整的——没有政府和对外部门。

**表 5 - 3**

| | 第 1 年 | 第 2 年 |
|---|---|---|
| 新建建筑物 | 5 | 5 |
| 新增设备 | 10 | 10 |
| 生产的消费品 | 110 | 90 |
| 消费的消费品 | 90 | 110 |
| 对年内现有建筑物的估计折旧 | 10 | 10 |
| 对年内现有设备的估计折旧 | 10 | 10 |
| 年初消费品存货 | 30 | 50 |
| 年底消费品存货 | 50 | 30 |

a. 在第 1 年，所生产的 110 单位消费品和所消费的 90 单位消费品之间的差额，可由年（**初/底**）时库存的（**增加/减少**）来解释。

b. 在第 2 年，所生产的 90 单位消费品和所消费的 110 单位消费品之间的差额，可由年（**初/底**）时库存的（**增加/减少**）来解释。

c. 填写表 5 - 4 中第 1 年和第 2 年各项的内容。

**表 5 - 4**

| | 第 1 年 | 第 2 年 |
|---|---|---|
| GDP | (1) ___ | (7) ___ |
| GDP 分为： | | |
| 消费 | (2) ___ | (8) ___ |
| 总投资 | (3) ___ | (9) ___ |
| NDP | (4) ___ | (10) ___ |
| NDP 分为： | | |
| 消费 | (5) ___ | (11) ___ |
| 净投资 | (6) ___ | (12) ___ |

d. 如果折旧总额超过新建建筑物和生产设备的总价值，负的净投资（**可能/不可能**）出现于国民产出统计之中。假如存货减少的价值超过新建建筑物和生产设备的总价值，负的总投资（**可能/不可能**）出现。

8. 表 5 - 5 的第（1）栏和第（2）栏记录了 CPI 5 大种类连续两年的假设价格指数。第（3）栏和第（4）栏表示两年中用于这 5 大种类的收入比例。第（3）栏和第（4）栏中的信息用来给不同种类的相对重要性赋予权数。

a. 根据运用第 1 年权数的 CPI 公式，第 1 年的价格指数为______。

b. 再次根据运用第 1 年权数的 CPI 公式，第 2 年的价格指数为______。

c. 根据此计算，通货膨胀率将为______%。

现在，假设第 2 年的价格指数是根据第 2 年的权数计算出来的。

d. 那么，该指数将等于______，由此所产生的通货膨胀率（**上升/下降**）到______%。

e. 用第 2 年的权数计算第 1 年的指数，那么第 1 年的指数将等于____，通货膨胀率将等于____%。

本习题的关键并非要说明一种指数对而另一

种指数错。关键是要说明在计算通货膨胀率时，权数的选择是至关重要的。

f. 然而，根据所发生的替代，可以说，运用第1年的权数来对两年进行计算，（**高估了/低估了/正确估计了**）通货膨胀对人们实际福利的影响。

**表 5-5**

| | 基本价格指数 | | 基本收入份额 | |
|---|---|---|---|---|
| | (1) | (2) | (3) | (4) |
| 种类 | 第1年 | 第2年 | 第1年(%) | 第2年(%) |
| 食物 | 100 | 110 | 20 | 20 |
| 服装 | 100 | 150 | 20 | 5 |
| 燃料 | 100 | 100 | 20 | 35 |
| 医疗 | 100 | 110 | 20 | 15 |
| 交通 | 100 | 105 | 20 | 25 |

## 八、讨论题

回答下列问题，并解释你这样回答的原因。

1. 用自己的话解释以实际值衡量GDP的重要性。
2. 解释在GDP的收入法或成本法中对附加值的使用。
3. 解释一国经济中储蓄和投资之间的联系。
4. 简要解释GDP与GNP之间的区别。为什么美国转而采用GDP作为对宏观经济的主要衡量指标？
5. 简要解释GDP为什么不能成为总体福利或幸福感的良好衡量尺度？

## 九、答案

### 三、关键概念复习

6 最终产品
14 实际GDP
7 名义GDP
13 GDP紧缩指数
10 中间产品
4 附加值
2 净出口
12 国内生产净值
8 政府转移支付
3 可支配收入
9 一国总投资
1 净投资
16 国民收入
5 系列权数
11 消费价格指数
15 生产者价格指数

### 六、选择题

1. B 2. A 3. C 4. E 5. D 6. C 7. D
8. B 9. D 10. B 11. A 12. A 13. D 14. A
15. E 16. E 17. E 18. A 19. E 20. A 21. D

### 七、解答题

1. a. 1 200美元
 b. 15
 c. 1 150美元
 d. 1 000美元，200美元
 e. 1 000美元，150美元

2. a.

**表 5-1**

| | (1) | | (2) | | (3) |
|---|---|---|---|---|---|
| 生产阶段 | 销售收入 | | 中间材料成本 | | 附加值 |
| 1. 矿工 | \$4 | − | \$0 | = | \$4 |
| 2. 铁制造商 | 9 | − | 4 | = | 5 |
| 3. 钢制造商 | 16 | − | 9 | = | 7 |
| 4. 钢零售商 | 20 | − | 16 | = | 4 |

 b. 钢制造商
 c. 49美元
 d. 20美元
 e. 20美元。假如你把全部销售收入相加，全部中间产品将计算两次。
 f. 钢零售商销售成品钢，钢的价值归于GDP。当可以准确计量附加值时，附加值之和总是等于最终产品的价格。

3. a. 1. \$50 + \$600 + \$7 200 = \$7 850
 2. \$180 + \$1 120 + \$10 000 = \$11 300
 3. \$280 + \$1 120 + \$9 900 = \$11 300
 b. 1. \$7 850
 2. (60 × \$1) + (140 × \$6) + (100 × \$80) = \$8 900

3. $(70\times\$1)+(160\times\$6)+(110\times\$80)$
   $=\$9\,830$

c. 1. 100.00
   2. 126.97
   3. 114.95

d. 1. $[(126.97-100.00)/100.00]\times100\%$
      $=26.97\%$
   2. $[(114.95-126.97)/126.97]\times100\%$
      $=-9.47\%$

e. 1. $[(8\,900-7\,850)/7\,850]\times100\%=13.38\%$
   2. $[(9\,830-8\,900)/8\,900]\times100\%=10.45\%$

f. 实际 GDP1 =9 950 美元，GDP 紧缩指数 1 =78.89，
   实际 GDP2 =11 300 美元，GDP 紧缩指数 2 =100，
   变化为 +26.76%，
   实际 GDP3 = 12 490 美元，GDP 紧缩指数 3 = 90.47，变化为 -9.53%

4. a. 减少
   b. 2 600 亿美元 ×1.30 =3 380 亿美元
   c. 3 250 亿美元 /1.30 =2 500 亿美元
   d. 30%

5. a. 800 美元 -675 美元 =125 美元
   b. 775 美元
   c. 650 美元 +125 美元 =775 美元，等于
   d. 0 美元，仍然，仍然

6. a. 90 000 美元
   b. 89 400 美元
   c. 6 000 美元
   d. 96 000 美元
   e. 95 400 美元

7. a. 底，增加
   b. 底，减少
   c. （1）125　（2）90　（3）35　（4）105
      （5）90　（6）15　（7）105　（8）110
      （9）-5　（10）85　（11）110　（12）-25
   d. 可能，可能

8. a. 100
   b. 115
   c. 15%
   d. $107.25=[(110\times0.2)+(150\times0.05)+(100\times0.35)+(110\times0.15)+(105\times0.25)]$，下降，7.25%
   e. 100，7.25%

f. 高估了

## 八、讨论题

1. 以实际值衡量对获得 GDP 逐年变化的准确情况是很重要的。除非对价格变化做了调整，否则你可能得出经济产出一直在增长的印象，而事实上这时经济可能遭受着通货膨胀的困扰。

2. 大多数产品要经过不同的生产阶段。在生产过程的每一阶段，我们应当考虑的是，在哪个特定的步骤发生了哪些变化。假如我们不这样考虑，一些人工作的价值将被重复计算，我们将以夸大产品的价值而告终。附加值法对衡量 GDP 的支出法提供了一种有效的检验。

3. 储蓄增加会向经济传达至少两种信号。首先，家庭储蓄时，支出就会少一些。于是，公司就会获得这样的信号：起码在目前，消费者并不想购买那么多公司希望他们购买的商品和服务。其次，储蓄的增加使从信贷市场可获得的资金增加，利率下降，企业更愿意增加投资。因为消费支出减少，企业受到鼓励运用其投资支出来增加将来的生产能力，而不是增加当前商品和服务的产量。

4. GDP 是对某一地理范围内产出的衡量。它是对一国边境内所生产的产出进行衡量，而不管谁拥有资源。GNP 则根据谁拥有资源来对产出进行衡量。日产在田纳西州生产汽车，这种产出是美国 GDP 的一部分，因为生产是在美国境内进行的。然而，如果我们衡量 GNP，那些汽车的价值将成为日本 GNP 的一部分，因为日产是一家日本公司。目前，有许多外国公司在美国生产商品和提供服务，但是也有许多美国公司在国外生产商品和提供服务。因此，对美国来说，这两种对总产出的衡量方法几乎没什么差别。由于世界上大多数其他国家把 GDP 作为对产出的衡量，因此这样做对美国也很方便。GDP 可对国内经济的现行健康状况提供更准确的评估。在决定经济政策时，这一点很重要。

5. 经济学家认为，GDP 是对产出的衡量，它不是对经济福利、满意度或幸福感的衡量。当前许多有价值的事物未被衡量，如家务、休闲时间和未报告的经济交易等。有些人们不喜欢的事物也未被衡量，包括犯罪、污染、对武装冲突的恐惧和心理成本等。当前，没有数据能对这些事情做准确的衡量。我们余下的任务就是对产出而不是福利进行衡量。

# 第6章

# 消费与投资

## 一、概述

本章我们开始建立新的宏观经济模型。请牢记一点，经济学家对模型的应用是为了对某些经济现象有一个更好的理解。我们用生产可能性边界模型来解释资源的稀缺及其分配。我们借助环流图模型来更好地理解经济运行中资源、商品和货币的流动。上一章我们所解释的计算GDP的产品流量法和收入法或成本法同样证明了环流图模型的有用性。

这个新模型重点分析了宏观经济的主要构成要素（$C$、$I$、$G$和$X$），以及如何利用政策工具来应对经济中的变化。以上内容需用几章来解释。本章我们主要考虑私人市场经济的两个主要组成部分：消费支出和投资支出。这里所用的工具是凯恩斯60多年以前在《就业、利息与货币通论》一书中所概括的。虽然多年以来，对它们在宏观经济学中的应用一直存在着争论和变化，但如今我们仍然能够感受到它们的发展所带来的影响。

因此，研究总需求主要组成部分的凯恩斯理论的基本构架是很有用的，这至少有两个原因。第一，通过对凯恩斯理论的形成的仔细研究，我们对现代宏观经济理论的最初发展有了一个基本了解。如果没有这种了解，当代的宏观理论会经常呈现孤立的、令人费解的状态。学生对提出的问题都不理解，更不用说正确回答问题了。第二，了解当前经济认识的演化过程也是很重要的。在研究过程中，特别是在宏观经济分析中，我们需要一个出发点——一个历史的基准点，据此我们可以考察观念发生变化的原因所在。原始的凯恩斯理论架构就是一个很好的出发点，货币政策与这个模型的结合同样是这种变化的一个很好的例子。

## 二、学习目标

在你读完本章教材并完成本书的习题后，你将能够：

1. 理解收入与消费（家庭在食品、服装等方面的支出）之间的决定性关系。还要理解消费的反面——储蓄，很大程度上也是由收入决定的。
2. 定义（a）消费函数，（b）储蓄函数，（c）边际消费倾向，（d）边际储蓄倾向。
3. 将个人消费函数加总得出国民的消费函数，它是由可支配收入、财富、**永久性收入**（permanent income）以及生命周期假说决定的。
4. 考察过去10年来美国的储蓄率急剧下降的情况，对下降背后的原因展开讨论。
5. 要认识到投资支出是全部支出的第二大组成部分，要理解经济中投资支出的水平取决于预期收入、成本和对未来的预期。
6. 将投资需求曲线中的利率和投资水平联系起来。
7. 将消费和投资视为经济中总需求的两个主要组成部分。

## 三、关键概念复习

在B栏中寻找与A栏中术语相应的解释，并将序号填在术语前边。

| A | B |
|---|---|
| __ 可支配收入 | 1. 假设人们储蓄的目的是为了熨平一生中消费支出的波动。 |
| __ 负储蓄 | 2. 表示利率和投资支出的关系。 |
| __ 收支相抵点 | 3. 剔除临时变化影响后的家庭收入水平。 |

__ 消费函数 4. 贯穿于经济学研究，指的是额外的或附加的。

__ 储蓄函数 5. 投资率主要是由经济中产出的变动率决定的。

__ 边际 6. 交税后的家庭收入水平，主要用于消费支出和储蓄。

__ 边际消费倾向 7. 每增加1美元收入而增加的储蓄部分。

__ 边际储蓄倾向 8. 一个家庭既不储蓄也不超支，而是花掉所有的收入。

__ 永久性收入 9. 高水平的财富和高水平的消费支出之间的关系。

__ 生命周期假说 10. 当收入增加1美元时，带来的消费的增量。

__ 财富效应 11. 表明消费支出水平与可支配收入之间的关系。

__ 加速数原理 12. 表明储蓄水平和收入之间的关系。

__ 投资需求曲线 13. 花尽财富或借款。

## 四、小结与本章提纲

本节对教材第6章的关键概念进行总结。

### A. 消费和储蓄

1. 消费（$C$）主要是由可支配收入（$DI$）决定的。因此，*消费函数*把消费与可支配收入联系起来。储蓄（$S$）是未用于消费的可支配收入。*储蓄函数*是消费函数的反面，因为储蓄加消费总是等于可支配收入。
2. 边际消费倾向（$MPC$）是消费变化与可支配收入变化之比。边际储蓄倾向（$MPS$）是储蓄变化与可支配收入变化之比。$MPC+MPS=1$，因为 $C+S=DI$。
3. 可以把个人消费函数累加起来，以对国民消费函数进行估算，这也取决于可支配收入。国民消费支出趋势之所以重要，有两个原因：
   a. 消费是经济中支出的最大组成部分。我们在本章中的任务以及在以后几章中的任务，就是了解总需求的决定。
   b. 收入中没有用于消费、也就是用于储蓄的数量无论有多少，均可用于投资，投资是长期经济增长的驱动力。
4. 消费函数曲线是以纵轴上的消费支出和横轴上的可支配收入绘制而成的。通常，如果财富或永久性收入等其他一些相关变量发生变化，消费函数和相应的储蓄函数就会向上或向下移动。
5. 美国个人储蓄率的降低幅度很大。储蓄率同经济的长期健康发展关系紧密。全国的储蓄水平决定资本形成率的水平，资本存量又决定经济增长和潜在产出的水平。一国的储蓄率低时，其设备和工厂就会陈旧，基础设施将开始老化。
6. 美国个人储蓄率下降背后的原因一直是经常争论的话题。一些可能的解释包括：
   a. 社会保障制度可确保退休者的收入（起码达到最低水平）。因此使个人储蓄变少。
   b. 资本和信贷市场的发展，使家庭借款比较容易。而“次级贷款”更使一些本不应该获得贷款（根据其收入和信用记录）的人非常容易取得借款。
   c. 主要由股市价格上涨而引起的个人财富的快速增长，可能降低了个人储蓄率。

### B. 投资

1. 投资——对新住房、工厂、设备以及库存增加的支出，是总需求的第二大组成部分。其作用的重要性不仅在于它决定总需求，而且也在于它与资本存量、长期经济增长和总供给的关系。
2. 投资的一个重要决定因素是经济中产出或GDP的总体水平。如果管理者认为产品的市场前景广阔，公司就更可能投资于新厂房和设备。因此如果经济在增长、销售额在增加，那么公司则更愿意投资。这种产出变化率与投资率之间的关系称为**加速数原理**（accelerator principle）。
3. 投资的第二个重要决定因素是成本。因为资本设备通常价格昂贵并能持续使用多年，公司往往通过借款来为其投资项目融资。因此，利率是与投资相联系的一种重要成本。与投资有关的另一个成本因素是政府对公司征收的公司税。纳税减少利润，因而减少投资项目的吸引力。其解决办法是，由政府提出投资税减免，以鼓励公司扩大投资。
4. 投资是总需求中最不稳定的组成部分。这种不稳定背后的原因之一是，在确定投资支出水平时预期的重要性。因为投资项目天生就取决于未来，所以公司领导者常常花费大量时间和精力做出对商业环境和经济的准确预测。

5. 投资需求曲线把利率与投资水平联系起来。该曲线向下倾斜，当经济中的产出水平、税率以及对未来的预期发生变化时，它将上下移动。

## 五、学习提示

1. 假如你对图形、斜率和画线不熟悉，请马上复习第1章附录。
2. 在可支配收入、消费和储蓄之间存在一种明确的会计关系。纳税后，家庭留下的就是可支配收入。这一收入可用于消费或用于储蓄——没有任何别的选择。根据定义，这3项中的任何两项总是决定第三项的值。
3. 经济学家们非常偏爱边际分析和边际平均数变化（尤其是小的变化）。回想一下，变化也就是我们如何计算一条直线的斜率（两点之间Y轴的变化与X轴的变化之比）。因此，边际与斜率等同。对于经济学家来说，这一概念非常有用。例如，从微观经济学角度来看，总成本的斜率为边际成本，总收入的斜率为边际收入；从宏观经济学角度来看，消费函数的斜率为边际消费倾向，储蓄函数的斜率为边际储蓄倾向。对此，你掌握得越快，在学习经济学期间就越轻松。
4. 45°线在几个经济图形中起着重要作用。只要是同一衡量尺度同时应用于横纵轴，45°线就可为一个轴上的数字到另一个轴上的相同数字提供一种直接的、相等的映像。在我们的消费函数图像上，沿着45°线上的点可证实对于消费等于可支配收入时的收支相抵水平的观察结论。（请注意：45°线的斜率为1。）
5. 在你学习消费函数和投资需求曲线时，请记住如何区分沿着曲线的移动和曲线的移动。假如坐标轴所表示的变量发生了变化，如消费函数中的可支配收入，你沿着曲线移动就可决定新的观察点。另一方面，假如某一变量的变化在图上无法度量，且这与分析相关，如投资需求曲线中的预期，那么曲线将会发生移动以表示出这种变化。

## 六、选择题

下列问题按照教材中的顺序安排，从各选项中选出一个最佳答案。

**A. 消费和储蓄**

1. 边际消费倾向是：
   a. 在任何收入水平的总消费与总收入之比。
   b. 由消费支出的变化（增加或减少）而引起的收入变化。
   c. 表示每一收入水平下消费支出额的曲线。
   d. 在任何收入水平上的消费变化与收入水平变化之比。
   e. 以上选项都不是。
2. 在收入的收支相抵水平上：
   a. *MPC* 等于 *MPS*。
   b. *MPS* 等于0。
   c. 消费等于储蓄。
   d. 储蓄为0。
   e. 家庭借款大于其储蓄。
3. 家庭消费函数的收支相抵点位于这样一点：
   a. 该家庭的储蓄等于收入。
   b. 该家庭的收入等于消费。
   c. 该家庭的储蓄等于消费。
   d. 该家庭的消费等于投资。
   e. 边际消费倾向等于1。
4. 边际消费倾向和边际储蓄倾向之间的关系是：
   a. 它们之和一定等于1，因为一部分边际收入一定用于额外的消费支出，而剩余部分则用于额外的储蓄。
   b. 它们的比率一定表示平均消费倾向。
   c. 它们的总额一定表示获得的可支配收入的现行总额，因为 *DI* 一定要在消费和储蓄之间进行分摊。
   d. 在它们相等的那一点一定是收入的收支相抵水平。
   e. 它们之和一定等于0。
5. 在本章中，与国民收入和国民产出分析有联系的个人储蓄一词反映的是：
   a. 家庭持有的全部资产总额。
   b. 在一定时期内获得但并未用于消费的收入。
   c. 家庭持有的全部资产总额减去其负债总额。
   d. 在一定时期内获得的，且要么只用来购买证券、要么存入银行的收入。
   e. 在一定时期内获得的，但并未用于消费，也未用于购买证券或存入银行的收入。
6. 假设人们并未将其全部收入消费掉，还假设他们把未花掉的金额存入银行，按照国民收入和产出的解释，他们：
   a. 是在储蓄而不是在投资。
   b. 是在投资而不是在储蓄。

c. 既储蓄又投资。

d. 既不储蓄，也不投资。

e. 是在储蓄，但某种程度上只投资于购买证券。

**图6－1**

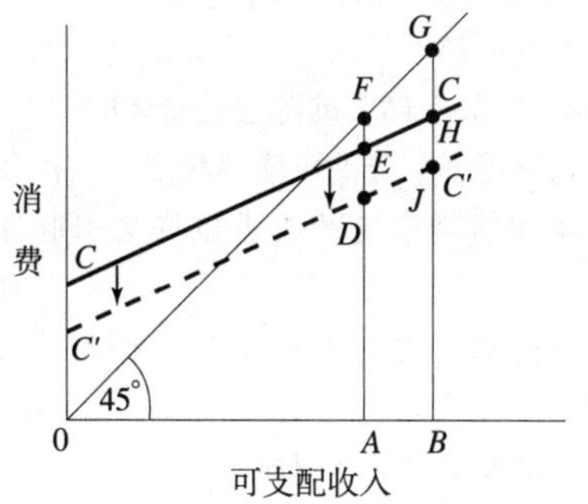


运用图6－1回答7～10题。

7. 实线 *CC* 表示某家庭或社区的消费函数。如果消费支出的总额是 *EA*，那么可支配收入的数额一定等于：

   a. *AB*。

   b. *FD*。

   c. *FA*。

   d. *DA*。

   e. 以上选项都不是。

8. 同样，假设图中的消费支出总额还为 *EA*，那么可支配收入的数额一定还等于：

   a. *EA*。

   b. *GB*。

   c. *ED*。

   d. 0*A*。

   e. 以上选项都不是。

9. 如果消费函数为 *C′C′*，且可支配收入等于 *GB*，那么储蓄一定等于：

   a. *GJ*。

   b. *HJ*。

   c. *FG*。

   d. *DJ*。

   e. *FE*。

10. 消费支出从 *HB* 变化至 *EA*，可能是下列哪一种情况的结果：

    a. 在每一收入水平上决定多支出和少储蓄。

    b. 可支配收入从 0*B* 减少至 0*A*。

    c. 在每一收入水平上决定少支出和多储蓄。

    d. 可支配收入从 0*A* 增加至 0*B*。

    e. 以上选项都不是。

**图6－2**

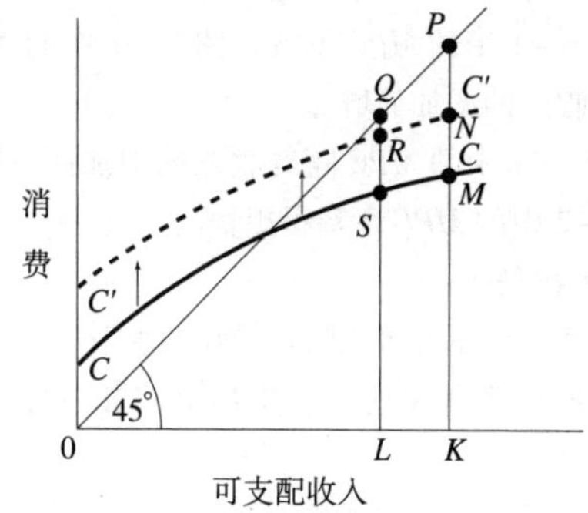


运用图6－2回答11～13题。

11. 消费函数从实线 *CC* 向上移动到虚线 *C′C′* 的变动可表明：

    a. 由可支配收入上升而引起的消费支出的增加。

    b. 在任何已知的可支配收入水平上，一部分家庭和社区决定多消费和少储蓄。

    c. 由可支配收入减少而引起的消费支出的减少。

    d. 在任何已知的可支配收入水平上，一部分家庭或社区决定少消费和多储蓄。

    e. 以上选项都不是。

12. 假如实线 *CC* 表示消费函数，可支配收入数额为 0*K*，那么可支配收入 0*K* 中的储蓄数额一定是：

    a. *PK*。

    b. *MK*。

    c. *PM*。

    d. *NM*。

    e. 以上选项都不是。

13. 假如可支配收入数额从 0*K* 变为 0*L*——实线 *CC* 仍然表示消费函数，那么收入中的储蓄额则将变为：

    a. *SM*。

    b. *QR*。

    c. *PQ*。

    d. *RS*。

    e. *QS*。

14. 关于两个消费函数图形（图6－1和图6－2），它们之间的主要区别是：

a. 图 6－1 中的 *MPC*（边际消费倾向）不变，而图 6－2中的 *MPC* 则随着收入增加而减少。
b. 图 6－1 中的 *MPC* 随着收入的增加而减少，而图 6－2 中的 *MPC* 则不变。
c. 图 6－1 中的 *MPC* 随着收入的增加而增加，而图 6－2 中的 *MPC* 则不变。
d. 图 6－1 中的 *MPC* 不变，图 6－2 中的 *MPC* 则随着收入的增加而增加。
e. 图 6－1 中的 *MPC* 随着收入的增加而下降，而图 6－2 中的 *MPC* 下降得更快。

15. 消费函数是指：
a. 消费支出正好等于收入的收入水平。
b. 某些消费者在其消费支出上“相互攀比”的倾向。
c. 将用于消费的额外收入部分。
d. 表示在不同收入水平上家庭用于消费支出数额的曲线。
e. 低收入水平的家庭消费支出大于其收入数额的事实。

16. 根据统计得出的数据，下列哪一项是典型的美国家庭消费行为的特点？
a. 随着收入增加，用于消费的收入比例递增。
b. 在各收入水平（低收入水平除外）上，用于消费的收入比例相同。
c. 在各收入水平上用于消费的收入比例相同。
d. 随着收入增加，用于消费的收入比例逐渐减少。
e. 在各收入水平（很高的收入水平除外）上，用于消费的收入比例相同。

17. 当收入为 0 时，家庭消费为 2 000 美元，而当收入为 6 000 美元时，其用于消费的支出为 6 000 美元。假设消费函数是一条直线。这个家庭的边际消费倾向是：
a. 2/3。
b. 3/4。
c. 4/5。
d. 1。
e. 大于 1。

18. 第 17 题中家庭的边际储蓄倾向等于：
a. 1/3。
b. 2/3。
c. 3/4。
d. 1/4。
e. 2 000 美元。

19. 可以把**永久性收入**确切地描述为：
a. 家庭储蓄多年并且不可能用于支出的钱。
b. 在缴纳全部税收之后的收入。
c. 长期内的消费和储蓄之和。
d. 家庭收入的长期趋势。
e. 以上选项都不是。

20. 下列哪一项关于储蓄的陈述是错误的？
a. 个人储蓄率下降的可能解释之一是社会保障。
b. 资本和信贷市场的改进也许会引起储蓄率的下降。
c. 可以把储蓄视为家庭花费其收入后留下的剩余额。
d. 美国的储蓄率高于日本。
e. 以上结论都正确。

21. 国民收入账户中的储蓄与个体的资产负债表中的储蓄存在差别，其差别在于：
a. 通货膨胀的衡量方法不同。
b. 国民收入账户中扣除了资本利得。
c. 在个体的资产负债表中扣除了资本利得。
d. 单个与总体的区别。
e. 以上选项都不是，两种方法中的储蓄相等。

22. 边际消费倾向是指：
a. 每增 1 美元可支配收入所增加的消费。
b. 消费总额除以可支配收入总额。
c. 等于 1 减去边际储蓄倾向。
d. 以上选项都不是。
e. a、c 正确。

23. 个人储蓄率：
a. 在近 20 年内急剧下降。
b. 在近 20 年内上升。
c. 在近 20 年内保持不变。
d. 对经济影响不大。
e. 美国个人储蓄率高于大多数其他国家。

**B. 投资的决定因素**

24. 经济学家把下列哪一项视为投资？
a. 购买公司债券。
b. 储蓄和并未积蓄的数额。
c. 购买新公司债券。
d. 导致当前消费的生产活动。
e. 以上选项都不是。

25. 投资并不包括：
    a. 购买新住房。
    b. 购买新工厂。
    c. 公司成品存货的增加。
    d. 发行新股票。
    e. 以上全被认为是投资的一部分。
26. 下列哪一项最准确地描述了利率和投资支出水平之间的关系？
    a. 它们直接相关。
    b. 它们负相关。
    c. 它们一起变化，但是看不出联系。
    d. 它们不相关。
    e. 以上选项都不是。
27. 加速数原理认为：
    a. 当经济升温时，通货膨胀也上升。
    b. 当经济增长速度加快时，投资也增加。
    c. 当政府支出增加时，投资也增加。
    d. 增加货币供给量可使投资增长加速。
    e. 很难使快速增长的经济减缓。
28. 如果______，我们将沿着投资需求曲线移动到一个新的投资水平。
    a. 公司利润税增加。
    b. 国会通过一项投资税减免政策。
    c. 企业经理对未来发展更加乐观。
    d. 利率发生了变化。
    e. 所有以上选项。
29. 下列哪一项对投资和消费做了准确的描述？
    a. 两种活动均由相同的组织（如家庭）进行，尽管并非总是出于相同的原因。
    b. 两者都是对当前利用经济的生产性投入存量或就业的需求。
    c. 两者都是可支配收入的组成部分。
    d. 在两种情况下，决定它们如何发挥作用的唯一因素是国民产出或可支配收入水平。
    e. 以上选项都不是。
30. 决定投资的主要经济因素是：
    a. 投资收益。
    b. 投资成本。
    c. 对未来经济形势的预期。
    d. a 和 b。
    e. a、b 和 c。

## 七、解答题

下列问题旨在帮助你运用教材中提到的概念。

### A. 消费和储蓄

1. 假设某一家庭 1 周用于消费的支出规则如下：100 美元加上每周的可支配收入的一半。那么，它在各收入水平上的消费和储蓄可用表的形式表示出来。
    a. 填写表 6-1。（请记住：*S* 必须是 *DI* 和 *C* 的差额。因此，在低收入水平上，*S* 将是一个负数。）

**表 6-1**

| *DI* | *C* | *S* |
|---|---|---|
| $0 | $____ | $____ |
| 100 | ____ | ____ |
| 200 | ____ | ____ |
| 300 | ____ | ____ |
| 400 | ____ | ____ |
| 500 | ____ | ____ |

    b. 在图 6-3 中描出消费与表 6-1 中相应的 6 组点的关系，然后用一条直线把各点相连。
    c. 然后，在图中从左下角到右上角画一条对角线。（如果可能的话，用不同的颜色以示这条线与消费函数的区别。）

你已经画了一条贯穿 *C* = *DI* 各点的 45°线。45°线贯穿 *DI* = 100 且 *C* = 100，*DI* = 200 且 *C* = 200，*DI* = 300 且 *C* = 300 各点，如此等等。事实上，这条 45°线在代数上可表示为 *C* = *DI*（消费等于可支配收入）。

显然，在这一点上，可用 45°线来确认家庭正好“收支相抵”的某一 *DI* 水平，即正好是消费支出的数额等于可支配收入的点。收支相抵点位于 45°线与消费曲线的交点。

    d. 就图中所描述的家庭而言，这一交点位于 *DI* 等于（**100 美元/200 美元/300 美元/400 美元**）之处。在交点的左边，消费函数位于 45°线的（**上方/下方**），家庭用于 *C* 的支出（**大于/小于**）*DI*。在交点的右边，消费函数位于 45°线的（**上方/下方**），家庭支出（**大于/小于**）*DI*。当收入超出了 200 美元，家庭将储蓄一部分 *DI*。

图 6－3

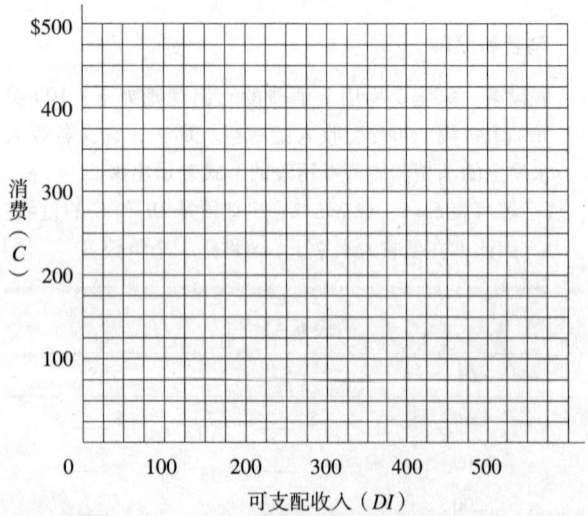


e. 当 $DI$ 等于 400 美元时，从 $x$ 轴到 45°线的垂直距离是（**500 美元/400 美元/300 美元**）。在这一点，从 $x$ 轴到消费函数的垂直距离是（**500 美元/400 美元/300 美元**），这是消费支出的数额。（**0 美元/100 美元/200 美元**）的差额，即两条直线之间的垂直距离就是储蓄额（$S$）。

f. 上图也表明，假如家庭的 $DI$ 是 300 美元，它将有（**0 美元/50 美元/100 美元/150 美元**）的（**储蓄/负储蓄**）。假如 $DI$ 是 100 美元，那么它将有（**0 美元/50 美元/100 美元/150 美元**）的（**储蓄/负储蓄**）。

图 6－4

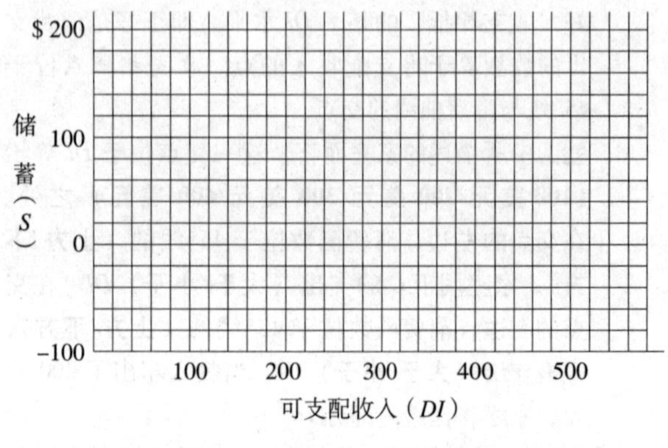


事实上，对消费函数位于 45°线上方的任意 $DI$，家庭都将会有负储蓄。只要其收入（暂时）下降到 200 美元的收支相抵点以下，家庭就会动用以前的储蓄或借款，以补充当前用于消费支出的 $DI$。

g. 储蓄额可以直接画在 $S-DI$ 图上，用表 6－1 的 $DI$ 和 $S$ 数据，在图 6－4 中画出储蓄曲线。

2. 由消费函数推导可知，$DI$ 的任何变化都可能引起消费支出（$C$）和储蓄（$S$）的变化。经济学家谈论变化时，他们实际上是在谈边际分析——在本例中，是指边际消费倾向（$MPC$）和边际储蓄倾向（$MPS$）。

a. 利用上一题的数据填写下列空白处。

（1）$MPC$ = ______

（2）消费曲线的斜率 = ______

（3）$MPS$ = ______

（4）储蓄曲线的斜率 = ______

现在，请考虑表 6－2 中另一个（个人）的消费函数。

表 6－2

| 年可支配收入 | 年消费 | 增加的消费 |
|---|---|---|
| $ 12 000 | $ 11 600 | |
| | | $ 640 |
| 13 000 | 12 240 | |
| | | 590 |
| 14 000 | 12 830 | |

b. 用表 6－2 中的数据填写下列空白处。

（1）就年 $DI$ 从 12 000 美元到 13 000 美元的变化而言，$MPC$ = ______，$MPS$ = ______。

（2）就年 $DI$ 从 13 000 美元到 14 000 美元的变化而言，$MPC$ = ______，$MPS$ = ______。

3. 假设某家庭 1 周可支配收入为 450 美元。像第 1 题中的家庭一样，其消费支出等于 100 美元加上 1 周 $DI$ 的一半。回答下列问题，

a. 消费支出 = ______

b. 一个家庭成员离开了家，因此消费函数有了变化，现在变为 $DI$ 的一半加上 75 美元。假如家庭 $DI$ 不受该变化的影响，那么，现在每周的消费支出为（**300 美元/325 美元/350 美元/375 美元**）。

c. 在消费函数图上，这一变化将表现为（选择一项）：

（1）沿着现有曲线向下移动。

(2) 沿着现有曲线向上移动。

(3) 整个消费函数往上向一个新位置移动。

(4) 整个消费函数往下向一个新位置移动。

d. 边际消费倾向的值发生变化了吗?(**没有发生变化/发生变化了,它上升了/发生变化了,它下降了**)

(1) 最后,假设有一个新的消费函数,使其消费支出变为 *DI* 的 2/5 加上 75 美元。

e. 那么,*MPC* 的值将(**下降/保持不变/上升**)。

f. *MPS* 的值将等于______。

g. 写出描述这一消费函数的方程式。

______________________________

4. 图 6-5 中的实线 *CC* 表示一个社区的消费函数。总 *DI* 的一个可能水平由横向距离 0*A* 表示;消费支出的相应水平由垂直距离 0*D* 表示。

a. 假设我们观察到社区的消费支出从 0*D* 增加到 0*E*。这种增加可能是由下列情况造成的(选择一项):

(1) 只是 *DI* 从 0*A* 水平增加到 0*B* 水平。

(2) 只是除 *DI* 增加以外的某种因素——引起消费函数向上移动到虚线 *C′C′* 位置的因素。

(3) 上述情形之一,或是 *DI* 增加,或是由除 *DI* 增加以外的某种因素引起的增加支出的决定。

**图 6-5**

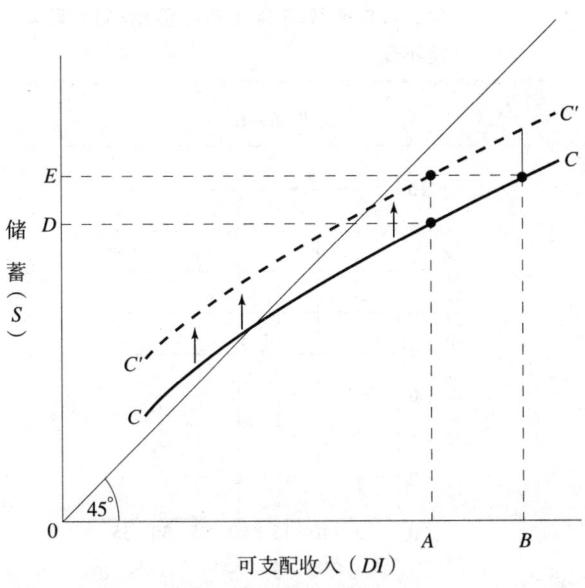


b. 一位受尊敬的经济权威预测经济衰退即将来临。他的预测很有影响力,人们决定少支出和多储蓄,以防即将来临的困难时期(即使 *DI* 没有下降)。如果图 6-5 表示这种决定,它将意味着(选择一项):

(1) 沿着已知的消费函数,如 *CC*,向下和向左移动,以表示可支配收入的减少引起的消费支出的减少。

(2) 整个消费函数从实线 *CC* 的位置向上移动,比如到虚线 *C′C′* 处。

(3) 整个消费函数从虚线 *C′C′* 表示的位置向下移动,比如到实线 *CC* 处。

5. 下列哪种情况将引起消费函数向上移动(U),向下移动(D),或根本不移动(NS)?

a. 预期将变坏的经济条件使人们产生对失业的担心。(**U/D/NS**)

b. 银行利率的下降使储蓄对人们不那么具有吸引力。(**U/D/NS**)

c. 使人们获得更多税后收入的减税。(**U/D/NS**)

d. 引起就业机会减少或加班机会减少的实际经济紧缩。(**U/D/NS**)

**B. 投资**

6. 投资一词在经济学中,意味着当该投资项目处于建设之中时,会创造就业。由此给那些在项目建设中的就业者带来收入。从这一意义上说,下列情况本身是否构成投资?

a. 让一个承包商为你建造一座新住房。(**是/不是**)

b. 购买一幢 1 年前建造的住房。(**是/不是**)

c. 在股票市场上购买杜邦公司的股票。(**是/不是**)

d. 购买一家新建公司的股票。(**是/不是**)

e. 用 d 项的债券或股票所得,新建一座工厂大楼。(**是/不是**)

7. 指出下列每一种情况是正确的(T)还是错误的(F):

a. 某公司正在考虑建造一个新厂房以增加产出能力。对此,明智的做法是,公司必须尽力对产品的未来市场进行评估,以确保会有足够的需求来证明增加产出是正确的。这种评估要求公司对来自对手公司可能的竞争程度以及未来"总体商业条件"——GDP 未来可能的状况——做出估计。(**T/F**)

b. 那么,这意味着投资支出流量受与未来预测有关

的多种考虑的约束。(**T/F**)

c. 一家一直在不断增加新厂房和设备的大公司可能不再这么做，因为它感到已能够满足今后对其产品可能会有的需求。假如它停止投资，投资流量将相应减少，即使资本存量仍然保持在折旧后的净值水平。(**T/F**)

d. 由于企业担心衰退，也就是 GDP 下降或不增长，那么该投资计划可能会被推迟或取消。这再次意味着投资支出流量的下降。(**T/F**)

e. 假如出现任何投资支出流量减少的话，那么就有理由假设，个人储蓄流量将会立即相应地减少。(**T/F**)

f. 假设经济正处于由各种内外部因素引起的高利率时期。其结果将是经由借款和经由留存收益来融资的投资的减少。(**T/F**)

**表 6－3**

| (1) 项目 | (2) 总投资（百万美元） | (3) 每 1 000 美元的年收益 | 每 1 000 美元的年利润 3% | 6% | 10% | 15% |
|---|---|---|---|---|---|---|
| A | $10 | $1 000 | $970 | 940 | 900 | 850 |
| B | 6 | 250 | ___ | ___ | ___ | ___ |
| C | 14 | 100 | ___ | ___ | ___ | ___ |
| D | 5 | 50 | ___ | ___ | ___ | ___ |

8. 表 6－3 表明了 4 个不同投资项目的特点。假定投资的年成本是根据市场利率计算的。表中给出了利率的 4 个可能的值，分别为 3%、6%、10% 和 15%。假设利率是每一种投资的唯一成本，我们可以把每投资1 000 美元（见第 3 栏）的年收益与每借款 1 000 美元的年利率成本做一下比较。例如，按 3% 的利率，借 1 000 美元的成本为每年 30 美元。

a. 按 6% 的利率，借 1 000 美元的成本为每年______美元。

按 10% 的利率，借 1 000 美元的成本为每年______美元。

按 15% 的利率，借 1 000 美元的成本为每年______美元。

只要每 1 000 美元的年收益超过年成本，投资项目就能给公司增加利润，投资就应当进行。

b. 现在你准备填写表中的年利润一栏。项目 A 的数字已填好。请填写项目 B、C 和 D 的空白处。

c. 按这些给定利率，公司将（**对/不对**）项目 A 投资？对项目 B 呢（**投资/不投资**）？

d. 按哪种利率，该公司将不对项目 C 投资？项目 D 呢？

公司对投资的总需求是指在不同的利率下，公司愿意提供资金的全部投资总额。例如，按 3% 的利率，全部投资项目都是有利可图的，公司将对投资花费 3 500万美元（10＋6＋14＋5）。

e. 填写表 6－4 中的空白处，然后用这些数据在图 6－6中绘制出该公司的投资需求曲线。

**表 6－4**

| 利率 | 投资需求（百万美元） |
|---|---|
| 3% | $35 |
| 6% | ___ |
| 10% | ___ |
| 15% | ___ |

f. 现在假设对未来商业活动的预期变坏，每个项目每投资 1 000 美元的年收益减半。在图 6－6 中画出反映新的投资需求的第二条曲线。

(1) 由于可以觉察到的经济环境的变化，投资需求曲线已经（**向左移动/向右移动/保持不变**）。

(2) 另一方面，假如预期好转，估计收益会翻一倍，需求曲线将会（**向左移动/向右移动/保持不变**）。

**图 6－6**

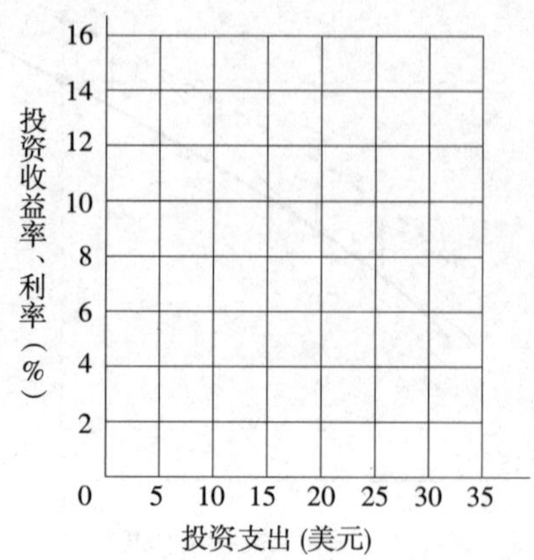

9. 上题探讨的是储蓄和投资之间的关系。指出下列各项是正确的（T）还是错误的（F）：
   a. 某家庭积攒的藏在家中床垫里的钱，是从收入流中退出的钱；只要它仍然在床垫里，就既不为任何人增加收入，也不创造就业。（**T/F**）
   b. 某家庭积攒的即将用来购买新住房的钱，是投入收入流的钱。这种家庭活动将被视为储蓄和投资。（**T/F**）
   c. 某家庭积攒的即将用来购买通用汽车公司现有或新发行的股票的钱，将被视为储蓄和投资。（**T/F**）
   d. 积攒并存入银行账户的钱被视为储蓄，从经济意义上说，这并非投资。然而，只要这钱存入银行，如果银行把它贷给一位将用于投资目的的借款人，这些钱就是投资支出。（**T/F**）
   e. 许多投资是用别人的钱来融资的，比如通过银行借款、出售债券或发行股票等方式。（**T/F**）
   f. 假如商业环境看来很不确定，那么有余钱的人可能不情愿把钱借出去，因为他们认为潜在的借款人可能会陷入困境，无力偿付。因此，即使有把储蓄转变为投资的机制，也并不意味着所有储蓄的钱都会自动转化为投资。（**T/F**）

## 八、讨论题

回答下列问题，解释你这样回答的原因。

1. 假设一个社区有 200 个家庭。每个家庭每周正好支出 100 美元加上一半的总收入用于消费。其中一半家庭（100 个）属于“穷人”，他们每家每周收入为 200 美元；另 100 个家庭属于“富人”，他们每家每周收入为 400 美元。

   这个社区希望增加总消费支出。为了实现这一点，有人建议，每个富裕家庭每周纳税 100 美元，税收收入分配给贫困家庭。这样，每个家庭的每周净收入将为 300 美元。为税收提出的正当理由如下：贫困家庭收入为 200 元，支出为 200 元，因此其将 100% 的收入用于消费；富裕家庭收入为 400 元，支出为 300 元，因此其将 75% 的收入用于消费。综上所述，如果对收入进行再分配，可以增加总消费支出。
   a. 假如采纳这一建议的话，会增加总消费支出吗？用边际消费倾向解释。
   b. 还有其他情况会使收入的再分配带来消费支出的增加吗？用 *MPC* 回答。
   c. 解释上述税收方案引起的收入再分配实际上可能降低消费支出的两种情况。（这道题比较难，要对超出 *MPC* 概念的范围进行思考。*MPC* 概念可以充分回答 b 部分的内容。）
2. 解释为什么就大部分家庭而言，*MPC* 随着收入的增加而递减。
3. 为什么国民 *MPC* 大于 1 没有意义？
4. 简要说出经济中投资支出的主要决定因素。
5. 解释储蓄和经济增长之间的关系。
6. 解释 *MPC* 和 *MPS* 之间的关系

## 九、答案

### 三、关键概念复习

| | |
|---|---|
| 6 | 可支配收入 |
| 13 | 负储蓄 |
| 8 | 收支相抵点 |
| 11 | 消费函数 |
| 12 | 储蓄函数 |
| 4 | 边际 |
| 10 | 边际消费倾向 |
| 7 | 边际储蓄倾向 |
| 3 | 永久性收入 |
| 1 | 生命周期假说 |
| 9 | 财富效应 |
| 5 | 加速数原理 |
| 2 | 投资需求曲线 |

### 六、选择题

1. D　2. D　3. B　4. A　5. B　6. A　7. C
8. D　9. A　10. B　11. B　12. C　13. E　14. A
15. D　16. D　17. A　18. A　19. D　20. D　21. B
22. E　23. A　24. E　25. D　26. B　27. B　28. D
29. B　30. E

## 七、解答题

1. a. 见表6-1。

表6-1

| *DI* | *C* | *S* |
|---|---|---|
| $0 | $100 | $-100 |
| 100 | 150 | -50 |
| 200 | 200 | 0 |
| 300 | 250 | 50 |
| 400 | 300 | 100 |
| 500 | 350 | 150 |

b和c：见图6-3

图6-3

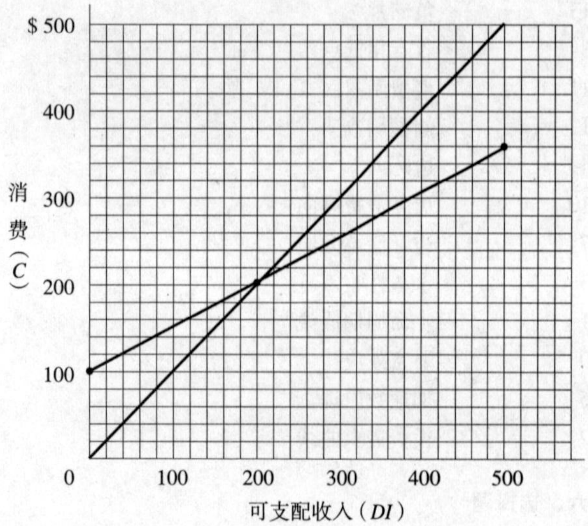


d. 200美元，上方，大于，下方，小于

e. 400美元，300美元，100美元

f. 50美元，储蓄，50美元，负储蓄

g. 见图6-4

图6-4

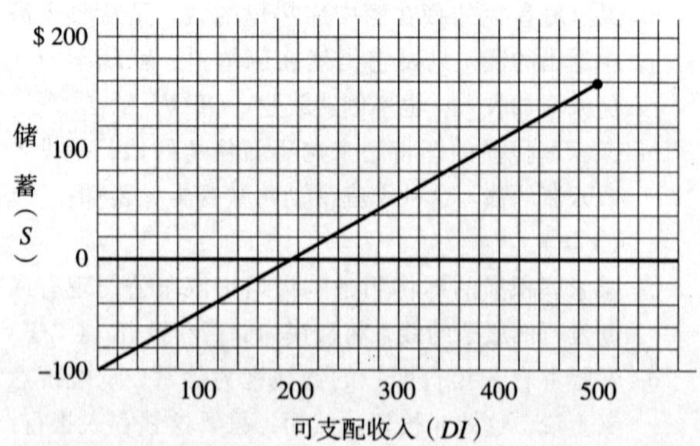


2. a. （1）0.50

（2）0.50

（3）0.50

（4）0.50

b. （1）0.64，0.36

（2）0.59，0.41

3. a. 325美元

b. 300美元

c. （4）

d. 没有发生变化

e. 下降

f. 0.60

g. $C=75+(0.4)DI$

4. a. 3

b. 3

5. a. D

b. U

c. NS

d. NS

6. a. 是

b. 不是

c. 不是

d. 不是

e. 是

7. a. T

b. T

c. T

d. T

e. F

f. T

8. a. 60，100，150

b. 见表6-3

表6-3

| 每1 000美元按下列利率的年利润： | 3% | 6% | 10% | 15% |
|---|---|---|---|---|
| 项目B | $220 | $190 | $150 | $100 |
| 项目C | $ 70 | $ 40 | $ 0 | -$ 50 |
| 项目D | $ 20 | -$ 10 | -$ 50 | -$100 |

c. 对，投资

d. 任何超过10%的利率，任何超过5%的利率。

e. $30，$16，$16。见图6-8。

f. 见图6-6

1. 向左移动
2. 向右移动

图6-6

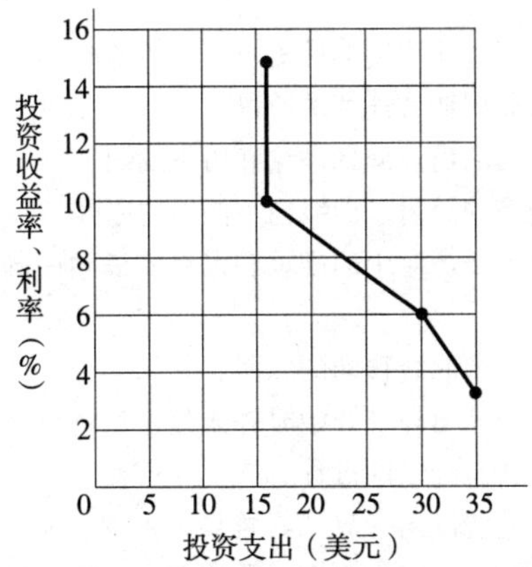


9. a. T

b. T

c. F

d. T

e. T

f. T

## 八、讨论题

1. a. 总消费支出将保持不变。因为贫富家庭有完全相同的*MPC*，收入的转移大概能改善“贫困家庭”的生活，但是总支出将不受影响。

   b. 假如较贫困家庭的*MPC*高于富裕家庭，收入转移将增加消费支出。

   c. 首先，假如较贫困家庭的*MPC*低于富裕家庭，总消费支出可能下降；其次，假如对富人征税减少其工作积极性，那么收入及其消费支出就可能减少。

2. 生活的基本必需品——吃、穿、住——是各个家庭必须支付的，不管其收入多少。随着收入的增加，家庭能够购买更好的商品，但是一旦支付了必需品开支，它们考虑更多的则是未来和储蓄。

3. 国家作为一个整体，其支出不可能超过其产出。假如支出变化大于收入变化，必然出现负储蓄或借款。当出现借款时，经济中必须有储蓄。假如*MPC*大于1，就不可能有任何储蓄。

4. 投资支出是由利率、商业预期和GDP本身的水平决定的。

5. 可以把储蓄视为延迟消费。这可鼓励公司少生产和多投资。投资会带来更大的生产能力和经济增长。

6. $MPS + MPC = 1$

# 第 7 章

# 商业周期波动和总需求理论

## 一、概述

宏观经济学和宏观经济政策同长期经济增长或产出的增长路径及其波动相关。短期波动被称作商业周期。宏观经济政策的目的在于稳定经济，使其远离周期性扰动，因此称其为稳定性政策。实行稳定性政策是由于周期性波动通常会导致失业率和价格水平的波动。本章将探讨商业周期的根源及其影响的主要经济变量之一——总需求。在整个经济史中，美国和其他国家的经济增长总是处于波动状态——增长或者下降。经济学所面临的一个关键问题就是，能否设计出相应的经济政策以牢牢控制商业周期的不利影响？政策制定者应该对仅仅能够减少周期波动的幅度而感到满足吗？

总需求受商业周期的影响很大，它对产出、就业和价格也影响巨大，尤其是在短期内。本章分析总需求的各组成部分，并对总需求曲线的总体形状进行讨论。另外，我们还要讨论使总需求曲线移动的因素。和以往一样，要注意区分沿着曲线的移动和曲线的移动。

在某些情况下，总需求各组成部分的变化，例如投资、消费、政府支出和净出口，可能导致产出发生更大的变化，可称为乘数效应，从而进一步放大周期性因素的冲击。在本章，我们将通过建立**乘数模型**（multiplier model）来解释这些现象。乘数是我们将要反复使用的一个重要的基础工具，你现在花时间完整地学习它，将会为以后的学习带来很大好处。模型对于实验也同样非常有益。我们将利用乘数模型来研究财政政策（例如政府支出和税收）对产出的影响。这种分析将有助于我们明确财政政策可以在多大程度上稳定经济，以及财政政策的局限性有哪些。

## 二、学习目标

在你读完教材第 7 章并完成本书相应的习题后，你将能够做到以下几点。

1. 概括美国商业周期的历史及其背后的原因。
2. 理解商业周期各连续的阶段。
3. 描述不同的商业周期理论和历史案例
4. 解释经济的总需求曲线向下倾斜的原因。
5. 了解微观经济学中的需求和宏观经济学中的需求的差别。
6. 找出总需求曲线移动的原因。
7. 如果一个简单经济开始时并未处于均衡状态，解释它向均衡状态移动的过程。
8. 由边际消费倾向（*MPC*）推导出乘数的值，并解释当投资支出变动时，如何用乘数来确定简单经济中的新的均衡点。
9. 理解乘数模型是如何与经济中的 AS - AD 模型相结合的。
10. 理解政府的财政政策是如何影响乘数模型中的产出的。
11. 解释税收和政府支出对总需求的不同影响。
12. 理解**税收乘数**（tax multiplier）与**支出乘数**（expenditure multiplier）之间的区别。

## 三、关键概念复习

在 B 栏中寻找与 A 栏中术语相应的解释。

| A | B |
| --- | --- |
| __ 商业周期 | 1. 产出的迅速增长刺激了投资，反过来投资又进一步刺激了经济增长。 |
| __ 衰退 | 2. 在 *AS*－*AD* 框架之外的变量。 |
| __ 萧条 | 3. 付给政府的一笔固定不变的且与 GDP 无关的税收。 |
| __ 商业周期各阶段 | 4. 国民总产出的波动，一般持续 2～10 年，特征是经济大范围地扩张或收缩。 |
| __ 扩张 | 5. 用来表示投资或政府支出的每 1 美元变动是如何影响经济的。 |
| __ 乘数—加速数原理 | 6. 政府用于影响总需求的财政和货币方面的决策。 |
| __ 恶性通货膨胀 | 7. 以经济增长为特征的商业周期的阶段。 |
| __ 总需求 | 8. 实际 GDP 至少连续两个季度的下降。 |
| __ 互联网泡沫 | 9. 支出乘数乘以 *MPC*。 |
| __ 政策变量 | 10. 包括支出、转移支付和税收的政府计划。 |
| __ 外生变量 | 11. 实际 GDP 长期的、累积性的下降。 |
| __ 一次性总付税收 | 12. 其他条件不变时，在一定价格水平下，人们愿意购买的总产出数量。 |
| __ 支出乘数 | 13. 扩张、高峰、紧缩、低谷。 |
| __ 税收乘数 | 14. 可支配收入每变化 1 美元时商品和服务支出的变化。 |
| __ 财政政策 | 15. 当经济中计划的总支出等于实际支出时发生的情形。 |
| __ 均衡 | 16. 价格水平每月增长 1 倍或更多的情形。 |
| __ 边际消费倾向 | 17. 投机性繁荣，公司价值被高估。 |

## 四、小结与本章提纲

本部分对教材本章的关键概念进行总结。

### A. 什么是商业周期

1. 商业周期既有不同点，又有相同点。每个商业周期都有其各自的产生原因、时间长短、严重程度和发展轨迹。但是，尽管存在这些不同，它们均遵循同一基本模式：陷入衰退［**紧缩**（contraction）］，降到最低点［**低谷**（trough）］，复苏和进入繁荣［**扩张**（expansion）］，达到顶点［**高峰**（peak）］；之后再重新开始这一过程。虽然它们的不同之处混乱难辨，但是它们的相似之处则表明，某些一般性的政策可能减轻周期性波动的严重性。
2. 对商业周期产生的根源有不少可能的解释，但将其分为两种类型对我们也许是有帮助的：外部的和内部的。外部的产生根源包括经济体制外发生的变化。这有许多可能性：自然灾害、战争和新发现等。内部根源是经济体制内引起周期变化的机制，例如金融部门的内部扰动。
3. 投机性繁荣和泡沫破灭在经济中很常见（从 19 世纪的狂热投机到 21 世纪初房地产泡沫的破裂）。

### B. 总需求理论和商业周期

1. 总需求（*AD*）包括经济各部门的全部意愿支出：消费（*C*）、国内私人投资（*I*）、政府对商品和服务的购买（*G*）以及净出口（*X*）。
2. *AD* 曲线向下倾斜的主要原因是**货币供给效应**（money supply effect）。若其他条件保持不变，当经济中价格上升时，则**实际货币供给量**（real money supply）会减少。实际货币供给量是由*名义货币供给量*除以价格水平确定的。实际货币供给量相对稀缺或紧缩时，获得货币的价格——利率——就上升，各种依靠借贷资金的支出——消费、投资甚至净出口——则下降。由此我们得出结论，较高的价格水平会导致对商品和服务的总需求下降，即沿着总需求曲线向上移动。
3. 微观经济学的需求曲线和宏观经济学的需求曲线之间存在若干重要区别。在*微观*中，主要关注的是某种商品的某个市场。当我们画需求曲线时，允许这种商品的价格发生变化，同时假设*所有其他商品的价格和消费者的收入保持不变*。在*宏观*中，我们旨在获得一幅整体经济而非仅仅是一个市场的图景。一般价格水平沿纵横变化，且当我们沿着总需求曲线移动时，总产出和实际收入会发生变化。总需求曲线的斜率为负的主要原因是货币供给效应，单个市场需求曲线向下倾斜的主要原因是替代效应。

4. 有很多原因导致总需求曲线发生移动。其中，两类主要变量是政策变量和外生变量。政策变量包括货币政策的变化或财政政策的变化。

外生变量是模型框架之外或超出政策制定者控制范围的变量。外生变量的例子包括外国的变化（国外石油生产决策，国外的增长率等）、技术进步以及股票市场的波动等。对此，我们并不是说经济和政府政策与这些“外部”变量没有关系，而只是说变化可能来自这些领域，这些变化对经济中的支出（总需求）水平可能产生影响。

### C. 乘数模型

1. 在一个简单的封闭经济中，意愿储蓄曲线和投资曲线将决定 GDP 的均衡值。为了简化分析，萨缪尔森和诺德豪斯（以及其他大多数原理教科书作者）都假设投资支出是外生变量。换言之，他们把投资支出作为已知条件，而不是由 GDP 来决定的。这样就可以将投资曲线画成一条水平线。这并不是说，投资支出不可能变化，而是说，假如投资由于利率（或任何其他因素）的变化而发生变化，投资曲线就会向上或向下移动。（由于这里的投资曲线是水平的，实际上我们不可能谈论向右和向左移动。）投资与 GDP 无关。

请学生们务必**注意**图形上的坐标是怎样标示的。我们这里谈论的是投资支出和 GDP 之间的关系。投资是用纵轴表示的，GDP 则画在横轴上。这种标示方法和讨论绝不违背或改变我们在第 7 章中讨论的投资需求曲线。请参阅图 7－1。

**图 7－1**

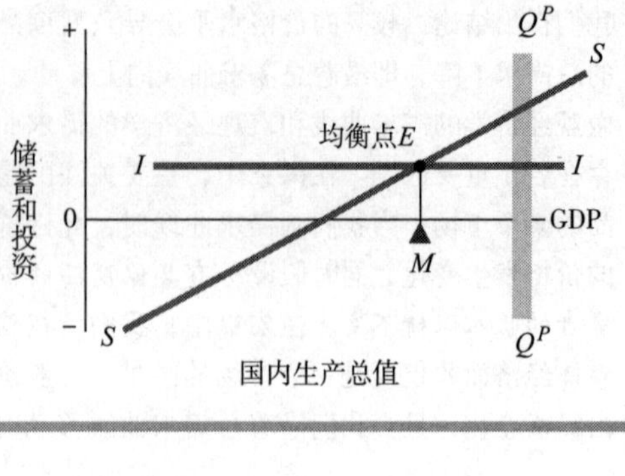


当经济处于均衡状态时，家庭的意愿支出和储蓄等于企业的意愿产出和投资。然而，假如家庭支出太少，或少于企业认为他们应有的支出，企业将会有售不出的商品。这些售不出的商品就添加到企业的存货当中，计为投资的一部分。在这种情况下，意愿投资将小于实际投资，经济将处于非均衡状态。在以后的生产阶段，企业将减少生产并解雇工人，GDP 下降，经济会朝着意愿储蓄等于意愿投资的方向运动。

2. 通过把对商品和服务的总需求（$C+I$）与总产出相比较，也可以找到经济的均衡状态。如图 7－2 所示。如上所述，假如家庭支出太少，企业将向库存增添计划外的商品，经济将紧缩。从图形上看，这种办法是把总支出与总产出（GDP）相比较。在对两者做比较时，45°线特别有用。当 $C+I$ 与 45°线相交时，总支出等于总产出，经济处于均衡状态。这里，我们对固定投资或外生投资的假设是很有用的。$C+I$ 曲线同 $C$ 曲线斜率相同。两条线之间的固定差额是不变的投资支出水平。水平的投资曲线没有自己的斜率，因此 $C+I$ 的斜率完全等于 $C$ 的斜率。在这一模型中，消费是至关重要的。这正如其本来面貌——消费支出几乎占美国总需求的 2/3。

**图 7－2 用支出法可发现均衡 GDP 位于 $C+I$ 线与 45°线的交点**

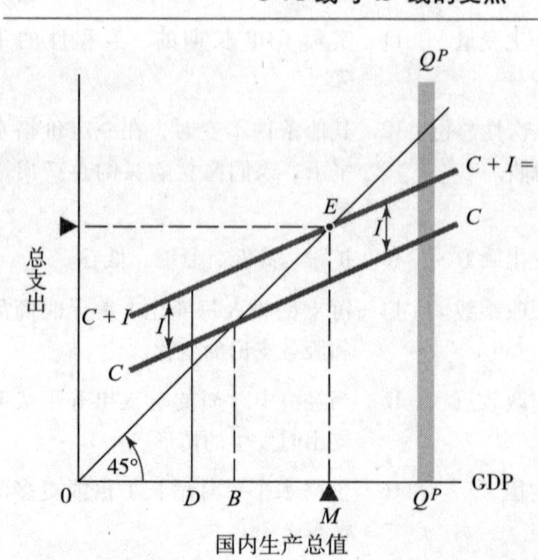


3. 乘数也与消费联系紧密。当企业多投资时，被其雇用的工人将挣得更多的收入。$MPC$ 决定他们将支出多少额外收入。然后，这些消费支出的接受

者将根据 $MPC$ 支出更多。这种分析由假设同一 $MPC$ 适用于各级收入水平而得以简化。所幸的是，在每一轮中，边际支出都逐渐变得稍小一些（因为储蓄了一些额外收入），因而这一过程将逐渐收敛。然而最后，GDP 发生的变化是初始投资项目的某个倍数。家庭支出越多，乘数将越大。可用下列公式计算支出乘数：

$$支出乘数 = \frac{1}{1 - MPC} = \frac{1}{MPS}$$

4. 乘数对于产出实际变化的有效性，取决于经济离充分就业或潜在 GDP 水平有多近。假如经济是在接近充分就业的情况下运转，那么新投资项目将难以产生更多的就业或产出，因为经济已经接近于充分就业。在这一点，较高的支出水平将提高价格（通货膨胀）总水平，而带来的实际产出增加则相对较少。

   我们采用的乘数模型可以追溯到凯恩斯时期。凯恩斯在《就业、利息与货币通论》（1936 年）中关注的焦点是大萧条。也许他对乘数的发展和讨论并未十分关注物价水平的变化，因为在那时，几乎没有人注意到通货膨胀。

5. 在本章第一部分讨论的简单模型中，只有两件事可能使经济失衡：引起投资水平向上或引起向下变化的决策和引起消费水平向上或向下变化的决策。要么投资线必须移动，要么消费线必须移动。如果不出现上述移动，在这种简单模型中，凯恩斯均衡将永久存在。

   当然，投资本身具有不稳定性。这是最后一章要讲的内容。而我们所讨论的那种简单模型均衡的扰动，是由于投资的突如其来的和意想不到的变化导致的。消费函数也可能会变动，但是这种变动的效应类似于投资变化的效应，这部分内容将在以后讨论。

**D. 乘数模型中的财政政策**

1. 乘数应用于影响和冲击经济的内部和外部变量。外部变化包括战争、天气和欧佩克的石油价格变化等。通过乘数影响经济的内部变量的一些例子包括政府支出、税收和投资。有时，这些变化是可以预期的，有时则是不可预期的。有时这些变化非常有益，并有助于稳定经济，有时则不是这样。关键在于，对乘数是什么以及它们如何影响经济的透彻理解，对于你理解宏观经济学至关重要。政策制定者必须了解乘数的作用原理。
2. 经济学家早就认识到政府在提供集体或公共品以及再分配收入方面所起的作用。凯恩斯宏观经济理论进一步确定了包括通过积极的财政政策措施稳定经济的政府作用。财政政策如果运用得当，对产出、就业和价格会产生重大影响。
3. 政府通过税收（和借款）为其支出筹措款项。不管经济的产出水平为多少，政府都要征收一笔固定数额作为税收时，就会出现*一次性总付税收*。在这种情况下，$DI$ 不再等于 GDP。然而，这两者之间的关系却是非常直接的：

$$DI + T = \text{GDP}$$

4. 像投资一样，政府支出（$G$）被当作 GDP 的外生变量。政府支出曲线没有自己的斜率——当根据 GDP 画政府支出曲线时，它是一条水平线。这并不是说 $G$ 不能变化。事实上，政府支出经常发生变化。政府支出的变化正是财政政策的内容。$G$ 的变化意味着总支出曲线向上或向下移动。现在，经济中的总支出等于 $C + I + G$（唯一要增加的一项是净出口）。
5. 假如经济中的总支出超过产出水平，则经济将扩张。而如果 $C + I + G$ 小于产出水平，则经济将紧缩。
6. $G$ 的变化对 GDP 的影响与 $I$ 的变化对 GDP 的影响完全一样。它们均表示消费函数以外的支出变化。因此，可以采用同一支出乘数：$1/(1 - MPC) = 1/MPS$。
7. *税收乘数等于支出乘数乘以* MPC。当政府改变税收时，也会对经济产生乘数效应。然而，税收乘数总是小于支出乘数。原因如下：当政府增加税收时，家庭将不会通过完全减少 $C$ 来支付增加的税，他们会通过减少储蓄来支付一部分税；同样，当减少税收时，家庭并不会支出其全部减税额，部分新增收入将被储蓄起来。你可能了解在决定税收在 $C$ 和 $S$ 之间分配时 $MPC$ 的重要性。当税收变化时，可支配收入也会变化。$MPC$ 决定 $DI$ 变化的多少用于支出。这就是税收乘数公式背后的逻辑关系。

## 五、学习提示

1. 本章介绍了各种不同的商业周期理论。应当认识到，有许多未解决的经济问题，经济学不可能总是提供准确的和界定明确的答案或解决方案。在这些情况下，经济分析所提供的，是一种对身边的经济问题进行探究和学习的结构和框架。一旦你获得了相关信息，就可以支持和反对某种理论。

2. 请别忘记，总需求中的 $G$ 是对政府购买商品和服务的衡量。这与政府预算支出并非一码事。政府预算支出还包括转移支付和债务利息。
3. “其他条件保持不变”这一条件很重要。为了澄清具体的经济关系，最可取的是一次只有一个变量变化。当同时有两个或两个以上的变量变化时（这实际上总是在发生的），区分因果就困难了。例如，在我们画总需求曲线时，我们使价格水平发生变化，让所有其他条件（包括货币供给量）保持不变。在我们分析政策或外生变量对 $AD$ 的影响时，我们一次只变化一个变量，让其他条件保持不变。
4. 请记住，我们运用模型来理解和解释经济如何运行。你应当始终记住所做的简单化的假设。
   - 请记住，总需求中的 $G$ 衡量的是政府购买的商品和服务。这与包括转移支付和支付债务利息在内的政府预算支出并不是一码事。
   - 我们引入乘数模型来衡量它对产出的影响时，假定工资和价格固定不变。经济越接近于充分就业，实际产出变化就越小，价格增长就越大。
   - 当经济处于充分就业时，我们就说它处于潜在水平。*充分就业*的 GDP 等于*潜在* GDP。
   - 在一个没有政府支出、税收、贸易或国际金融的简单经济中，GDP 与可支配收入（$DI$）可以互换使用。
   - 当资源未被充分利用时，刺激性财政政策效果最佳。经济越接近于充分就业，由刺激性财政政策带来的产出的实际变化就越小，通货膨胀就越高。
   - GDP 和 Q 可以交换使用。两者都代表经济的产出。
   - 对家庭的转移支付就像*负*税收。当我们谈论税收时，实际上是在谈论*净税收*或*税收减去转移支付*。税收本身总是大于转移支付，因为除了对收入进行再分配以外，政府还需要资金购买商品和服务。
   - 当一次性总付税收变化时，$C$ 以及 $C+I+G+X$ 曲线将会移动。这些曲线由于税收额*增加*而向*右*移动，由于税收额*减少*而向*左*移动。垂直移动的幅度等于税收乘以 $MPC$ 的值。

## 六、选择题

下列问题按照教材中的顺序安排，从各选项中选出最佳答案。

**A. 什么是商业周期**

1. 商业周期看来是由以下因素引起的：
   a. 只是外部因素。
   b. 只是内部因素。
   c. 主要影响总需求的任何类型的因素。
   d. 只影响总需求的因素。
   e. 所有以上选项。
2. 下列哪一种情形是你预期在衰退时不会发生的：
   a. 对耐用设备减少商业投资。
   b. 股票价格下降和对劳动力的需求减少。
   c. 来自公司和个人的税收减少。
   d. 公司利润减少。
   e. 失业补偿支付减少。
3. 下列时期中，哪一个是最严重的衰退时期：
   a. 1969～1970 年。
   b. 1982～1983 年。
   c. 1974～1975 年。
   d. 1960～1961 年。
   e. 1953～1954 年。
4. 下列时期中，哪一个代表最具活力的经济繁荣时期：
   a. 1983～1984 年。
   b. 1973～1974 年。
   c. 1938～1939 年。
   d. 1955～1956 年。
   e. 1967～1968 年。
5. 假如我们打算把某类型的支出作为解释商业周期的关键因素，可以把下列哪项支出作为关键因素：
   a. 净投资，具体指用于存货的支出。
   b. 净投资，具体指用于耐用品的支出。
   c. 消费支出。
   d. 州和地方政府支出的变化。
   e. 以上选项都不是，关键在于，没有任何一种单一类型的支出起关键作用。
6. 根据美国的经验，要准确理解商业周期中消费支出的作用，要注意下列哪种情况：
   a. 耐用消费品购买的变化会时常发生波动，而消费支出的变化经由乘数作用，将会强化来自消费领域外部任何扰动的效应。
   b. 消费支出和投资似乎对商业周期起大致相同的作用，尽管两者相互交织，难于区分彼此和分析其中任何一者的作用。

c. 非耐用消费品支出的变化最能触发重大商业周期中经济的衰退，反之，当必须对损耗的耐用品进行重置时，耐用消费品购买的增加很可能引起商业周期中经济的上升趋势。
d. 消费支出的变化经常是初始扰动因素，然后其影响向投资扩散，并由此强化初始扰动。
e. 消费支出在商业周期中不起任何作用，商业周期（战争时期除外）几乎完全是由于投资的变化引起的。

7. 从统计结果来看，商业周期的高峰和低谷之间幅度最大的波动在于下列哪项波动：
   a. 消费者服务的供给。
   b. 存货的产量。
   c. 耐用品和资本品的产量。
   d. 批发商品而非零售商品。
   e. 进出口商品。
8. 下列哪一项描绘了经济衰退的典型特征：
   a. 消费者购买急剧下降。
   b. 企业耐用品存货超乎寻常地增加。
   c. 对劳动力的需求下降。
   d. 所有以上选项。
   e. 只有选项 a 和 b 正确。
9. 资产证券化是什么意思？
   a. 一种金融工具，例如将住房抵押贷款债券进一步打包之后在证券市场上重新出售，并允许投资者进行交易。与该金融工具相关的是“拥有对与该资产相应收益的索要权”。
   b. 与“反恐”相关的资产，如报警系统、雷达等。
   c. 对铁路以及其他 19 世纪的交通工具的投资。
   d. 所有以上选项。
10. 以下哪些最近发生的经济事件与当下普遍的外国资产证券化相关？
    a. 互联网泡沫
    b. 房地产泡沫
    c. 恐怖战争和国际武器交易
    d. 美国财政贷款

**B. 总需求和商业周期**

11. 下列哪一个术语不是总需求的组成部分：
    a. 消费支出。
    b. 政府支出。
    c. 净出口。
    d. 投资支出。
    e. 上述全部术语都是 *AD* 的组成部分。
12. 下列哪一种陈述最能准确描述货币供给效应：
    a. 当货币供给量增加时，通货膨胀也上升。
    b. 当经济增长时，中央银行增加货币供给量。
    c. 总需求和货币供给量正相关。
    d. 当价格上升时，实际货币供给量的减少将对总需求产生影响。
    e. 金钱万能。
13. 下列哪一项是总需求曲线向下倾斜的原因：
    a. 较高的价格通过减少劳动力的参与而减少潜在 GDP。
    b. 较高的价格引起利率下降，因而抑制投资。
    c. 较高的价格引起利率上升，因而抑制投资。
    d. 较高的价格刺激劳动力的参与，因此增加消费支出。
    e. 在解释总需求曲线的斜率为负时，上述情况均无意义。
14. 微观经济学的需求和宏观经济学的需求之间的相同点之一是两者都：
    a. 保持收入不变。
    b. 依赖替代效应来解释需求。
    c. 依赖货币供给效应来解释需求。
    d. 与价格呈反向变化。
    e. 保持所有其他商品的价格不变。
15. 在下列情况中，预期哪一种会使总需求曲线向左移动：
    a. 政府支出增加。
    b. 净出口减少。
    c. 劳动力参与减少。
    d. 采用改进的生产技术。
    e. 美元价值减少。
16. 在下列情况中，预期哪一种会使总需求曲线向右移动：
    a. 政府支出增加。
    b. 净出口减少。
    c. 劳动力参与减少。
    d. 税收增加。
    e. 货币供给量减少。
17. 根据货币供给效应，将产生向下倾斜的总需求曲线。在实际货币供给量给定的条件下，价格下降将：
    a. 使信贷更难获得。

b. 使利率上升，因而减少投资。

c. 压低股票的市场价值，因此减少消费。

d. 所有以上选项。

e. 以上选项都不是。

18. 在下列情况中，预期哪一种会使总需求曲线向左移动：

a. 政府支出增加。

b. 净出口减少。

c. 劳动力参与减少。

d. 采用改进的生产技术。

e. 美元价值减少。

**C. 乘数模型**

19. 假如企业改变了计划，增加了对新工厂和设备的支出总额，基本乘数模型将使我们预期：

a. GDP 没有变化。

b. GDP 和消费支出上升。

c. GDP 上升，但是消费支出不受影响。

d. GDP 上升，但是消费支出下降。

e. GDP 下降，但是消费支出上升。

20. 在最简单的凯恩斯模型中，只有消费和投资对总需求有贡献。假定边际消费倾向的值为 0.8，那么乘数的值一定为：

a. 1.6

b. 2.5

c. 2.8

d. 4.0

e. 5.0

21. 请考虑一个没有政府和贸易的简单经济。试问在何种情况下，实际 GDP 将超过其均衡水平？

a. 计划支出（$C+I$）的总额低于现有 GDP 水平。

b. 计划消费的支出总额超过计划投资的总额。

c. 不存在非计划投资。

d. GDP 暂时移动到超过消费函数的收支相抵点。

e. 计划投资的总额加上计划消费的总额超过现有 GDP 水平。

22. 如果第 5 题变为 GDP 在其均衡水平之下，那么哪个选项是正确的？

a.

b.

c.

d.

e.

23. 假定现在 GDP 水平为 5 000 亿美元，消费者愿意将其中的 3 900 亿美元用于消费。假定计划总投资支出为 1 200 亿美元。这些数字表示 GDP：

a. 失衡且将来会下降。

b. 失衡且将来会上升。

c. 失衡，但是它是否会上升、下降或保持现有水平则不确定。

d. 处于均衡状态。

e. 以上选项都不是，因为从所给的信息来看，GDP 要么处于均衡状态，要么失衡。

24. 假定 GDP 处于均衡状态，那么：

a. 消费一定正好等于投资。

b. 企业从消费支出所得的收入一定正好等于国民收入。

c. 任何支出的增加一定会导致通货膨胀缺口。

d. 联邦、州和地方政府的总预算一定正好平衡。

e. 以上选项都不一定正确。

25. 当我们假定计划投资支出不受 GDP 支配时，那么：

a. 当根据 GDP 画投资曲线时，它将是一条水平线。

b. $C+I$ 支出线将平行于消费曲线并与其斜率相同。

c. 我们假定 GDP 对投资没有直接影响。

d. 我们对投资做一个简化的假设，以便更好地理解基本乘数模型。

e. 所有以上选项。

26. 当经济接近于充分就业时，基本乘数模型并不非常有效，因为：

a. 经济难以生产更多的实际产出。

b. 当经济越接近于潜在 GDP 时，价格会越不灵活。

c. 潜在 GDP 是个经常变动并不可能刚好达到的目标。

d. 在一个简单经济中，充分就业毫无意义。

e. 以上选项都不是。

27. 根据图 7－3，经济中自主消费水平为：

a. A。

b. B。

c. 0。

d. D。

e. E。

**图 7-3**

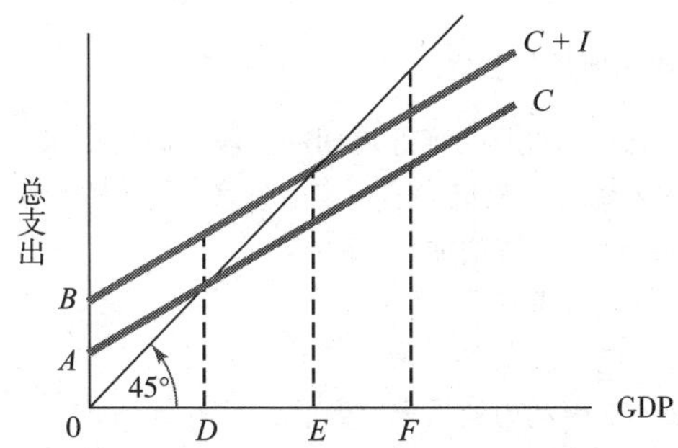


28. 假定图 7-3 中的点 $F$ 表示经济中的潜在 GDP。根据该图所提供的信息，我们可得知经济：
   a. 处于潜在水平。
   b. 处于潜在水平之下，但正在向潜在 GDP 移动。
   c. 处于潜在水平之下，如果没有任何变动，将维持原状不变。
   d. 处于潜在水平之上，但正在移回潜在 GDP。
   e. 处于潜在水平之上，如果没有任何变动，将维持原状不变。
29. 根据图 7-3，经济中的投资支出：
   a. 正在增加。
   b. 正在减少。
   c. 增加至 $E$ 点之后开始减少。
   d. 是常量，并保持不变。
   e. 太低。
30. 假定图 7-3 中两条轴的刻度相同。根据这幅图所提供的信息，我们可以得知乘数：
   a. 等于 1。
   b. 大于 1。
   c. 小于 1。
   d. 随 GDP 的变化而变化。
   e. 信息不充分，无法确定。
31. 若乘数为 3，则：
   a. 消费增加 3 美元，引起投资增加 1 美元。
   b. 投资增加 1 美元，引起国民收入增加 3 美元。
   c. 投资增加 1 美元，引起国民收入增加 2 美元。
   d. 投资增加 3 美元，引起国民收入增加 1 美元。
   e. 国民收入增加 1 美元，引起投资增加 3 美元。

**D. 乘数模型中的财政政策**

32. 一次性总付税收：
   a. 等于政府支出和税收。
   b. 确保 $DI$ 将等于 GDP。
   c. 不变，不论 GDP 大小。
   d. 是由储蓄支付的。
   e. 以上选项都不是。
33. 相对于 GDP，政府支出 $G$ 被画成一条水平线，这是因为：
   a. 为简化起见，我们假定 $G$ 不受 GDP 支配。
   b. 税收乘数比支出乘数更小。
   c. 近年来政府支出没有变化。
   d. 所有以上选项。
   e. 以上选项都不是。
34. 减税的刺激性效应小于等量政府支出增加的效应，因为：
   a. 一部分减税额将被储蓄。
   b. $MPC$ 小于 1。
   c. 由税收变动引起的支出线的移动小于由政府支出变动引起的支出线的移动。
   d. 所有以上选项。
   e. 以上选项都不是。
35. 政府支出变化对经济的影响：
   a. 与税收的变化相同。
   b. 小于税收的变化。
   c. 与投资的变化相同。
   d. 大于投资的变化。
   e. 大于税收变化，但是小于投资变化。
36. 下列哪个公式最适合于描述税收乘数和支出乘数之间的关系？
   a. 支出乘数 = 税收乘数 × $MPC$。
   b. 税收乘数 = 支出乘数 × $MPC$。
   c. 支出乘数 + 税收乘数 = 1。
   d. 税收乘数 = 支出乘数 × $MPC$
   e. 支出乘数 = 税收乘数/（1 - $MPC$）。
37. GDP 在其充分就业水平处于均衡状态。联邦政府认为有必要增加 100 亿美元用于商品和服务的支出。它想充足地增加税收，以确保不会出现通货膨胀的严重威胁，即它想使均衡水平的 GDP 的净变化为 0。对此所需增加的征税额将：
   a. 超过 100 亿美元。
   b. 为 100 亿美元。
   c. 少于 100 亿美元，但不为 0。
   d. 为 0。

e. 小于0，即可以减少征税。

38. 在增加比如说10美元政府支出的乘数效应和对个人征税减少10美元的乘数效应之间，有着虽然很小但却显著的区别。这是因为：
   a. 增加政府支出，通过增加收入可以刺激消费支出。
   b. 削减10美元税收比增加10美元政府支出对政府的盈余和赤字的影响要大得多。
   c. 减税直接影响消费者的收入和支出，而政府增加购买对消费者支出的影响只是间接的。
   d. 个人税收减少10美元并不能导致消费支出增加10美元，因为减税的一部分成为了额外储蓄。
   e. 以上选项都没有道理。

39. 假定下列条件成立：
   (1) GDP原先处于均衡状态。
   (2) 然后政府增加20亿美元的对商品和服务的总支出。
   (3) 征税一点没有增加。
   (4) 边际消费倾向为0．75。
   假定由此产生的新均衡中没有通货膨胀，GDP将：
   a. 下降40亿美元。
   b. 上升20亿美元。
   c. 上升60亿美元。
   d. 上升80亿美元。
   e. 上升40亿美元。

40. 假设在28题中政府征收的所得税总共减少20亿美元，同时并*不增加*对商品和服务的支出，那么哪个选项是正确的？
   a.
   b.
   c.
   d.
   e.

41. 假设$MPC=0.8$，税收增加100个单位，则均衡GDP会如何变化：
   a. 增加500个单位。
   b. 减少500个单位。
   c. 增加400个单位。
   d. 减少400个单位。
   e. 以上选项都不正确。

## 七、解答题

下列问题旨在帮助你运用教材中提到的概念。

### A. 商业周期是什么

1. 在下列空白处标出商业周期的阶段，同时要求你对给出的事件进行观察，用C表示紧缩，用E表示扩张。
   __ a. 商业投资增加
   __ b. 利润下降
   __ c. 税收收入上升
   __ d. 对劳动力的需求上升
   __ e. 股票价格下跌
   __ f. 通货膨胀加速
   __ g. 失业保险支付增加
   __ h. 利率下降

2. a. 衰退（或萧条）主要是由（**消费/投资/政府支出**）的（**下降/上升**）引起的。
   b. 这种初始的（**下降/上升**）因为乘数效应而扩大了，即总支出比（***C/I/G***）的初始下降下降得（**更多/更少**）一点。
   c. 在下列经济变量中，最大的周期波动典型地来自于（**批发价格/资本品的产量/诸如石油等基本原料的产量/用于消费品的支出**）。

### B. 总需求和商业周期

3. a. 当根据某一价格指数画图时，总需求一般是向下倾斜的，这主要是由于（**替代效应/货币供给效应/收入效应**）。
   b. 已知实际货币供给量不变，较高的价格预期会引起利率（**上升/下降/保持不变**），股票市场价格（**上升/下降/保持不变**），（**减少/增加/没有影响到**）美元的国际价值，并使信贷（**较难/较易**）获得。
   c. 根据这些效应，在下列空白处解释，假如价格下降，总需求组成部分的价值将会怎样变化：
   (1) 消费：______________
   (2) 投资：______________
   (3) 政府购买：______________
   (4) 净出口：______________

4. 表7－1的第（1）栏记录了经济情况的一系列变化。
   a. 指出在第（2）栏中受到各种变化最直接影响的总需求的相应组成部分（*C*、*I*、*G*或*X*）；然后，在第（3）栏中注明影响的方向（用＋表示增加，用－表示减少）。

**表 7-1**

| (1) 变化 | (2) 总需求的组成部分 | (3) 变化方向 | (4) 图 | (5) 解释 |
|---|---|---|---|---|
| a. 人口增加 | 消费 | + | (b) | 人多了意味着扩大消费 |
| b. 货币供给减少 | ____ | ____ | ____ | ________ |
| c. 个人所得税增加 | ____ | ____ | ____ | ________ |
| d. 国外衰退严重 | ____ | ____ | ____ | ________ |
| e. 预期国内衰退 | ____ | ____ | ____ | ________ |
| f. 预期国外衰退 | ____ | ____ | ____ | ________ |
| g. 住房价格迅速上升 | ____ | ____ | ____ | ________ |
| h. 10月份股票市场暴跌 | ____ | ____ | ____ | ________ |
| i. 国防支出减少 | ____ | ____ | ____ | ________ |
| j. 国外价格较高 | ____ | ____ | ____ | ________ |

b. 在第（4）栏中标出图7-4中的哪一幅能够较好地表明这些变化所引起的*AD*向*AD*′的移动？

c. 用第（5）栏解释你的推理。第1行已经填好。

d. 再看表中的第（1）栏。圈出那些由政策变量变化引起的变化，在外生变量变化引起的变化旁边画上星号。

5. 微观经济学中某种产品的需求曲线与宏观经济学中的总需求曲线之间，存在着重大差别。指出下列每种陈述准确地描述了对某种具体产品的微观需求曲线还是宏观总需求曲线。用“微观”和“宏观”来表示。

a. 曲线是根据收入不变的假设而画出来的。

b. 沿着该曲线的总收入和总产出不同。

c. 曲线是向下倾斜的，因为消费者可以在各种商品的消费之间进行选择（替代）。

d. 曲线是向下倾斜的，因为名义货币供给量是固定的。

e. 曲线是根据价格指数来画的，即使相对价格可能在该指数范围内会变化。

f. 假定其他价格保持不变，曲线是从个体对一种价格变化的反应推导而来的。

### C. 乘数模型

6. 考虑一下图7-5中的消费和投资图形。

a. 先看右图中的投资曲线。把这条曲线画成水平线，意思是当GDP增加时，投资支出（**增加/保持不变/减少**）。

b. 左图的意思是，如果GDP等于0*E*，消费支出将是（***HA/JA/ME/KE***），储蓄将等于（***HA/JA/MK/KE***）。

c. 然而，如果GDP下降到0*A*，那么**消费**支出将等于（***HA/JA/ME/KE***），**储蓄**将等于（***HJ/JA/ME/KE***）。

d. 如果GDP处于均衡状态，**储蓄**一定等于投资。假设用相同刻度的横纵轴来标示图7-5中的两幅图。衡量一下左图中两种储蓄水平（*HJ*和*MK*），把它们同右图中实线*I*所表示的投资数额相比较。与*I*值相匹配的*S*值将是（***HJ/MK***）。在这一点上，GDP等于（0*A*/0*E*）。

**图 7-4**

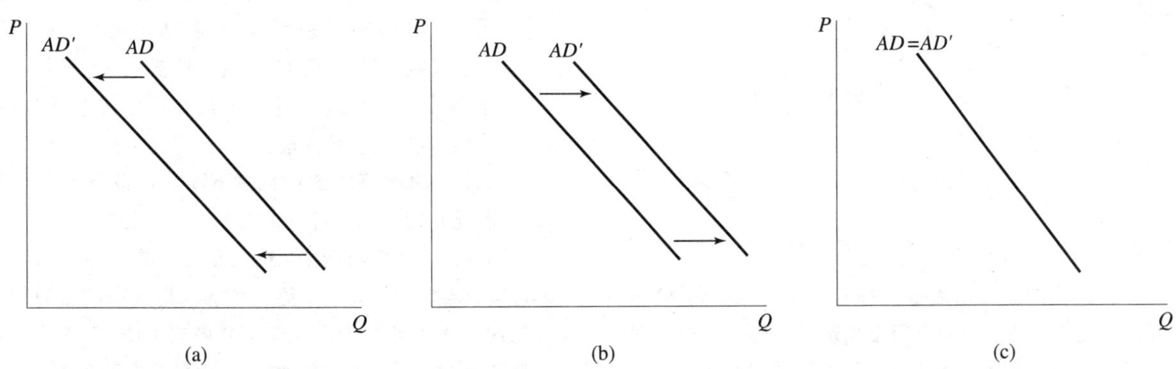

图 7－5

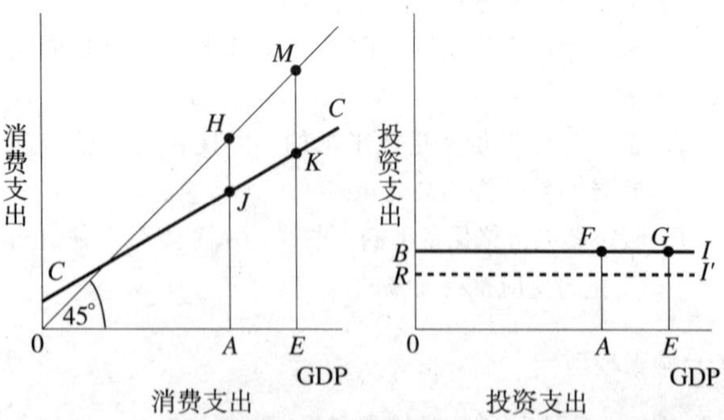


e. 现在假定投资支出水平下降，是 *R*0 而不是 *B*0 表示经济中投资支出的水平。再根据 *I* 衡量 *S*，现在储蓄将是（***HJ/MK***），**GDP** 将等于（0*A*/0***E***）。

f. 当投资支出从 *B*0 下降到 *R*0 时，新均衡中的**消费**支出（**也下降/保持不变/增加**）。

7. 现在，显而易见，投资支出在决定 GDP 水平时起着重要作用。因此，我们必须更全面地探讨一下，当投资支出水平变化时将会有什么结果。对此，我们将用图 7－6 来说明。假定 GDP 原先处于 100 美元的均衡状态，其中投资为 30 美元，消费为 70 美元。后来投资下降了，从 30 美元下降到 20 美元。图 7－6 的投资曲线下降到位于 *I*′的更低的新位置。我们可以按照下面所述，一步一步地移动到新的均衡。

图 7－6

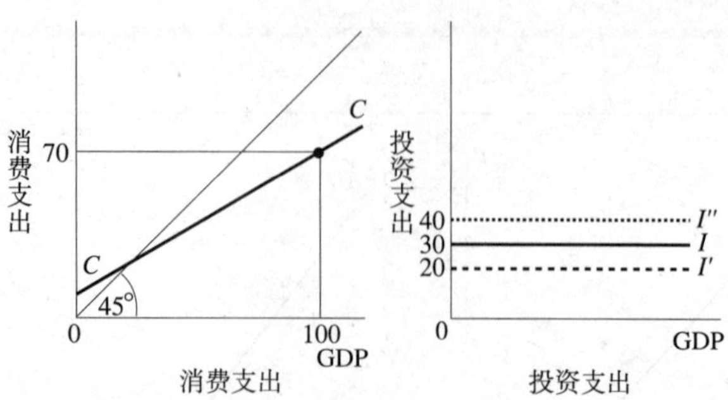


生产商的总支出流量立即从 100 美元降到 90 美元，因为这一流量中的投资支出部分下降了。过一段时间，消费者才开始感觉到这种下降的影响。当企业以工资、利息和红利来支付 100 美元时，只不过是在转移它从消费品和投资品的买者那里所得的资金。当（因为投资支出下降）企业收入流下降到 90 美元时，收益流（工资、红利等）也一定会相应下降。没有什么办法能使这些支出数额保持在原先 100 美元的水平。有些工人将被解雇，或只能干兼职，企业所得的总利润将下降。具体而言，消费者所得收入的流量一定同样会从 100 美元下降到 90 美元。肯定不是好消息，情况将会变得更糟。

a. 当收入（这里是以 GDP 衡量的）下降时，消费将（**下降/保持不变/上升**），这是消费函数告诉我们的。问题是要下降多少？要回答这个问题，我们必须了解边际消费倾向。例如，假定 *MPC* 为 0.6，这意味着由最初减少 10 美元收入引起的消费的减少，将等于（**0 美元/6 美元/10 美元**）。也就是说，如果收入从 100 美元降到 90 美元，消费将等于（**10 美元/64 美元/90 美元/100 美元**），而不是 70 美元；同时，储蓄将等于（**0 美元/6 美元/10 美元/26 美元/36 美元**）而不是 30 美元。

b. 投资已下降到 20 美元。在消费减少后，储蓄还等于投资吗？（**等于/不等于**）GDP 处于均衡水平吗？（**处于/不处于**）

我们现在要开始考虑“乘数”概念了。尽管由于 GDP 减少 10 美元，消费已从 70 美元下降到 64 美元，我们距离新的 GDP 均衡水平还很远。从 *S*（26 美元）仍然不等于 *I*（20 美元）的事实中，可以看出 GDP 仍然未达到均衡水平。这里，要注意的关键是，消费支出的减少对产出和收入的影响，与初始投资减少对产出和收入的影响是相同的。因此，GDP 将继续下降。

c. 当 *I* 先减少时，GDP 减少 10 美元。现在，由于 C 的下降，GDP 将再下降（**3 美元/6 美元/10 美元**）。GDP 先从 100 美元降到 90 美元，现在将进一步降到（**60 美元/80 美元 /84 美元/88 美元**）。

d. 不必再去追究这种消费和储蓄变化的重复过程。显然，这一过程将逐渐减弱，当（投资为 20 美元）（**GDP 下降到 0/储蓄下降到 0/储蓄下降到 20 美元**）时，这一过程结束。

注意：本题有两个目的。首先，练习你对均衡的理解。事实上，自始至终，经济都是失衡的。为了加深理解，请回忆一下，当 GDP 最初下降到 90 美元时有什么变化。用 *S* = *I* 来检验，*C* = 70 美元和 *I* = 20 美元本来就不可能处于均衡状态，因为储蓄等于 30 美元。但是分析中消费这一方面的情况怎样，总支出与供给相匹配吗？当 GDP 下降到 90 美元、$C$ 下降到 64 美元、$C+I$ 等于 84 美元时——不可能是一种均衡状态。

其次，对乘数序列给出初始的解释。此序列是收敛性的，即其总和存在一个极限值。也就是说，GDP 不会一直下降到 0 或 0 以下。这里所涉及的序列如下：10 + 6 + 3.6 + ……。此序列总和如果充分展开的话，等于 25，而不是一个无限的数字。GDP 最多下降 25 美元，当从其初始值 100 美元开始下降，在达到 75 美元的新均衡时，GDP 停止下降。

我们是如何知道的呢？*MPC* 为 0.6（斜率为 0.6）的直线消费函数，在 GDP 为 100 美元时，消费为 70 美元（初始均衡状态），一定可以得出下列等式：

$$C = \$10 + 0.6\ (\text{GDP})$$

这就是说：GDP = 100 美元意味着 $C$ = 10 美元 + 60 美元 = 70 美元。那么，当 GDP = 75 美元时会有什么变化？$C$ = 10 美元 + 45 美元 = 55 美元，$S$ = 75 美元 − 55 美元 = 20 美元。既然现在 $I$ = 20 美元，那么此时一定处于均衡状态。同样，$C+I$ = 55 美元 + 20 美元 = 75 美元 = GDP。

8. 图 7－7 中，*CC* 代表我们曾在前面用过的相同的消费函数。0*G* 表示 GDP 水平，*DG* 表示相应的消费支出（*C*）。

**图 7－7**

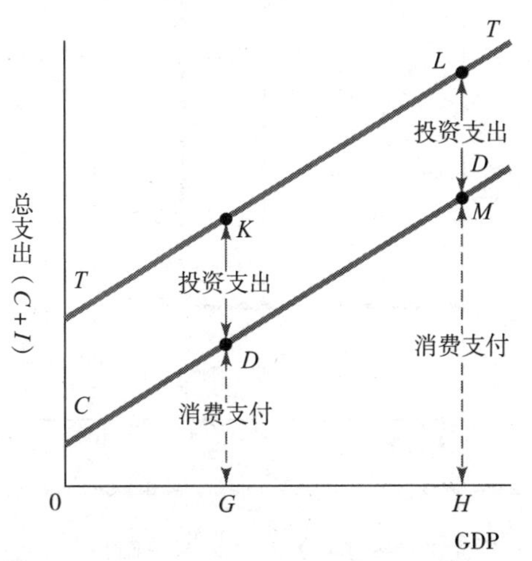


当然，为考虑 GDP 起见，我们的兴趣是在总支出（消费支出加投资支出）上，在标准图形中，都是以投资加消费反映总支出的。在 *CC* 线上方画一条 *TT* 线，并使这两条线之间的垂直距离等于投资。因此，*TT* 表示 GDP 任何水平下的总需求。

a. 从 *TT* 上的任何一点到横轴的垂直距离衡量的都是总支出，即 $C+I$。例如，在表示 GDP 水平的 0*G* 处，投资等于 *KD*，消费等于 *DG*，总支出 $C+I$ 等于 *KG*，即 *KD* + *DG*；同样，假如 GDP 水平为 0*H*，那么投资将由（***LM/DG/MH***）表示，消费支出将等于（***LM/DG/MH***），总支出将由（***LM/KG/MH/LH***）来表示。

图 7－8 基本上与图 7－7 相同。事实上，两幅图有相同的 *CC* 线和 *TT* 线，只是加了一条 45°线。现在，根本的问题是随机挑选某一 GDP 水平，已知消费函数和某一投资水平，该 GDP 能够代表一种均衡吗？

**图 7－8**

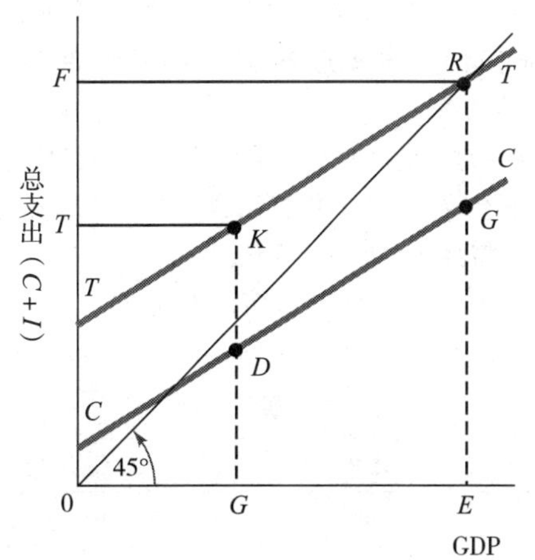


b. 例如，选取图中 0*G* 表示的 GDP 水平。那么，总支出 $C+I$ 将为 *KG*，但是 *K* 点不在 45°线上，而且 *KG* 并不等于 0*G*。也就是说，GDP 将不等于 $C+I$。事实上，只有在总支出线 *TT* 与 45°线相交的点上，才会出现均衡 GDP 水平。这里也就是 *R* 点，GDP 为 0*E*。在这里，*RE* 的总支出（**等于/不等于**）0*E* 的 GDP。

c. 在低于 0*E*（*E* 点左边）的任何 GDP 水平上，*S* 将（**小于/等于/大于**）*I*。在高于 0*E*（*E* 点右边）的任何 GDP 水平上，*S* 将（**小于/等于/大于**）*I*。

9. 投资支出的任何变化对 GDP 水平会产生放大或“倍数”效应，因为它会触发 *C* 的一系列变化。

   a. 假如乘数等于 3，投资增加 100 亿美元，GDP 将（**上升/下降**）（**100 亿美元/200 亿美元/300 亿美元/400 亿美元/500 亿美元**）。

   b. 假如乘数为 4，*I* 增加 100 亿美元，GDP 将（**上升/下降**）（**100 亿美元/200 亿美元/300 亿美元/400 亿美元/500 亿美元**）。在一个只有消费（作为 GDP 的函数）和投资的简单凯恩斯模型中，乘数公式是：

$$\text{支出乘数} = \frac{1}{1 - \text{MPC}} = \frac{1}{\text{MPS}}$$

   c. 这意味着假如 *MPC* 为 0.6，乘数等于（**1/2/2.5/3/3.5/4**）。假如 *MPC* 为 0.8，乘数等于（**1/2/2.5/3/3.5/4/5**）。

   d. 假设投资变化（或上升，或下降）10 美元。*MPC* 等于 0.6，那么由此产生的 GDP 变化（上升或下降）（**10 美元/20 美元/25 美元/30 美元/50 美元**）；*MPC* 等于 0.8，那么由此产生的 GDP 变化（上升或下降）（**10 美元/20 美元/25 美元/30 美元/50 美元**）。

   （注意：上面所给的乘数公式只是在特定的简化条件下有效。下面我们将结合某些复杂的情况，乘数公式也将会出现相应的变化。）

10. 表 7-2 表示一个简单经济的消费函数。

**表 7-2**

| GDP | C |
|---|---|
| 130 | 112 |
| 150 | 126 |
| 170 | 140 |
| 190 | 154 |
| 210 | 168 |
| 230 | 182 |
| 250 | 196 |
| 270 | 210 |
| 290 | 224 |
| 310 | 238 |

   a. 假如投资支出为 60 美元，那么均衡 GDP 将等于______美元。

   b. 假如投资降到 30 美元，均衡 GDP 将等于______美元。

11. 见图 7-9。第一幅图表示凯恩斯模型在消费-投资模型中的均衡，第二幅图表示总供给和总需求的均衡。请记住，第一幅图保持价格不变，第二幅图则使价格成为 *Y* 轴上的一个变量。还请注意，这里所画的总供给曲线的形状，是以前确认的形状的一种极端表示。我们在这里假设，这种经济能够达到的最高实际产出为 120 美元。此点表示全部资源被完全充分利用：再无法生产更多产出。

**图 7-9**

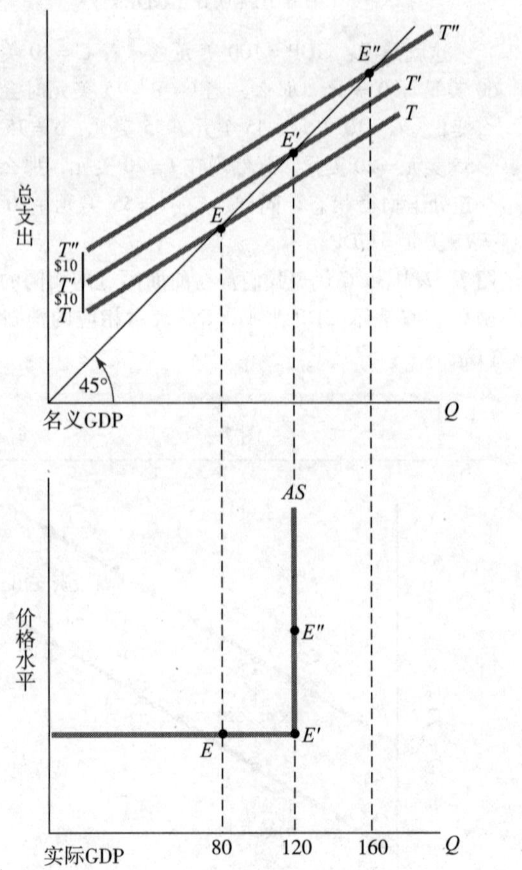


   a. 首先，在图 7-9 第二幅图中画出一条总需求曲线，此曲线将支持第一幅图中曲线 *TT* 表示的均衡水平。

b. 现在，让投资增加到 $I'$，这样 $T'T'$ 便成为总支出的适当表示。在第二幅图中，再画一条总需求曲线以表示相应的新的均衡水平。从纵轴和横轴上看，似乎投资增加 10 美元，使 GDP 增加了（**5 美元/10 美元/15 美元/30 美元**），因此，乘数似乎是______。

c. 最后请考虑第一幅图中的 $T''T''$ 线。在几何图形给定的情况下，似乎投资第二次增加 10 美元（由 $T''T''$ 引起的），将引起 GDP 再增加______美元。

d. 然而，情况并非如此。因为 $T'T'$ 已经使 GDP 达到其最大潜力。$I$ 的第二次增加将只会引起（**价格/就业水平/产出水平**）上升。可在下图中画第三条总需求曲线来表明这一点。

12. 如表 7－3 所示

a. 在图 7－10 中，画出 $C$、$C+I$ 和 45°线。GDP 的均衡水平在这两个图形中的垂直距离相等。

b. *MPC* 的值为多少？

c. *MPS* 的值为多少？

d. 写出消费曲线的方程。［提示：形式应该是 $C$ = 截距 +（$MPC \times$ GDP）］

e. 乘数的值为多少？

**图 7－10**

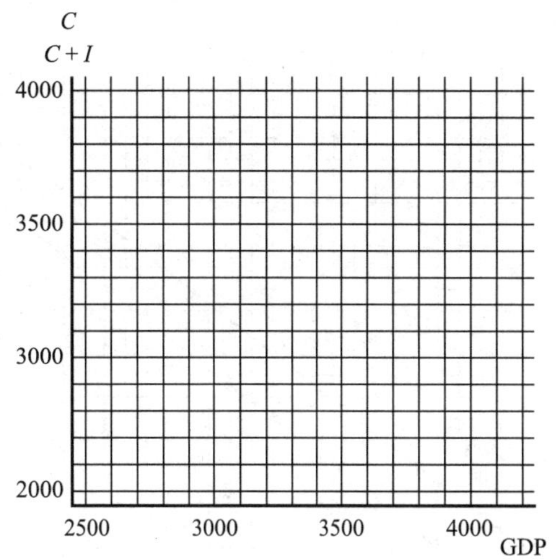


f. 假定经济中有闲置的资源和进一步扩张的余地。如果投资支出增加 50 美元，新的 GDP 均衡水平为多少？

g. 在新的均衡位置，$C$ = ______，$S$ = ______。

**表 7－3　当计划支出等于 GDP 时，计算均衡产出**

| 当产出等于计划支出时，GDP 水平便得以确定（10 亿美元） | | | | | | |
|---|---|---|---|---|---|---|
| (1)<br>GDP 和<br>DI 的水平 | (2)<br>计划<br>消费 | (3)<br>计划储蓄<br>(3) = (1) − (2) | (4)<br>计划<br>投资 | (5)<br>GDP 水平<br>(5) = (1) | (6)<br>计划总支出和投资额<br>(6) = (2) + (4) | (7)<br>导致产出<br>变化趋势 |
| 4 200 | 3 800 | 400 | 200 | 4 200> | 4 000 | 紧缩（下降） |
| 3 900 | 3 600 | 300 | 200 | 3 900> | 3 800 | 紧缩（下降） |
| 3 600 | 3 400 | 200 | 200 | 3 600 = | 3 600 | 均衡 |
| 3 300 | 3 200 | 100 | 200 | 3 300< | 3 400 | 扩张（上升） |
| 3 000 | 3 000 | 0 | 200 | 3 000< | 3 200 | 扩张（上升） |
| 2 700 | 2 800 | −100 | 200 | 2 700< | 3 000 | 扩张（上升） |

### D. 乘数模型中的财政政策

13. 请考虑一下图 7－11。两条消费曲线表示一次性总付税收对家庭支出的影响。实线 $CC$ 表示税前消费支出；虚线 $C'C'$ 表示税后消费。（请注意：两条消费曲线之间的垂直距离为 300 美元，水平距离为 400 美元。）

a. *MPC* 的值为多少？

b. （一次性）税收增加有多大？

c. 当 GDP 为 4 000 美元时，*DI* 为多少？

d. 支出乘数的值为多少？

e. 税收乘数的值为多少？

f. 当政府把征税摆在第一位时，它试图要纠正什么经济问题？

图 7－11

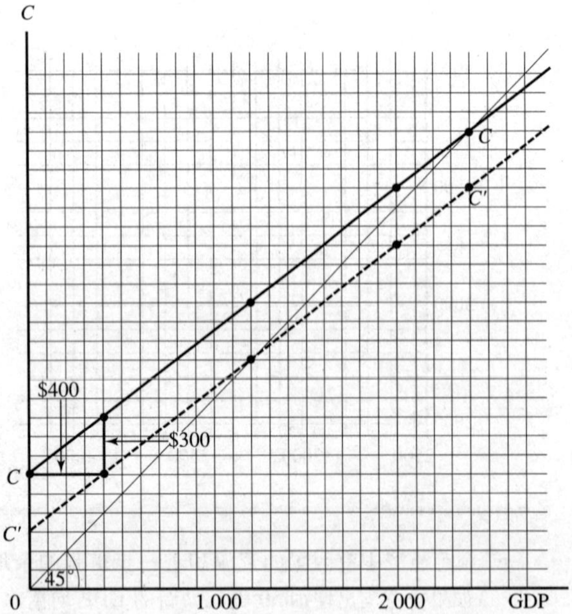


g. 除了征税以外，政府可能采取其他哪些财政政策来纠正这个问题？

14. 无疑，一旦在模型中有了税收，我们就必须把政府支出也包括在内。图 7－12 中画出了经济的税后消费曲线。投资不受 GDP 的支配，且等于 200 美元。还假设政府支出也不受 GDP 的支配，且等于 300 美元。

图 7－12

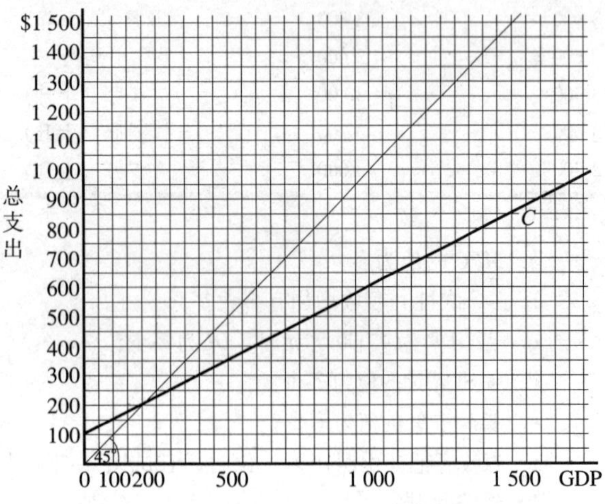


a. 在图上画出 $C+I$ 线。截距的值为多少？

b. 在图上画出 $C+I+G$ 总支出线。截距的值为多少？

c. 假如政府支出增加，由于（$C/I/G$）的变化，$C+I+G$ 线将（向上/向下/根本不）移动。

d. 假如一次性总付税收增加，由于（$C/I/G$）的变化，$C+I+G$ 线将（向上/向下/根本不）移动。

e. 假如 c 中政府支出变化与 d 中税收变化的幅度相同，那么由此造成的 $C+I+G$ 线的移动将会出现：（两者的移动将距离相等/c 部分导致的移动距离较大/d 部分导致的移动距离较大）。

15. 表 7－4 表示一种有税收和政府支出、但还没有对外贸易的经济。

**表 7－4 政府部门的产出决定**

| (1) GDP | (2) 税收 | (3) DI | (4) C | (5) I | (6) G | (7) C+I+G |
|---|---|---|---|---|---|---|
| 1 200 | 200 | ___ | 900 | 200 | 300 | 1 400 |
| 1 450 | ___ | ___ | 1 100 | ___ | ___ | ___ |
| 1 700 | ___ | ___ | 1 300 | ___ | ___ | ___ |
| 1 950 | ___ | ___ | 1 500 | ___ | ___ | ___ |
| 2 200 | ___ | ___ | 1 700 | ___ | ___ | ___ |
| 2 450 | ___ | ___ | 1 900 | ___ | ___ | ___ |
| 2 700 | ___ | ___ | 2 100 | ___ | ___ | ___ |

a. 经济中的税收是一次性总付的，因此你可以很容易地填写第（2）栏中的其余部分。

b. 投资和政府支出均不受 GDP 的支配，因此你也可以填写第（5）栏和第（6）栏中的其余部分。

c. 填写第（3）栏中的可支配收入。

d. 计算第（7）栏中经济的总支出。

e. 经济中均衡 GDP 水平是多少？

f. 当经济处于均衡状态时，储蓄水平为多少？

当经济处于均衡状态时，投资应当等于储蓄。既然经济中有政府部门，我们就必须考虑政府储蓄的可能性。政府储蓄等于 $T-G$。（假如 $T$ 和 $G$ 之间的差额为负，那么政府是在借款，或是陷入赤字之中。）

g. 当经济处于均衡状态时，$I$ 是否等于 $S+(T-G)$？

h. $MPC$ 的值为多少？

i. 支出乘数的值为多少?
j. 税收乘数的值为多少?
k. 如果政府增加 100 美元支出，GDP 新的均衡值将为多少?
l. 政府之所以变化财政政策，是因为经济中存在什么经济问题?
m. 如果政府想要通过减税来达到与 k 中同样的 GDP 变化，减税幅度应为多大?

## 八、讨论题

回答下列问题，并解释你这样回答的原因。

1. 金融危机在资本主义制度下是必然的吗?
2. 请用你自己的话解释，投资支出增加是如何对 GDP 产生乘数效应的?
3. 为什么当经济越来越接近充分就业时，乘数模型变得越来越不合理?
4. 请解释什么是税收乘数以及它为什么小于支出乘数。

## 九、答案

### 三、关键概念复习

4　商业周期
8　衰退
11　萧条
13　商业周期各阶段
7　扩张
1　乘数—加速数原理
16　恶性通货膨胀
12　总需求
17　互联网泡沫
6　政策变量
2　外生变量
3　一次性总付税收
5　支出乘数
9　税收乘数
10　财政政策
15　均衡
14　边际消费倾向

### 六、选择题

1. C　2. E　3. B　4. E　5. B　6. A　7. C
8. D　9. A　10. B　11. E　12. D　13. C　14. D
15. B　16. A　17. E　18. B　19. B　20. E　21. A
22. E　23. B　24. E　25. E　26. A　27. A　28. C
29. D　30. B　31. B　32. C　33. A　34. D　35. C
36. B　37. A　38. D　39. D　40. C

### 七、解答题

1. a. E
   b. C
   c. E
   d. E
   e. C
   f. E
   g. C
   h. C
2. a. 投资，下降
   b. 下降，更多，I
   c. 资本品的产量
3. a. 货币供给效应
   b. 上升，下降，减少，较难
   c. (1) 由于实际货币供给量增加，支出将增加。消费者以同样的收入将能够购买更多的商品和服务。
   (2) 较低的利率将增加投资支出。
   (3) 较低的价格将使政府能够购买比其预算更多的实际商品和服务。
   (4) 较低的价格将吸引更多的外国顾客。净出口将增加。
4. a、b、c 见表 7－1
   d. 在 b、c 和 i 上画圈，在其余变化旁画星号。
5. a. 微观
   b. 宏观
   c. 微观
   d. 宏观
   e. 宏观
   f. 微观
6. a. 保持不变
   b. *KE*，*MK*
   c. *JA*，*HJ*
   d. *MK*，0*E*
   e. *HJ*，0*A*
   f. 也下降

**表 7－1**

| (2) | (3) | (4) | (5) |
|---|---|---|---|
| b. 投资 | － | (a) | 较高的利率抑制投资 |
| c. 消费 | － | (a) | 较高的税收减少可支配收入 |
| d. 净出口 | － | (a) | 国外的衰退意味着外国对商品和服务较少的需求 |
| e. 投资或消费 | － | (a) | 对较低利润或收入的担心会减少支出 |
| f. 投资 | － | (a) | 对出口市场较低利润的担心会降低投资 |
| g. 消费 | + | (b) | 消费者财富的增加会增加支出 |
| h. 消费或投资 | － | (a) | 消费者财富的减少或筹资成本的增加会降低总需求 |
| i. 政府 | － | (a) | 减少政府支出会降低总需求 |
| j. 净出口 | + | (b) | 进口减少，国内支出增加 |

7. a. 下降，6 美元，64 美元，26 美元
   b. 不等于，不处于
   c. 6 美元，84 美元
   d. 储蓄下降到 20 美元
8. a. *LM*，*MH*，*LH*
   b. 等于
   c. 小于，大于
9. a. 上升，300 亿美元
   b. 上升，400 亿美元
   c. 2.5，5
   d. 25 美元，50 美元
10. a. 270
    b. 170
11. a. 见图 7－9
    b. 30 美元，3
    c. 30 美元
    d. 价格
12. a. 见图 7－10
    b. 0.67
    c. 0.33
    d. $C = 1\,000 + (0.67 \times \text{GDP})$
    e. 3
    f. 3600 美元 + 150 美元 = 3750 美元
    g. $C = 3500$ 美元，$S = 250$ 美元

**图 7－9**

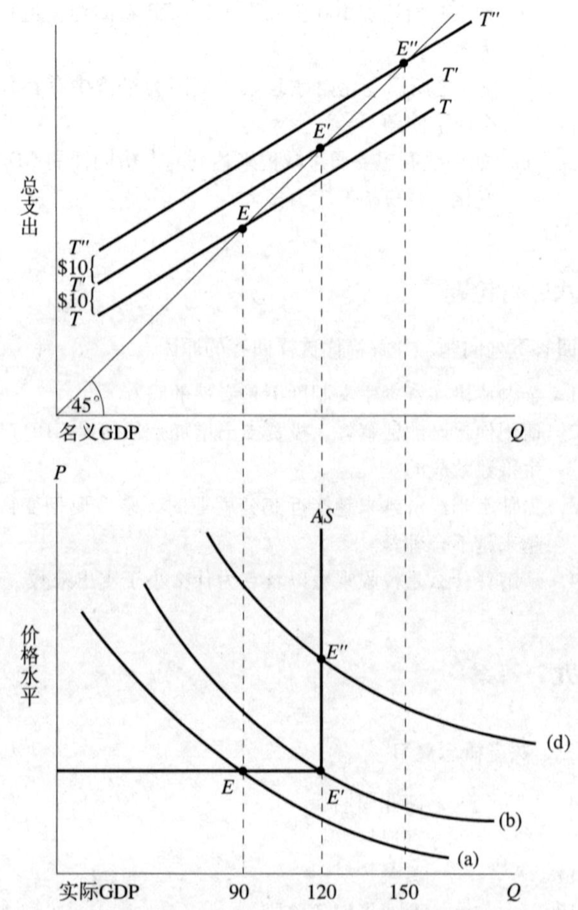


**图 7－10**

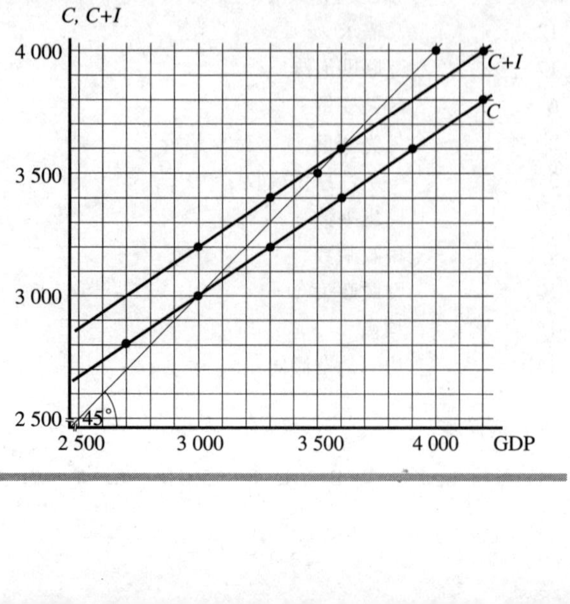

13. a. $MPC = 0.75$
    b. 400 美元
    c. 3600 美元
    d. 4
    e. 3
    f. 政府可能一直在尽力降低经济中的通货膨胀。或者，它可能尽力平衡其预算。
    g. 政府可能减少支出。
14. a. 见图 7－11。截距为 300。
    b. 见图 7－11。截距为 600。
    c. 向上，$G$
    d. 向下，$C$
    e. c 部分导致的移动距离较大

**图 7－11**

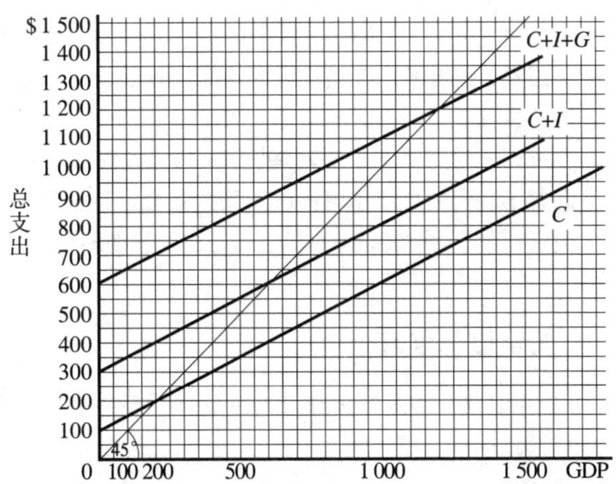


15. a、b、c、d 见表 7－4
    e. 2 200
    f. $DI - C = 300$
    g. $I = 200$，$S = 300$，$T - G = -100$，因此：$I = S + (T - G)$。
    h. $MPC = 200/250 = 0.8$
    i. 5
    j. 4
    k. GDP 的变化等于 100 美元 ×5 ＝500 美元。GDP 新的均衡值为 2 700 美元。
    l. 失业水平可能较高，经济可能处于衰退期。
    m. 如果政府想要 GDP 增加 500 美元，并且税收乘数为 4，减税额将必须为 125 美元。

**表 7－4**

| (1) GDP | (2) 税收 | (3) DI | (4) C | (5) I | (6) G | (7) C＋I＋G |
|---|---|---|---|---|---|---|
| 1 200 | 200 | 1 000 | 900 | 200 | 300 | 1 400 |
| 1 450 | 200 | 1 250 | 1 100 | 200 | 300 | 1 600 |
| 1 700 | 200 | 1 500 | 1 300 | 200 | 300 | 1 800 |
| 1 950 | 200 | 1 750 | 1 500 | 200 | 300 | 2 000 |
| 2 200 | 200 | 2 000 | 1 700 | 200 | 300 | 2 200 |
| 2 450 | 200 | 2 250 | 1 900 | 200 | 300 | 2 400 |
| 2 700 | 200 | 2 500 | 2 100 | 200 | 300 | 2 600 |

## 八、讨论题

1. 投机高涨、破产和泡沫在历史上不断上演。为回答这个问题，你应当判定这种循环往复是否有其内在规律，是因为市场不灵，还是人性的贪婪与短视行为，抑或是缺失监管或政策失当。而不同的因素在不同的时期往往都有着不同的影响。
2. 当投资支出增加时，会为工人创造额外的就业机会。为这些投资项目工作的雇员将挣得收入。*MPC* 决定了这笔额外收入中用于支出的比例。当工人花费更多的钱时，向工人出售商品和服务的企业就会挣得更多的收入。这鼓励了它们扩张生产。这一过程不断继续下去，但是在这一链环的每一环中，收入和 GDP 的增加都会越来越小。
3. 当经济越来越接近于充分就业时，增加实际产出会变得越来越难。一旦达到充分就业水平，经济就不可能再增加产出了。随着对某些行业产出的需求越来越多，这将对价格施加上升的压力。此类行业能够扩张的唯一途径是从经济的其他部门买走资源。一个行业产出的增加将伴之以另一个行业产出的减少，即使是以较高的价格为代价。
4. 税收乘数用来表示税收变化对 GDP 的影响。当政府增税时，家庭消费的减少并不等于增税的全额；相反，家庭用减少储蓄来支付增加的部分税收。同样，当减税时，家庭将所增加的可支配收入的一部分储蓄起来，而并没有全部花费掉。因此，税收变化比起政府支出的变化，对经济的影响较小。

第8章

# 资本、利息和利润

## 一、概述

本章的核心是资本。资本主义指的是基于资本的经济体系。因此，理解资本概念对于学习经济学的学生来说至关重要。A 部分我们给出资本的定义，讨论资本的价格，并区分资本和金融资产。这一部分我们还要阐述资本收益率，包括利率的重要概念和资产估值。B 部分讨论的是资本的基本理论以及作为资本收益的利润等概念。市场决定资本收益的过程是极其复杂的。

资本收益取决于诸多因素，如经济因素和心理因素，而非一条派生需求曲线与一条供给曲线的相交点所能解释的。它取决于人们放弃当前消费以在未来获得更大消费量的意愿；它取决于人们预测未来时所固有的不确定性，以及人们对这些不确定性所带来的风险的规避；它甚至取决于行业政策或国际化水平。然而，当前的任务是只考察最简单的理论。虽然许多可能存在的复杂化因素都被简单提及，但本章的核心是简明而正确地描述资本市场的运作。

## 二、学习目标

在你读完教材第8章并完成本书的习题后，你将能够：

1. 解释以下概念：**资本**（capital）和**投资**（investment）、价格和租金、**收益率**（rates of return）、**现值**（present value）和**利率**（interest rates）。
2. 当经济学家提到实物资本时，确切定义他们指的是什么，并理解为什么资本不是一种基本的生产要素。
3. 给出资本收益率的定义，并描述它与利率的关系。讨论利率在决定货币价格中的作用，并理解名义利率和实际利率变动之间的差别。
4. 解释现值（present value）在评估资本项目的潜在盈利状况时的重要性。记录永久性资产（能带来固定的收益）的现值公式和一般资产（能带来任意的未来收益流）的折现公式。考察两种不同情况下现值对利率变动的敏感度。
5. 理解资本积累的收益递减规律。
6. 解释决定（a）资本的派生需求和（b）资本供给的主要因素，以及资本存量从短期均衡到长期均衡的动态调整过程。
7. 在统计学的意义上定义**利润**（profit），并解释下列概念对于利润的决定作用：（a）隐含租金、利息支付和工资；（b）承担风险的报酬；以及（c）垄断租金。

## 三、关键概念复习

在B栏中寻找与A栏中术语相应的解释，并将序号填在术语前边。

| A | B |
|---|---|
| __ 利润 | 1. 计算当其他条件不变、厂商多增加投入1单位资本时，产出的增加量。 |
| __ 通胀保值债券 | 2. 在一段时间内能带来一定收入流的资产的当前价值。 |
| __ 资本 | 3. 总收益与总成本之差。 |
| __ 租费 | 4. 将利息和本金与通货膨胀联系起来的一种债券。 |
| __ 资本收益率 | 5. 计算如果我们放弃当前物品而在未来能得到多少物品的利率。 |
| __ 无风险利率 | 6. 厂商所拥有的要素的机会成本。 |

__ 实际利率　7. 描述资本品投资涉及放弃当前消费以增加未来消费这样一个事实。

__ 名义利率　8. 由在未来生产中作为生产性投入的耐用品构成。

__ 现值　9. 指每年投资资本中每 1 美元的净收益。

__ 迂回性　10. 投资者从事不可投保的风险投资所得到的回报。

__ 资本的边际产品　11. 以美元表示的利率。

__ 风险溢价　12. 由于暂时使用资本品而进行的支付。

__ 隐含收益　13. 对几乎没有违约或无法支付风险的贷款支付的利率。

## 四、小结与本章提纲

本部分对教材第 8 章的关键概念进行总结。

### A. 利息和资本的基本概念

1. 实物资本包括建筑物、设备、投入的存货和为了再生产而作为生产性投入的产出的存货。为暂时使用资本品而投入的支付被称为*租费*。
2. 生产性投入如资本（计算机、汽车和建筑物）应该与金融资产区别开来，金融资产是对一项资产的货币索要权。金融体系能够使储蓄者将钱借给借款者（通过金融中介）。
3. 资本是延迟消费的结果，它通过增加将来的潜在产品而产生正的收益。*资本收益率*是一个百分数，它是资本的年净收益与资本的货币价值之比。例如，假定你今天花 350 美元买了 1 盎司黄金，1 年以后以 400 美元出售。那么，你在这项投资的收益率是 14%（\$50/\$350）。
4. 延迟消费的储蓄提供了对实物资本进行金融投资时所需的资金。但是，当人们储蓄时，他们期待获取收益。*利率*是借出资金的年收益率。*实际利率*等于*名义利率*减去*通货膨胀率*。
5. 现值是未来收入流在现在的货币价值。如果这些（净）收益用 $Nt$ 表示，$t$ 代表时间段，$i$ 代表利率，那么：

$$V=\frac{N_1}{(1+i)}+\frac{N_2}{(1+i)^2}+\cdots+\frac{N_t}{(1+i)^t}$$

例如，考虑一个两年的投资机会。第一年将带来 30 000 美元，第二年是 40 000 美元，相关的市场利率是 10%。如果今天的投资成本是 50 000 美元，它的现值是多少？

根据给定的信息，$N_1=\$30\ 000$，$N_2=\$40\ 000$，$i=10\%$，现值可以用如下式子表示：

$$V=\frac{\$30\ 000}{(1+0.1)}+\frac{\$40\ 000}{(1+0.1)^2}-\$50\ 000=\$10\ 330.55$$

如果一项资产是永久性的，而且每年的收益 $Nt$ 一直为 $N$，那么上述方程可简化为：

$$V=\frac{\$N}{t}$$

在任何情况下，利率（$i$）越高，现值（$V$）越低。

6. 利率是货币的价格。如果你进行*储蓄*，你会将所得的利息视为储蓄的回报或收益。也可以将它看作其他人（通常是银行）为了使用你的货币而愿意支付给你的价格。同理，如果你要*借款*，则你也必须付出利息，以补偿借款者放弃将这些货币用于其他地方的损失。

现实经济中利率并不唯一。在其他条件不变的前提下，若出现下列因素，则利率将会变得更高：

a. 存款或贷款的到期日越长。

b. 该项贷款或金融投资的风险越大。

c. 资产的流动性越低。流动性衡量一项资产转变为现金的难易程度。

d. 与贷款有关的管理成本越高。

美国政府债券是储蓄者最安全的贷款方式之一，因为美国政府不可能违约。正因为如此，美国政府才得以用相对低的利率借款。这个利率通常被称为“无风险利率”。

7. 贷款者和借款者都需要关心通货膨胀对他们的金融资产和债务的价值的影响。当通货膨胀增加时，货币的实际价值或者购买力，就会下降。假如你从银行借了 500 美元，期限为 1 年，利率为 6%。当银行决定向你贷款时，他就放弃了将这 500 美元用于其他用途的机会。在本案例中，假设银行放弃了为一位管理者购买价值 500 美元的办公桌的机会。到年末，你必须归还银行 530 美元（\$500 × 1.06）。进一步假设在你借款的这一年中，通货膨胀提高了 10%。银行去年本该购买的办公桌现在价值550美元！当你归还贷款时，银行已经不能用你的还款（甚至包括利息）购买这张办公桌了。实际上，或者从通货膨胀调整的角度来看，银行受到了损失。名义上，或者从货币的角度来看，银行得到了6%的利息。然而，实际上，他损失了4%！（银行得到的钱比办公桌的购买价格少20美元；20美元是500美元的4%。）你可以很容易地计算出实际利率：

实际利率 = 名义利率 - 通货膨胀率

8. 债券到期前，债券需要每年支付固定数量的货币，称为息票支付。（实际上，大多数债券每6个月支付1次，但是我们在这里假设每年支付1次。）例如，如果你购买了一份10年期、面值为1000美元、利率为6%的债券，那么你每年会得到60美元的利息（息票支付），并在10年后收回1000美元（本金）。现有债券在到期前可以在债券市场上交易，即买卖。如果当前市场利率涨到6%以上，债券的市场价格就会下降（即债券价格与利率之间是反向关系）。不妨考虑一下债券到期前最后一年的情况。如果当时市场利率为8%，那么别人为什么要对你利率为6%的债券支付全价？既然他们在其他的金融投资上都可以得到8%。在第10年末，债券的所有者将会得到1060美元。现在我们需要计算出多少货币乘以1.08后能得到1060美元。由此，你拥有的债券的现值或它的当前市场价格应当为 $ 1060/1.08 = $ 981.48。
9. 1997年，政府引入了通胀保值债券。这些10年期债券的利率与一般价格水平相关。另外，当债券到期后归还本金时，本金的价值会根据通货膨胀进行调整。你应该了解，当政府（或者任何其他组织）发行或卖出债券时，实际上是在借钱。购买债券是储蓄的一种形式。个人购买政府债券能够得到利息。

**B. 资本、利润和利息理论**

1. 对资本品的投资涉及到间接的迂回性。这意味着为了增加投资而放弃今天的消费，间接地导致将来更多的消费。
2. 资本的派生需求来源于它的边际产品。注意，收益递减规律也同样适用于资本，也就是说，随着企业在资本上不断投资，边际货币的回报率最终将下降。这使得对资本的需求向下倾斜。较高的利率减少了现值大于零的资本投资项目的数目，从而减少了对（新）资本的需求；较低的利率作用相反，因此会刺激资本密集型投资。
3. 在短期均衡中，固定数量的资本的分配使得资本的收益率等于市场利率。在短期内，依据过去的投资情况，资本的供给固定，因此，它的价格由需求曲线的位置决定。
4. 在长期均衡中，资本的供给向上倾斜，这意味着当利率上升时，储户愿意向市场提供更多的资金。这样，在长期内，均衡点是在资本需求曲线与资本供给曲线的交点。
5. 古典资本理论对供求结构的认识取决于与技术变革、不确定性和风险、通货膨胀、宏观经济波动相联系的一些限制条件。税收和通货膨胀能改变投资者的行为，因为它们降低了投资的实际收益。技术变革一般通过提高资源的生产率来增加投资收益。最后，我们必须记住，所有投资都带有风险和不确定性。任何决策都是基于对将来的最好的预期。因为将来是不确定的，不能保证一项既定投资的收益和预期完全相同。
6. 利润是收入减去成本。包括许多企业自有的、非劳动要素的隐含收益。它们也包括承担风险和创新的回报。经验研究表明，在过去的30年里，美国的公司赢得了适度的投资收益率。
7. 会计利润是会计在财务报表中计算的剩余收入。经济利润是减去所有成本之后的收入，包括货币成本和隐含成本（或曰机会成本）。对于一个企业是否继续留在该行业，经济利润是一种更中肯的衡量指标。
8. 隐含收益是利润的一项重要来源。企业拥有许多自己的生产性投入。自己拥有的投入的隐含收益是利润的一部分。

## 五、学习提示

1. 现值公式反过来可以计算终值。假定我们进行一个10美元的投资，并且预计在以后的3年中每年有10%的收益。在3年后我们会有多少钱？注意，每年的利息是下一年投资本金的组成部分。因此：

   第一年：$ 10.00 + （$ 10.00 × 0.1） = $ 11.00

   第二年：$ 11.00 + （$ 11.00 × 0.1） = $ 12.10

   第三年：$ 12.10 + （$ 12.10 × 0.1） = $ 13.31

   在每一年年末，我们将原始投资加上该投资获得的利息作为下一年的投资。
2. 资本是经济学家们所采用的专用术语之一。实物资本包括建筑物（如工厂和仓库）、设备（如钻床和铁锤）、投入和产出的存货（如汽车和衬衫）。人们有时用资本指代金融资本，或者指用于储蓄或投资的现金。注意，这并不是经济学家所指的资本这个词的含义。

3. 请记住，债券在存续期内支付固定利息。当前市场利率与债券的市场价格之间具有反向关系。
4. 无论你是借款还是贷款，总是要设法估计经济中的通货膨胀率。这恰恰是许多银行的贷款利率在贷款期间经常变化的原因。他们在保护自己免受通货膨胀的损害。
5. 定义和计算利润可有几种不同的方法。请记住会计们通过收入减去显性成本得到利润。如果利润是正数，一个企业在偿付它的所有账单后仍有盈余。经济学家通过收入减去显性成本再减去隐性成本而得到利润。隐性成本是生产中的机会成本，也就是企业将资源投入到它们的次优领域所能获得的收入。如果经济利润为正，那么一个企业不仅在偿付所有账单后有盈余，而且这个盈余比将资源投入到次优领域所获得的盈余还要多。这是一个非常重要的区别。

## 六、选择题

下列问题按照教材中的顺序安排，从各选项中选出一个最佳答案。

### A. 利息和资本的基本概念

1. 资本包括：
   a. 建筑物，例如工厂和住房。
   b. 设备，如机器、工具和计算机。
   c. 产成品和投入的存货。
   d. 所有以上选项。
   e. 人们愿意借出的钱。
2. 如果要计算任何一项资本资产的收益率，需要几项信息。下面哪一项将是不需要的？
   a. 购买或建造该资产的原始成本。
   b. 原始购买的融资方式。
   c. 为了保持该资产在其使用年限中处于正常的运行状态，估计必须支付的维护或运行成本。
   d. 在其生命周期内，估计该资产将产生的收入。
   e. 预计收入的风险程度，即未来收入的不确定性。
3. 一项资产的现值是：
   a. 它的原始成本加上预计的使用年限中的维护费。
   b. 与其原始成本相同。
   c. 所有折现净收入之和。
   d. 在没有折现的情况下，所有净收入之和。
   e. 使资产恰好值得购买或者建造时的利率。
4. 如果一项投资的收益为 800 美元一年，年利率是 10%，则其现值为：
   a. 10 000 美元。
   b. 8 000 美元。
   c. 720 美元。
   d. 以上选项都不是。
5. 利率与资产价格之间具有什么关系？
   a. 反向。
   b. 正向。
   c. 资产价格与利率之间无关系。
   d. 以上皆有可能，取决于经济是否处于衰退期。
   e. 信息不足，无法判断。
6. 假设货币利率为 7%，通货膨胀率为 2%，则实际利率为：
   a. 9%。
   b. 7%。
   c. 5%。
   d. 2%。
   e. 以上选项都不是。
7. 假设现有一份 1 年期债券，到期时支付 100 美元利息加上 2000 美元的本金。如果市场利率为 8%，那么你愿意为此债券支付多少？
   a. 1888.88 美元。
   b. 1944.44 美元。
   c. 2000.20 美元。
   d. 2160.50 美元。
   e. 2268.68 美元。
8. 假设一份 1 年期债券，到期时支付 100 美元利息加上 2000 美元的本金。如果市场利率为 4%，那么你愿意为此债券支付多少？
   a. 1784.00 美元。
   b. 1888.88 美元。
   c. 2019.23 美元。
   d. 2080.20 美元。
   e. 2184.00 美元。
9. 实际利率等于：
   a. 名义利率减去通货膨胀率。

b. 通货膨胀率减去名义利率。
c. 名义利率加上通货膨胀率。
d. 通货膨胀率除以名义利率。
e. 名义利率除以通货膨胀率。

**B. 资本、利润和利息理论**

10. 根据古典理论，下面哪一项准确地描述了在利率的确定中，边际收益递减规律所起的作用？
 a. 随着资本品相对于土地和劳动的供给不断积累，新增资本的收益率一定下降。
 b. 生产新增资本品的成本一定上升（在没有创新的情形下）。
 c. 产出的稳定增长一定会降低消费品的价格，因此降低了资本收益率。
 d. 创新不能持续地阻止利率下降的长期趋势。
 e. 以上选项都不是。
11. 在古典投资理论中，决定利率的因素是：
 a. 各资本项目的预计收益率。
 b. 公众希望将他们的收入用于消费的程度。
 c. 各资本项目的预计收益率和公众希望将他们的收入用于消费的程度。
 d. 各资本项目的预计收益率和资本存量的多少。
 e. 各资本项目的预计收益率和技术变革的速度。
12. 古典投资理论认为：
 a. 应存在一个实现长期均衡的趋势，那时市场利率将为零。
 b. 应存在一个实现长期均衡的趋势，那时总投资将持续下降。
 c. 应存在一个实现长期均衡的趋势，那时净投资将保持在一个稳定的非零的水平。
 d. 应存在一个实现长期均衡的趋势，那时用于储蓄的收入将是零。
 e. 没有实现任何一种长期均衡的趋势。
13. 预期某项资产将产生一个稳定的100美元的永续年金（除去所有的成本或费用），如果市场年利率为8%，那么这项资产的市场价值应该是：
 a. 800美元。
 b. 1 250美元。
 c. 8 000美元。
 d. 10 000美元。
 e. 无穷大。
14. 如果市场利率提高，其他情况不变，那么任何既定的资本资产的现值将：
 a. 提高，并且对未来资产收益的预期越多，现值提高得就越多。
 b. 提高，并且对现在而不是对遥远的未来的资产预期收入越高，现值提高得越多。
 c. 下降，并且对未来资产收益的预期越多，现值下降得越多。
 d. 下降，并且对资产现在而不是遥远未来的预期收入越高，现值下降得越多。
 e. 没有任何改变。
15. 市场的年利率是9%，从现在起1年后，500美元的现值是：
 a. 459美元。
 b. 559美元。
 c. 263美元。
 d. 545美元。
 e. 以上选项都不是。
16. 就决定任何资产价值的合理方法而言，对资本和利息的任何讨论都暗含着一种规则，这种规则指导我们：
 a. 根据购买或建造的原始成本，再扣除一个合适的折旧数，最后得到现值，以此来决定资产价值。
 b. 根据预期的未来产生的净收入来给资产估值。
 c. 根据预期的未来产生的净收入的贴现总额给资产估值。
 d. 决定代表资产净生产率的美元数，然后通过利率对净生产率进行贴现。
 e. 以上选项都不是。
17. 如果市场利率普遍下跌，那么任何资本资产的现值将：
 a. 下跌，因为较低的利率表明，在未来任一时期产生的收入量的现值较高。
 b. 下跌，因为较低的利率表明，在未来任一时期产生的收入量的现值较低。
 c. 保持不变，除非相关的成本或收入因素因此而改变。
 d. 增加，因为较低的利率表明，在未来任一时期产生的收入量的现值较低。
 e. 增加，因为较低的利率表明，在未来任一时期产生的收入量的现值较高。
18. 在通货紧缩时期（例如价格整体下跌），任何一个贷款人得到的实际利率将：

a. 大于名义利率。
b. 变成一个负数。
c. 虽然没有到变成负数的程度，但是下跌到规定利率以下。
d. 成为一个毫无意义、无法计算的数字。
e. 大于失业率。

19. 任何资本品的收益率被合理地描述为：
a. 资本品值得购买或建造的利率水平，即使预期收入现值正好等于预期成本现值的利率。
b. 资本品被购买或建造后将会增长的利润的美元数。
c. 与市场利率相同。
d. 资本品被购买或建造后增加的产出（与货币价值不同）。
e. 由资本品增加带来的所有净收益加总后除以其成本得到的百分比。

20. 如果企业对于从它们计划的投资项目中得到的收入变得更为乐观，那么该资本的收益率：
a. 将上升，因为收入参与收益率的计算。
b. 将下降，因为收益率是一种利率，而利率与投资项目的价值呈反方向变化。
c. 将不会改变，因为收益率是受技术因素影响的，而不受预期收入的影响。
d. 可能会下跌，尽管有一种特殊的情况可使它上升。
e. 可能得出上面的任何结果，因为预期收入的改变对利率的影响是不可预测的。

21. 利润被定义为：
a. 总收入与总成本之间的差异。
b. 达到均衡时边际收益与边际成本间的差异。
c. 一个企业从销售它的产品中获得的总收入。
d. 分配给股东作为红利的现金量。
e. 企业再投资于它的工厂和设备上的现金量。

22. 一个企业利润率的决定是通过：
a. 企业拥有的生产要素的隐含收益。
b. 企业从事行业的风险水平。
c. 企业能够达到的创新水平。
d. 所有以上选项。
e. 以上选项都不是。

## 七、解答题

下列问题旨在帮助你运用教材中提到的概念。

**A. 利息和资本的基本概念**

1. 一项资产将花费你 100 美元，现在正在考虑建造它。如果你建造它，两年之内不会获得报酬，但是从现在起两年后这项资产将给你带来 121 美元的收入——在这之前和之后都一无所得。这 121 美元不包括任何成本或支出；它是你 100 美元支出的净报酬。这 121 美元的报酬是必得的，这一点毫无疑问。此项资本资产的年收益率为____%。100 美元的本金在第一年内将获得 10 美元的利息。将这 10 美元作为“额外的本金”记入账户，这些利息也将获得利息，所以在第二年共获得 11 美元的利息。在第二年末，最初 100 美元的总价值将是 121 美元——100 美元本金加上 21 美元（= \$10 + \$11）利息。
a. 本例中涉及了两个不同的美元数：一个是现在的 100 美元的本金，另一个是从现在开始两年以后 121 美元的收入。利率与这两个不同的数字有关，因此资本收益率最好表述为（**美元数/利率**）。
b. 如果你不得不借 100 美元来建造 a 中所提到的资产，且年利率为 5%。你会这样做吗？（**会/不会**）
c. 你（会/不会）以 9% 的年利率借这笔钱吗？那么以年利率 11% 呢？（**会/不会**）

2. 假设你有钱可以外借或用于购买能带来收益的资产，市场年利率为 10%，但是该市场中的借款人有非常好的信用，以至于任何借款人拖欠其借款的风险是根本不存在的。一个所有者拥有第 4 题中所描述的资产（一项能保证在第二年末获得 121 美元回报的资产），想把它卖给你。
a. 如果这项资产花 90 美元可以买到，你会购买它吗？（**会/不会**）如果你购买了它，那么你在投资上获得的利率将（**大于/小于**）10%。
b. 如果这项资产要价 100 美元，那么它将是（**一次很有利的购买行为/一次很不利的购买行为/同其他可选方案一样好，但不会更好**）。
c. 你会花费 102 美元购买该项资产吗？（**会/不会**）如果你购买了，那么你在投资上所获得的利率将（**小于/等于/大于**）10%。

3. a. 假定你拥有一块每年能给你带来 5 000 美元净租金收入（扣除保养费等）的土地，并且你希望在未来继续保持该租金收入，那么这块土地的现值将是（选择 1 项）：
(1) 5 000 美元。

(2) 所有5 000美元的未来预期收入之和。

(3) 所有未来的预期收入分别按市场利率折现后的和。

b. 假设a中的那项资产在将来能够带来每年5 000美元的收入，即拥有“永久性收入流”。如果每年的利息收入是5 000美元且年利率是4%，那么投入的本金将是____美元。

c. 有一个简单公式可以计算永久性资产的价值，把它写下来，并且确定公式对*b*题的情况也适用。

4. 你必须确定资产A还是资产B有较高的现值。资产A承诺分别在1、2、3、4年末进行4次收入支付，每年支付1 225美元。资产B承诺分别在1、2、3、4、5年末进行5次支付，每年支付1 000美元。对于这两项资产，预期支付的可信度是相同的。市场利率为10%。计算A和B的现值：资产A=____和资产B=____。你决定投资于（**资产A/资产B**）。

5. 理解利率与资产价格的关系很重要。理解利率和通货膨胀之间的关系也很重要。

a. 资产价格与利率之间的关系是（**正向/反向/不确定**）。

b. 保持其他条件不变，当名义利率随着通货膨胀率上升而上升时，实际利率（**上升/下降/保持不变**）。

c. 假设美国财政部发行了一种5%的通胀保值债券（TIPS）。2010年，债券的价值为10000美元。2010年至2015年间的通货膨胀率为10%。2015年，财政部需要对（**10000/11000/12000/15000**）美元，而不是10000美元支付5%的利息。

d. 假定2012年，一份标准的10年期国债的名义收益为8%，而一份10年期通胀保值债券的实际收益为3%。在接下来的10年里，投资者预期通胀率平均每年为（**3%/5%/6%/8%**）。

**B. 资本、利润和利息理论**

6. 下表8-1给出了生物制药行业中，资本的派生需求和不同时期的资本供给。为简单起见，假设市场完全竞争，无风险，无通货膨胀，无人口增长，无技术变革。

a. 资本具有递减的收益吗？你是如何判断的？

b. 在第1、2、3年，均衡的资本收益率是多少？

c. 在本例中，是什么导致了利率的变化？

**表8-1**

| 资本的单位 | 资本的边际产品（%/年） | 资本的供给 第1年 | 资本的供给 第2年 | 资本的供给 第3年 |
|---|---|---|---|---|
| 10 | 50 | 20 | 40 | 60 |
| 20 | 45 | 20 | 40 | 60 |
| 30 | 40 | 20 | 40 | 60 |
| 40 | 35 | 20 | 40 | 60 |
| 50 | 30 | 20 | 40 | 60 |
| 60 | 25 | 20 | 40 | 60 |
| 70 | 20 | 20 | 40 | 60 |

7. 图8-1描绘了资本的供给和需求曲线。需求曲线描述了经济体中借钱进行投资的企业行为，供给曲线描述了这些企业在不同的利率上可获得的资本存量。图（a）描述了短期的这种关系，图（b）描述了长期的这种关系。

a. 这两幅图中的需求曲线都向下倾斜。这是什么原因造成的？

b. 给出了图8-1（a）中的资本存量之后，该经济体中短期均衡利率为____。

c. 随着时间的推移，资本品的存量将（**减少/保持不变/增加**），因为短期利率（**高于/低于**）长期均衡利率。根据（a）图，垂直的*SS*曲线将（**向左移/保持不变/向右移**），市场利率将（**上升/保持不变/下降**）。在图8-1（a）中表示出这种移动。

d. 图（b）中的供给曲线是向上倾斜的，这是什么原因造成的？资本的短期供给曲线和长期供给曲线有什么不同？

e. 资本的短期供给曲线将不断调整，直到短期利率等于（**0/通货膨胀率/长期均衡利率**）。在图8-1中，表示出这种关系。

## 八、讨论题

回答下列问题，并解释你这样回答的原因。

1. 当利率上升时，任何收入流的现值都将会下降。用你自己的话来解释这一现象，并用现值方程式加以说明。

2. “迂回性”指的是什么？为什么在做投资决策时考虑它很重要？

**图 8－1**

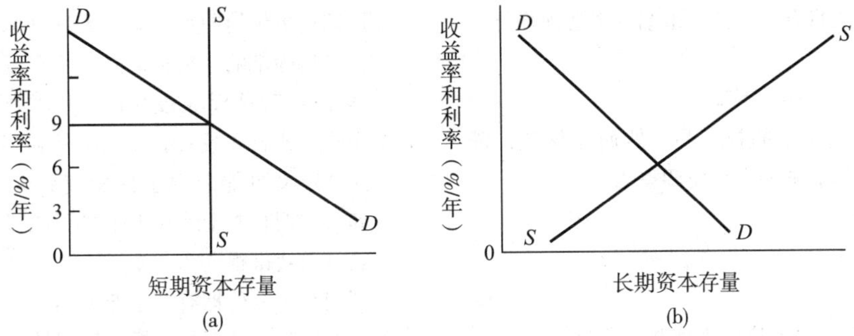


3. 为什么短期资本供给曲线是完全无弹性的，而长期资本供给曲线是向上倾斜的？
4. 假定你经营一个位于自己土地上的路边水果和蔬菜摊。你将把你的净收入归纳成“利润”。这是正确的吗？在你所定义的利润中，隐含租金和工资扮演着什么角色？
5. 在本章中区分了 3 种重要的利润来源，它们分别是什么？
6. 如果有部分利润在不完全竞争的情况下不能转化为隐性工资、隐性租金或隐性利息，那么有必要回答另外一个问题：获得利润的个人承担哪些职能？利润是做什么的回报？你应该如何回答这些问题？

## 九、答案

### 三、关键概念复习

| | |
|---|---|
| 3 | 利润 |
| 4 | TIPS |
| 8 | 资本 |
| 12 | 租费 |
| 9 | 资本收益率 |
| 13 | 无风险利率 |
| 5 | 实际利率 |
| 11 | 名义利率 |
| 2 | 现值 |
| 7 | 迂回性 |
| 1 | 资本的边际产品 |
| 10 | 风险溢价 |
| 6 | 隐含收益 |

### 六、选择题

1. D　2. B　3. C　4. B　5. A　6. C　7. B　8. C　9. A　10. A　11. C　12. D　13. B　14. C　15. A　16. C　17. E　18. A　19. A　20. A　21. A　22. D

### 七、解答题

1. a. 利率
   b. 会
   c. 会，不会
2. a. 会，大于
   b. 同其他可选方案一样好，但不会更好
   c. 不会，小于
3. a. (3)
   b. 125 000
   c. $PV = N/i$，其中 $N$ 是定期支付，$i$ 是利率。
4. 资产 A = 3 790 美元，
   资产 B = 3 882 美元，资产 B
5. a. 反向
   b. 保持不变
   c. 11000
   d. 5%
6. a. 是。因为资本的边际产品递减。
   b. 第 1 年 45%，第 2 年 35%，第 3 年 25%。
   c. 长期看利率是趋于下降的。首先，在第 1 年，利率比较高。这会鼓励更多的储蓄（供给方），从而在第 2 年和第 3 年，使企业积累更多的资本。但是随着积累的增加，他们面临着递减的资本边际产品，会减少对资本的需求量。

7. a. 在长期和短期中，资本需求量和利率之间都呈反向关系。资本存量增加时，资本收益率下降。因此，为了使该项目有利可图，市场利率必须降低。
   b. 9%
   c. 增加，高于，向右移，下降
   d. 在短期，资本是固定的投入品。然而在长期，资本的供给能根据需求的变化而调整。
   e. 长期均衡利率

## 八、讨论题

1. 当利率上升时，任何收入流的现值将会下跌。从现值方程式能看出分母将变大，这就意味着现值会变小。当利率上升时，在未来得到现金流的机会成本将会增加，这就意味着收入流的现值一定下降。
2. 迂回性指资本品用于创造最终产品和服务的事实。资本品的生产要求放弃现在的消费以增加未来的消费。
3. 短期资本供给曲线是完全无弹性的，因为短期内资本存量是固定的。在长期内，所有投入品都是变量，资本存量随着利率的变化而调整。
4. 净收入或收入减去显性成本是利润的定义之一，但是这个定义可能忽视了你所拥有的投入品的价值。例如，你拥有的土地和水果摊可能没有其他用途，但是它可以获得租金。
5. 利润是企业所拥有的生产要素的隐性收益；利润是对承担风险和创新的回报；利润是对垄断力量的回报。
6. 利润是对企业家才能的回报，即利润是在市场经济中，资本家为了生产而必须承担的风险和进行创新活动而获得的回报。

# 第 9 章

# 货币和金融体系

## 一、概述

迄今为止，我们在讨论国民产出的决定时很少或根本没有用到货币，而货币也许是当代稳定型政策的最强有力的工具。为了便于说明，之前章节构建的模型首先集中在收入和支出行为的解释。现在，这些模型可以扩展到包含经济中的金融和货币的层面。

首先让我们对货币的传导机制进行概述，并讨论货币的演变过程及其相关的金融机构。也许你会奇怪为什么在一开始不对“货币”进行专门的、职能方面的定义。由于在当代众多的金融机构中有各种“准货币”金融工具，因此，给货币下一个无所不包的定义是根本不可能的。相反，经济学家提供了一系列定义，每个定义适用于略有差别的概念和“货币”或“信用”的应用。

本章还介绍了货币的需求和供给。也许你开始猜测马上会看到被纳入乘数模型之中的货币市场的演变过程。不要着急，这些我们将在下一章介绍。但是，在这之前，我们需要多了解一些有关货币和商业银行方面的知识。本章还对股票市场的运行做了简短的分析，并介绍了一些金融投资的策略。

## 二、学习目标

在你读完教材第 9 章并完成本书相应的习题后，你将能够做到以下几点。

1. 概述货币政策的影响传导至经济其他部分的机制。
2. 总结货币体系演变的主要过程，从**以物易物**（barter）经过**商品货币**（commodity money），最后发展到今天的**法定货币**（fiat money）。
3. 了解 $M_1$ 和 $M_2$ 的区别。
4. 描述货币的 3 种职能，并解释它们在货币的**交易需求**（transactions demand）和**资产需求**（assets demand）中的作用。
5. 简要介绍银行系统由简单的金匠铺式的财产保管人发展成相互联系的银行和其他金融中介的过程。理解货币供给的来源。
6. 描述建立在**部分准备金**（fractional reserves）基础上的银行系统是怎样创造货币的。理解**货币乘数**（money multiplier）背后的机理，并对精确计算货币乘数所依赖的两个条件进行界定。
7. 了解金融投资的风险和收益之间的权衡。
8. 讨论美国股票市场的一些历史趋势，包括 1929 年的大崩盘、1987 年 10 月的暴跌以及 2008 年末的危机。
9. 了解**有效市场**（efficient market）假说的基础以及它是如何转化为股票市场价格的**随机游走**（random walk）理论的。
10. 理解初级的个人金融策略的制定所涉及的经济学概念。

## 三、关键概念复习

在 B 栏中寻找与 A 栏中术语相应的解释，并将序号填在术语前。

| A | B |
|---|---|
| __ 货币 | 1. 衡量资产转化为现金的难易程度。 |
| __ 以物易物 | 2. 存于银行或其他金融机构的存款支票。 |
| __ 金融中介机构 | 3. 银行系统将准备金转化为更大量银行货币的过程。 |

__ 货币传导机制　4. 能够被普遍接受的充当交易媒介或支付方式的任何一种东西。

__ 商品货币　5. 商品与商品之间的交换。

__ 银行票据　6. 提供金融产品和服务的机构。

__ 法定货币　7. 以现金形式持有的银行资产。

__ 随机游走　8. 尤指实物，具有内在价值，也作为交易媒介。

__ 流动性　9. 由法律承认的作为交易媒介的货币。

__ 准备金　10. 中央银行行为影响经济体系其他部分的过程。

__ 银行存款的成倍扩张　11. 持有货币，作为价值或财富的存储。

__ 交易需求　12. 用货币来衡量当前的价值或价格。

__ 资产需求　13. 在一定的时间范围内，完全不可预测的股票价格的运动。

__ 风险规避　14. 借钱买股票，然后用股票作为贷款的抵押。

__ 资产负债表　15. 当许多储户到一家银行企图提取存款时所发生的情况。

__ 核算单位　16. 价格的上涨是因为市场预期价格会进一步上升，而不是因为企业实际利润或红利增加了。

__ 银行挤兑　17. 价格不断上升的股票市场。

__ 熊市　18. 一组或一揽子公司股票价格的加权平均。

__ 牛市　19. 市场价格包括有关股票价值的所有可得信息。

__ 保证金购买　20. 将公司的资产与其负债和净值相比较的财务报表。

__ 投机泡沫　21. 购买商品和服务的货币需求。

__ 股票价格指数　22. 价格不断下降的股票市场。

__ 有效市场理论　23. 在进行金融投资时避免赌博的愿望。

## 四、小结与本章提纲

本部分对教材第9章的关键概念进行总结。

**货币传导机制**（monetary transmission mechanism）讨论的是货币政策如何影响经济运行的状态如利率、产出、就业及通货膨胀机制等。给定中央银行的政策目标及当前与未来预期的经济状况，央行选择一个政策目标（如短期利率目标）并通过操作实现这个目标。政策行为影响金融变量（如资产价格、汇率），而反过来金融又影响宏观经济的运行（如消费、投资和净出口）。货币传导机制可以通过AS－AD框架来进行分析。

### A. 现代金融体系

1. 金融体系在美国现代经济中发挥关键作用。其主要功能包括：
   a. 使资源在不同时间、部门和地区间转移。这项功能允许拥有资金的投资者可以选择最有效的投资机会，不管这机会是在美国印第安纳州还是在印度。
   b. 拥有可以帮助管理风险的投资者。这项功能可以把风险从最需要减少风险的个人或部门中转移到更擅长管理风险的个人或部门。
   c. 集中和分散基金。这项功能允许拥有有限资源的投资者参与各种投资机会，而在其他情形下是无法获得这种机会的。
   d. 清算所功能。这项功能允许资金以有效的方式从国家的某一地区转移到另一地区。
2. 金融资产是一方对另一方的货币要求。在美国，主要的金融工具包括：
   a. 现金资产。不提供收益（也就是不支付收益率）。
   b. 储蓄账户。由联邦机构担保，按事先约定支付收益。
   c. 政府证券。代表联邦政府、州政府和地方政府的借款，是一种值得考虑的安全的投资方式。
   d. 股权。代表对公司的所有权。这种金融工具通常叫做公司股票。
   e. 金融衍生品。其价值是基于其他资产或从其他资产中衍生出来的，最常见的衍生品是股票期权（也就是看涨期权和看跌期权）。
   f. 养老基金。代表对由公司或养老金计划持有的资产的所有权，由企业和工人在在职期间共同承担，工人退休后即可享用养老金。

3. 资金流动图捕捉到了金融市场的本质，展示了储户和投资者之间的相互依存关系。
4. 利率是借入货币的价格。如果你储蓄的话，你可能会将所获得的利息看做一种回报，或者是储蓄的收益。利息也可以认为是别人（通常是银行）使用你的钱而愿意支付的价格；同理，如果你借款，那么你也必须支付利息，以补偿借款人所放弃的本可以将这笔钱用于他途的机会成本。

**B. 货币的特殊情况**

1. 美国经济中（而且在大多数发达国家中）使用的货币没有内在价值，但是它的供给对国民产出、就业和价格水平具有巨大影响。我们要对它的重要性做出正确的评价。
2. 基于**以物易物**（barter）交易体系的经济运转得不太好。个体要花费太多昂贵的、稀缺的资源来寻找贸易伙伴，而只能花费较少的时间生产商品和服务。
3. 在我们的经济模型中，我们使用的货币的主要形式是**交易货币**（transactions money），或者叫 $M_1$。$M_1$ 包括流通中的硬币和纸币（不被银行所持有的），再加上活期存款及支票存款。我们关注流通中的货币，主要是关注可以使经济交易更加便利的货币。银行所持有的货币对于经济活动的进展几乎没有任何影响。“*活期存款*”和“*支票账户*”两个词是同义的，因为只要你有支票簿，你就可以在任何时间和任何地点获得这部分货币。只要货币接收者愿意接受你的支票，你就能随时使用货币。NOW 账户是一个“支票存款”的例子，这个缩写代表**“可转让存单”**（negotiable order of withdrawl）。这是一种允许存款人开支票的附息账户。
4. $M_1$ 是最适合作为支付手段的货币形式，但是 $M_2$ 作为更广义的货币总量，也是被密切关注的。$M_2$ 包括 $M_1$、储蓄账户和小额定期存款。储蓄账户和定期存款获取利息并且比 $M_1$ 各组成部分更缺乏流动性。在过去的 10 年中，这一更广义的货币定义较之 $M_1$ 已成为一种衡量货币供给量增长的更稳定的指标。这一发展趋势部分是因为银行所创造的各种各样的新的支付工具所致。
5. 作为一种物品，货币没有任何使用价值，我们既不能吃它，也不能穿它，更不能用它来遮风避雨。我们需要货币，用它来购买我们需要或想要的商品。货币具有 3 个基本职能，它可以充当：

   a. 交易媒介

   b. 核算单位

   c. 价值贮藏

   *交易媒介*的功能是最基本的，如果人们并不广泛地接受货币（至少在一个国家内）作为一种支付手段的话，那么我们就会回到以物易物时代，就这么简单。

   *核算单位*意味着我们用来作为货币的东西也应该用来衡量价格或价值。用美元作货币，然后用苹果或面包圈或墨西哥比索作为衡量价格的尺度是愚蠢的。

   货币还可以作为*价值贮藏*，这是因为它不会随着时间的推移而有实际损坏（这是一个与商品货币的一些形式有关的问题）或失去其可接受性。与其他形式的财富（如股票、房地产和黄金）相比，货币风险较低。
6. 以货币形式持有资产或财富的成本，是对获得更高收益率或更高的其他金融投资利率机会的放弃。
7. 有两个原因可以解释人们为什么以货币形式持有财富：（a）交易需求和（b）资产需求。交易需求与交易媒介的职能相联系，而资产需求与价值贮藏职能相联系。尽管其他资产有可能获得更高的利率，但大多数投资经理还是将他们的财富分散在不同类型的资产当中。

**C. 银行与货币供给**

1. 银行本质上是企业，商业银行基本上是在吸引客户存款，然后将它们贷出，从贷款利息中获得利润。需要注意的是商业银行不能贷出全部存款金额。为防止客户提取现金以及一些其他情况，银行必须持有一定比例的存款（非生息）储备。商业银行必须持有的最低存款比例取决于法律规定，因此被称为法定存款准备金。如果法定存款准备金要求是 10%，每收到 1 美元的存款，银行必须预留至少 10 美分，并最多可以向客户或其他企业贷款 90 美分。
2. 部分存款准备金制度（即准备金只是银行存款的一部分）对银行体系发挥影响货币供应量的扩张（或收缩）的职能具有重要影响。由于是借出的钱重新存入另一家银行（或在同一家银行发出的贷款），因此在将一些新的存款纳入其储备后银行可以增加新的贷款。循环往复，银行便可发放越来越多的贷款，并带来越来越多的存款。由于存款是货币供应量的一部分，货币供应量伴随着存款的扩张而不断扩大。最终，总的货币创造量将是准备金初始变化的某个倍数。因此，我们可以发现储备、银行货币和法定存款准备金率之间存在如下关系：

银行货币 = 总储备 ×1/准备金比率

3. 现实中如果银行持有超额准备金，即银行不借出全部可借出的资金，那么货币创造过程将被削弱。例如，如果一个客户存款 100 美元，法定存款准备金率是 25%，银行可以借出 75 元，预留 25 美元的储备。但是，如果银行选择少贷出（比如贷出 60 美元），从而保持较多储备（40 美元），他们将持有超额准备金（15 美元）。另一种情况是，如果客户不将所获得的全部贷款都存入银行系统（如客户可能将贷出的现金压在自家的床垫之下），那么货币创造的过程也将会被削弱。
4. 银行发放贷款是为了获利。如果银行对经济前景不乐观，或者对贷款申请人的信誉有所顾虑，他们将放更少的贷款，持有过量的银行储备。它宁愿不获得（准备金的）利润，也不愿把钱投向不良贷款。货币创造过程假定，在此程序的每一个步骤上，新创造的货币都存入某人的活期存款账户；相反，如果货币存放于银行之外（甚至离开本国），那么这一货币创造过程就会减缓。
5. 正如第 9 章所指出的那样，如果名义利率接近零，真实世界可能出现混乱，这种情况在大萧条时期曾出现过，经济学家称之为“流动性陷阱”。在这种情况下，银行很可能持有超额准备金（换言之，不将他们收到的存款贷放出去）。利率如此低的情况下为何还要发放贷款？面对如此低的回报，有什么激励使银行放贷？银行不发放贷款，私营部门也就无法借款（来购买房屋、汽车、做生意、扩建工厂等等）。随着贷款减少、信贷紧缩，经济活力势必不足。或者，如果经济出现衰退/萧条，则信贷缺乏将会使经济复苏变得更为艰难。从这个意义上说，经济将会停留在一个“陷阱”之中而无法恢复。这就是为什么，正如本书其他地方也讨论过的，通货紧缩和流动性陷阱，是决策者们，尤其是央行行长，特别需要加以警惕的。

### D. 股票市场

1. 金融经济学研究理性投资者应如何分配他们的资金，以达到金融目标。“理性”一词是指，人们充分利用在市场中获得的所有信息。但这并不意味着人们不犯错误，或从不发生错误。毕竟我们所获得的信息并不总是完全精确的。除了货币本身和储蓄账户以外，家庭所持有的主要金融资产还包括政府债券、股票或权益以及养老金。一般来说，在金融资产收益率和风险之间有一个利弊权衡的问题。具有较高风险的资产，或者收益率更不确定的资产，通常有获得更高收入的潜力。
2. 数百万美国人都在**股票市场**（stock market）上购买股票。近年来，美国股票市场创造了一个又一个的新记录，刚入市的投资者并未认识到没有什么能保证股票市场持续上升这一点。尽管分析家们认为，目前的市场攀升是低通货膨胀率和低失业率下的强劲经济所推动的，但投资者还需警惕投机泡沫。在这种情况下，股票价格上升是因为人们预期股票在未来还会升值。这些泡沫并未建立在实际的公司利润或红利的基础上，所以终将破灭。在**有效市场**（efficient market）中，新的信息会影响股票和商品的价格，可以预测的事件已被考虑到市场价格之中。由于新的信息是不可预测的，所以市场价格就会随机游走。

## 五、学习提示

1. 金融体系就像循环系统一样，使经济能够更平稳有效地运行。为使金融体系运作良好，其基础系统不仅要强健，而且要赢得人们的信任；这二者是相互联系的（人们不会信任一个不健全的制度）。然而在历史上某个时段，或者在某个国家，由于政策当局言行不一，二者也曾出现相互背离的情况。由于政策当局过去可能对金融系统管理不善，即使采取强有力的金融改革，仍然需要相当长的时间才能让人们恢复对金融机构的信心。
2. 除了 $M_1$ 和 $M_2$ 之外，还有其他的货币定义。当你研究的货币定义“越高级”，货币的增加构成的流动性就越小。每一个新的更广义的货币定义包括它之前的“较低级”的货币定义。
3. 非专业人士有时会对“货币需求”这个概念感觉疑惑，我们不都希望钱越多越好吗？是不是钱的需求量无限？我们怎样才能有一个明确的货币需求的概念？非专业人士的困惑在于不能区分好货币和财富这两个概念。不言而喻，人们当然都喜欢更加富裕（甚至积累财富的活动会带来许多成本和收益）。然而，货币不过是财富的一种形式，股票、债券和房地产等也都是财富。基于不同的风险水平，不同的金融资产的回报率以及人们的目标，人们应该明智地选择货币和其他资产的财富构成。在这个意义上说，人们对货币的需求应当是有限的和明确的。正如本章所论，若债券或储蓄账户的利息率变高，则持有货币的机会成本也会变高（因为你因此而放弃的其他收益变高）。由此可知，在其他因素保持不变的条件下，利率上升将减少货币需求。在利率高的条件下，即使你有频繁的购物需求，你也还是愿意去银行或 ATM 机排队，还是不愿意携带大量现金。但是，如果利率较低，你就会选择持有更多的钱。

4. 记住，客户的活期存款一方面是他们的“资产”，另一方面也是银行的“负债”。当银行借给你一笔钱时，银行“贷款”就不仅是你的负债，而且还是银行的资产。
5. 分析商业银行资产负债表时，确保最终平衡后，准备金应等于 X% 的活期存款，其中 X 为法定存款准备金率。如果准备金超过这个值，银行可以发放更多贷款（此时银行体系不均衡）。如果准备金较少，银行将不得不收回贷款（此时系统仍不均衡）。通常在解答部分存款准备金制度的题目时，请检查一下初始的准备金的数目。通过观察准备金数目是否超过银行所需持有的数额来确定银行是否可以发放更多贷款。银行需要持有的准备金应为存款数额的 X%，如果银行持有的准备金超过需要的持有量时，银行可以将差额贷出，一直到实际准备金等于法定准备金的数额为止。最终均衡时，活期存款应为准备金数额的 1/X 倍（请比较教科书中表 9 - 4 和表 9 - 7）。
6. 当银行家和投资经理们在使用*投资*一词时，其含义可能与我们认为的经济意义上的不同。为了避免混淆，可以把专业人士使用的资产的含义理解为*金融投资*。请记住，对经济学家来说，*投资*是指购买能够增加经济的产出能力的有形资产。公司通过卖出股票或债券来获得资金，并用所获得的资金进行投资购买（新设备、新厂房等），但股票和债券本身并不被认为是投资，它们是储蓄的一部分。

## 六、选择题

下列问题按照教材中的顺序安排，从各选项中选出一个最佳答案。

### A. 现代金融体系

1. 金融体系的主要功能包括：
   a. 使资源在不同时间、部门和地区间转移。
   b. 管理风险和集中资金。
   c. 票据交换功能和细分资金。
   d. a 和 b。
   e. a、b 和 c。
2. 主要的金融工具或资产包括：
   a. 现金和储蓄账户。
   b. 政府证券和股权。
   c. 金融衍生品和养老基金。
   d. a 和 b。
   e. a、b 和 c。
3. 什么是金融中介机构？
   a. 一个提供金融产品和服务的机构。
   b. 仅是银行。
   c. 一个为你银行存款提供担保的公司。
   d. 联邦储备系统。
4. 由于金融中介的发展，下列哪些事情在 1965 ~ 2007 年发生？
   a. 越来越多的流动性资产变得流动性很差。
   b. 商业银行在金融机构资产中的份额下降了，但二级机构，如抵押贷款担保及共同基金份额上升。
   c. 证券交易商在金融资产总额中的份额最高。
   d. 金融资产总额从占国内生产总值的 1.3% 上升到占国内生产总值的 4.3%。

### B. 关于货币

5. 以物易物是超越自给自足的货币体系演变的第一步，后来被商品货币所替代，这是因为：
   a. 以物易物是一种无效率的交易机制，交易成本很高，其原因在于必须寻找某个愿意用你所有的东西交换你所想要的东西的人。
   b. 不管怎么说，还是不便利。
   c. 除非产出是可分的，否则以物易物会阻碍劳动的有效分工。
   d. 以物易物取决于双方欲望的巧合，而这种欲望的巧合却由于经济发展的多元化而变得越来越不可能。
   e. 所有以上选项。
6. 商品货币是朝着效率迈出的一步，但它经常遭到破坏，因为：

a. 经常陷入以物易物。

b. 商品供给和需求的变化，会改变货币的价值。

c. 公众无法对一种商品达成一致意见。

d. 公众无法找到一种不易腐烂的商品。

e. 以上选项都不是。

7. 货币 $M_1$ 严格的定义包括：

a. 硬币、纸币和活期存款。

b. 硬币、纸币和定期存款。

c. 硬币、纸币和所有的银行存款。

d. 所有的纸币和准货币。

e. 以上选项都不是。

8. 金融中介是这样一些机构：

a. 买卖各种货物，包括商品。

b. 只包括大量持有各种类型货币的跨国公司。

c. 吸收一些个人和机构的存款，并使用这些款项支持其他人的借款需要。

d. 由于联邦债务的规模不一定非在美国。

e. 所有以上选项。

9. 商业银行是最大型的金融中介，其他的中介机构包括：

a. 人寿保险公司。

b. 养老金。

c. 储蓄和贷款机构。

d. 货币市场基金。

e. 所有以上选项。

10. 货币与准货币之间的根本区别是：

a. 货币能直接花费，而准货币则不能。

b. 准货币包括银行账户中所有的存款，而货币却全不包括。

c. 货币的流通速度快，而准货币的流通速度较慢。

d. 准货币属于法定货币，而货币则不是。

e. 任何以货币价格在市场上出售的东西都可以构成准货币。

11. 若你根据自己的银行账户开出一张支票，则该支票：

a. 计为 $M_1$ 的一部分，只要它是一张有效支票，如在银行有存款来支持。

b. 计为 $M_1$ 的一部分，不论这张支票是否有效，只要得到这张支票的人接受。

c. 计为 $M_1$ 的一部分，但必须用于购买商品和服务，否则就不是。

d. 并不计为 $M_1$ 的一部分，因为银行账户并非货币供给的组成部分。

e. 并不计为 $M_1$ 的一部分，因为把它计入就会与它所开具的存款账户造成重复计算。

12. 在任意一个私人金融机构中（例如，商业银行、储蓄和贷款协会等）存入货币时，决定该存款是否属于 $M_1$ 的关键因素是：

a. 它的所有者是否能根据这笔存款自由地开具支票。

b. 这笔存款或者有保险，或者有政府和公共机构支持。

c. 该机构对这项存款提供百分之百的准备金——不论这一支持是否由政府提供。

d. 该机构拥有将存款当做货币的特许权。

e. 只要存入的货币由真正的纸币或硬币组成，那么在类似的机构的存款就算做是货币供给的一部分。

13. 货币充当：

a. 交易媒介。

b. 价值贮藏。

c. 核算单位。

d. 所有以上选项。

e. 以上选项都不是。

14. 对于货币需求的交易需求部分：

a. 货币需求随利率的上升而上升。

b. 货币需求随利率的下降而上升。

c. 货币需求随着名义收入的上升而下降。

d. 货币需求随着名义收入的下降而下降。

e. 以上选项都不是。

15. 若上述问题是指货币需求的资产需求部分，则第 14 题中的哪个答案正确：

a. 货币需求随利率的上升而上升。

b. 货币需求随利率的下降而上升。

c. 货币需求随着名义收入的上升而下降。

d. 货币需求随着名义收入的下降而下降。

e. 以上选项都不是。

16. “货币需求”是指：

a. 在必要时可以根据固定或接近固定的价格将证券兑换成货币的愿望。

b. 按任何既定利率，企业希望借到的款数。

c. 希望把收入中较多的钱储蓄起来以防范未来的不确定性。

d. 等同于“货币的资产需求”。

e. 等同于“货币的资产需求以及交易需求”之和。

**C. 银行与货币供给**

17. 银行准备金是：
    a. 银行库存现金以及在美联储体系中的存款。
    b. 虽然超出了正常要求的数额，但在人们对银行存款安全性感到不信任时，足以保证所需的货币数量。
    c. 商业银行利润的另一个术语。
    d. 现在已经过时了，银行并不需要任何缓冲措施。
18. 商业银行体系（所有商业银行的总和）一般会通过设立借款者可以随时支取的活期存款，来向商业企业和消费者贷款。所以，货币供给：
    a. 将减少，其数额是为了安全目的而存入银行的所有硬币和纸币。
    b. 既不增加，也不减少。
    c. 将增加，但由于银行持有一部分作为准备金，所以增加的数额会略少于存款的初始增加额。
    d. 将增加，增加的数额为存款的初始增加额。
    e. 将增加，增加的数额远大于存款的初始增加额。
19. 当商业银行______时，经济中的货币供给量将增加。
    a. 增加在联邦储备银行的存款。
    b. 增加对公众的总贷款。
    c. 为实施更严格的法定准备金比率游说。
    d. 从美联储提取部分存款。
20. Ron Blagonia 在伊利诺伊州银行存入 10 000 美元。这些钱曾被长时间贮藏起来从而离开流通领域。银行的最低法定准备金为存款的 25%。伊利诺伊州银行是众多银行之一。除非伊利诺伊州银行已经缺少准备金，否则如果它愿意，这笔存款至少可以使该银行的贷款增加：
    a. 不确定的数额。
    b. 7 500 美元。
    c. 10 000 美元。
    d. 30 000 美元。
    e. 大于 30 000 美元。
21. 假定贷款总是重新存入银行系统，那么第 20 题所述的存款将会使银行系统的贷款最多增加：
    a. 0 美元。
    b. 7 500 美元。
    c. 10 000 美元。
    d. 30 000 美元。
    e. 大于 30 000 美元。
22. 如果法定准备金比率最少为活期存款量的 30%，并且银行系统有 1 500 万美元的超额准备金（不考虑公众手中流通的货币增加），那么银行系统可使活期存款最多增加：
    a. 0 美元。
    b. 10 500 000 美元。
    c. 15 000 000 美元。
    d. 35 000 000 美元。
    e. 50 000 000 美元。
23. 商业银行的“超额准备金”由下列哪项组成：
    a. 虽然不是货币但却可以在货币需求增加时迅速兑换成货币的资产。
    b. 银行持有的、超过其活期存款 100% 的货币或准货币资产。
    c. 必须随时持有的现金，不是因为银行每天需要它，而是法定要求。
    d. 银行持有的超过法律规定的那部分存款。
    e. 货币资产数量与活期存款数量之间的差额。
24. 假设存款准备金率是 20%，商业银行体系的储备等于 1 万美元。在最后（平衡）的商业银行体系的资产负债表中，你会观察到下列哪项？
    a. 不确定
    b. 900 万美元的投资（贷款）和 1000 万美元的活期存款。
    c. 活期存款 1000 万美元和 400 万美元的投资（贷款）。
    d. 活期存款 500 万美元和 400 万美元的投资（贷款）。

**D. 股票市场**

25. 道－琼斯工业平均指数：
    a. 是股票价格指数的范例。
    b. 用于分析股票市场的趋势。
    c. 包括一些在纽约股票交易所交易的公司。
    d. 所有以上选项。
    e. 以上选项都不是。
26. 标准普尔 500 指数指的是：
    a. 500 种适用于低收入投资者的基本股票总称。
    b. 包括 500 种在纽约股票交易所进行交易的收益最好的股票。
    c. 一般而言，一直是华尔街收益最好的股票。

d. 是在 1987 年 10 月股票市场下跌期间少数未下跌的股票指数之一。
e. 是 500 家美国最大公司股票价格的加权平均数。

27. 投机泡沫：
a. 与有效市场理论相一致。
b. 更有可能在熊市中出现。
c. 可能对 1987 年 10 月股票市场的狂跌至少负有部分责任。
d. 理论概念，现实生活中不可能观察到。
e. 以上选项都不是。

28. 购买股票的保证金的本质特征是：
a. 由缺乏经验的投资者在价格上涨期间参与购买股票。
b. 大量交易实际上并不存在的股票。
c. 预期价格上涨时购买一种股票，只是短期持有股票。
d. 通过借款购买部分股票。
e. 以上选项都不是。

29. 以保证金购买股票对 1929 年股票市场大崩盘所起的作用是下列情况中的哪一种：
a. 股票持有者为了筹集进一步购买股票所需的现金，而被迫卖出其已持有的股票，因为这种进一步购买要求他们购买时做保证金承诺。
b. 小股民对股票市场没有信心，并以任何可以出手的价格倾销掉手中的股票。
c. 保证金购买使股票交易量增加，并进一步加剧了价格下跌，除此之外这对股市崩盘不起任何特殊的作用。
d. 当股票价格开始大幅度下跌时，货币贷放者卖掉手中持有的股票，作为抵押担保。
e. 凭保证金购买者试图增加股票购买量，以阻止股票价格下跌，但这是徒劳的。

30. 关于某一公司的一些利好消息，可以使该公司股票价格上升。若我们用供给曲线和需求曲线表示这一价格上升的性质，那么我们可以说，这是由于：
a. 只是需求曲线向右移动。
b. 只是供给曲线向左移动。
c. 需求曲线向右移动，同时供给曲线向左移动。
d. 主要是供给曲线向右移动。
e. 主要是供给曲线与需求曲线同时向右移动。

31. “通过观察过时的信息或过去的价格变动模式是不可能获利的。股票价格随着时间的变动是完全不可预测的。”这种陈述可以最恰当地描述为：
a. 混沌理论。
b. 投机泡沫。
c. 随机游走。
d. 没有消息就是好消息。
e. 完全是胡说。

32. 有效市场理论：
a. 表明所有公开的信息会立刻反映在普通股票的价格中。
b. 暗指“赢得市场”包括预测不可预测的事情。
c. 暗指股票市场价格在短期内变动，仿佛它们为随机数字。
d. 暗指多样化是股市投资的有效策略。
e. 所有以上选项。

33. 一批股票市场投资者不考虑短期的股价波动，购买并持有股票多头。这类投资者对于整个市场的总体影响是，他：
a. 使市场不稳定，因为他购买股票将会造成股价趋于上升。
b. 在低价时不抛出股票，从而使市场稳定；但通过使市场“更加不旺”而使其不稳定。
c. 通过使市场“更加不旺”而使其稳定。
d. 不根据股票市价出售股票，从而使市场不稳定。
e. 上述做法都不起作用，因为他所属的这批投资者并非那么重要，不足以产生任何影响。

## 七、解答题

下列问题旨在帮助你运用教材中提到的概念。

### A. 现代金融体系

1. 金融体系从事各种与金融相关的活动。金融体系包括市场、企业和其他机构，执行来自国内外家庭、企业、政府的各种金融决策。
a. 金融体系的重要组成部分包括（**货币市场/房地产市场/商品市场**）。
b. 金融市场的借入和借出是通过（**与企业联系/金融中介机构/股票市场**）进行的。

2. 为了保持经济的增长和繁荣，拥有一个有效的金融体系是至关重要的。
a. 一个有效的金融体系的主要功能包括拥有发展良好的（**债券市场/房地产市场/商品市场**）。

b. 列出现代经济中金融体系的主要功能。

____________________

c. 列出美国经济中主要的金融工具。

____________________

**B. 关于货币的特殊案例**

3. 货币不断演变发展，因为它对大的交易体系是至关重要的。
   a. 当人们根据某一特定物品的不同单位来衡量不同种类商品和服务的价值时，（**法定货币/商品货币/金属货币**）就出现了。
   b. 美国目前的货币属于（**法定货币/商品货币/金本位货币**）——用于偿付（**所有私人和某些公共/某些私人和所有公共/某些私人和某些公共/所有私人和所有公共**）债务的必须予以接受的法定货币。

4. 货币需求是交易需求和资产需求共同作用的结果：
   a. 货币的交易需求是指，随着收入上升，货币需求将（**上升/保持不变/下降**）。
   b. 随着利率的下降，货币需求中的资产需求将（**下降/保持不变/上升**）。

5. 图9-1中的4幅图表示货币需求量从 $M$ 变为 $M'$。请选择相应的图形，使之与下列经济条件的变化相一致：
   a. 利率固定时，名义GDP增加。
   b. 利率上升。
   c. 价格下降，但在利率中还没有反映出来。
   d. 利率下降，但在总需求的变化中还没有反映出来。
   e. 银行发现自己持有过量的闲置准备金。
   f. 货币的资产需求下降。
   g. 货币的交易需求上升。

**图9-1**

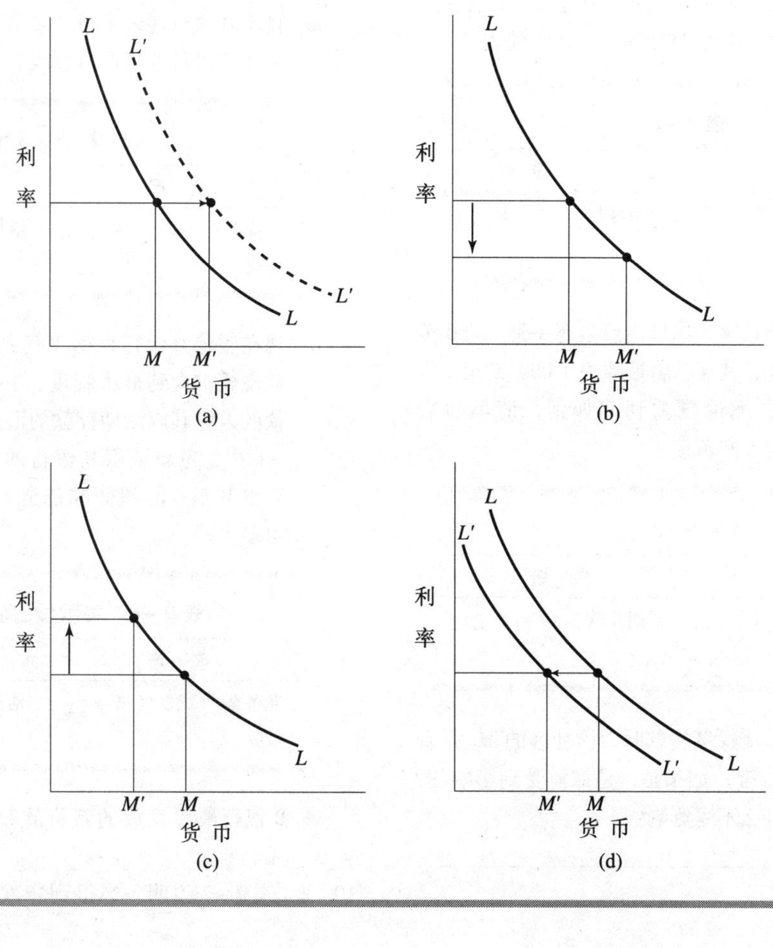

### C. 银行与货币供给

在问题6－7中，考虑拥有一家商业银行（斐济的垄断银行）的国家。假设法律规定的准备金率是20%。进一步假设，这个商业银行的投资都是向私营部门提供贷款。

6. a. 斐济垄断银行存有8000美元的准备金，在满足20%的法定存款准备金要求情况下，其余完全“借出”。在表9－1中填写该银行的资产负债表。

**表9－1**

| 资产 | | 负债 | |
|---|---|---|---|
| 准备金 | $____ | 活期存款 | $____ |
| 贷款 | ____ | | |

b. 给定只有这一家银行的情况下，该社会总的货币供应量 $M_1$ 为 $____。

7. a. 一家零售店店主在A银行存入500美元现金，而这笔钱之前是放在他的床垫下。用表9－2表示此时A银行在发放任何新贷款前的资产负债表。

**表9－2**

| 资产 | | 负债 | |
|---|---|---|---|
| 准备金 | $____ | 活期存款 | $____ |
| 贷款 | ____ | | |

b. 存款之后，现在该零售店店主想偿还一笔1 000美元的贷款。因此，其存款将被减去1 000美元，贷款也等量减少。无论贷款利率如何，请填写表9－3中修正了的资产负债表。

**表9－3**

| 资产 | | 负债 | |
|---|---|---|---|
| 准备金 | $____ | 活期存款 | $____ |
| 贷款 | ____ | | |

c. 当零售店店主偿清这笔贷款时，该社区的 $M_1$ 是否受到影响？(**是/否**) 如果是，是如何受到影响的？如果不是，为什么不受影响？

________________________________

________________________________

问题8～9假设一个国家有两家银行：银行A和银行B。两家银行共同竞争存款人。

8. a. 假设初始两家银行具有相同的规模并且都持有4 000美元准备金（两家银行的法定准备金比率仍为20%）。假设银行的所有投资都是向私人部门贷款。假定每家银行都根据20%的法定准备金比率全部贷放其剩余资金，完成表9－4，表明每一家银行的资产负债表的情况（请记住，此时两家银行是完全相同的）。

**表9－4 银行A或银行B**

| 资产 | | 负债 | |
|---|---|---|---|
| 准备金 | $____ | 活期存款 | $____ |
| 贷款 | ____ | | |

b. 该社会总的货币供应量 $M_1$ 为 $____。

9. 现在假定在国外工作的一位当地女士带回来了3 000美元新货币，并全部存入B银行。

a. 假定B银行还未来得及发放新贷款，在表9－5中填写B银行的资产负债表。

**表9－5 B银行**

| 资产 | | 负债 | |
|---|---|---|---|
| 准备金 | $____ | 活期存款 | $____ |
| 贷款 | ____ | | |

b. 现在假定B银行根据20%的法定准备金比率把贷款规模扩大到最大程度，并假定从B银行得到贷款的人将其以活期存款的形式存入A银行，在表9－6中，重新填写B银行的资产负债表。（提示：算出B银行的超额准备金，你就明白银行还能借出多少钱。）

**表9－6 将款贷出后的B银行**

| 资产 | | 负债 | |
|---|---|---|---|
| 准备金 | $____ | 活期存款 | $____ |
| 贷款 | ____ | | |

c. B银行最后发放的新贷款数额为多少？______美元。

10. a. 表9－7说明，当得到贷款的人将贷款存入A银行时，A 银行资产负债表的直接变化。

表 9－7

| 资　产 | | 负　债 | |
|---|---|---|---|
| 准备金 | $____ | 活期存款 | $____ |
| 贷款 | ____ | | |

b. 现在用表 9－8 说明在满足其准备金要求之后，A 银行的资产负债表。

[同样，计算法定准备金（即银行必须持有的作为储备的准备金比例），比较实际的准备金，并算出超额准备金。]

表 9－8

| 资　产 | | 负　债 | |
|---|---|---|---|
| 准备金 | $____ | 活期存款 | $____ |
| 贷款 | ____ | | |

c. A 银行新贷出的款项是多少？______美元。

d. 完成这两步以后，该社区的新贷款总量是多少？______美元。

e. $M_1$ 增长多少？______美元。

11. 让我们回到开始（在当地公民存入银行 3000 美元之前）。假设我们研究两家银行的合并资产负债表：

A 银行和 B 银行的合并资产负债表（初期）

| 资　产 | | 负　债 | |
|---|---|---|---|
| 准备金 | $8 000 | 活期存款 | $40 000 |
| 贷款 | $32 000 | | |

记住每个银行最初有 20 000 美元的存款和 4000 美元的储备，存款准备金率是 20%。现在让我们来看看本地公民将 3000 美元存入银行体系所带来的整体影响。在这之后，她的存款导致一轮轮新的贷款和新的存款，在下表列出最终平衡的合并资产负债表：

A 银行和 B 银行的合并资产负债表（初期）

| 资　产 | | 负　债 | |
|---|---|---|---|
| 准备金 | $____ | 活期存款 | $____ |
| 贷款 | ____ | | |

a. 新贷款总的增加量为 $ ____

b. 准备金总的增加量为 $ ____

c. 货币供给总的增加量为 $ ____

d. 准备金增加后货币供给增加了多少倍？____

e. d 问题答案的倒数是什么？把它和法定准备金比率相比较，你发现了什么？

12. Bancoland 所有商业银行的合并资产负债表（单位：十亿美元）如表 9－9 所示。法定准备金比率为存款的 10%。

表 9－9

| 资　产 | | 负　债 | |
|---|---|---|---|
| 准备金（存款、联邦储备及银行库存现金） | $30 | 活期存款 | $100 |
| 贷款 | $70 | | |

a. 这些银行有（0 美元/50 亿美元/100 亿美元/150 亿美元/200 亿美元/300 亿美元）的超额准备金。

b. 在表 9－10 中列出这些银行利用所有超额准备金扩大贷款之后的资产负债表。假定所有新贷款仍存为活期存款。

表 9－10

| 资　产 | | 负　债 | |
|---|---|---|---|
| 准备金 | $____ | 活期存款 | $____ |
| 贷款 | ____ | | |

## D. 股票市场

13. 在股票市场中，保证金购买操作过程如下：你想买入当前以每股 40 美元价格销售的 XYZ 股票。你预期 XYZ 每股会升到 50 美元或更高。若你手中有 1 000 美元现金，只可以买到 25 股（不考虑经纪人佣金和其他附加的购买成本）。但若有 25% 的保证金要求，你就可以购买更多股。你可以从经纪人那里或通过经纪人从银行或其他贷款机构借入 3 000 美元。

a. 这笔借款加上你自己的现金可买入（**25/50/100/200**）股。

b. 当然，你必须对该贷款提供担保，但你可以提供价值（**1 000 美元/3 000 美元/4 000 美元**）的

XYZ 股票作为担保，这些股票足以作为 3 000 美元贷款的担保而被接受。

若 XYZ 股票的确升至 50 美元，你卖掉了股票，归还了贷款的本金和利息之后，就可以把其他利润留为己有，你很高兴上了一堂经济学课程；但相反，若 XYZ 股票跌至 40 美元以下，比如每股 35 美元，那么你就会接到经纪人的电话，说银行“需要更多的保证金”，因为你所提供的作为担保资产的价值已经下跌了。

c. 具体而言，如果 XYZ 股票的市场价格是 35 美元，那么此时你的投资将值（**2 500 美元/3 000 美元/3 500 美元/3 750 美元**）。

d. 若保证金要求仍为 25%，并且假设你仍用股票作为抵押，那么你现在最多可以借到（**2 525 美元/2 625 美元/2 725 美元/2 825 美元**）。

e. 你必须提供更多的保证金，否则就得偿还部分贷款。追加的数额为（**375 美元/400 美元/425 美元/450 美元**）。如果你不照做，那么银行将把你作为抵押的 XYZ 股票卖掉。假如以接近 30 美元的价格出售，出售总款项可抵补你的贷款。让你回味和深思的是，你本应该在冒险进入股票市场前，细读本书第 1 章以外的内容。

f. 请注意，与保证金购买有密切关系的市场具有不稳定性。若价格开始下降，就会形成一轮（**进一步卖出的浪潮/进一步买入的浪潮**），因为借款者无法提供更多的保证金，贷款者会卖出借款者的抵押来保证不受损失。这样会使股价进一步下跌。

14. a. “牛市”是预期股票价格将要（**上升/下降**）的市场，因此大多数持有现金的人倾向于（**买入/不买入**）股票；大多数持有股票的人倾向于（**继续持有/卖出**）股票。这种预期的结果一般会使价格（**上升/下跌**）。

b. “熊市”是预期股票价格将要（**上升/下降**）的市场，因此大多数持有现金的人倾向于（**买入/不买入**）股票；大多数持有股票的人倾向于（**继续持有/卖出**）股票。这种预期的结果一般会使价格（**上升/下跌**）。

15. 假定你决定买入一家利润突然变得很高的公司的股票。这家公司刚刚推出一种出乎意料旺销的产品，或者刚刚开发出一项可大大降低成本和提高竞争力的新技术，或者在其得克萨斯的工厂下面发现了一片大油田。

a. 无论在哪一种情况下，你都会被这支股票所吸引，因为这家公司的未来收益将大大（**高于/低于**）原先所预期的水平。

b. 你和其他投资者将会（**买入/卖出**）这家公司的股票。

c. 另一方面，已持有该公司股票的人将会（**卖出/继续持有**）该公司的股份，因为他们预期该股票价值不久就会（**升值/贬值**）。

d. 结果是该股票价格迅速（**上升/下跌**）——对最初市场出清价格下的（**较高/较低/不变**）需求和（**较高/较低/不变**）供给的反应。当你在市场上发现有些人愿意出售你想要的股票时，那么这一价格已经包含了你所预期的最新公布的获利能力可能带来的价值增值。

e. 有效市场假说意味着在你购买股票之前，可预测事件的影响已经包含在股票价格之中。因此，你要做的就是预测不可预测的事件。如果你在股票市场投资，并接受这一假说，那么你应该（选择下列一项或几项）：

（1）集中购买少量股票。

（2）买入分散的股票组合。

（3）不断变换你的投资组合——经常交易。

（4）保持你的投资组合——不经常交易。

## 八、讨论题

回答下列问题，并解释你这样回答的原因。

1. 萨缪尔森和诺德豪斯写道，以物易物体系“操作起来还是极不方便的”。简要讨论一下货币经济的优势。
2. 信用卡是货币吗？它们能作为交换媒介吗？请解释。
3. 解释货币的交易需求与资产需求的区别。
4. 什么叫金融中介？它们执行何种职能？
5. 在实际生活中，哪些情况会减缓货币创造过程，并减小货币供给乘数规模？
6. 简要解释有效市场理论。对这一观点的反对意见是什么？
7. 解释投机泡沫一词的意思。它在市场上创造何种动力？
8. 仔细说明股票价格指数中包含了什么信息。美国最常见的两种指数是什么？
9. 你为什么要分散你的投资组合？
10. 为什么央行行长极其关注流动性陷阱？

## 九、答案

### 三、关键概念复习

| | |
|---|---|
| 5 | 物物交换 |
| 6 | 金融中介机构 |
| 10 | 货币传导机制 |
| 8 | 商品货币 |
| 2 | 银行货币 |
| 9 | 法定货币 |
| 13 | 随机游走 |
| 1 | 流动性 |
| 7 | 准备金 |
| 3 | 银行存款的成倍扩张 |
| 21 | 交易需求 |
| 11 | 资产需求 |
| 23 | 风险规避 |
| 20 | 资产负债表 |
| 12 | 核算单位 |
| 15 | 银行挤兑 |
| 22 | 熊市 |
| 17 | 牛市 |
| 14 | 保证金购买 |
| 16 | 投机泡沫 |
| 18 | 股票价格指数 |
| 19 | 有效市场理论 |

### 六、选择题

1. E 2. E 3. A 4. B 5. E 6. B 7. A
8. C 9. E 10. A 11. E 12. A 13. D 14. D
15. B 16. E 17. A 18. E 19. B 20. B 21. D
22. E 23. D 24. D 25. E 26. C 27. D 28. D
29. C 30. C 31. E 32. B

### 七、解答题

1. a. 货币市场
   b. 金融中介机构
2. a. 债券市场
   b. 转移资源，管理风险，集中和分散基金，票据交换。
   c. 货币，储蓄账户，政府证券，股权，金融衍生品，养老基金
3. a. 商品货币
   b. 法定货币，所有私人和所有公共
4. a. 增加
   b. 上升
5. a. (a)
   b. (c)
   c. (d)(由于名义 GDP 下降)
   d. (b)
   e. (b)
   f. (d)
   g. (d)
6. a.

**表 9-1**

| 资产 | | 负债 | |
|---|---|---|---|
| 准备金 | $8 000 | 活期存款 | $40 000 |
| 贷款 | 32 000 | | |

   b. $42 000
7. a.

**表 9-2**

| 资产 | | 负债 | |
|---|---|---|---|
| 准备金 | $8 500 | 活期存款 | $40 500 |
| 贷款 | 32 000 | | |

   b.

**表 9-3**

| 资产 | | 负债 | |
|---|---|---|---|
| 准备金 | $8 500 | 活期存款 | $39 500 |
| 贷款 | 31 000 | | |

   c. 可以。假设没有其他变化，货币供应量 $M_1$ 下降 1000 美元。然而，银行现在可以贷款给别人。
8. a.

**表 9-4 银行A或B银行B**

| 资产 | | 负债 | |
|---|---|---|---|
| 准备金 | $4 000 | 活期存款 | $20 000 |
| 贷款 | 16 000 | | |

   b. $42 000

9. a.

表 9-5 B 银行

| 资 产 | | 负 债 | |
|---|---|---|---|
| 准备金 | $7 000 | 活期存款 | $23 000 |
| 贷款 | 16 000 | | |

b.

表 9-6 银行 B 发放贷款后

| 资 产 | | 负 债 | |
|---|---|---|---|
| 准备金 | $4 600 | 活期存款 | $23 000 |
| 贷款 | 18 400 | | |

c. $2 400

10. a.

表 9-7

| 资 产 | | 负 债 | |
|---|---|---|---|
| 准备金 | $6 400 | 活期存款 | $22 400 |
| 贷款 | 16 000 | | |

b.

表 9-8

| 资 产 | | 负 债 | |
|---|---|---|---|
| 准备金 | $4 480 | 活期存款 | $22 400 |
| 贷款 | 17 920 | | |

c. $1 920

d. $4320 = $2400 + $1920

e. $5400 = $3000 + $ $2400

11.

A 银行和 B 银行的合并资产负债表（初期）

| 资 产 | | 负 债 | |
|---|---|---|---|
| 准备金 | $11 000 | 活期存款 | $55 000 |
| 贷款 | 44 000 | | |

a. $12 000

b. $3 000

c. $15 000

d. 5

e. 1/5 或 20%，这是存款准备金率。因此，经济学家是指存款准备金率作为货币乘数的倒数。

12. a. $20

b.

9-10

| 资 产 | | 负 债 | |
|---|---|---|---|
| 准备金 | $30 | 活期存款 | $300 |
| 贷款 | 270 | | |

13. a. 100

b. 3 000 美元

c. 3 500 美元

d. 2 625 美元

e. 375 美元

f. 进一步卖出的浪潮

14. a. 上升，买入，继续持有，上升

b. 下降，不买入，卖出，下跌

15. a. 高于

b. 买入

c. 继续持有，升值

d. 上升，较高，较低

e. （2）和（4）

## 八、讨论题

1. 在货币经济中，经济活动的节奏大大加快。一旦有了普遍接受的货币，人们可以把更多的时间用于生产，而花费较少的时间寻找贸易伙伴。
2. 信用卡是债务——借贷的一种形式。你答应在稍后的日期（例如，当你的信用卡账单会通过邮件在 30 天之内到达）支付您的购买。
3. 当人们为了购买商品和服务而以货币形式持有某些财富时，指的便是货币的交易需求。多数金融分析家建议，人们应该将其财富分散，变成风险程度不同、类型不同的资产。虽然以现金形式持有的财富几乎没有什么利息，但这也可以算是一种比较理想的价值贮藏形式并且没有任何风险。以货币形式持有的财富流动性好，可以使人们对金融市场的变化迅速做出反应。随着市场条件的改善和新的投资机会的出现，拥有流动资产的个人可以充分利用新的机会。
4. 中介就像一个中间人。金融中介（FI）利用储户的货币进行贷款或投资。其他人可以用这两种方式使用货

币，并向金融中介支付利息。金融中介机构从利息中拿出一部分来抵消费用，并（希望）获利，然后把剩余部分作为利息付给储户。例如，银行可以用存款进行贷款活动，养老基金可以用于长期和低风险的投资。

5. 在货币创造过程中，一些新货币将以现金形式被持有，以备交易之用。银行获得新存款后才能创造货币。若持有较多的货币用于交易，不存入银行，这将会减慢货币创造的过程。假如人们囤积货币，既不花费也不存款，货币创造过程也将减慢。最后，假如货币因为对外贸易和国际旅游而流出本国，货币创造过程也将减缓。
6. 有效市场理论指出，一种股票的价格会反映市场关于该种股票的全部信息。所有新信息能被市场参与者迅速理解，并迅速反映到市场价格中。市场的确会对新闻和意外事件做出反应，但这些是属于无法预测的事件。

萨缪尔森和诺德豪斯对有效市场理论提出了4点批评意见：（a）如果每个人都相信这一理论，并假设市场会对变化进行自我调节，那么交易动机将不存在或很小。若每个人都以这种方式行事，则市场将是无效率的。（b）头脑敏捷、行动迅速的人，或能得到较好建议的人会比其他人赚更多的钱。（c）有效市场理论无法对1987年股市崩盘做出解释。（d）有效市场理论只对单个股票适用，而无法对整个股市波动做出解释。

7. 若股票价格的上升是建立在希望和梦想的基础上而不是建立在公司盈利能力增加的信息之上时，就会产生投机泡沫。只要其他投资者看到价格在上升并想从中获利，他们就会买入股票，那么市场就会继续膨胀。在达到某一点时，投资者们会意识到股票市场及他们所购买的股票被高估了，因此将争相抛售以免被套牢。于是泡沫破灭了！
8. 股票价格指数是一组股票价格的加权平均数，人们用这些指数来追踪股票市场的变化趋势。道－琼斯工业股票指数反映30个大型工业企业的股价变化趋势，而标准普尔500指数反映美国500家最大公司的股价变化趋势。
9. 多样化可以产生相同的回报，但同时可以降低风险。
10. 流动性陷阱经常伴随低利率，这时，银行会持有超额准备金而不想贷出，信贷紧缩，经济难以走出低迷。

# 第10章

# 货币政策与经济

## 一、概述

本章重点探讨宏观经济稳定政策中必不可少的一个部分，即货币政策。中央银行是实施货币政策的主要机构，本章一开始就详细分析了中央银行制度方面的内容。在美国，中央银行指的就是联邦储备系统（简称“联储”）。本章还简要介绍了中央银行的主要货币政策工具以及中央银行怎样实施其货币政策，并进一步详细讨论了“货币传导机制”（即货币政策影响产出变化、就业和通货膨胀的方式）。掌握货币传导机制对于理解联储怎样影响美国经济和世界经济这一点至关重要。本章的内容也适用于其它国家的货币体系和货币政策的实施。此外，本章还说明了怎样利用 AS－AD 模型来分析货币政策传导机制。

本章结尾部分则是关于货币经济学的若干应用等问题。其中之一是货币主义。货币主义是宏观经济学中一个特殊的学术流派。另一个问题是货币政策在开放经济条件下的运作，也即货币政策如何通过影响汇率和贸易而发挥作用。

## 二、学习目标

在你读完教材第10章并完成本书相应的习题后，你将能够做到以下几点。

1. 描述美国联邦储备系统（美联储）的起源和运行结构，密切注意联邦储备理事会和联邦公开市场委员会的作用。
2. 解释联邦储备的主要功能：设定短期利率、稳定金融体系、监督和管理银行体系以及为银行和政府提供服务。
3. 解释联储备的主要政策工具是如何起作用的，例如，**公开市场业务**（open market operation）、贴现率的变化以及法定准备金比率的变化是如何影响货币供给的。
4. 描述联邦基金利率以及它在货币政策实施过程中的作用。
5. 明确货币传导机制以及确定该机制的分析步骤或组成部分。
6. 利用 *AS－AD* 模型解释货币政策怎样影响产出水平和价格水平。
7. 明确货币主义的含义以及货币主义者的思想和凯恩斯主义经济学的差别。
8. 理解“交易方程式”（$MV=PQ$，其中 $V$ 为货币周转率）以及该方程式所体现的关系的重要性和含义。
9. 描述开放经济情况下的货币传导机制以及国际宏观经济之间的联系。
10. 解释浮动汇率制度下减少货币供给会如何降低净出口。

## 三、关键概念复习

在B栏中寻找与A栏中术语相应的解释，并将序号填在术语前边。

| A | B |
|---|---|
| __ 联邦储备理事会 | 1. 表明价格水平和货币存量呈一定比例的方程式。 |
| __ 联邦公开市场委员会 | 2. 名义 GDP 与货币供给量之间的比率。 |
| __ 公开市场业务 | 3. 银行之间相互借贷各自在联储准备金账户上的余缺资金时所支付的一种短期利率。 |

__ 贴现率政策 4. 包括公开市场业务、贴现率和法定准备金。

__ 法定准备金 5. 由7位成员组成的控制美联储的核心团体。

__ 联邦基金利率 6. 货币政策的变化影响产出、就业和价格变化的路径。

__ 利率敏感性 7. 一个关于“货币供给量是短期名义GDP变动和长期价格水平变动的主要决定因素”的观点。

__ 固定汇率 8. 在长期内，货币无力影响实际的或经过通货膨胀调整后的变量。

__ 货币和价格数量论 9. 由12位成员组成的联储决策机构，控制着美联储买卖债券的决策权。

__ 货币主义 10. 改变银行和其他金融机构在存款方面的法定准备金比率的政策。

__ 货币传导机制 11. 支出的各个组成部分对利率变化的敏感性。

__ 货币收入周转率 12. 设定银行从美联储借取准备金的利率水平。

__ 货币中性 13. 货币的价值不随市场情况波动，而是以特定的比率盯住某一（国外）货币。

__ 美联储的政策工具 14. 美联储买卖政府债券——现代货币政策中最重要也是最常用的工具。

## 四、小结与本章提纲

本部分对教材第10章的关键概念进行总结。

### A. 中央银行和联邦储备系统

1. 美国的货币政策由联邦储备系统的理事会制定。美联储根据该理事会做出的决策，控制贴现率（美联储对从其贴现窗口借款的银行收取的利率）、公开市场业务（通过公开市场委员会）和法定准备金（确定了货币乘数的最大基准）。

   美联储通过改变贴现率来阐明自己的立场，较高的（较低的）贴现率意味着较紧的（较松的）货币政策。美联储在公开市场业务中购买（出售）政府证券，可以把资金从美联储转到银行系统（或者相反），这样可以增加（减少）准备金的数量，从而启动影响总需求的机制。联邦公开市场委员会（FOMC）每年开会数次制定货币政策；而位于纽约（进行公开市场业务的地方）的联邦储备银行则执行联邦公开市场委员会的指令。
2. 联储的资产包括所持有的美国政府证券（债券）。这些证券可用来进行公开市场业务（联储在公开市场上买卖这些证券）。联储的负债包括公众持有的通货以及商业银行存储在联储的准备金。商业银行有义务将其存款的一部分作为准备金（商业银行持有的准备金一部分库存在银行，另一部分存储在联储）。
3. 从本质上讲，货币政策是使借款更容易或更困难的一种政策，这一难易程度随着条件的变化而变化。借款人之所以借款是为了支出。因此，如果借款的数量能够得到控制，那么支出的总量同样也可以得到控制。随着支出数量的变化，国内生产总值也会发生变化。整个可以得到的借款总量可以由美国的中央银行——联邦储备系统——来控制。美联储对借款总量有极其重要的影响，这是因为美联储能够控制商业银行的准备金。
4. 本章论述的货币经济学的原理同样适用于其他国家。但是，在不同的货币体系中会存在一定的差异。例如，不同国家的中央银行可能以不同的方式执行货币政策：有些国家明确地以通货膨胀率为目标，还有一些国家则将货币总量作为目标。此外，中央银行的独立性在不同的国家也有所差异。在有些国家，政治家和立法者对中央银行有很强的影响；而在有些国家（例如美国），中央银行却是一个独立机构，只是与政府管理者保持协调协商关系，最终还是依据自身对经济情况的判断以及自身的责任去做出自己的决策。研究表明，在那些中央银行独立于政治影响的国家，其通货膨胀率通常都趋于较低的水平。
5. 美国联邦储备有着追求稳定的低通货膨胀率和健康的实体经济的双重责任。联储具有四大主要职能：以短期利率为中心制定货币政策、保持金融体系稳定、监督和管理银行机构以及为政府和银行体系提供金融服务。
6. 联邦基金利率是银行之间为达到准备金要求而相互隔夜借贷时支付的利率，也就是那些具有超额准备金的银行借贷给那些准备金不足的银行时收取的利率。联储便通过影响联邦基金利率来制定货币政策。联储利用公开市场业务、贴现窗口和改变法定准备金这三大政策工具对联邦基金利率施加影响。联邦基金利率的均衡值由银行准备金的供给和需求二者共同决定。在其他因素保持不变的情况下，银行准备金供给的增加（减少）会导致联邦基金利率的下降（上升）。

**B. 货币传导机制**

1. 货币政策的变化影响产出、就业、增长和价格的过程称为**货币传导机制**（money transmission mechanism）。这一过程的步骤总结如下：
   a. 联储基于自身目标和经济状况选择利率目标值（例如联邦基金利率的目标值）。然后采取措施（利用三大政策工具中的一种，例如公开市场业务）改变银行准备金的供给。
   b. 银行准备金每变化 1 美元就会引起银行存款数量的成倍（通过货币乘数）变化，进而引起货币供给的变化。
   c. 货币供给的变化将会改变资产价格、其他利率和信贷条件。这些变化和其他可预测的政策变化依次影响整个长期利率格局。
   d. 利率的变化影响对利率敏感的支出，尤其是投资，但也影响消费行为、耐用消费品的购买、政府支出和净出口。所有这些都是总需求的组成部分。
   e. 总需求的变化最终将影响产出和收入、就业、经济增长和通货膨胀。
2. 例如，如果联储降低联邦基金利率的目标值，那么这将导致一连串事件的发生：投资受到刺激，进而增加总支出。在总供给既定的情况下，总支出的增加会导致总产出和价格水平的上升。然而，从长期来看，当经济位于或接近充分就业时，总支出的增加主要转化为更高的价格。充分就业时，总供给是固定不变的（技术和诸如资本和劳动等资源既定的条件下），因此支出的增加对总产出的增加几乎没有影响。在开放经济条件下，低利率也会导致资本外流，原因是投资者会寻求利率较高的对外投资。由于投资者为了购买国外金融资产而会卖掉（或摆脱）本国货币而购买外国货币，这就会导致本国货币（例如美元）的贬值。但是，美元贬值会促进净出口的增加，因而进一步强化货币政策对总需求的刺激作用。
3. 从长远观点来看，货币供给的变化导致名义价值成比例的变化是可能的，但没有带来产出和就业等实际变量的变化。这就是所谓的**货币的中性**（neutrality of money）。“货币的中性”不是一个普遍规律（不像需求规律那样），它可能会被经济中未来发生的事件所改变。

**C. 货币经济学的应用**

1. 货币主义认为，短期内货币供给是名义 GDP 的主要决定因素，而在长期内则是价格水平的主要决定因素；而凯恩斯主义则认为，货币和其他变量都能够影响总需求。
2. 交易方程式（$MV \equiv PQ$）将经济中名义 GDP（交易的总价值）和货币供给联系在一起。重新整理该方程式可得到货币收入周转率。货币收入周转率是每一单位美元在一年中平均被用于购买商品和服务的次数：

$$V \equiv \frac{PQ}{M}$$

   该周转率取决于人们收入和支出在时间选择上的基本类型。如果定期地给予人们收入以及人们均匀地安排支出，那么周转率将会是稳定的。
3. 只要 $V$ 稳定以及产出 $Q$ 位于充分就业水平，那么货币供给量和价格水平之间会存在紧密的联系。因此，致力于稳定的货币供给量增长的国家将会实现价格的稳定；反之，那些货币政策反复无常的国家将会出现价格水平波动的局面。交易方程式表明从长期看货币是中性的：名义产出与货币供给量成比例变动，实际变量（实际产出和就业）独立于货币供给量。
4. 控制货币供给增长速度曾帮助过一些经济体控制通货膨胀。在美国，最近一段高通货膨胀的时期发生在 20 世纪 70 年代末。在被称为“货币主义者的实验”这段时期里，联储主席经由稳定银行准备金和货币供给等方式以推行紧缩的货币政策，使经济摆脱通货膨胀的困扰。
5. 然而近些年来，周转率 V 已经不再稳定，从而使人们对货币供给量和名义产出之间的紧密联系（控制其中一个的增长就能顺利地控制另一个的增长）产生了质疑。有趣的是，恰恰是致力于控制通货膨胀的货币政策导致高利率，而高利率在鼓励那些旨在应对时艰的精明的（货币市场基金、衍生品等）金融创新。这些创新导致金融和其他市场交易的模式发生变化，结果是货币收入周转率变得不稳定或日无法预测。因此，联储只好又回归追求利率目标值的战略，而不再坚持货币总量。

6. 在开放经济情况下，国家通过货物和服务的国际贸易以及资本和金融资产的流动而相互联系。货币政策能够作用于这种联系。通过影响利率，货币政策能影响国际资本流动，进而影响汇率。货币价值的变化影响不同国家购买货物和服务的意愿。因此，货币政策最终影响全球的贸易。
7. 紧缩的货币政策导致较高的国内利率。较高的国内利率吸引国外投资者购买美国资产以获得较高的回报率。为了购买美国资产（例如债券），国外投资者增加了对美元的需求，进而导致美元升值。然而，美元升值使美国出口产品变得更贵（不过进口更便宜），从而导致净出口下降。从这个意义上说，紧缩货币会减少净出口，进而减少对美国产出的总需求，最终的均衡值为更低的价格水平和产出水平。

## 五、学习提示

1. 美国的中央银行，或者叫联邦储备系统，通常简称为**美联储**（the Fed）。其在美国经济中的重要作用是无需夸大的，而经济学或金融学领域以外的人则很少了解美联储的重要作用。
2. 萨缪尔森和诺德豪斯在本章中多次提到美联储企图影响经济的实际变量或实际效果。“实际”一词在这里指经过通货膨胀调整后的产出、就业和增长。（回忆一下，经济增长通常以实际指标来衡量。）
3. 美联储是银行的银行。它持有银行的存款（被称为银行准备金）并向外贷款（以贴现率为利率）。向商业银行申请贷款的客户可以在任何需要的时候申请贷款，与此不同，商业银行只是在它们陷入严重的金融困境时才向美联储申请贷款，所以人们通常称美联储为“最后的贷款者”。
4. 公开市场购买意味着美联储买入债券并注入准备金。货币供给将增加。公开市场出售意味着美联储卖出债券并提取准备金，此时货币供给将减少或至少其增加速度会减慢。
5. 国库券、政府债券、政府证券等实际上可以根据我们的目的互相交换使用。它们都是美联储为了控制货币供给而拥有的买进和卖出的工具。美联储之所以使用这些政府债券，是因为这些债券数量较大并且风险相对为零。美联储和其他大多数金融机构大量持有这种债券的不同组合。
6. 美联储并不经常改变法定准备金比率，不是因为这一工具没有作用，而恰恰是因为其作用太大了！改变法定准备金比率所产生的作用是相当大的，尤其是提高其比率的作用更大。如果美联储突然提高法定准备金比率，许多银行将会出现准备金短缺。银行在一般情况下是可以相互贷放多余准备金的，但遇到这种情况，只有极少数的银行（如果有的话）会有超额的可供贷放准备金——实际上它们都期望借入准备金，从而利率趋于上升。美联储更喜欢以微妙的方式实施货币政策，美联储始终都与经销不同种类政府债券的机构进行买卖证券的交易，其中大部分交易的目的在于稳定货币供给。美联储很少采取政策措施。在一天中想获知美联储对于债券市场的态度是不可能的。然而，仍然有许多人花费大量的时间和精力关注美联储的动态，并试图得到有关货币政策变动的最新内幕消息。
7. 商业银行不只是为了证明它们对银行系统有信心才在美联储存款的，而是由于法律的要求。法律规定商业银行必须对客户的存款留有准备金，而在美联储存款是持有大部分准备金的最便利的方式。主要原因在于商业银行之间每天都有不断的账户结算业务，而这一业务可以由联邦储备银行执行和操作。银行自有的“库存现金”也可以算做一部分准备金，但准备金必须采取下列两种形式之一：在美联储的存款或银行手中持有的现金。
8. 如果美联储在开始执行紧缩货币的公开市场业务时，商业银行恰好有超额准备金，那么这一做法只是吸收掉了部分超额准备金。银行不会因为准备金不足而产生压力去减少存款和贷款。美联储必须继续其公开市场业务的操作，直到商业银行确实感到压力为止。规定高额法定准备金的目的就是不希望这种情况发生，因为这样，美联储就可以假定商业银行将会在接近法定准备金要求的范围内开展业务。

## 六、选择题

下列问题按照教材中的顺序安排，从各选项中选出一个最佳答案。

### A. 中央银行和联邦储备系统

1. “公开市场业务”具体指：
   a. 商业银行对商业企业和消费者的贷款。
   b. 美联储对商业银行的贷款。

c. 商业银行贷款总量的变化所引起的利率变化。

d. 旨在使会员银行活期存款总量增加或减少的美联储的业务。

e. 美联储买入或卖出政府证券。

2. 美联储资产负债表中的主要资产是：

a. 现金、银行存款和政府存款。

b. 联邦储备货币和贷款。

c. 现金、银行存款和贷款。

d. 现金、贷款和政府证券。

e. 联邦储备货币和会员银行存款。

3. 下列哪一个组合是联邦储备系统在日常业务中所使用的货币政策工具（不包括在特殊情况下使用的工具）：

a. 贴现率政策、控制股票保证金要求、道义劝说。

b. 道义劝说和改变法定准备金比率。

c. 公开市场业务和改变贴现率。

d. 贴现率政策和法定准备金比率。

e. 公开市场业务、改变法定准备金比率、对消费信贷和抵押贷款进行选择性的控制。

4. 由企业和公众持有的全部联邦储备货币在其资产负债表上：

a. 作为负债项目，因为这些货币属于美联储的借据（IOUs）。

b. 作为资产项目，因为这些货币属于货币供给的一部分，也就是说它们是现金。

c. 作为负债项目，因为这些货币是储备金的一部分，即它们代表商业银行的存款。

d. 属于资本账户的项目，因为其代表联邦储备体系中可以融资的货币。

e. 不属于资产负债表中的项目——只有不被企业和公众持有的货币才出现在资产负债表中。

5. 如果联邦储备系统提高贴现率，作为一般性政策的手段之一，其主要目的是：

a. 降低商业银行准备金的总量。

b. 增加公众收入中的储蓄量。

c. 鼓励商业银行增加在美联储的存款。

d. 增加商业银行准备金的总量。

e. 以上选项都不是。

6. 假定联邦储备系统开始操作公开市场业务，从公众手中大规模购买债券，那么第5题中的哪一个选项正确：

a. 降低商业银行准备金的总量。

b. 增加公众收入中的储蓄量。

c. 鼓励商业银行增加在美联储的存款。

d. 增加商业银行准备金的总量。

e. 以上选项都不是。

7. 如果商业银行在美联储存入20美元的联邦储备货币，那么美联储的资产负债表将如何受到影响？

a. 资产项目中的“贴现和贷款”将增加。

b. 负债项目中的“商业银行活期存款”将减少。

c. 资产项目中的“美国政府证券”将增加。

d. 负债项目中的“联邦储备券”将增加。

e. 以上选项都不是。

8. 作为一种货币政策工具，降低贴现率的政策效果有限的一个原因是：

a. 美联储虽然可以增加公众持有的货币数量，但不能强迫公众消费掉这些货币，而这些货币正是增加GDP所必需的。

b. 美联储一旦不得不改变贴现率，就不再具有像以前那样的调控力了。

c. 美联储无法控制贴现借款的数量，因为只有在银行选择这么做时才向美联储寻求贷款。

d. 降低贴现率的政策效果可能会被成员银行持有的准备金增加所抵消。

e. 降低贴现率将会使股票和债券的价格下跌。

9. 如果美联储向公众出售大量美国政府证券，其目的是：

a. 增加个人储蓄总量。

b. 减少商业银行对客户的贷款总量。

c. 增加会员银行在美联储的存款。

d. 降低一般利率水平。

e. 增加联邦储备货币在流通中的数量。

10. 如果美联储向公众购买大量的美国政府证券，那么：

a. 以银行准备金存款为形式的联邦储备负债将增加。

b. 商业银行负债项目中的“活期存款”将减少。

c. 由公众持有的货币总量将减少。

d. 美联储资产项目中的“贴现额、贷款和承兑票据”将会增加。

e. 商业银行资产项目中的“贷款和贴现额”将减少。

11. 如果美联储想要限制整个货币供给的增长，那么，下述哪一种情况会使这一任务更难完成：

a. 美联储对于降低商业银行的准备金比率缺少法律手段。

b. 商业银行持有大量的超额准备金。

c. 来自于收入的个人储蓄数额过高。

d. 大量黄金被输出到其他国家。

e. 企业和公众希望买入比手中现有的债券更多的政府债券。

12. 贴现率一词用于货币政策的研究中时，含义为：

a. 当美联储购买政府证券时所规定的价格减让程度。

b. 联邦储备系统对商业银行施加压力的大小，其目的在于使商业银行减少对客户的贷款。

c. 美联储贷款给商业银行时所使用的利率。

d. 为了增加货币供给和提高 GDP 水平，美联储所采取行动的力度的大小。

e. 以上选项都不是。

13. 现今，美联储主要通过设定下面哪项短期目标值来实施货币政策？

a. 联邦基金利率

b. 货币供给量

c. 失业率

d. 美元和欧元的汇率

e. 实际 GDP

14. 美国联邦储备系统属于：

a. 政府司法部门的分支。

b. 政府行政部门的分支。

c. 政府立法部门的分支。

d. 政府协调部门的分支。

e. 以上选项都不是。

15. 联邦储备系统的目标包括：

a. 经济增长。

b. 高就业水平。

c. 物价稳定。

d. 中长期利率适中。

e. 所有以上选项。

16. 以下哪种情况会使美国银行系统有新的储备：

a. 美联储出售资产。

b. 美联储购买资产。

c. 总需求增加。

d. 个人以硬币或现金形式持有更多的钱。

e. 以上都不是。

## B. 货币传导机制

17. 如果美联储试图增加国内生产总值，下列哪一项不是其采取的措施：

a. 增加投资以提高总支出水平。

b. 提高利率促使现金持有者借出资金。

c. 增加银行准备金以鼓励银行增加非现金资产。

d. 增加活期存款。

e. 放松信贷条件。

18. 在 1979 年货币主义者实验中，美联储决定：

a. 重组国外的业务。

b. 主要注重利率变动而不是银行准备金和货币供给的变动。

c. 主要注重银行准备金和货币供给的变动而不是利率的变动。

d. 指示财政部印更多的钞票。

e. 以上选项都不是。

19. 投资需求曲线：

a. 与货币需求曲线平行，利率高会降低投资需求。

b. 精确地描述了实际利率与投资资金需求之间的对应关系。

c. 斜率为负，因为实际利率较高会导致人们放弃新增投资项目。

d. 是货币供给与名义 GDP 变化之间的关键联结点。

e. 所有以上选项。

20. 若美联储计划降低利率，则合理的预期可能是：

a. 刺激投资，因为银行通过贷款可以获得更多的利润。

b. 抑制投资，因为这使借款更缺乏吸引力。

c. 对投资有极小的影响或者根本没有影响，因为美联储降低利率的目的并不是改变投资的数量，而是试图改变证券的价格。

d. 抑制投资，因为这使得放贷更缺乏吸引力。

e. 刺激投资，因为这使借款更具吸引力。

21. 在某些情况下，货币政策对于限制过度支出效果很小，这些情况是：

a. 投资需求曲线极富弹性。

b. 美国境外的美元受到美国高利率的吸引。

c. 货币需求曲线极富弹性。

d. 利率的变化将引起证券的市场价值的变化。

e. 投资支出对信贷的可获得性的变化比对利率的变化反应更强烈。

22. 美联储在公开市场上购买政府债券将会：

a. 提高利率，增加货币供给和国民收入。

b. 提高利率，增加货币供给但降低国民收入。

c. 提高利率，但降低货币供给和国民收入。

d. 降低利率，但增加货币供给和国民收入。

e. 降低利率、货币供给和国民收入。

23. 货币扩张会导致下列哪项连串事情的发生？

a. 利率降低，投资、消费和净出口增加，总需求AD增加，以及价格水平和产出增加。

b. 利率上升，投资、消费和净出口减少，总需求AD减少，以及价格水平和产出下降。

c. 利率降低，投资、消费和净出口增加，总需求AD增加，以及价格水平和产出下降。

d. 利率上升，投资、消费和净出口增加，总需求AD增加，以及价格水平和产出增加。

24. 在长期，货币政策：

a. 更有效，因为AS曲线垂直。

b. 主要影响价格水平，而对实际产出影响很小或者没有影响。

c. 不稳定，原因在于货币需求曲线的移动。

d. 有效性下降，因为工资和价格固定不变。

25. 高利率通常会导致下面哪一项发生？

a. 限制短期利率影响长期利率的范围。

b. 在浮动汇率制度下使货币贬值。

c. 降低资产价格，例如股票、债券和房地产的价格。

d. 刺激对新的住宅和非住宅设备的投资。

**C. 货币经济学的应用**

26. 货币主义者持有下列哪些观点？

a. 政策制定者具有能够对经济进行“微调”而达到想要的通胀水平和失业率的有利条件。

b. 货币供给量是短期名义GDP和长期价格水平的主要决定因素。

c. 财政政策是稳定产出水平和就业率更有效的工具。

d. 货币政策当局应该具有调整货币政策的灵活性，以应对宏观经济的发展。

27. 货币收入周转率是：

a. 货币影响产出的速度。

b. 是通货膨胀的同义词。

c. 在价格发生变化时，为了保持货币持有者的货币需求不变，需要向货币持有者进行价格补偿的收入数量。

d. 用来衡量每一单位美元在一年中平均被用于购买商品和服务的次数。

28. 货币收入周转率可由下列哪项决定？

a. 货币供给量乘以实际GDP。

b. 名义GDP除以实际货币供给量。

c. 利率除以货币供给量。

d. 货币需求乘以名义GDP除以通货膨胀率。

29. 为了得出“货币供给量的稳定增加会导致稳定的价格水平”的论断，下列那一项假设至关重要？

a. 经济充分就业，货币收入周转率稳定

b. 通货膨胀率等于世界平均水平值，经济接近充分就业

c. 商业银行没有持有过量的准备金

d. 名义GDP必须等于经济中的货币数量

30. 在过去二十多年，下列哪些因素对货币主义构成了挑战？

a. 恶性通货膨胀没有被阻止。

b. 通货膨胀普遍为一种货币现象。

c. 实际GDP快速增长。

d. 货币周转率不再稳定。

31. 过去二十多年，名义GDP和货币供给量为什么不再趋于步调一致？

a. 货币需求变得更具利率敏感性。

b. 财政政策被用来将名义GDP稳定在一个固定的目标值附近。

c. 二十年前的高利率引发新的金融行业和金融创新的产生。

d. 商业银行频繁借取资金用来满足准备金要求。

32. 在考虑开放经济情况下的货币传导机制时，下列哪项是重要的新因素？

a. 各国通货膨胀率相同。

b. 一国中央银行必须与其它国家的中央银行在利率和货币供给方面保持协调。

c. 影响利率的货币政策影响汇率，进而影响净出口。

d. 利率的变化对劳动力的国际流动产生重要影响。

## 七、解答题

下列问题旨在帮助你运用教材中提到的概念。

**A. 中央银行和联邦储备系统**

1. 为了便于说明，假定旨在降低通货膨胀的公开市场业

务伴随着降低整个银行系统的准备金水平同时进行，那么：

a. 结果将是经济中银行货币数量（**扩张/收缩**）。因此可以预见，利率将会（**上升/下降**）；信贷供给也会随之（**收缩/扩张**）。

b. 各企业发现对一项新投资进行融资变的（**更加容易/更加困难**）。人们感到（**更富有/更贫困**），因此将（**增加/减少**）消费支出，等等。

c. 一般来说，总需求将会（**上升/下降**），从而推动GDP（**上升/下降**），并促使价格（**上升/下降**）和/或失业（**上升/下降**）。

第2～6题是与美联储和商业银行资产负债表有关的货币政策的操作问题。在这些题中，假定每个银行都把其全部活期存款（属于客户）中至少10%提出作为银行准备金。商业银行的准备金总额为其在美联储的存款和库存现金之和。并假设商业银行根据如下比例持有准备金：7.5%为在美联储的存款，2.5%为其自有现金——库存现金。

现在以表10－1中美联储的资产负债表（单位：十亿美元）和表10－2的综合商业银行资产负债表（单位：十亿美元）开始：

**表10－1 美联储资产负债表**

| 资 产 | | 负 债 | |
|---|---|---|---|
| 黄金券 | $10 | 联邦储备货币存款： | $15 |
| 美国政府证券 | 35 | | |
| 贷款 | 5 | 美国国库券 | 5 |
| | | 银行准备金 | 30 |

**表10－2 综合商业银行资产负债表**

| 资 产 | | 负 债 | |
|---|---|---|---|
| 联邦储备存款 | $30 | 活期存款 | $400 |
| 库存现金 | 10 | | |
| 贷款和投资 | 360 | | |

2. 本题概括了美联储在运用货币政策时所使用的主要工具：公开市场业务。假定美联储决定从公众手中购买（原因很快会清楚）政府证券（政府债券）。美联储在债券市场上购买100亿美元短期政府证券（如有必要可出高价购买以保证获得相当的数量），并开出由其付款的支票。美联储购买债券的结果使两个重要账户的总额增加了：

a. 公众现在在商业银行中的活期存款总额增加了100亿美元。

b. 同样，商业银行在美联储的存款增加了100亿美元。

根据表10－1和表10－2中的资产负债表，依据以上所说的变化，在表10－3中填写新的资产负债表。（到此为止，银行既未改变库存的现金量，也未改变其贷款量。）

**表10－3 美联储资产负债表**

| 资 产 | | 负 债 | |
|---|---|---|---|
| 黄金券 | $____ | 联邦储备货币存款： | $____ |
| 美国政府证券 | ____ | 美国国库券 | ____ |
| 贷款 | ____ | 银行准备金 | ____ |

**综合商业银行资产负债表**

| 资 产 | | 负 债 | |
|---|---|---|---|
| 联邦储备存款 | $____ | 活期存款 | $____ |
| 库存现金 | ____ | | |
| 贷款和投资 | ____ | | |

3. a. 商业银行现在（**有超额准备金/超额准备金刚刚被全部贷出/未满足法定准备金要求**）。这意味着为了增加它们的收益，银行（**想要增加/必须减少**）贷款总量。

b. 具体而言，商业银行的准备金总量现在达到了（**100亿美元/200亿美元/300亿美元/400亿美元/500亿美元**），这可以使活期存款最大额达到（**3 000亿美元/3 500亿美元/4 000亿美元/4 500亿美元/5 000亿美元/5 500亿美元/6 000亿美元**）。

4. 在表10－4中，在美联储和综合商业银行充分利用机会增加贷款之后，填写它们各自的资产负债表。请记住，银行在美联储的存款和库存现金都是银行准备金，两者的比率为3:1。银行向美联储提取部分存款可以使手中持有的库存现金增加，假定所提取的存款是以联邦储备货币的形式提取的。

**表 10－4 美联储资产负债表**

| 资 产 | | 负 债 | |
|---|---|---|---|
| 黄金券 | \$____ | 联邦储备货币存款： | \$____ |
| 美国政府证券 | ____ | 美国国库券 | ____ |
| 贷款 | ____ | 银行准备金 | ____ |

**综合商业银行资产负债表**

| 资 产 | | 负 债 | |
|---|---|---|---|
| 联邦储备存款 | \$____ | 活期存款 | \$____ |
| 库存现金 | ____ | | |
| 贷款和投资 | ____ | | |

5. a. 假定银行根据法定准备金比率将贷款增至最大数额，则货币供给将（**增加/减少**），变化数额为（**0美元/200亿美元/400亿美元/600亿美元/800亿美元/1 000亿美元**）。
   b. **你预期这将如何影响国内生产总值的水平？简要解释一下。**
   c. **总之，如果联邦储备系统以买者的身份进入证券市场，其目的将是（增加/抑制）**国内生产总值的水平，这是通过使获得贷款（**更加容易/更加困难**）而实现的。
   d. 这是一种较宽松的货币政策。利率（尤其是银行贷款利率）将会（**上升/下降**）。
6. 若美联储想要减少信贷、抑制国内生产总值的增长，那么它就会采取紧缩的货币政策。它将以与前面操作流程相反的方向开展公开市场业务。
   a. 美联储作为（**买方/卖方**）进入证券市场。如果有必要的话，为了保证（**购买/出售**）政府证券，美联储可以接受比以前的市场价格水平（**更高/更低**）的价格水平。
   b. 这些证券的购买者（保险公司、商业企业、其他金融机构甚至个人）通过开出其商业银行账户的支票来付款。美联储则向有关商业银行出示这些支票，并要求通过（**增加/减少**）这些商业银行在美联储的准备金存款来结算。
   c. 当商业银行的准备金减少时，除非有超额准备金，否则必须（**增加/减少**）对客户的贷款。这种紧缩货币的公开市场业务的效果是，商业银行贷款和活期存款总量（**上升/下降**）。

   （如果你愿意的话，可以算出所有具体的细节，即同样以表10－4中的资产负债表开始，美联储出售100亿美元政府证券。请记住，如果银行有比规定的2.5%的库存现金更多的联邦储备货币，那么它可以把多余的部分存入美联储，以增加准备金存款。）
7. 当货币紧缩时，利率通常会（**上升/下降**），这时（在正确的选项字母上画圈）：
   a. 取得借款更加困难，因为所允许的贷款总量可能在减少。
   b. 提供借款的货币总量可能减少。
   c. 所允许的贷款总量实际上可能正在增加，但不如贷款需求增加得快，因此对任一借款者来说，贷款更加难以获得。
8. 美联储在政治上的独立性是一个相当重要的问题。实际上，美联储目前属于政府的（**行政部门/立法部门/司法部门/非单一的部门**）。它直接向（**国会/总统**）报告，并听取（**国会/总统/每个人**）的意见和批评，但对于政策行动方向却由自己做决定。这可以与财政政策相一致，也可以与财政政策不相一致。

**B. 货币传导机制**

9. 图10－1描述了扩张的货币政策的作用，即降低利率和刺激投资（投资是总需求 *AD* 的组成部分）。
   a. 在图10－1（a）中，较高的投资引起实际GDP的上升，这是由于产出最初（**大大低于/大约等于/大大超出**）潜在GDP。
   b. 但在图10－1（b）中，较高的投资只引起名义GDP的增长，因为（**实际GDP/只是价格**）上升。当然，主要还是由于GDP最初（**大大低于/大约等于/大大超出**）潜在GDP。
10. a. 名义利率与实际利率的区别是______
   b. 在长期内，货币供给的减少会引起名义利率（**上升/下降**），即使在短期内名义利率有可能（**上升/下降**）。
   c. 最初，随着货币供给紧缩，（**名义利率/实际利率/名义利率和实际利率都**）将上升，引起投资减少、总需求减少，最终减缓通货膨胀。
   d. 但是，通货膨胀减缓的直接结果是（**名义/实际**）利率下降。这一变化会因名义GDP的增长减慢而得到加强：名义GDP增长减慢引起货币需求曲线（**向右/不/向左**）移动，在较低的名义利率上与一条更平缓的货币供给曲线相交。

图 10 - 1

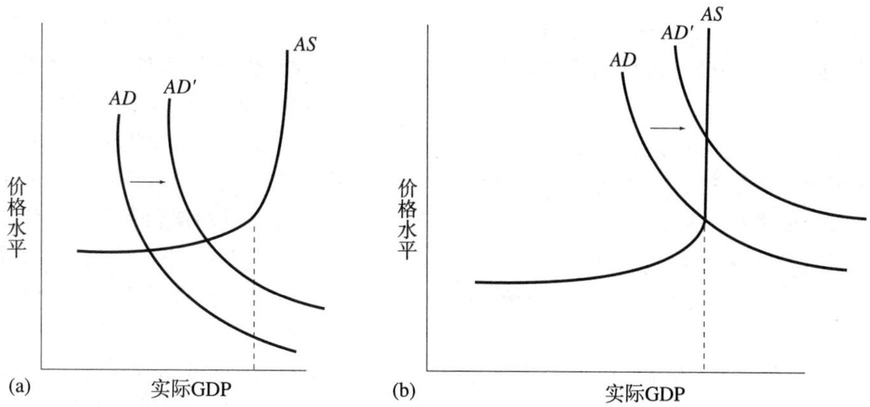


e. 然而，上述方案有一个问题：（**它可能发生得太快，以至于人们跟不上节奏/它可能发生得太慢，以至于无法避免高失业的成本**）。

11. 考虑下面图 10 - 2 所示的宏观经济模型。沿顺时针方向，从左上角出发，依次为银行准备金市场（其中 $S_R$、$D_R$ 分别表示准备金的供给和需求）、投资需求、总收入 - 总支出图表和 AS - AD 图表。令 $r$ 表示联邦基金利率、$I$ 表示投资、$C$ 表示消费、$Q$ 表示产出、$P$ 表示价格水平。假设没有税收、通胀和风险，于是利率等于联邦基金利率。假设政府支出为零。

图 10 - 2

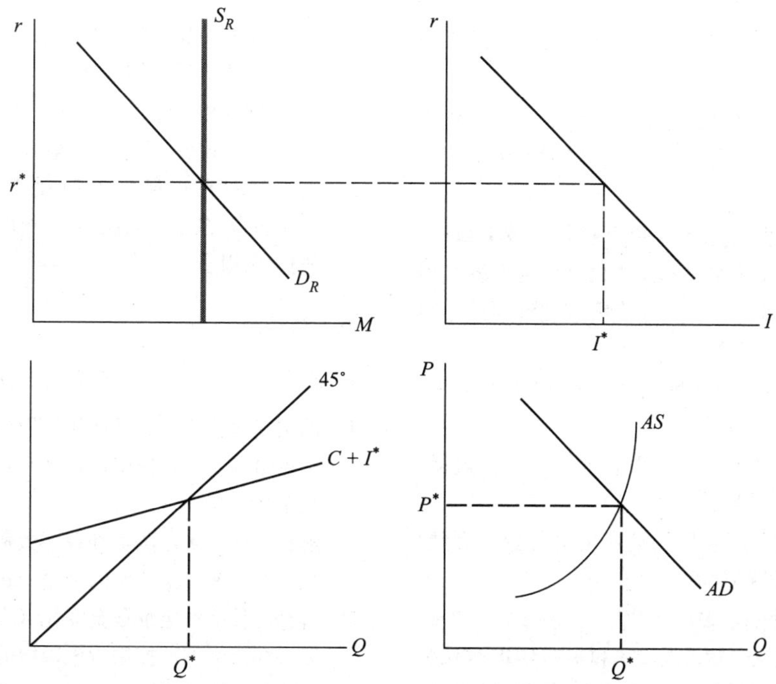

a. 假设经济在短期水平的状态下运行，并进一步假设存在对通胀压力的担忧。现在美联储决定提高联邦基金利率的目标值。那么，联储应当采取下列哪项措施才能够实现上述目标？**在公开市场上出售政府证券，还是在公开市场上购买政府证券**？

b. 在银行准备金市场上，下列哪些情况会发生？**供给曲线向左移动？供给曲线向右移动？需求曲线向左移动？需求曲线向右移动？**

c. 投资支出因此（**增加/减少**）。

d. 总支出（**增加/减少**），其变化量（**大于/小于/等于**）投资的变化量。

e. 均衡 GDP 会（**更高/更低/不变**），而价格水平会（**更高/更低/不变**）。

f. 如果经济运行在长期水平的状态下（即充分就业），那么结果将与 e 中的结果有何不同？

**C. 货币经济学的应用**

12. 考虑货币交易方程式：$MV \equiv PQ$

a. 假设货币供给量为 5 千万美元，实际 GDP 为 1 亿美元，$P=1$，那么货币周转率为多少？

b. 假设货币周转率为 2，货币供给量为 250 亿美元，$P=5$，实际 GDP 为多少？

c. 如果名义 GDP 为 8 千万美元，货币收入周转率为 5，与之相应的货币供给量为多少？

d. 如果货币收入周转率为常数，经济处于充分就业状态，那么，当货币供给量翻倍时，价格水平将怎样变化？

e. 如果货币供给量为常数，货币收入周转率稳定，那么经济中的价格水平和总支出之间为何种类型的关系？在宏观经济学中还有哪些经济变量之间的关系也属于这个类型？

f. 严格的货币主义者认为财政政策能够影响总需求：**正确/错误**。

g. 严格的货币主义者认为货币政策能够在（**短期/长期**）影响总需求。

h. 严格的货币主义者认为长期产出由（**货币因素/财政政策/资源和技术**）决定。

13. 记录数量交易方程式：$MV \equiv PQ$。

a. 根据货币数量论，货币周转率和实际 GDP 被认为是（**按照同比例变化/固定不变的/按照不同的比例变化**）。结果是，按照这一理论，货币供给的任何变化都会立即体现在（**价格/产出/投资**）中。

b. 尽管这是对（**衰退/恶性通货膨胀/高流通**）的合理解释，但是对近 30 年货币周转率一直处于（**攀升态势/下降态势**）的经济，以及在货币主义者的实验 1979 ~ 1982 年的大部分时间里，货币周转率的多变性难以做出令人满意的解释。

14. 抛开原始的货币数量论不谈，现代的货币主义者们运用稳定的货币周转率和货币数量理论来阐述他们的观点，其核心就在于 $V$ 的大致稳定性。货币主义者们的第 1 个命题就是：货币供给在短期内决定名义 GDP。

a. 如果短期内 $V$ 是固定的，那么按照货币数量方程，货币供给的任何变化都将引起（**名义/实际**）GDP（**同比例的/逐渐的**）变动。

他们的第 2 个命题是，在长期内，货币供给决定价格。

b. 这一论点来自于货币数量论以及货币主义者（**保守的政治观点/相信工资和价格对于市场的变化具备反应能力/相信货币周转率按比例变化**）。尤其是，市场出清将使实际 GDP 处于其（**潜在水平/名义水平/次优水平**），因此，货币数量方程拥有（1/2/3）个常量，即________。

由此可见，货币供给的任何变化，都直接地反映为价格的同比例变化。

同样地，现代货币主义的数量理论依然排除了财政政策改变 GDP 的有效性。道理很简单，数量方程中不存在政府支出和税收的影响。财政政策的唯一职能就在于，它决定了公共部门和私人部门之间的支出组合。

## 八、讨论题

回答下列问题，并解释你这样回答的原因。

1. 用文字解释美联储是如何使用公开市场业务来控制货币供给的，不要使用任何数字或资产负债表——只用文字。
2. 解释为什么确定法定准备金数额高于银行愿意持有的准备金数额是美联储的利益所在。
3. 解释为什么法定准备金变化（尤其是增加准备金）的后果如此强烈？控制货币供给的更好方法是什么？
4. 美联储是否过于独立？从正、反两个方面讨论这个问题。

5. 讨论货币政策对于经济以及货币中性的长期影响。
6. 在浮动汇率制度下，小国开放经济体的中央银行实施货币政策时需要考虑哪些因素？

## 九、答案

### 三、关键概念复习

| | |
|---|---|
| 5 | 联邦储备理事会 |
| 9 | 联邦公开市场委员会 |
| 14 | 公开市场业务 |
| 12 | 贴现率政策 |
| 10 | 法定准备金政策 |
| 3 | 联邦基金利率 |
| 11 | 利率敏感性 |
| 13 | 固定汇率 |
| 1 | 货币和价格数量论 |
| 7 | 货币主义 |
| 6 | 货币传导机制 |
| 2 | 货币收入周转率 |
| 8 | 货币的中性 |
| 4 | 美联储的政策工具 |

### 六、选择题

1. E　2. D　3. C　4. A　5. A　6. D　7. E　8. C　9. B　10. A　11. B　12. C　13. A　14. E　15. E　16. B　17. B　18. C　19. E　20. E　21. C　22. D　23. A　24. B　25. C　26. B　27. D　28. B　29. A　30. D　31. C　32. C

### 七、解答题

1. a. 收缩，上升，收缩
   b. 更加困难，更贫困，减少
   c. 下降，下降，下降，上升
2.

**表10-3　美联储资产负债表**

| 资　产 | | 负　债 | |
|---|---|---|---|
| 黄金券 | $10 | 联邦储备货币 | $15 |
| | | 存款： | |
| 美国政府证券 | 45 | 美国国库券 | 5 |
| 贷款 | 5 | 银行准备金 | 40 |

**综合商业银行资产负债表**

| 资　产 | | 负　债 | |
|---|---|---|---|
| 联邦储备存款 | $40 | 活期存款 | $410 |
| 库存现金 | 10 | | |
| 贷款和投资 | 360 | | |

3. a. 有超额准备金，想要增加
   b. 500亿美元，5 000亿美元
4.

**表10-4　美联储资产负债表**

| 资　产 | | 负　债 | |
|---|---|---|---|
| 黄金券 | $10 | 联邦储备货币 | $17.5 |
| | | 存款： | |
| 美国政府证券 | 45 | 美国国库券 | 5.0 |
| 贷款 | 5 | 银行准备金 | 37.5 |

**综合商业银行资产负债表**

| 资　产 | | 负　债 | |
|---|---|---|---|
| 联邦储备存款 | $37.5 | 活期存款 | $500 |
| 库存现金 | 12.5 | | |
| 贷款和投资 | 450.0 | | |

5. a. 增加，1 000亿美元
   b. 银行贷款增加意味着人们借款和支出更多，国内生产总值将会增加。
   c. 增加，更加容易
   d. 下降
6. a. 卖方，更低，出售
   b. 减少
   c. 减少，下降
7. 上升，所有选项都有可能
8. 非单一部门，国会，每个人

9. a. 大大低于
   b. 只是价格，大约等于
10. a. 通货膨胀率
   b. 下降，上升
   c. 名义利率和实际利率
   d. 名义，向左
   e. 它可能发生得太慢，以至于无法避免高失业的成本。
11. a. 在公开市场上出售政府证券
   b. 供给曲线向左移动
   c. 投资支出减少
   d. 总支出的减少大于投资变化（乘数效应）
   e. 均衡 GDP 和价格水平更低
   f. 如果经济运行在总供给曲线垂直的地方，那么价格水平将会下降，而实际 GDP 或总产出保持不变。
12. a. 2
   b. 100 亿美元
   c. 1600 万美元
   d. 翻倍
   e. 反比，如同总供给曲线
   f. 错误
   g. 短期
   h. 资源和技术
13. a. 固定不变的，价格
   b. 恶性通货膨胀，攀升态势
14. a. 同比例的，名义
   b. 相信工资和价格对于市场的变化具备反应能力，潜在水平，2，潜在实际 GDP 和货币周转率

## 八、讨论题

1. 公开市场业务是指美联储购买和出售美国政府证券或债券。当美联储出售债券时，债券的购买者（银行、企业和个人）通常以支票形式支付。当美联储向债券购买者的商业银行出示支票时，银行活期存款和准备金将会减少。这将削弱该商业银行发放贷款的能力，并最终影响到经济中的其他银行，因为其他银行无法获得第一家银行借款者的存款。

   当美联储买入债券时，它给该体系注入了流动资金或准备金。当债券销售方（不管是谁）把从美联储获得的货币存入银行时，银行发现自己有了超额准备金。这增强了银行发放贷款的能力，货币供给增加。当得到贷款的借款人进行支出时，其他银行也发现自己有了超额准备金，该过程会不断继续下去。
2. 若银行愿意持有的准备金数量比美联储要求的多，就会减弱美联储把准备金作为政策工具的效果。因为商业银行已经有不愿放贷的超额准备金，所以美联储减小法定准备金比率以鼓励贷款的政策收效甚微。同样，美联储提高法定准备金比率以减缓货币创造的政策，也起不了什么作用，因为商业银行的超额准备金已经能满足新的准备金要求了。
3. 当美联储提高法定准备金比率时，许多银行可能会缺少准备金（即使最保守的银行也知道闲置的准备金不会获得利息，所以都尽量把准备金数额保持在法定的最低限度）。当整个银行系统都忙于筹措资金来达到新的准备金比率要求时，几乎找不到愿意发放贷款的人。政策变化的“公布效应”（announcement effect）是强烈的。美联储喜欢以更微妙的方式来采取行动，如公开市场业务，因为它更谨慎并且破坏作用也较小。
4. 支持：联邦储备理事会不是由选举产生的。14 年的任期太长。银行家可能更关心各家银行的利润，而并不关心经济的健康。反对：银行家和经济学家比政治家更有可能管理好货币供给。美联储的独立性可使它免受政治压力，并使货币政策和财政政策保持平衡。
5. 首先，我们应当记住，这里所说的长期可能是几十年。研究结果表明，在长期内，货币供给变化的影响主要以价格水平的变化表现出来。最终，价格、工资和利率都将随货币供给的变化而调整，而对经济中实际产出和就业的影响则很小。
6. 货币政策影响利率，进而影响货币的价值。例如，利率的升高（下降）会使本国货币升值（贬值）。原因如下：较高（较低）的利率会引起资本流入（流出）国内。当资本流入某国时，投资者会增加对该国货币的需求，因此导致该国货币的价值上升；当货币流出该国时，相反的情况便会发生。因此，货币政策会通过如下途径影响净出口：扩张的货币政策使利率降低，进而使本国货币贬值，货币贬值会增加净出口；而紧缩的货币政策则有相反的作用，即减少净出口。

# 第11章

# 经济增长

## 一、概述

迄今为止，我们一直将重点放在与商业周期有关的经济条件的短期及长期变化上。本章则重点讨论了长期经济增长模式及相关的经济总产出水平。我们所用的方法与已经构建的其他模型相似，其目的是为了解释宏观经济的另一个方面。

从定义上看，经济增长是指整个经济的实际产出水平，或者说GDP的变化。没有增长的经济最终会走向停滞或消失。国家间的技术差异是导致他们之间生活水平差异的一个主要因素。本章可分为两个部分：第一部分讨论了与经济增长相关的几个理论及其发展趋势；第二部分重点分析了美国的经济增长。

## 二、学习目标

在你读完教材第11章并完成本书相应的习题后，你将能够做到以下几点：

1. 描述经济增长的4个基本要素。
2. 了解从斯密、马尔萨斯到罗伯特·索洛的**新古典增长模型**（neoclassical growth model）的有关经济增长思想的演进过程。
3. 定义**资本深化**（capital deepening），并解释它为什么会增加劳动力的实际工资，以及为什么会减少资本收益。理解在没有技术变革的条件下，资本收益的减少如何以及为什么使资本深化发展到长期的**稳定状态**（steady state）。
4. 解释**技术变革**（technological change）如何推动要素价格边界向外移动及其原因，并以此阐明如何保持相对较高的资本收益——即使在资本深化的持续发展使资本—劳动比率上升的时候依然如此。
5. 简要总结发达国家经济发展的（7个）基本趋势。
6. 理解**增长核算**（growth accounting）的方程式，并用此方法来确定美国人均产出增长的主要源泉。
7. 解释如何将技术变革本身视为经济产出。
8. 理解为什么市场不灵会出现在新技术市场，公共政策应如何（借助研究支持和知识产权）纠正市场不灵。
9. 讨论对于美国生产率增长减速以及随后在20世纪90年代后期增速的解释。

## 三、关键概念复习

在B栏中寻找与A栏中术语相应的解释，并将序号填在术语前边。

| A | B |
|---|---|
| __ 经济增长 | 1. 随着时间的推移，每个工人配置的资本量（或称资本—劳动比率）增加的过程。 |
| __ 社会间接资本 | 2. 并没有对各要素的相对需求或收益产生很大影响的发明或创新。 |
| __ 技术变革 | 3. 对资本需求的减少量比对劳动需求的减少量多，从而使工资比利润增加得更快的发明或创新。 |
| __ 新古典增长模型 | 4. 自然失业率下的实际GDP水平。 |
| __ 资本—劳动比率 | 5. 减少了对劳动的需求，增加了对资本的需求，从而使利润相对于工资上升得更快的发明或创新。 |

__ 资本深化　6. 等于产出增长减去所有投入要素加权平均增长（这是技术变革的另一种表达方式，但是不要将这一数值等同于技术变革的概念）。

__ 总产出函数　7. 一国实际的潜在 GDP 或产出的扩张。

__ 长期稳定状态　8. 资本品的美元总值除以工人的数量，或者是每个工人的资本配置量。

__ 劳动节约型创新　9. 一种区分不同因素对增长趋势所起的不同作用的方法。

__ 资本节约型创新　10. 变革生产过程或引进新产品，使在投入组合不变的情况下能得到更多的或质量更高的产出。

__ 中性的发明　11. 假定技术不变条件下的一种长期均衡状态，在这种状态下，资本深化停止了，而且资本收益、实际工资和利率也是不变的。

__ 增长核算　12. 由政府部门所承担的投资，目的是为新兴的私人产业部门提供基础设施。

__ 全要素生产率　13. 投入两种要素——资本和劳动，并只生产一种均质产品的模型。

__ 潜在 GDP　14. 将国民总产出与技术和一个国家的总投入联系起来。

## 四、小结与本章提纲

本部分对教材第 11 章的关键概念进行总结。

### A. 经济增长理论

1. 经济增长考察的是人们的生活水平显著提高、资本存量增长的过程。这些主题并不只是学术上的老生常谈。比如，当政策制定者和经济理论学家们思考近年来美国生产率增长减速的原因，寻求使经济复苏的“药方”时，了解经济增长就显得很重要了。如果我们想帮助发展中国家提高其国民的福利水平，也需要对此有所了解。毫无疑问，经济增长是一国在长期内取得经济成就的一个最重要的因素。
2. 第 11 章无疑是从长期的角度来分析问题的，这些分析初看起来比其他章节要复杂一些。以下说明也许对你的理解有所帮助：大多数经济增长模型几乎完全是用生产要素边际生产率递减与技术变革的相互作用来解释的。生产的三大要素——人力资源（或劳动）、自然资源（或土地）、资本——以及技术是经济增长的 4 个主要因素。

   总生产函数把国民总产出和经济的所有投入及技术联系起来，其数学表达式为：

$$Q = AF(K, L, R)$$

   这里，$Q$ 表示以 GDP 表示的国民产出，$A$ 表示经济中的技术水平，$K$、$L$、$R$ 分别表示投入的资本、劳动和自然资源。生产函数本身简单地指出国民产出是投入要素组合的某种函数，技术水平起到一个权数的作用。
3. 边际生产率递减与技术相互作用的每个阶段都会影响收入在劳动与资本之间的分配。随着经济的增长，投入要素之间的比例会发生变化，理解这一点非常重要。此外，即使所有投入的供给都在增加，只要其增加的比例不一样，边际收益递减规律就仍然适用。
4. 考虑只有两种投入（资本和劳动）的生产函数。为了研究增长，我们可以把增长比较缓慢（通常被认为是发达国家的劳动）的投入看做（相对）固定的投入，而把另一种投入看做（相对）可变投入。由于可变投入（在这个简单例子中指的是资本）的报酬取决于它的边际产品，当资本供给相对于劳动有所增加时，资本的边际产品就会下降，所以边际收益递减使资本所有者的福利受损。事实上，在极端情况下，边际收益递减会使资本的边际产品为零，从而使资本的竞争性收益也趋于零。当然，这种情况发生的可能性不大，投资者很可能会在零收益出现之前就停止增加资本存量。

   早期（即工业革命前）关于经济增长的讨论也是以两种投入为基础的，不过那时土地被认为是固定要素，劳动才是可变要素。由于强调边际收益递减，像马尔萨斯那样的经济学家必然会得出这样的结论：劳动的未来是黯淡的。

   在近期的讨论中，劳动一直被视为固定投入，资本则成为可变投入（因为资本存量的增长快于人口的增长）。这又是另一种情形了，资本看起来将成为边际收益递减规律的受害者，不过资本手中还有“一张牌”——技术进步。

边际收益递减规律使资本所有者的收入持续下降，但技术进步能或多或少地抵消这一影响。

**图 11-1 经由资本深化的经济增长**

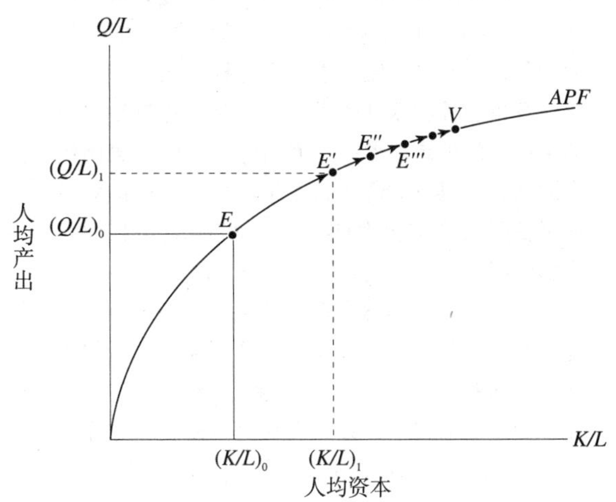


**图 11-2 技术进步使生产函数曲线向上移动**

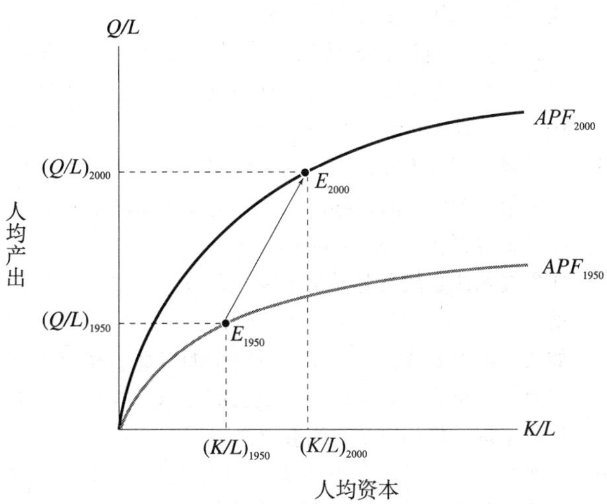


5. 在资本存量比劳动力增长得更快时，就会产生**资本深化**（capital deepening）。在其他要素不变的情况下，资本深化揭示了为什么总生产函数（APF）曲线的斜率为正（虽然斜率不断减小），见宏观教材分册中的图11-3，在这里为图11-1。当**技术**（technology）变革发生时，整个*APF*曲线将发生移动，见宏观教材分册中的图11-4，在这里为图11-2。资本和技术是**新古典增长模型**（neoclassical growth model）的两个基本组成部分。

6. 目前的经济增长理论认为，技术变革本身就是经济体系的一种产出。更新一些的经济模型已开始研究私人市场和公共政策是如何促进技术进步的，而不是单纯的把技术假设为一个“给定的”或确定的外生变量（处于经济体系之外）。

技术变革的许多方面也可以被看做公共品或非相克性物品。新技术的研究是很昂贵的，但复制起来却很廉价。更进一步说，当一种新技术被研究出来之后，许多人和生产者可以同时使用和分享，而不会使之耗竭。技术的这些公共品属性表明，单凭私人市场，会造成技术生产不足，政府或公共机构必须更多地参与到技术开发之中。

**B. 美国经济增长的模式**

1. 统计资料表明，自1900年以来，美国经济增长遵循以下模式：
   a. 劳动力与就业的年增长率持续低于资本的年增长率，即所谓的资本深化。
   b. 本世纪的大部分时间里，劳动力的实际工资增加了。
   c. 劳动报酬占GDP的份额仅略微有所上升，近20年则几乎保持不变。
   d. 利润率和实际利率有较大的波动，但没有呈现出明显的上升或下降趋势。
   e. 1990年以来，资本—产出比率实际上下降了。
   f. 储蓄率和投资—产出比在绝大部分时间里是稳定不变的，但自1980年以来国民储蓄率的急剧下降除外。
   g. 国民产出年均增长率约为3.3%。三种投入（*K*、*L*、*R*）的年增长率的加权平均低于3%。这表明技术（或其他因素）在经济增长中扮演着重要角色

2. 下面我们为学过**增长核算理论**（growth - accounting approach）的同学列出方程（1）和方程（2）的解释。萨缪尔森和诺德豪斯从下面这个方程开始：

$$(1)\ Q\text{ 增长的\%} = 0.75 \times (L\text{ 增长的\%}) + 0.25 \times (K\text{ 增长的\%}) + T.C.$$

0.75和0.25分别表示劳动和资本对经济增长的相对贡献。

从方程（1）到方程（2）有许多中间步骤。首

先，在方程左右两边同时减去 $L$ 增长的%。由于方程（1）右边原有 $0.75\times$（$L$ 增长的%），因此还剩下 $-0.25\times$（$L$ 增长的%），于是得到：

$$\text{(1a)}\ Q\text{ 增长的\%}-L\text{ 增长的\%}=0.25\times(K\text{ 增长的\%})-0.25\times(L\text{ 增长的\%})+T.C.$$

方程（1a）右边的资本增长和劳动增长两项有相同的系数0.25，因此可以进行合并，得：

$$\text{(1b)}\ Q\text{ 增长的\%}-L\text{ 增长的\%}=0.25\times(K\text{ 增长的\%}-L\text{ 增长的\%})+T.C.$$

最后，当你在计算百分比变化且要将两项相减时，可以先把它们变成百分比或分数，然后再计算百分比变化。

例如，令：

$$Q_1=100,\ Q_2=105$$
$$L_1=200,\ L_2=202$$

$Q$ 的变化率为5%，$L$ 的变化率为1%。因此，我们可以这样写：

$$Q\text{ 增长的\%}-L\text{ 增长的\%}=5\%-1\%=4\%$$

我们也可以将上面两个变量写成产出—劳动比的形式，然后计算这一比率的百分比变化。

$$(Q/L)_1=100/200=0.5000$$
$$(Q/L)_2=105/202=0.5198$$

这个比率的变化率为3.96%。（如果变化很小，或是以变化区域的中间值而不是初始值为基数，两个答案将完全相同。）

这样，我们得到萨缪尔森和诺德豪斯的第二个方程：

$$\text{(2)}\ Q/L\text{ 增长的\%}=0.25\times(K/L\text{ 增长的\%})+T.C.$$

美国的产出增长约有60%可归功于资本和劳动的增加，其余的主要是依赖于技术和与之相关的一些因素，包括研究与开发、创新、规模经济、科学进步以及教育。

3. 与1948～1973年这一期间相比，美国从1973年到20世纪90年代初的生产率增长显著滑坡。对**生产率增长减速**（productivity slowdown）这一现象还没有一个明确的解释，不过自上世纪70年代初以来，研究者已渐渐把注意力集中于以下几个因素：越来越严厉的环境管制、能源价格的急剧上涨、劳动力素质的下降、研究与开发经费过多地分配给国防和空间技术（与其他工业国相比）等等，这些都被认为是造成生产率增长减速的原因。

但是，20世纪90年代末期，美国劳动生产率显著提高。经济学家们试图将此归因于计算机应用的增加，在20世纪的最后几年里，劳动生产率回到了六七十年代的水平。经济学家将这种增长的一半归因于对计算机硬件和软件的投资，以及计算机自身所带来的生产率的提高。另一半据估计是归因于美国经济的强劲增长，以及对通货膨胀指数更加准确的计量，对通货膨胀的高估会因此降低（就GDP增长而言，通货膨胀越低，产出的实际增长就越高）。

计算机和资本深化除了对生产率产生作用之外，也还有一些其他的未被计量出的效果。现行的生产率统计数据并没有完全体现“新经济”创新（如互联网、无线通信技术）在让交易更为便捷等方面的贡献（如提高交易效率或曰节约寻找贸易伙伴的时间）。

## 五、学习提示

1. 先前我们提到的经济增长总是用实际数量表示。增长通常还可以用一定时期的百分比表示。
2. 当经济学家讨论**稳定状态**（steady state）时，总是假设技术水平保持不变，记住这一点。只要技术不断变化，经济就不可能处于稳定状态。
3. 其他要素保持不变，当我们沿着图11－1所示的总生产函数（*APF*）曲线移动时，人均资本量增加了，这就是**资本深化**（capital deepening）。
4. 如果技术或自然资源发生了变化，*APF* 曲线会发生移动。
5. 如果一种发明或创新是资本节约型的，那么相对于资本而言，企业会对劳动力有更大的需求。相应地，支付的工资数额相对于利润会上升。
6. 古典的经济学研究方法包括了18世纪和19世纪形成的绝大部分经济思想。当时的经济学家并不认为自己是“古典学派”——这只是我们现在对他们的称呼。他们的一些思想在今天仍然非常中肯有力。

新古典模型是古典思想的现代（20世纪）改良版。

## 六、选择题

下列问题按照教材中的顺序安排，从各选项中选出一个最佳答案。

**A. 经济增长理论**

1. 假定农产品生产只需要两种投入：劳动和土地。可供耕种的土地数量是固定的，劳动数量是可变的。那么，为了增加产出数量而增加劳动数量，边际收益递减规律就会起作用，而且：
   a. 劳动—土地比率将上升，而土地—产出比率将下降。
   b. 劳动—土地比率和土地—产出比率都将下降。
   c. 劳动—土地比率和土地—产出比率都将上升。
   d. 劳动—土地比率将下降，而土地—产出比率保持不变。
   e. 劳动—土地比率将上升，而土地—产出比率保持不变。
2. 在简单的劳动价值论中，对产品的需求具有以下作用：
   a. 和在其他理论中一样，它与供给相互作用决定价格。
   b. 在价格决定中，它决定供给，但不能影响生产和消费的数量。
   c. 它决定了生产和消费的数量，但不能影响价格。
   d. 它对价格和生产与消费的数量都没有影响。
   e. 它在决定价格和生产与消费的数量时，决定供给。
3. 迄今为止，美国经济的快速增长、生产率的大幅度提高，可以用多个因素进行解释，其中最重要的一个是：
   a. 资本存量的深化。
   b. 技术变革。
   c. 资本存量的广化。
   d. 运用刺激经济增长的财政政策和货币政策。
   e. 劳动力技能的提高。
4. 如果劳动数量和其他投入基本固定，生产中使用的资本数量增加了，且资本—产出比率为常量，那么：
   a. 资本—劳动比率一定下降了。
   b. 资本价格一定下降了。
   c. 边际收益递减规律一定起作用。
   d. 一定有技术进步。
   e. 总产出一定下降了。
5. 在没有技术变革的情况下，资本深化最终会：
   a. 提高资本—产出比率。
   b. 降低资本—产出比率。
   c. 使产出数量增加，而且增加的数量大于资本增加的数量。
   d. 使产出数量增加，而且增加的比例等于资本增加的比例。
   e. 增加资本所有者在总产出中拥有的份额。
6. “资本深化”的含义是：
   a. 相对于劳动力规模而言的资本存量增加。
   b. 引进体现技术变革的新的资本品。
   c. 生产率或资本的数量两者之一发生了变化，使资本所有者在总产出中拥有的份额增加。
   d. 资本生产率提高，使总的资本存量减少了，或至少没有增加。
   e. 以上选项都不是。
7. 如果资本被认为是唯一可变的投入，那么边际收益递减（没有技术变革）意味着：
   a. 资本所有者在总产出中拥有的份额一定会随着产出的增加而增加。
   b. 资本—产出比率一定会随着产出的增加而下降。
   c. 资本所有者在总产出中拥有的份额一定会随着产出的增加而减少。
   d. 资本—产出比率一定会随着产出的增加而上升。
   e. 根据定义，产出增加时，资本—产出比率保持不变。
8. 如果一国的资本—产出比率即使在资本深化的过程中也不断上升，那么：
   a. 该国资本所有者在总产出中拥有的份额在上升。
   b. 经济还没有达到资本边际收益递减阶段。
   c. 资本的边际实物产品一定已经为零。
   d. 一定存在着技术进步，它使资本的生产率提高了。
   e. 对于资本生产率来说，边际收益递减规律一定在起作用。
9. 在经济学中，“资本形成”是指：
   a. 购买任意新商品。
   b. 净投资。
   c. 借入资金。
   d. 出售任意新股票。
   e. 以上选项都不是。
10. 下列哪一项体现了过度的经济增长带来的负面效应：
    a. 地球气候变暖。
    b. 森林过度砍伐。
    c. 物种灭绝。
    d. 所有以上选项。

e. 只有 a 和 b 正确。

11. 罗伯特·索洛创立的新古典增长模型：
a. 分析潜在产出的增长。
b. 假设经济基本上是竞争性的。
c. 引入资本增长和技术变革，扩充了早期的增长模型。
d. 所有以上选项。
e. 以上选项都不是。

12. 在索洛的新古典增长模型中，技术变革扮演着什么角色：
a. 当不存在资本深化时，技术变革是经济增长最重要的因素。
b. 技术变革并不重要，只有资本深化才是最重要的因素。
c. 如果不存在技术变革，收入和工资的增长最终会停滞。
d. 技术变革在马尔萨斯的模型中显得更重要一些。
e. 技术变革在新古典增长模型中不起作用。

13. 目前的经济增长模型认为技术变革：
a. 不像以前那么重要了。
b. 也许是一个外生变量。
c. 更多地提高了资本生产率而不是劳动生产率。
d. 是经济体系的一种产出。
e. 所有以上选项。

14. 伴随着稳定利润率和技术进步的资本深化必将引起：
a. 更高的资本—产出比。
b. 更低的利率。
c. 更高的工资率。
d. GDP 中劳动的相对份额上升。
e. 资本折旧上升。

15. 为什么技术知识是“非相克的”？
a. 它可以被许多人同时使用而不会减少。
b. 只有垄断者才能提供。
c. 没有竞争者能够生产同样的质量和数量。
d. 知识生产得越多，越容易获得。

16. 政府可以运用什么政策工具来鼓励技术变革？
a. 知识产权。
b. 对基础科学研究的资助。
c. 政府实验室和研究设施。
d. 所有选项都是。

**B. 美国经济增长的模式**

17. 下列哪一项陈述不是关于最近各工业国经济增长的趋势：
a. 国民产出的年均增长率约为 3%。
b. 资本深化。
c. 实际利率上下波动，尤其是在商业周期中。
d. 工资和薪水在国民收入中所占份额下降。
e. 资本—产出比率下降。

18. **生产率减速**可以归因于：
a. 资本存量的下降。
b. 能源价格的上涨。
c. 更严厉的环境管制。
d. 所有以上选项。
e. 只有 b 和 c 正确。

19. 自 1900 年以来，美国的资本存量：
a. 增加了 8 倍，而且边际收益递减规律使资本—产出比率显著降低。
b. 增加了 10 倍，而且边际收益递减规律使资本—产出比率显著提高。
c. 和劳动力以相同的比例增长，因此，边际收益递减规律没有起作用。
d. 增加了 3 倍，而且边际收益递减规律使资本—产出比率显著降低。
e. 增加了 8 倍，虽然存在边际收益递减规律，但资本—产出比率并没有显著提高。

20. 自 1900 年以来，工资和薪水在国民收入中所占份额：
a. 显著增加。
b. 保持不变，仅显示出极轻微的上升趋势。
c. 显著下降，只有在二战期间和二战刚刚结束时除外。
d. 在 1930 年以前，稳定地小幅上升；在 1930 ~ 1945 年期间（不包括二战）保持不变；1945 年以后，显著下降。
e. 以上选项都不是。

21. 根据研究计算机行业的经济学家所做的调查，20 世纪 90 年代后期劳动生产率的增长在多大程度上是由信息技术的产生而带来的：
a. 没有。
b. 几乎为一半。
c. 约为四分之三。
d. 几乎全部。
e. 以上选项都不是。在 20 世纪 90 年代后期，劳动生产率并没有增长。

22. 下列哪一项属于 20 世纪 90 年代后期生产率增长的贡

献因素：

a. 计算机和信息技术的生产率扩张。

b. 计算机软件和硬件上的广泛投资。

c. 价格指数统计方法改进，消除了价格偏差。

d. 1995～1999年美国经济增长强劲。

e. 所有以上选项。

23. 从20世纪和21世纪早期的数据来看，经济发展有许多趋势，这些趋势包括：

a. 实际工资和每小时劳动产出稳步增加。

b. 实际利率没有呈现出什么明显的趋势。

c. 资本—产出比下降。

d. a、b和c正确。

e. 以上都不是。

## 七、解答题

下列问题旨在帮助你运用教材中提到的概念。

### A. 经济增长理论

1. 在最初建立经济理论体系的尝试中（如亚当·斯密的著作中），经济学家讨论问题时，认为生产完全是劳动成本的问题。由于只需考虑一种投入，因此在划分产出时不会发生任何冲突。但不久经济学家们意识到，土地同样是一种生产性投入（马尔萨斯的著作十分强调这一点），而且是一种稀缺的或者说供给有限的投入。此外，虽然人口规模在当时还没有达到相对的极限，但最终还是会达到的。随着"边际收益递减规律"的发现，人们又必须仔细考虑产出在两种投入之间的分配。

a. 在马尔萨斯的收益递减理论中，（**土地/劳动/资本**）是固定投入，（**土地/劳动/资本**）是可变投入。马尔萨斯认为，当劳动人口不断（**增加/减少**）使人均工资下降到最低生存水平时，社会经济将达到"均衡"状态。

b. 这时的人均工资就相当于劳动者的（**边际/总**）产品。支付工资以后，总产品的剩余部分由土地所有者占有。

2. 土地和劳动是马尔萨斯收益递减分析的两个组成部分，其中土地是可变的、不断增加的部分。在现代的经济增长理论中，其组成部分已经发生了变化。

a. （**土地/劳动/资本**）被认为是固定投入，而（**土地/劳动/资本**）是可变投入。当可变投入相对于固定投入有所增加时，经济学家把这一现象称为资本（**广化/深化/维持**）。

如果资本存量（机床和其他类似设备）逐渐增加，到一定时候，总会伴随着某些技术进步的发生，即出现一些不同的更有效率的资本品。不过，为了便于说明问题，我们假设不存在这种技术进步。

b. 如果资本增加，而劳动或人口保持不变——或更一般地说，总资本与总劳动的比率上升——那么，每单位资本的收益将（**增加/减少**），劳动者的工资将（**增加/减少**）。

3. 请再仔细考虑一下第2题中所说的资本深化过程。把可变投入资本记为$K$，固定投入劳动记为$L$，总产出量记为$Q$，假设没有技术进步，那么当$K$相对于$L$增加时，会有如下结果：

a. 资本—劳动比率$K/L$将（**上升/下降**）。

b. 资本—产出比率$K/Q$将（**上升/下降**）。当边际收益递减规律起作用时，可变投入的任何增加都会带来产出$Q$的增加，但$Q$增加的比例（**小于/恰好等于/大于**）$K$增加的比例。

c. 随着$K/L$比率的上升，利率或利润率（每单位$K$的价格）将（**上升/下降**），工资率（$L$的价格）将（**上升/下降**）。

d. 资本所有者在总产出中占有的以分数或百分比表示的份额（**一定增加/可能增加/一定减少**）。

### B. 美国经济增长的模式

4. 过去的一个世纪里，美国的资本存量呈稳定增长趋势，其增长速度要快于人口或劳动力的增长速度。但是，技术进步如何呢？是什么提高了资本的绩效？在第二问中，什么又是明显可以排除在外的？图11-3中（这里的可变投入是人均资本），技术进步使产出曲线从$0P$移动到$0Q$，又从$0Q$移动到$0R$。[$0Q$和$0R$曲线上的第一个黑点表示弯曲的起始点（由此产出线开始变得平缓），即边际收益递减规律从这一点开始起作用。]

a. 因此，虽然$K$在增加，$APF$曲线的移动意味着$K$的边际产量将（**增加/减少**），从而利率或利润率（每单位资本）相对于劳动者的工资率而言将会（**下降/上升**）。

b. 把两种效应（收益递减和技术进步）结合起来，我们会发现资本存量的增加（**提高了/降低了**）总产出。

图 11-3

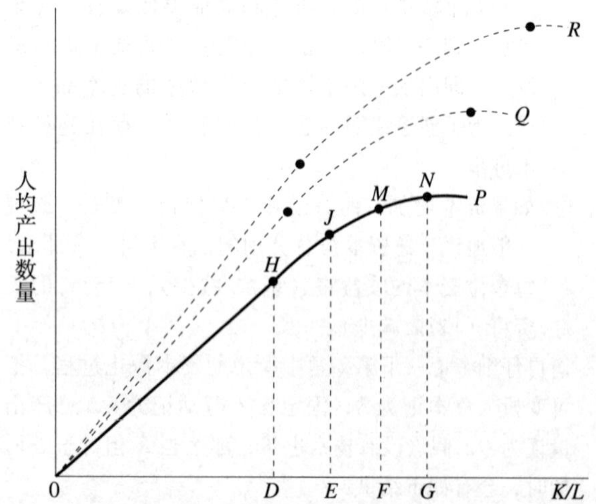


c. 技术进步使总产出（**增加了/减少了**）。资本存量的增加（不考虑技术进步）（**增加了/减少了**）对劳动的需求，因此，我们可以预期，劳动的工资或价格将（**上升/下降**）。

d. 使经济背离这一趋势的是技术进步。它使利率或利润率（**上升/下降**），从而趋向于（**增加/减少**）对劳动力的需求。

5. 以下 a ~ e 概述了美国经济增长的趋势。请参考图 11-4，选出正确答案。

   a. 自 1900 年以来，劳动力数量（**基本保持不变/几乎翻了一番/大约是原来的 3 倍/是原来的 6 倍以上**）。与此同时，资本存量（**基本保持不变/几乎翻了一番/大约是原来的 4 倍/大约增加了 8 倍/是原来的 11 倍以上**）。也就是说，相对于劳动力变化而言，资本存量（**增加/减少**）的因数为（**1/2/3/6**）。因此，（**存在/不存在**）（**轻微的/显著的**）资本深化过程。

   b. 在不考虑技术变革的情况下，如果资本和劳动都增加到原来的 8 倍，那么可以预期，产出将以 8 的因数增长。如果劳动只增加到原来的 3 倍，那么产出将增加到 1900 年价值的 8 倍（**以上/以下**）。

   c. 但事实上，产出约以（**3/8/11**）为因数增长，说明资本存量与年产出的比率一直在（**上升/基本保持不变/轻微下降**）。这与简单的边际收益递减规律（**相符/不相符**），是因为（**边际收益递减规律是错误的/技术变革的影响/劳动力的实际工资上升了**）。

   d. 实际工资（**上升了/下降了/没有表现出明显的上升或下降趋势**）。利率和利润率——“资本价格”——（**上升了/下降了/没有表现出明显的上升或下降趋势**）。

   e. 每工时产出，或 $Q/L$，（**增加了/保持不变/减少了**）。工资率的增长（**明显超过了/几乎等于/落后于**）每工时产出的（**增加/减少**）。

6. 7 个主要经济变量的某种发展趋势是美国和大多数发达国家经济增长的基本特征。请在下面的空格中注明每个变量的变化方向。

   a. 资本—劳动比率__________。

   b. 实际工资__________。

   c. 劳动者报酬在国民收入中所占份额__________。

   d. 实际利率__________。

   e. 资本—产出比率在 1920 ~ 1945 年间__________。之后，自 1950 年以来__________。

   f. 储蓄—产出比率__________。

   g. 产出__________。

7. a. 结合较低的净国外投资水平，趋势 f 暗示着投资—产出比率（**上升了/保持不变/下降了**）。

   b. 趋势 a 和 b（**只有在引入技术变革时/即使没有技术变革也**）与新古典增长模型一致。

   c. 趋势 d 和 e（**依赖于/并不依赖于**）技术变革，因为技术进步并不总是与资本深化结合在一起，并且技术进步带来（**更高的/更低的**）实际利率和（**更高的/更低的**）资本—产出比率。

8. 请按教材中的增长核算程序，完成表 11-1。

表 11-1

| | 例 1 | 例 2 | 例 3 |
|---|---|---|---|
| 劳动增长率（%） | 1 | 0 | 1 |
| 资本增长率（%） | 4 | 4 | 5 |
| 技术变革率（%） | 2 | 2 | 2 |
| 产出增长率（%） | _ | _ | _ |
| 人均产出增长率（%） | _ | _ | _ |

**图 11－4**

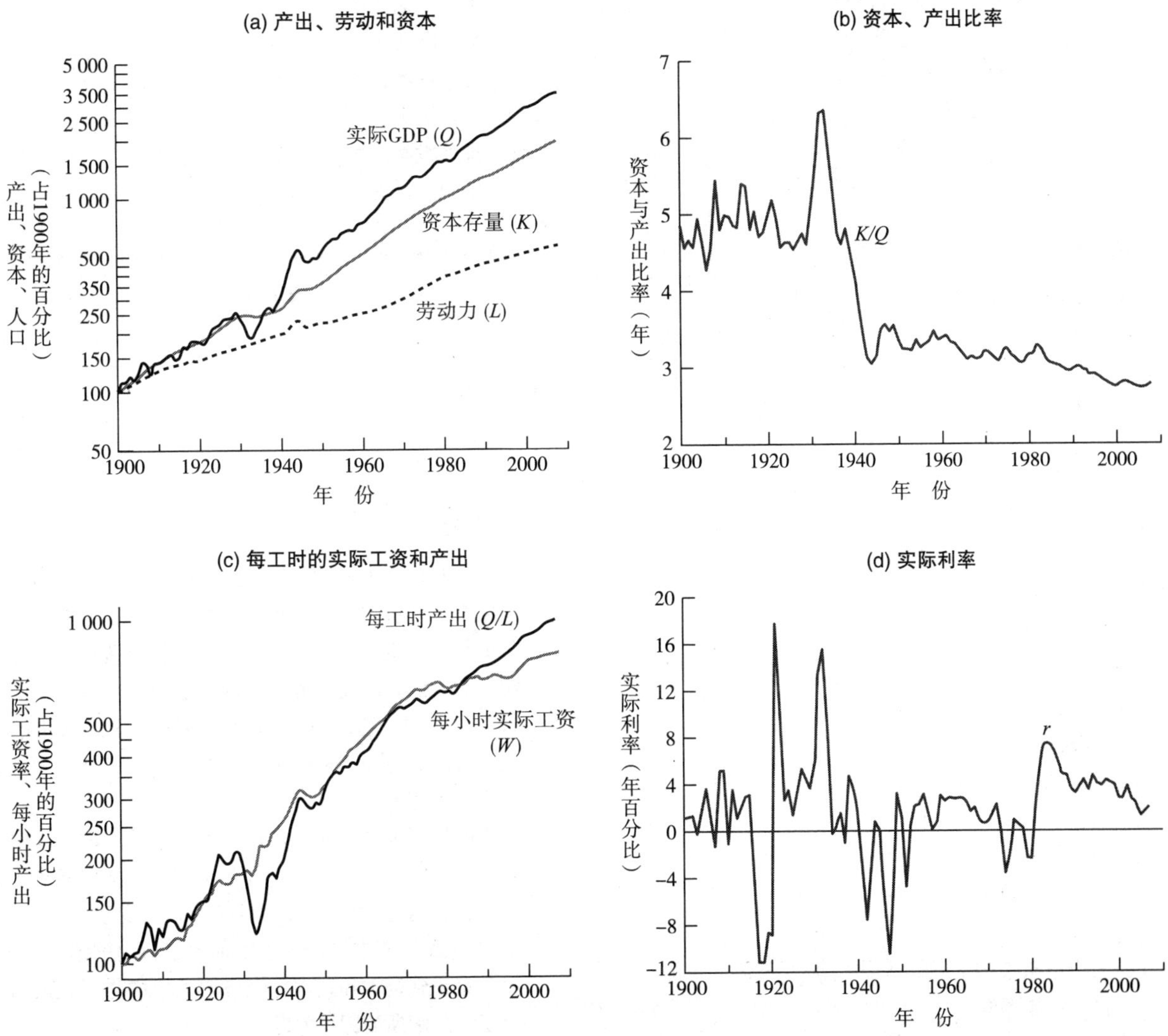


## 八、讨论题

回答下列问题，并解释你这样回答的原因。

1. 请简要叙述斯密和马尔萨斯的经济增长理论。
2. 索洛的新古典增长模型与古典增长理论有什么异同？
3. 请简要说明技术在新古典增长模型中的作用。

## 九、答案

### 三、关键概念复习

| | |
|---|---|
| 7 | 经济增长 |
| 12 | 社会间接资本 |
| 10 | 技术变革 |
| 13 | 新古典增长模型 |
| 8 | 资本—劳动比率 |
| 1 | 资本深化 |

14 总产出函数
11 长期稳定状态
5 劳动节约型创新
3 资本节约型创新
2 中性的发明
9 增长核算
6 全要素生产率
4 潜在 GDP

## 六、选择题

1. A 2. C 3. B 4. D 5. A 6. A 7. D
8. E 9. B 10. D 11. D 12. C 13. D 14. C
15. A 16. D 17. D 18. E 19. E 20. B 21. B
22. E 23. D

## 七、解答题

1. a. 土地，劳动，增加
   b. 边际
2. a. 劳动，资本，深化
   b. 减少，增加
3. a. 上升
   b. 上升，小于
   c. 下降，上升
   d. 一定减少
4. a. 增加，上升
   b. 提高了
   c. 增加了，增加了，上升
   d. 上升，减少
5. a. 大约是原来的 3 倍，大约增加了 8 倍，增加，3，存在，显著的
   b. 以下
   c. 11，轻微下降，不相符，技术变革的影响
   d. 上升了，没有表现出明显的上升或下降趋势
   e. 增加了，几乎等于，增加
6. a. 上升
   b. 上升
   c. 有轻微上升
   d. 没有呈现出任何明显趋势
   e. 下降，保持不变
   f. 保持稳定
   g. 每年约增长 3% ~4%
7. a. 保持稳定
   b. 即使没有技术变革也
   c. 依赖于，更低的，更高的
8.

**表 11－1**

| | 例 1 | 例 2 | 例 3 |
|---|---|---|---|
| 产出增长率（%） | 3.75 | 3.00 | 4.00 |
| 人均产出增长率（%） | 2.75 | 3.00 | 3.00 |

## 八、讨论题

1. 斯密和马尔萨斯都强调土地在经济增长中的重要性。斯密把土地看作丰富的免费资源。因此，所有产出的价值都属于也将回报给劳动力。马尔萨斯指出土地资源是固定的，因此，劳动力的收益最终会减少。随着人口的增加，越来越多的劳动力耕种固定数量的土地，劳动的边际产量必然会下降，工资将被压缩到仅能维持生存的水平。
2. 索洛的模型也是建立在两种投入基础之上的，其中一种为固定投入，另一种为可变投入。但是在索洛的模型中，劳动为固定投入，而资本为可变投入。的确，在 20 世纪，资本增长的速度远快于劳动的增长速度。由于意识到资本和技术在经济增长中的作用，索洛解决了马尔萨斯的困境问题。
3. 技术是新古典增长模型的一个重要组成部分。技术变革意味着用给定数量的资本和劳动可以生产出更多的产出。技术变革抵消了（资本）边际收益递减规律的影响，有助于阻止劳动的实际工资下降。

# 第 12 章

# 经济发展的挑战

## 一、概述

在世界各地，生活水平的不平等现象依然存在。而这种不平等的存在，势必促使人们去思考一系列的与人类 21 世纪的生存紧密相关的问题。首先，这种不平等的根源是什么？其次，发展中国家应采取什么措施去改变它？最后，未来的经济发展将会发生怎样的变化？如果不努力寻找这些问题的答案，世界上贫富国家不断扩大的差距就会引发经济、政治和军事冲突，为全球带来灾难。

本章的第一部分讨论了人口增长和规模的影响，这是许多穷国的主要特点。第二部分分析了经济发展背景下的经济增长问题，第三部分讨论了经济发展的各种模式，其中特别关注于亚洲和东欧经济。我们只有了解了国家间不平等的根源，才有可能采取行动改变它；我们只有找出发展战略中错误的战略，才有可能取得进步。因此，本章的主要目的是，了解经济发展问题的各个层面。

## 二、学习目标

在你读完教材第 12 章并完成本书相应的习题后，你将能够做到以下几点。

1. 讨论为什么马尔萨斯的人口过剩增长理论对人们关于资源使用的观念有如此巨大的影响。解释为什么马尔萨斯的一些悲观的预测没有出现。
2. 讨论发展中国家的人们生活的各个方面。
3. 确定经济发展的 4 个车轮，并解释欠发达国家在将其中任何一个车轮“滚上山”时所面临的问题。
4. 描述不发达所造成的恶性循环，阐明打破此循环的方法。
5. 解释落后假说。
6. 讨论一下经济发展各有关事项的优缺点：（a）工业化与农业；（b）内向型与外向型；（c）国家控制与市场控制。
7. 解释东南亚**新兴工业化**（newly industrialized）国家所采取的方法。
8. 讨论社会主义的几个方面。
9. 了解马克思基本理论的历史背景及其对经济思想发展的贡献。
10. 了解苏联经济从沙皇制度到共产主义再到一个新生的市场经济的经济历史。

## 三、关键概念复习

在 B 栏中寻找与 A 栏中术语相应的解释，并将序号填在术语前边。

| A | B |
|---|---|
| __ 发展中国家 | 1. 受管制的价格被人为地定在市场出清水平之下，这引起了商品短缺。 |
| __ 新兴工业化国家（NIC） | 2. 囊括了多种经济手段，包括民主福利国家的国营工业、放松管制和市场私有化。 |
| __ 人口转型 | 3. 一国试图自给自足，并用本国生产替代进口的发展战略。 |
| __ 人才外流 | 4. 提倡彻底地、迅速地从指令经济向市场经济转轨。 |
| __ 基础设施 | 5. 由国家所有并运营的产业。 |

__ 贫困的恶性循环　6. 相对于其他国家而言，一国越是不发达，它就越有更多的发展优势。

__ 落后假说　7. 与工业化国家相比，某国具有较低的实际人均收入，也称为欠发达国家（LDC）。

__ 进口替代　8. 提倡向市场经济逐渐地、谨慎地转轨。

__ 外向型　9. 由政府机构来决定如何生产，生产什么以及为谁生产。

__ 纯粹的自由市场　10. 从高生产率、高死亡率、人口不断增加到低出生率、低死亡率、人口相对稳定的转变。

__ 亚洲有管理的市场模式　11. 这在产业发展中建立了国家计划的优先权。

__ 社会主义　12. 是"发展中国家"，但它最近一直在显著增长，而且很成功。

__ 指令经济　13. 社会间接资本。

__ 国有产业　14. 中低收入国家中快速增长的经济。

__ 强制工业化　15. 在受管制的经济中，若经营亏损则由政府补贴来弥补，因而不会导致破产。

__ 抑制型通货膨胀　16. 政府极少参与的自由放任的经济。

__软预算约束　17. 将强有力的政府监控同强大的市场力量相结合。

__ 逐步改革法　18. 低收入导致低储蓄率，低储蓄率妨碍资本增长，资本不足又阻碍了生产率的迅速提高，而生产率水平低下又造成收入水平低下，这种循环过程使一国变得贫穷。

__ 休克疗法　19. 一国通过增进效率、提高竞争力、拓展国际市场和激励出口来支付自己所需要的进口品的发展战略。

__ 新兴市场　20. 欠发达国家的人才被吸引到工业化国家接受教育和培训。当他们学成之后并没有回国时，这种情况就会发生。

__ 马尔萨斯人口论　21. 一个变量每期以一个固定的比率增加。

__ 指数增长　22. 认为人口的普遍倾向指数型增长，但农业呈现出算术型增长将导致周期性的饥荒。

## 四、小结与本章提纲

本部分对教材第12章的关键概念进行总结。

### A. 人口增长与经济发展

1. 资源是有限的，但社会的欲望是无限的。马尔萨斯是第一个提出这个基本的经济"生存事实"的人，涉及到土地和自然资源问题。马尔萨斯假定，地球人口过剩将使其最终灭亡，因为人口呈指数增长，但农业只呈算术增长，因此定期饥荒是不可避免的。随着人口的增长，养活每一个人越来越难。因此，有些人会饿死，导致人口回落到可持续生活的水平。

   虽然这一理论引发了一场大辩论，但它也存在固有的缺陷。马尔萨斯没有考虑到技术的重要性，而技术进步导致人们养活自己的能力大大增加。尽管存在这些缺陷，马尔萨斯理论仍对大英帝国的公共政策的性质产生过巨大影响，并且对穷人的同情心极度缺乏。

2. 在人的因素和环境因素之间可以发现一些简单的相关性。首先，污染趋势往往在经济发展的不同阶段之间遵循倒U形曲线。发展初期，污染往往会出现并趋于增加，自给型农业也会为制造所取代；发展后期，污染往往会趋于下降，因为收入增加和生活标准改变了偏好——清洁的自然环境。其次，人类健康与人均收入之间呈现显著的正相关。这让许多人得出了一个结论：要想拥有洁净的生活环境，必须等到社会富裕到足以"买进"才可。

### B. 贫穷国家的经济增长

1. 人力资源、自然资源、资本形成和技术变革是经济发展的四大驱动力。欠发达国家很难同时具备这四大动力。

2. 对劳动力（人力资本）的投资对经济发展至关重要。尽管其他生产要素在必要时可以通过进口获得，但劳动力还是本国培养的。教育、培训、健康和营养对于人力资源和经济的发展都很关键。

联合国提出的人力发展指数（HDI）将四种不同的人口、社会和经济统计数据结合起来，包括：出生时的预期寿命、入学率、成人识字率和人均实际 GDP。大多数国家的 HDI 与人均产出之间都呈很强的正相关关系。

3. 经济发展往往需要国民收入达到临界水平。低于这个水平，收入太低，无法提供足够的储蓄以积累资本。资本是生产的重要投入要素，也是生产率的决定因素。如果生产率低下（或保持较低水平），则收入势必也处于比较低的水平。因此，国民收入都会低于临界水平，乃至下落到贫穷陷阱。欠发达国家的恶性循环是从低储蓄和投资到低资本积累、低生产率和低收入，反过来也是这样。这一循环在很多情况下适用，但它的普遍适用性在国与国之间是不同的，取决于该国的人口、技术、资源和资本基础。
4. **落后假说**（backwardness hypothesis）认为，今天的发展中国家可能比 19 世纪的国家更具优势，就是因为它们能学习并利用发达国家的技术和资源。这里的关键在于，一些国家相对于其他国家而言很落后。随着低收入国家的不断学习和经济增长，我们可以预期各国经济将出现趋同现象。
5. 有很多促进经济发展的战略。有的强调出口商品，有的强调进口竞争品，还有一些战略强调借鉴新的技术。每一种战略都有其优点，但没有哪一种是普遍适用的，尤其是在当今世界，经济的发展必须要谨慎对待环境问题。

### C. 经济发展模式选择

1. 所有的社会都面临着资源稀缺和欲望无限这个基本经济问题。所有的社会必须解决如何生产、生产什么以及为谁生产这三个问题。可采用的经济体制有一个范围，其一端是**市场经济**（market economy），另一端是**指令经济**（command economy）。市场经济基于自愿决策，价格由市场上买方和卖方的相互作用决定。在指令经济中，由政府来决定生产什么、如何生产以及为谁生产。
2. 在最近几十年，东亚一些经济体（日本、韩国、新加坡、中国香港和泰国等）经历了快速的经济增长。它们的成功遵循一些共同线索：
   a. 它们都是市场导向型经济，虽然也存在着不同层面的政府干预。
   b. 它们的投资率高于世界平均水平。
   c. 在每一个经济中，宏观经济政策都试图保持较低的通货膨胀率和较高的投资率。
   d. 每一个经济都是**外向型**（outward-oriented）的。它们一直在鼓励出口，并努力仿效高收入国家的先进技术。
   e. 它们当中有一些经济并非完全依赖于市场，政府还通过一些非市场手段配置资源。政府在确定好发展的战略区域之后，在国内企业中建立内部竞争以刺激竞争并提高效率。
3. 在过去的 10 年，中国经济高速增长。中国政府将经济决策权逐步下放，并建立了几个经济特区，允许设立私有企业和外资企业。
4. 卡尔·马克思（1818－1883 年）指出，所有商品的价值由生产它们的社会必要劳动决定。主要由资本设备生产的商品的价值则源于生产这些资本品的劳动。企业所有者得到的利润被马克思视为“剩余价值”，因为这一部分并没有体现出生产性劳动。随着工业革命的深入，生产向资本密集型方向发展，马克思预言，资本的边际产量和收益率将下降，失业率将上升。随着失业队伍的扩大，到处弥漫着不满情绪，最终工人们将组织起来推翻所有者。但是，这至今没有发生，有一个可能的解释，我们在前一章已经学过——技术进步有助于维持资本的生产率，增加对劳动力的需求以及促进经济增长。
5. 由马克思和其他一些思想家发展起来的社会主义介于市场和中央计划体制之间。社会主义包括一系列经济模式，从国有产业的民主福利国家到市场的放松管制和私有化。但是，大多数社会主义经济还是有一些共同特征的：
   a. 政府对生产性资源拥有所有权。
   b. 协调的计划，而不是“混乱的”市场配置。
   c. 收入再分配。
   d. 通过和平的、渐进式的、民主的演进来控制经济。
6. 苏联大约实行了 70 年的中央计划，但最终还是失败了。研究者还在探讨它解体的原因，但有一点很清楚，苏联的计划者几乎没有将注意力放在消费者身上。相反，他们把注意力集中于军事、太空探索以及某些关键产业。这证明了完全依赖中央集权的、由上至下的决策体系，不可能确定最优生产方法、产品质量以及商品和服务的分配。
7. 从苏联解体出来的大多数国家发现，向市场经济转轨的过程漫长而又痛苦。经济发展的困难到处存在，障碍很多。尽管每一个国家都很独特，但是它们也面临一些共同的经济问题：

a. 所有资源和生产方式必须从政府手中解放出来，转化为私人所有。必须发展股份制公司，创建股票市场，实现银行业和信贷机构现代化并大大拓展业务领域。
b. 价格必须由市场上的供给和需求要素来决定。必须取消政府管制和补贴。
c. 个人要学习基于个人选择如何在市场经济中生存。

## 五、学习提示

1. 工业化国家的公民也许会认为，经济上贫穷的邻国发展缓慢，而且很落后，这犯了一个严重的错误。请记住，GDP 不一定是衡量幸福或福利的准确指标。尽管按照工业化标准，这些国家并不富有，但是它们拥有灿烂的文化、传统和悠久的历史等财富。生活方式或价值观的差异并不一定反映贫穷与否。
2. 发展中国家学习西方国家的技术可能会取得成功，也可能会失败。引进新的生产方法时，必须进行一些变革，以适应本国可获得的资源。如果一国在农业上具有优势，那么努力提高农业生产率比将经济工业化更为有利。
3. 我们将在学习国际贸易时发现，即使是最富裕的国家也可以从与欠发达的贸易伙伴的交易中获益。

## 六、选择题

下列问题按照教材中的顺序安排，从各选项中选出一个最佳答案。

### A. 人口增长与经济发展

1. 马尔萨斯认为
   a. 人口以几何级数增加，而农业生产保持固定。
   b. 人口过剩不足为虑，因为世界的资源是无限的。
   c. 人口以几何级数增加，而农业生产以算术级数增长。
   d. 总人口往往保持固定不变，而农业随着时间的推移以算术级数增加。
   e. 贫困救济必须加以改进，以使饥荒、战争和疾病不会破坏劳动力。
2. 马尔萨斯的论点的主要缺陷是他未能考虑到：
   a. 政府增加对经济的干预。
   b. 技术进步会产生巨大影响。
   c. 政府通过税收和支出实现再分配。
   d. 固定的土地供应导致边际收益递减。
   e. 以上全是。
3. 以下假设普遍被认为是真实的吗？
   a. 人类健康与人均收入高度相关。
   b. 在发展的初期，污染呈下降趋势。
   c. 在发展的后期，污染往往会增加。
   d. 发展对人类健康没有影响。
   e. 一个社会要保持一个良好的环境，最好的办法是：保持贫穷，避免发展。

### B. 贫穷国家的经济增长

4. 在由政府掌握主动权并积极参与的经济发展区域会涉及：
   a. 维持均衡增长。
   b. 促进重工业的发展。
   c. 将必要的资源从优先农业转化为优先工业。
   d. 提供社会间接资本。
   e. 以上选项都不是，因为不存在总是需要政府干预的经济区域。
5. 近年来，许多欠发达国家的人口增长迅速，其主要原因在于：
   a. 由于营养改善，出生率大幅上升。
   b. 在延长老人的寿命方面取得了很大的进展，老人的寿命延长了 5~10 岁。
   c. 婴儿死亡人数和因传染病死亡的人数大幅减少。
   d. 第二次世界大战以后，大量移民涌入这些国家。
   e. 结婚年龄普遍提前，因此出生率大大上升。
6. 下列 5 个选项中有 4 项是关于经济发展的问题，其中哪一个选项不是经济发展的问题：
   a. 当发展中国家增加总产出时，它们通常能合理预期“规模报酬递增”。
   b. 一般而言，单个企业不能承担社会间接资本投资，不管这些项目多么重要。
   c. 创业和创新对于任何一个发展中国家都至关重要。
   d. 对于发展中国家而言，保护进口竞争产业并不一定是明智的。
   e. 在大多数欠发达国家，过度储蓄是一个普遍问题。
7. 当一国发展经济并建立起自己的工业体系时，下列哪一项通常不会发生：

a. 它从其他发达工业化国家的进口越来越少。

b. 它的出口总额趋于上升。

c. 它从其他发达工业化国家的进口越来越多。

d. 它从欠发达国家的进口增加。

e. 它的进口总额趋于上升。

8. “社会间接资本”是指：

a. 在能够从某一特定自然资源获得收益之前所需的货币投资。

b. 通常是由外国来融资。

c. 对于那些有最高净生产率的项目的投资。

d. 必须由国家来筹集资金的项目，而不是由私人企业来筹资。

e. 数量不会随国民产出的增加而变化的资本投资。

9. “社会间接资本”的例子有：

a. 农村电力项目。

b. 由国家筹资建立的医院和学校。

c. 国内交通系统的发展。

d. 所有以上选项。

e. a 和 c 是，但 b 不是。

10. 增长的一个绝对前提是：

a. 收入要超过消费的发展。

b. 为制造业创造大量的剩余劳动力。

c. 发现并开发一些内部经济。

d. 在文化上接受经济行为的自由企业原则。

e. 制造业发展到开始取代农业。

11. 下列 5 个选项中有 4 项是关于经济发展问题的，其中哪一个选项不是经济发展的问题：

a. 在一些欠发达国家，有大量的投资，但它们都投向低优先级的项目，有的甚至不是国家的经济发展所需的。

b. 如果要快速发展经济，大量的社会间接资本是必需的。

c. 从历史上看，在经济取得一些进步之后，常常会随之进行政治改革。

d. 众所周知，大多数欠发达国家拥有大量未开发的自然资源，如果它们能同时拥有有效利用这些资源的资本，其发展就“如虎添翼”了。

e. 在贫穷国家，尤其是在农业国，常常有大量的劳动力无所事事，因为没有事情可做。

12. 欠发达国家的人均收入低于发达国家。在过去的 10 年中，这个差距：

a. 对于“自由企业”的欠发达国家而言，一直在缩小；但对于实行计划经济的欠发达国家来说，这一差距一直在扩大。

b. 几乎无法衡量，因为各国在文化、品位和气候各方面都存在着差异。

c. 明显缩小了，尤其是因为接受了外来援助的项目。

d. 对于那些将投资集中于社会间接资本的国家来说，这一差距一直在缩小。

e. 基本保持稳定，在某些区域这一差距可能在扩大。

13. 人力发展指数：

a. 把经济指标和社会指标结合起来评价人力资源状况。

b. 与人均产出有很强的负相关。

c. 受到经济学家们的批评。

d. 所有以上选项。

e. 以上选项都不是。

14. 一国经济发展的重要因素是什么？

a. 人力资源。

b. 自然资源。

c. 资本形成。

d. 技术。

e. 所有以上选项。

15. 根据许多国家几十年来的经验，发展经济学家得出结论：

a. 政府在建设和维持一个健康的经济环境方面发挥着关键作用。

b. 政府必须保证法律的权威性，保证合同的执行，使其规定有利于竞争和创新。

c. 政府在人力资本投资方面必须发挥领导作用。

d. 政府不应该在经济中发挥任何作用。

e. a、b、c 都是。

## C. 经济发展模式选择

16. 在“纯粹的自由市场”中：

a. 政府拥有完全或绝对的控制权。

b. 所有商品和服务都是免费的。

c. 市场上的消费者有自由选择权，但是由政府来指派工作。

d. 政府在经济中的作用十分有限。

e. 以上选项都不是。

17. “亚洲有管理的市场模式”：
   a. 在中国内地已经得到了成功的运用。
   b. 在各国与共产主义并存。
   c. 是由社会主义发展而来的。
   d. 所有以上选项。
   e. 以上选项都不是。
18. 在社会主义经济中
   a. 工业是国有化的。
   b. 税率比较高且累进率较高。
   c. 自由市场对于国家经济的健康至关重要。
   d. 以上全是。
   e. a 和 b 是，c 不是。
19. 近 50 年来，经济增长最显著的地区发生在：
   a. 西欧。
   b. 北美。
   c. 东亚。
   d. 拉美。
   e. 南美。
20. 投资对于经济增长很重要，因为它：
   a. 可以使企业较少关注当前的生产，将更多的注意力转向新技术的开发和资本的获得。
   b. 吸引外国金融资本。
   c. 鼓励消费者对于新产品的支出。
   d. 增加了用于社会间接资本支持的税收收入。
   e. 使企业间的竞争更加激烈。
21. 中国政府：
   a. 为了鼓励高效和增长，成功地组织了企业间的非市场竞赛。
   b. 在 1989 年后开始改革。
   c. 允许外国企业与国有企业共存。
   d. 与美国之间存在巨额贸易逆差。
   e. 限制了“经济特区”的运行。
22. 马克思的劳动价值论表明：
   a. 所有商品和服务的价值都源于生产它们的劳动。
   b. 工厂所有者获得的利润实际上应属于工人。
   c. 即使在资本设备中也包含有劳动价值。
   d. 所有以上选项。
   e. 只有 a 和 b，c 不是。
23. 对苏联的“软预算约束”的最佳描述是：
   a. 抑制型通货膨胀的一个例子。
   b. 企业的经营亏损由政府补贴来弥补。
   c. 对于无形商品（如服务）的成本限制。
   d. 对经济中除了军事以外的所有部门的预算约束。
   e. 以上选项都不是。
24. 关于前苏联，哪一种说法是最准确的？
   a. 虽然改革是渐进的，大多数俄罗斯公民现在比他们在共产主义经济上更富足。
   b. 与休克疗法相比，渐进改革在前苏联卫星国家效果要好得多。
   c. 比（前）卫星国家，俄罗斯的经济改革更加困难。
   d. 以上所有陈述都是准确的。
   e. 以上陈述都不准确。
25. 在 20 世纪 90 年代东南亚的一些国家，经济出现了衰退，其原因在于：
   a. 经济增长速度放慢。
   b. 一系列的银行危机。
   c. 国际货币基金组织（IMF）给它们贷款的前提是要求它们实行紧缩的货币政策和财政政策。
   d. 所有以上选项。
   e. 只有 a 和 b 正确。
26. 起飞理论在什么情况下会非常有用？
   a. 收入低于一个临界水平，经济的国内生产总值倾向于零。
   b. 收入高于一个临界水平，经济发达，达到高均衡的国内生产总值。
   c. 初始收入低导致的低储蓄率、低资本积累和低生产率。
   d. 较高的初始收入引起足够的储蓄来支撑资本积累，并使生产力提高。
   e. 所有以上选项。

## 七、解答题

下列问题旨在帮助你运用教材中提到的概念。

### A. 人口增长与经济发展

1. 人口过剩是经济学家、社会思想家、环保主义者等都经常关注的话题。近年来，尽管工业化国家、欠发达的非洲和南美洲的许多国家的人口增长都已经放缓，但人口爆炸仍然是一个值得严重关切的问题。
   a. （**亚当斯密/托马斯·马尔萨斯/雷切尔·卡森**）在（1745/1798/1876/1945）发表的《人口原理》一书中发表了一些关于人口增长的早期意见，并提出一个理论，认为人口普遍以（**算术/几何/指数**）趋于增加，而食品供应只呈现（**算术/几何/指数**）的增长。由于（**供求法则/边际效用均等/收益递减规律**），随着社会不断地扩大农产品生产，增产势必变得日益困难。马尔萨斯忽略了一个事实：这不过是一种（**短期/长期**）现象！而且，随着时间的推移，资源的可获得性和技术进步等都将让社会克服上述问题。

b. 关于人口和环境的关系，很难得到普遍适用的结论。随着经济的发展，污染水平的变动似乎遵循着（**U 形曲线/倒 U 形曲线**）。此外，人类健康与人均收入之间呈现（**正/负**）的相关性。

2. 指数增长和复利是经济学的重要工具。下面是一些练习：

a. 假设资源如劳动力以每年 5% 的速度增加。如果今天有 100 个劳动力，那么五年后将会有______。

b. 请注意，a 部分答案（**是/不是**）125。复利的概念意味着，每年 5% 的增加是在上一年劳动力基数基础上的增加。

c. 如果您在五年末必须有 150 人，那么你需要劳动力每年的增长率为多少?。

### B. 贫穷国家的经济增长

3. 世界上欠发达国家的人均收入水平远远低于世界平均水平。而且，伴随着低收入，还存在着人的问题：健康状况较差，文化程度低，住房条件差，饮食较差，失业问题严重等等。本题要求你填出这些问题的量化指标。见表 12 – 1，根据关键指标分析这些国家的情况。

运用表中数据，

a. 确定人均国内生产总值最低和最高的地区。

b. 分别确定人均 GDP 增长率和人口增长率最高和最低的地区。

c. 人口和经济增长之间简单的关系似乎在很大程度上为（正/负）相关。

d. 确定成人文盲率最高和最低的地区。

e. 确定出生时预期寿命最高和最低的地区。

4. 经济学家指出，推动经济发展的 4 大基本要素是：人口、自然资源、资本形成和技术进步。

a. 我们先来看看*自然资源*，下列哪个选项准确描述了关于资源的问题?（两句话可能都不是，可能有一句是，也可能两句都是。）

(1) 很多欠发达国家看起来缺乏资源。它们将如何发展呢?

(2) 很多国家的土地改革是经济发展所必需的，因为个人拥有的土地太少，不能发挥最佳优势。

b. 现在，转向*资本形成*，圈出下列陈述中准确记录发展问题的选项。

(1) 欠发达国家发现为了将资源用于投资活动而进行储蓄（限制消费）太难了。

**表 12 – 1　不同国家的重要指标**

| | 不同国家的重要指标 | | | | | |
|---|---|---|---|---|---|---|
| 地区 | 人口 2006（百万） | 人口增长率（%）2000 ~ 2006 | 人均 GDP（2006 年美元） | GDP 增长率 2000 ~ 2006（% 每年） | 成人文盲率 2006（%） | 人口出生时预期寿命（年） |
| 东亚和太平洋地区 | 1 900 | 0.9 | 6 820 | 7.6 | 9 | 71 |
| 中亚和东欧地区 | 460 | 0 | 9 660 | 5.7 | 2 | 69 |
| 拉丁美洲和加勒比海地区 | 556 | 1.3 | 8 800 | 1.8 | 10 | 73 |
| 中东及北非地区 | 311 | 1.8 | 6 450 | 2.3 | 27 | 70 |
| 南亚地区 | 1 493 | 1.7 | 3 440 | 5.1 | 42 | 63 |
| 撒哈拉以南地区 | 770 | 2.3 | 2 030 | 2.3 | 41 | 47 |

资料来源：World Bank, World Development Report. 更多资料参见课本表 12 – 1。

(2) 在一些欠发达国家，社会风俗就是鼓励富人囤积财富，或把财富用于非生产性消费，而不是进行投资以增加国民产出。

(3) 为了促进发展，很多欠发达国家都效仿发达国家，显著提高了储蓄在收入中的比例。

(4) 在许多贫穷国家，投资支出大多数用于住房建设，一项在发展中并不是最优先的投资形式。

(5) 无论是从绝对的角度还是从相对的角度来讲，发达国家的公民提供的用于投资活动的私人资金数额都高于19世纪的水平；在欠发达国家，则不是这样。

c. 最后，我们来看看反复提到的技术的作用。

(1) 欠发达国家有一个很大的优势，它们可以学习发达国家已有的技术，这比开发一项新的、有时可能很复杂的技术要更加容易。

(2) 发达国家出口先进的“技术”的努力经常不能取得成功。

(3) 一些先进技术是“资本节约型的”，它们可能尤其适合欠发达国家采用。

**图 12-1**

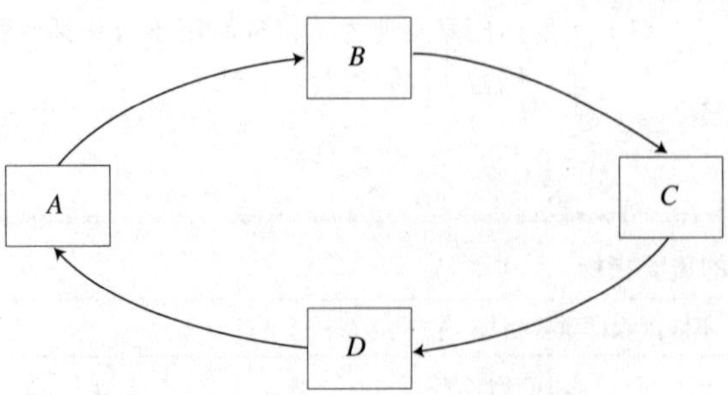


5. 图 12-1 描述的是贫困的恶性循环。指出这4个方框各自代表着什么。C框已经指出了所代表的内容。

A：__________

B：__________

C：低生产率

D：__________

6. a. 任何一个国家如果没有朝气蓬勃的、具有创造性的______，那么高储蓄毫无用处，生产性投资无法形成。

b. 有时人们认为，发达国家在经济衰退中必须解决的一个重复发生的问题就是，储蓄（**过多/过少**），因而消费需求（**过多/不足**）。

c. 相比之下，欠发达国家的问题是储蓄（**过多/过少**），因而消费需求（**过多/不足**）。

7. 一项发展战略要取得成功，它必须要面对并回答至少3个普遍存在的问题。

首先，在促进经济增长时，它是强调工业还是强调农业？

a. 投资于工业也许会提供一些高收入的就业机会，但投资于农业则可以通过（**提高城市工人的生产率/提高农民的生产率，从而把一部分劳动力解放出来投身于工业/生产出大量的农业剩余产品以取代进口品**）来支持工业化。

其次，决定促进出口以依靠全球市场促进增长，还是保护进口竞争产业以支持本国市场经济增长这一点很重要。

b. 应该谨慎考虑第二种选择，因为保护能够（**提高/降低**）本国价格，（**增加/减少**）实际收入，（**刺激/阻碍**）国内外投资。

第三个问题，许多发展中国家凭着占有比较优势的几种产品，就幻想着世界市场时，发现它们的生产过于专业化了，并且非常脆弱。

c. 解决这一难题的关键在于生产（**专业化/多样化**）。

8. 一个欠发达国家正准备实施一项大规模的发展计划，请你对下面 a～c 部分提到的问题发表意见，你会给出什么样的建议呢（在每一部分，选出你认为最有可能的一项）？

a. 资本形成政策：

(1) 鉴于第二次世界大战后的经验，应主要依赖从国外借款和国际援助。

(2) 主要问题是实现已有储蓄的最佳分配，而不是增加总储蓄。

(3) 历史经验表明，应该提高国民产出中用于个人储蓄和资本形成的百分比。

(4) “引进技术”可以使本国在现有储蓄水平的基础上实现发展。

b. 投资分配：

(1) 政府应该保证社会间接资本有足够的投资。

(2) 可以依赖私人企业家对现有储蓄进行适当分配。

(3) 虽然通货膨胀最终会抑制储蓄，但它也使现有储蓄得到更好的分配。

(4) 由于现代技术使得在生产中更多地使用资本，因此应尽量避免使用现代技术。

c. 国际贸易的变化：

(1) 由于本国制造替代了国外制造，因而进口品有可能减少。

(2) 进口有可能增加，因为需要从国外进口资本品，可能还需要食品和燃料。

(3) 应该推动主要产品的出口，因为这是本国比较优势之所在。

(4) 由于发达国家对原材料的需求持续下降，出口品应该减少。

**C. 经济发展模式选择**

9. 在本章，萨缪尔森和诺德豪斯讨论了许多作家和经济哲学家的理论。这些经济发展理论中的一些内容很广泛，并具有普遍性，而另外一些则是针对经济增长的某些特定方面提出的。将 A 栏的名字与 B 栏的理论主要内容一一对应起来。

| A | B |
|---|---|
| __ 弗朗西斯 · 哈克特 | 1. 提倡迅速从指令经济向市场经济转轨的休克疗法。 |
| __ 托马斯 · 马尔萨斯 | 2. 指出一国的相对落后可能实际上对其发展有帮助。 |
| __ 马克斯 · 韦伯 | 3. 领导一群经济学家，在他们的国家推行激进式经济变革而不是渐进式变革。 |
| __ 曼克尔 · 奥尔森 | 4. 推行农业集体化计划和强制推行工业化。 |
| __ 亚历山大 · 格申克龙 | 5. 认为所有商品的价值都源自其中包含的劳动，而且还认为资本主义必然会走向社会主义。 |
| __ 卡尔 · 马克思 | 6. 认为一国的人口增长将超过该国生产越来越多的食物的能力。 |
| __ 约瑟夫 · 斯大林 | 7. 认为当一国的决策机构日益僵化，阻碍了社会和经济进一步变革时，这个国家就开始衰落了。 |
| __ 杰福里 · 萨克斯 | 8. 信仰物质主义，认为每个人都应该享有其带来的好处。 |
| __ 叶戈尔 · 盖达尔 | 9. 强调“新教伦理道德”是推动资本主义发展的重要力量。 |

10. 在这个世界上，许多国家都正在致力于经济发展，而且不同国家发展经济的方法和战略各不相同。将 A 栏的国家与 B 栏的描述一一对应起来。

| A | B |
|---|---|
| __ 韩国 | 1. 1990 年，萨克斯说服该国政府采用休克疗法进行经济变革。 |
| __ 印度 | 2. 在 20 世纪 80 年代，这个国家不得不把它所有的出口收入用于偿付外债利息。 |
| __ 意大利 | 3. 外向型新兴工业化国家。 |
| __ 玻利维亚 | 4. 在经济改革中，既尝试过渐进式改革，也采用过休克疗法。这个国家继续面临着严重的经济困难。 |
| __ 中国 | 5. 工业化国家。 |
| __ 波兰 | 6. 低收入国家。 |
| __ 俄罗斯 | 7. 已经建立了经济特区，并允许在财产所有权方面采取多种形式。 |

## 八、讨论题

回答下列问题，并解释你这样回答的原因。

1. 回顾马尔萨斯关于人口增长的思想。它如何影响了英国对待穷人的态度？它如何继续影响到一些美国人对移民的态度？
2. a. 为什么说储蓄对一国的经济增长意义重大？
   b. 为什么说储蓄对发展中国家来说尤其困难？
3. 为什么对欠发达国家来说获得资本既重要又困难？
4. a. 什么是基础设施？
   b. 为什么说基础设施对经济发展而言是非常必要的？
   c. 为什么政府必须为基础设施项目筹集资金？
5. 请简要说明“亚洲四小龙”经济快速发展的几个共同因素。
6. 请列出造成苏联经济崩溃的 3 个因素，并做出简要说明。

7. 请列出俄罗斯和中国想要实现由指令经济向市场经济转轨所必须解决的 3 个问题，并做出简要说明。
8. 为什么马克思认为资本家获得的利润是“不劳而获”？

## 九、答案

### 三、关键概念复习

| | |
|---|---|
| 7 | 发展中国家 |
| 12 | 新兴工业化国家（NIC） |
| 10 | 人口转型 |
| 20 | 人才外流 |
| 13 | 基础设施 |
| 18 | 贫困的恶性循环 |
| 6 | 落后假说 |
| 3 | 进口替代 |
| 19 | 外向型 |
| 16 | 纯粹的自由市场 |
| 17 | 亚洲有管理的市场模式 |
| 2 | 社会主义 |
| 9 | 指令经济 |
| 5 | 国有产业 |
| 11 | 强制工业化 |
| 1 | 抑制型通货膨胀 |
| 15 | 软预算约束 |
| 8 | 逐步改革法 |
| 4 | 休克疗法 |
| 14 | 新兴市场 |
| 22 | 马尔萨斯人口论 |
| 21 | 指数增长 |

### 六、选择题

1. C 2. B 3. A 4. D 5. C 6. E 7. A
8. D 9. D 10. A 11. E 12. E 13. A 14. E
15. E 16. D 17. E 18. D 19. C 20. A 21. C
22. D 23. B 24. C 25. D 26. E

### 七、解答题

1. a. 托马斯·马尔萨斯，1798，指数，算术，收益递减规律，短期
   b. 倒 U 型曲线，正
2. a. 128
   b. 是
   c. 8.5%
3. a. 撒哈拉以南非洲（最低），东欧（最高）
   b. 拉美和加勒比海地区（最低），东亚（最高）
   c. 倒
   d. 东欧（最低），南亚（最高）
   e. 撒哈拉以南非洲（最低），拉丁美洲（最高）
4. a. (1)，(2)
   b. (1)，(2)，(4)
   c. (1)，(2)，(3)
5. a. 低储蓄和低投资
   b. 低资本积累速度
   c. 低生产率
   d. 低平均收入
6. a. 企业家
   b. 过多，不足
   c. 过少，过多
7. a. 提高农民的生产率，从而把一部分劳动力解放出来投身于工业
   b. 提高，减少，阻碍
   c. 多样化
8. a. (3)
   b. (1)
   c. (2)
9. 8 弗朗西斯·哈克特
   6 托马斯·马尔萨斯
   9 马克斯·韦伯
   7 曼克尔·奥尔森
   2 亚历山大·格申克龙
   5 卡尔·马克思
   4 约瑟夫·斯大林
   1 杰福里·萨克斯
   3 叶戈尔·盖达尔
10. 3 韩国
    6 印度
    5 意大利
    2 玻利维亚
    7 中国
    1 波兰
    4 俄罗斯

## 八、讨论题

1. 马尔萨斯关注农业生产跟不上人口增长的事实。因此，他认为，许多穷人将饿死，这将作为一个人口过剩的自然纠正。这些理论在 19 世纪恶化了英国对穷人的态度。根据马尔萨斯的理论，许多中产阶级商人宁愿让穷人挨饿，因为他们认为这只是自然调整过程的一部分。
2. a. 储蓄对经济增长十分重要，这至少有两个原因。首先，它向生产者传递这样一个信号：消费者当前的消费减少了，但在将来，对商品和服务会有更多的需求。因此，生产者需要把当前的生产推迟到以后。其次，储蓄通过信贷市场为企业的投资项目提供资金来源。在其他条件保持不变的情况下，家庭储蓄越多，信贷市场上资金供给也就越多，市场利率将下降。

   b. 发展中国家要储蓄非常困难，因为这些国家把大量的资源、时间和精力花在了为其公民提供衣、食、住等基本生活需要上。
3. 欠发达国家需要资本和投资来改善生产设施并提高生产率，然而，并不是所有的欠发达国家都拥有良好的信誉。一些欠发达国家因无力偿还贷款而违约，使贷款给它们的机构和国家遭受损失。
4. a. 基础设施或社会基础资本是指一国的经济环境及其支持并维持经济增长的能力。基础设施包括一国的交通系统、通信行业、公共设施、学校、医院等。

   b. 一旦我们了解基础设施所包括的内容之后，它对经济发展的重要性就一目了然了。

   c. 改善基础设施所带来的好处是由整个国家而不是仅由若干个人享有的。我们每个人都能从较好的公路、干净的水资源以及良好的电话服务当中受益。只为某些人而不是为所有人提供这些商品实在是太难了（更不用说不切实际了）。私人市场通常在提供这类公共物品方面存在困难，因此要求政府通过向公民征税筹集资金，从而为所有人提供这些物品。
5. 首先，“亚洲四小龙”都有极高的投资率。这有助于它们发展基础设施，实现生产的现代化。其次，这些国家或地区的政府都运用宏观经济政策，以确保较低的通货膨胀率和较高的投资率。这些政府在教育和人力资本的开发方面也投入了很多。第三，“亚洲四小龙”大力发展外向型经济，努力促进出口，并及时跟上技术变化的脚步。最后，其中一些国家或地区的政府在某些产业的企业间发起竞争，以提高效率。
6. 首先，在苏联式的指令经济中，资源大都集中于军事部门和投资。消费者得到的总是剩下来的东西，消费需求远远得不到满足。其次，事实证明，对于这样一个巨大而又复杂的经济体来说，实行中央控制颇为困难。企业的管理者们缺乏生产高质量产品的动力。最后，中央政府为了控制经济采取的一系列政治和经济管制措施，超出了其公民的承受能力。
7. 俄罗斯等转型经济面临着很多障碍。首先，价格必须要由供给和需求要素来决定。在市场经济中，价格随时都会发生变化，市场调节无处不在，有时会让人感觉不到。在俄罗斯，价格总是由市场之外的某个人来控制。如何实现市场出清和利润最大化的价格是一个新的挑战。其次，企业家必须意识到政府不再为他们的低效率提供援助了。利润是冒险的报酬。最后，生产方式必须转移到私人手中。要发展股票市场、建立信贷市场，为企业扩张提供资金。这是一项必须完成的巨大的调整。
8. 在马克思的模型中，生产过程中唯一做出生产性贡献的是工人。即使是用于生产商品和服务的机器和资本设备也是首先由劳动创造的。由于所有的劳动成果都是由劳动创造的，因此工人应当得到所有的报酬。

第 13 章

# 汇率与国际金融体系

## 一、概述

从本章开始，我们将用两章的篇幅来研究国际经济的基础——与国际贸易和国际金融有关的问题。前一章介绍了有关贸易的各种实际因素，并描述了资源禀赋、偏好和技术的差异如何产生使所有人都能从贸易中大量获益的可能性。在本章，萨缪尔森和诺德豪斯讨论了对外贸易的发展趋势并揭示了**外汇市场**（foreign exchange market）的作用。他们还讨论了用来支持国际贸易的货币机制的细节问题，以及管理全球经济的一些复杂性。

在下一章，萨缪尔森和诺德豪斯将国际部门融入到了宏观经济模型当中。还重温了固定汇率，并详细讨论了欧盟。国际经济的细节问题是很复杂的，概括性的介绍仅仅涉及这些问题的表面。不过，稍花一点工夫，国际贸易中的基本福利问题是很容易理解的。

## 二、学习目标

在你读完教材第 13 章并完成本书相应的习题后，你将能够做到以下几点：

1. 讨论近年来对外贸易的一些发展趋势，并了解国际贸易模式背后的经济因素。
2. 对**汇率**（foreign exchange rate）进行定义，并描述决定汇率的供求框架。
3. 区分**贬值**（depreciation）、**降值**（devaluation）和**升值**（appreciation）、**增值**（revaluation）。
4. 解释汇率的**购买力平价理论**（purchasing-power-parity theory of exchange rate）。
5. 写出用来记录**国际收支平衡表**（international balance of payments）的基本核算程序，并定义国际收支平衡表的 4 个组成部分。
6. 追溯从年轻的债务国到成熟的债权国的演变过程。
7. 将金本位制下的固定汇率制与浮动汇率制下的纯粹浮动进行对比。描述当代国际制度下介于两者之间的有管理的浮动汇率制。
8. 解释大卫·休谟的黄金流动均衡机制，并说明它在当今世界经济中的适用性。
9. 大致描述国际金融体系从二战后创建的布雷顿森林固定汇率体系向今天的有管理的浮动汇率体系的演变。
10. 描述欧洲货币体系的危机，以及欧洲货币与经济联盟的创立。

## 三、关键概念复习

在 B 栏中寻找与 A 栏中术语相应的解释，并将序号填在术语前边。

| A | B |
|---|---|
| __ 开放经济 | 1. 使一国汇率难以变动的计划与政策。 |
| __ 外汇汇率 | 2. 包含一国商品和服务进出口的有关数据。 |
| __ 贬值 | 3. 一国的国际收支账户中涉及该国外汇支出的项目。 |
| __ 升值 | 4. 当一国干预外汇市场时，国际收支平衡表中记录的项目。 |
| __ 降值 | 5. 一国与他国之间所有经济交往的系统记录。 |
| __ 增值 | 6. 包含资金从一国流入和流出（借和贷）的相关数据。 |

__ 汇率的购买力平价理论 7. 参与国际贸易的经济。

__ 国际收支平衡表 8. 一国的国际收支账户中能赚取外汇的项目。

__ 贷方 9. 相对于他国货币或黄金，官方降低本币汇率的做法。

__ 借方 10. 以另一国货币来表示的本国货币的价格。

__ 经常账户 11. 货币管理局，它只发行一种用来衡量外国资产的基准货币。

__ 金融账户 12. 一国货币相对于其他国家货币的市场价格的上升。

__ 官方结算 13. 一国货币相对于其他国家货币的市场价格的下跌。

__ 严格的固定汇率 14. 一国外汇相对于其他国家通货或黄金的官方外汇汇率的提高。

__ 货币委员会 15. 在长期内，汇率一般随着不同国家相对价格的变化而变化。这一学说还认为：通货膨胀率高的国家，其货币也倾向于贬值。

__ 浮动汇率制 16. 政府买卖本币或外汇以影响汇率的情况。

__ 固定汇率制 17. 汇率完全是灵活的，完全受供给和需求影响。

__ 金本位制 18. 汇率基本上由市场力量决定，但是政府干预会影响汇率。

__ 四重机制 19. 由政府决定本国货币兑换成其他国家货币时的比率。

__ 有管理的汇率 20. 建立了一套汇率固定但可调整的体系，同时也为国际货币基金组织、世界银行、关贸总协定奠定了基础。

__ 干预 21. 休谟对国际收支均衡的部分解释。

__ 布雷顿森林体系 22. 管理着国际货币体系，并作为各成员国中央银行的中央银行。

__ 国际货币基金组织 23. 一种固定汇率制，在该制度下，每个国家都将自己的货币的价值确定为固定数量的黄金。

__ 世界银行 24. 工业国家向该机构提供资金，然后，该机构向有关国家提供低息贷款，贷款对象主要是那些在经济上可行但却无法从私人部门获得资金的项目。

__ 货币联盟 25. 欧洲各国采用一种统一货币的决定。

## 四、小结与本章提纲

本部分对教材第 13 章的关键概念进行总结。

### A. 国际收支平衡表

1. **国际收支账户**（balance-of-payments account）有 4 个组成部分：
   a. 经常账户（对商品和服务的）。
   b. 金融账户（对资本品和服务的）。
   c. 官方储备。
   d. 统计误差。

   任何一笔需要花费外汇的交易（例如，购买另一个国家生产的商品）都被记为借方，任何一笔赚取外汇的交易（例如，将本国商品销售到国外）都被记为贷方。
2. 各国在其国际收支历史上通常都会经历 4 个阶段：
   a. 年轻的债务国。
   b. 成熟的债务国。
   c. 新的债权国。
   d. 成熟的债权国。

   欠发达国家通常是从国外借款，并充分利用贷款额度。一个成熟的、发达的国家通常贷款给其他国家。一个国家会随着时间的推移而发展，它可能从一个债务国变为一个债权国，这种转变会影响到它的国际收支状况。上面所列的 4 个阶段描述了可能发生的国际收支变化。
3. 一些经济学家提出，在 20 世纪 80 年代，美国可能已经进入了发展的第五个阶段，即“老迈的债务国”。储蓄额大幅减少使得美国债务沉重，并从世界上最大的债权国转变为世界上最大的债务国。

**B. 汇率的决定**

1. 当A国的生产者将产品卖给其他国家的公民时，他们喜欢用本国货币支付。因此，B国公民购买A国产品之前，手中必须要有一些A国的货币。他们需要到**外汇市场**（foreign exchange market）上用本国货币购买A国货币。
2. 汇率就是以B国货币表示的A国货币的价格，其高低由外汇市场上的供给和需求的相互作用来决定。
3. 在一个运费相对较低且完全竞争的市场上，一国的汇率将使购买商品和服务的国内外成本趋同，这就是所谓的一价定律，它导致了汇率的**购买力平价（PPP）理论**（purchasing-power-parity theory of exchange rates）的产生。根据PPP理论，在长期内汇率将随着各国相对价格的变化而变化。
4. 当以市场汇率作为衡量标准时，许多穷国的国民产出就会非常小。因为这些国家的许多不在国际市场上交易的商品和服务，是属于相对劳动密集型的，因而价格十分低廉。当采用PPP汇率来衡量产出时，低收入国家的GDP水平则会相应地提高。

**C. 国际货币制度**

1. 在纯粹的浮动汇率制下，供给和需求的力量决定一国货币的价值。政府既不宣布预先确定的汇率，也不采取措施以影响汇率。例如，如果X国的货币的价格太高，它将发现本国商品和服务的出口减少。同样，对于X国的公民而言，进口品的价格相对便宜，对进口品的需求会增加。进口品的增加将增加X国对外币的需求，而出口品的减少将减少对本国货币的需求。结果，市场将“浮动”至一个新的均衡汇率水平。
2. 在1752年，大卫·休谟基于**金本位制**（gold standard）和**固定汇率制**（fixed exchange rates）提出了**四重机制**（four-pronged mechanism），该机制能够自动地修复两国之间国际收支的不平衡，使其达到均衡。假定A国对B国有贸易赤字，根据休谟的观点，下列事件将按顺序发生，以恢复国际市场上的均衡：
   a. A国必须运送黄金至B国以支付其贸易赤字。由于现在A国的黄金量减少，它必须削减国内的货币供给，A国的价格将下降。结果，进口品将变得相对更加昂贵，进口品将减少。
   b. 由于A国的价格现在下降了，A国的出口品将增加。
   c. 当B国收到A国的黄金后，它的货币供给将增加，价格将上升。B国价格的上升导致它的出口减少，不管是对A国的出口，还是对其他国家的出口。
   d. 为了应对较高的国内价格，B国公民将从国外进口越来越多的商品和服务。

   因此，作为采用金本位制的结果，A国最初的贸易赤字将发生转变，B国最初的贸易盈余也将发生变化。国际贸易均衡得到了恢复，但是A国将遭受货币供给的减少，因而会出现通货紧缩（如果不是衰退）；B国将不得不面临较高的价格和通货膨胀。由于金本位制不再实行，休谟理论在今天已经不那么重要。但是，休谟的调整机制可以为实行固定汇率的地区提供重要的参考依据，该参考依据的可行性依赖于国家间相对价格的调整。如果汇率不能够调整到与相对价格保持一致，那么国内产出和就业水平就需要做出相应的调整。
3. 在**管理汇率制**（managed exchange rates）下，市场力量决定汇率，但是如果政府或中央银行想要影响市场汇率时，它们可能会进行干预。当政府买卖本币或外币，或者以影响汇率为目的改变货币政策时，就会出现**干预**（intervention）。例如，如果一种货币正在升值，且政府手中有一定数量的这种货币，那么政府可能会在外汇市场上卖出这一货币。这一行动将增加供给，如果其他条件保持不变，这会趋于降低这种货币的价格。同样，中央银行可能会通过货币政策来降低利率，这一行动将减少寻求高利率投资机会的外国人对该国货币的需求。
4. 在二战结束时，世界各国认识到协调经济政策以及寻求各国问题的共同解决方案的必要性。在新罕布什尔的布雷顿森林举行讨论之后，创立了**国际货币基金组织**（International Monetary Fund，IMF）、**世界银行**（World Bank）和**关贸总协定**（General Agreement on Tariffs and Trade，GATT）。根据布雷顿森林体系，外汇汇率是固定但可调的。

   IMF创立的目的就是在可能的程度上维持汇率的稳定。没有哪一个国家会为了稳定本国货币的国际价值而故意将自己推向衰退或萧条，但每一个成员国确实在IMF下储备了一些本国货币（在某些情况下为黄金）。这些储备建立了一个“借款库”，任何一个国家若发现在维持固定汇率时暂时缺乏储备，它就可以从中借款。当然，若一个国家持续不断地缺乏储备，这说明存在不能通过持续借款来维持的某种形式的“基本非均衡”。如果它愿意，可以将本币最多降值 10%。进一步的降值需要“同 IMF 协商”，实际上，是征得国际认可。

5. 尽管旧的国际金本位制和布雷顿森林体系都已被取消，但它们的影响还在，尤其表现在两个重要方面。首先，各国仍然将它们的黄金存量作为清偿国际收支的储备（但是现在，它们趋向于将黄金视为一种“紧急”储备，除非迫不得已，它们是不会舍弃黄金的）。其次，维持汇率相对稳定的愿望还存在。金本位制不是实现这一目的的唯一可能机制。你只需保持充足的外币储备就可以维持本国货币价格的稳定。

## 五、学习提示

1. 注意描述外汇市场的图形中坐标轴是如何标注的。像所有的供求图一样，纵轴表示价格，横轴表示数量。这里，横轴上的数量总是表示某一货币的数量：如法国法郎、德国马克、日元等。如果我们想要了解以美元购买这些货币的成本，纵轴的价格就将标出购买 1 单位外币所需的美元数。以外汇市场上的日元为例，其价格就是每日元折合多少美元（注意，无论你所研究的是哪一种外汇市场，横轴所表示的总是数量，而纵轴所表示的总是价格）。

   如图 13－1 所示，图（a）所描述的是日元市场的情况。注意坐标轴是如何标注的。当人们需要日元的时候，就会付出美元，然后日元的供给者就会用日元交换美元。

   图（b）刚好与图（a）相反。此时，（a）中日元的供给者成了美元的需求者，而美元的供给者恰恰是原来日元的需求者。

**图 13－1**

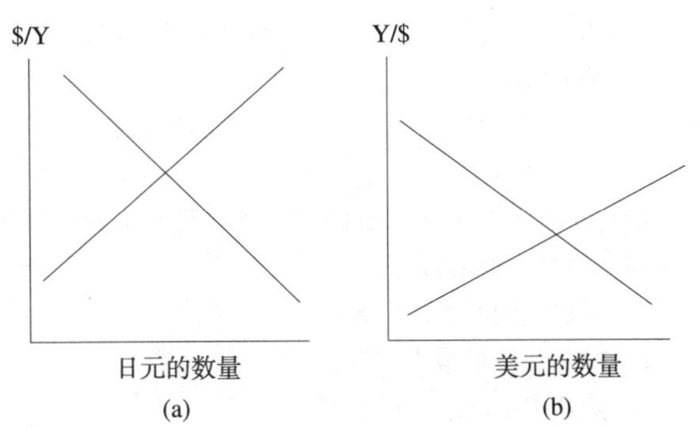


2. 萨缪尔森和诺德豪斯指出，一种货币相对于另一种货币价格上升叫做升值。注意，这里的关键词是“相对于”。举个例子，假设相对于德国马克而言，1 美元等于 2 马克，由于某种原因，1 年后，同样的 1 美元等于 3 马克了，也就是说，相对于马克来说，美元变得更加昂贵了，因为现在需要更多的马克来换取同等数量的美元。于是，我们就说，相对于马克来说，美元升值了。
3. **降值**（devaluation）指的是通过一国政府干预外汇市场而导致的本币价值相对于其他货币的下降。从结果上看，这与**贬值**（depreciation）相似，但严格地讲，贬值是由于市场供求力量的作用而产生的。
4. 在国际收支账户中，**经常账户**（current account）指的是商品和服务的进出口差额。近年来，美国的电视新闻中频繁提到的贸易赤字就发生在这一账户。了解了国际收支账户还仅仅是整个问题的一半。在**金融账户**（financial account）中的金融资本的流动同样重要。
5. 如果一笔交易能够赢得外汇，就被记为**贷方**（credit）。出口能够获得外汇，因为外国人如果想买 A 国的商品和服务，就必须出售本国的货币以换取 A 国的货币。在资本账户中，借款也被计入贷方项目，因为如果别国借款给 A 国，那么，就意味着它将通过外汇市场向 A 国提供一定数量的本国货币。
6. 经常账户的盈余或赤字必须由金融账户的借贷来抵消。
7. 在宏观教材分册本章图 13－6，PPP 汇率的计算方法使中国以及其他低收入国家的 GDP 高出很多。许多没有参与国际贸易的产品都是劳动密集型产品，这些产品即使在低收入国家也是极为廉价的。因此，当用市场汇率来衡量产出时，低收入国家的 GDP 就会被低估。然而，需要注意的是，图中的数据指的是“总量”而非“人均量”。我们知道，中国是世界上人口最多的国家之一。

## 六、选择题

下列问题按照教材中的顺序安排，从各选项中选出一个最佳答案。

### A. 国际收支平衡表

1.“贸易顺差”意味着：

   a. 商品的出口大于进口，其他资本账户贷方大于其他资本账户借方。

b. 外汇的流入大于本币的流出。

c. 商品的出口大于进口。

d. 在整个收支平衡表中，总贷方项目大于总借方项目。

e. 总进口值超过总出口值。

2. 下列5项交易都将被计入美国的国际收支平衡表中，其中有4项记录对收支平衡的作用是相同的，不同的一项是哪一个？

a. 纽约联邦储备银行向外汇市场出售美元。

b. 一位美国旅游者在巴黎度假支出法郎。

c. 一个南美洲国家在纽约销售咖啡。

d. 一家英国运输公司承担美国出口商品的运输服务。

e. 一家美国计算机公司收到了来自德国的软件程序订单。

3. 成熟的债务国的贸易平衡情况通常是：

a. 贸易逆差，进口盈余由借款来支付。

b. 由来自国外的利息收入造成的贸易逆差。

c. 贸易顺差，过去借款的利息可通过出口盈余来支付。

d. 由来自国外的利息收入造成的贸易顺差。

e. 以上选项都不是。

4. **贸易余额**（trade balance）包括：

a. 金融账户和经常账户之间的差额。

b. 国外投资与国外储蓄之间的差额。

c. 商品的进出口。

d. 国际汇率的比较。

e. 以上选项都不是。

5. 美国2002年国际收支平衡表中的经常账户和金融账户之和是：

a. 正的。

b. 负的。

c. 零.

d. 上半年为正，之后为负。

e. 上半年为负，之后为正。

**B. 汇率的决定**

6. 如果我们说一国货币降值了，这意味着：

a. 该国货币脱离了金本位制。

b. 该国货币的国内购买力增强了。

c. 该国政府提高了用本币购买黄金的价格。

d. 该国正在经历着贸易逆差。

e. 至少有些以本币表示的外币价格下降了。

7. 在汇率稳定的情况下，如果1法郎等于25美分，而1美元等于600意大利里拉，那么，1法国法郎等于多少意大利里拉：

a. 90里拉。

b. 150里拉。

c. 200里拉。

d. 300里拉。

e. 600里拉。

8. 如果1法国法郎等于25美分，那么，1美元等于多少法国法郎：

a. 2法郎。

b. 3法郎。

c. 4法郎。

d. 5法郎。

e. 信息不足以判断。

9. 如果英镑相对于墨西哥比索升值了，我们可以说：

a. 对于英镑而言，比索增加了。

b. 对于比索而言，英镑减少了。

c. 在其他条件保持不变的情况下，在墨西哥的英国商品的价格上升了。

d. 所有以上选项。

e. 只有a和c正确。

10. 如果瑞士法郎与美元的市场汇率由4瑞士法郎兑换1美元变为3瑞士法郎兑换1美元，我们就说瑞士法郎的价格：

a. 由25美分升至33美分，相对于瑞士法郎而言，美元升值了。

b. 由33美分降至25美分，相对于瑞士法郎而言，美元贬值了。

c. 由25美分升至33美分，相对于瑞士法郎而言，美元被降值了。

d. 由25美分升至33美分，相对于瑞士法郎而言，美元贬值了。

e. 由33美分降至25美分，相对于瑞士法郎而言，美元升值了。

11. 以外币表示的美元价格的大幅下跌将对美国的进出口产生什么样的影响？

a. 增加美国的进出口数量。

b. 增加出口但减少进口。

c. 降低美国的进出口数量。

d. 减少出口但增加进口。

e. 不会对美国的进出口产生什么显著影响。

12. 如果一国的本币贬值，则显而易见的结果就是：
 a.（从本国公民的角度看）其进口品更加便宜，（从外国公民的角度看）其出口品更昂贵。
 b.（从本国公民的角度看）其进口品更加昂贵，（从外国公民的角度看）其出口品更加便宜。
 c.（无论从本国公民的角度看，还是从外国公民的角度看）进出口商品都变得便宜了。
 d.（无论从本国公民的角度看，还是从外国公民的角度看）进出口商品都变得昂贵了。
 e. 由于没有任何理由能够说明进出口价格与此有何关系，因此，上述各种情况都不会发生。

13. 根据汇率的购买力平价理论：
 a. 汇率随着不同国家间相对价格水平的变化而变化。
 b. 长期比短期更适用。
 c. 短期比长期更适用。
 d. a 和 b 正确。
 e. a 和 c 正确。

**C. 国际货币制度**

14. 对于一个完全实行金本位制的国家来说，该国政府必须：
 a. 将货币价值确定为固定数量的黄金，在这一价格水平上，它可以毫无限制地买卖任意数量的黄金。
 b. 准备好在任何时间毫无限制地买卖黄金，但是价格每日都可以发生变化，前提是买和卖的价格相同（或几乎相同）。
 c. 准备好以固定的价格毫无限制地购买任意数量的黄金，但没有必要卖出黄金。
 d. 准备好毫无限制地卖出任意数量的黄金，但没有必要买进黄金。
 e. 保持其货币单位固定的黄金含量，但没有必要以固定的价格或毫无限制地买卖黄金。

15. 假定 A 国对 B 国的出口大幅增加，A 国和 B 国都实行金本位制。根据大卫·休谟的黄金流量机制：
 a. A 国的国内价格水平将下降，但是 B 国的国内价格水平可能会或可能不会发生变化。
 b. A 国的价格水平可能会或可能不会发生变化，但是 B 国的价格水平将下降。
 c. A 国的价格水平将上升，B 国的价格水平将下降。
 d. A 国的价格水平将下降，B 国的价格水平将上升。
 e. 以上选项都不是。

16. 如果加拿大元和美元之间的汇率是浮动汇率，并且对加拿大元的需求增加，那么：
 a. 加拿大元的供给已经减少或将要减少。
 b. 以美元表示的加拿大元的价格将下降。
 c. 美元的供给已经减少。
 d. 以加拿大元表示的美元的价格将下降。
 e. 美元已经被降值。

17. 金本位制或其他任何一种固定汇率制的主要优势在于：
 a. 灵活性。
 b. 可预期性。
 c. 与贵金属相联系。
 d. 被普遍接受。
 e. 与国际货币基金组织有关系。

18. 所有固定汇率制的主要困难在于：
 a. 一种货币可能会统治其他货币。
 b. 挖掘黄金的成本昂贵。
 c. 如果价格大幅波动，那么经济调整可能会受到阻碍。
 d. 没有可以抵消贸易盈余的机制。
 e. 以上选项都不是。

19. 在管理汇率制下，
 a. 汇率基本上是由市场力量决定的。
 b. 政府可能会在外汇市场上购买自己的货币。
 c. 货币政策可能被用来影响汇率。
 d. 所有以上选项。
 e. 以上选项都不是。

20. 如果美国的 GDP 下降，而且实行的是浮动汇率制，那么：
 a. 进口将趋于减少，美元的价格将趋于上升。
 b. 进口将趋于减少，美元的价格将趋于下降。
 c. 进口将趋于增加，美元的价格将趋于上升。
 d. 进口将趋于增加，美元的价格将趋于下降。
 e. 以上选项都不是。

21. 国际货币基金组织的主要任务之一就是：
 a. 在维持稳定的汇率方面作为金本位制的部分替代。
 b. 帮助有短期国际收支困难的国家。
 c. 为一些国家的私企提供贷款，在这些国家中，私企不能以合理的利率贷到款。

d. 帮助类似于欧洲共同市场的自由贸易“地区”的发展。

e. 协调较大的发达国家关于汇率和贸易问题的意见。

22. 我们也可以说，国际货币基金组织的一项首要任务就是：

a. 作为世界的银行家处理短期和长期信贷事宜。

b. 在必要时，为欠发达国家提供直接的、长期的贷款，以支持它们的经济发展。

c. 充分控制国际信贷，以使成员国将它们的价格水平维持在合理的无通货膨胀的水平上。

d. 致力于逐步降低关税和取消各国之间的贸易保护主义政策。

e. 以上选项都不是。

23. 如果第 22 题问的是世界银行，那么哪一个选项正确：

a. 作为世界的银行家处理短期和长期信贷事宜。

b. 在必要时，为欠发达国家提供直接的、长期的贷款，以支持它们的发展。

c. 充分控制国际信贷，以使成员国将它们的价格水平维持在合理的无通货膨胀的水平上。

d. 致力于逐步降低关税和取消各国之间的贸易保护主义政策。

e. 以上选项都不是。

24. 国际收支的波动可能会引起任何一国损失黄金或外汇储备。每当该国__________时，这种损失的危险最严重。

a. 增加出口。

b. 寻求维持灵活的汇率。

c. 寻求维持固定的汇率。

d. 增加从其他国家的借款。

e. GDP 下降，即发生衰退。

25. “有管理的浮动”的含义是：

a. 贸易保护主义政策的增加，而不是关税的增加。

b. 一国拒绝允许本国货币升值，即使在它的储备充足且正在增加时。

c. 以邻为壑的政策。

d. 采用有所区分的汇率——对一些交易采用固定汇率，而对另外一些交易采用浮动汇率。

e. 中央银行的定期干预，以防止在浮动汇率制下的过度波动。

26. 作为布雷顿森林体系的一部分：

a. 工业化国家采用浮动汇率制。

b. 约翰·梅纳德·凯恩斯的观念受到广泛的怀疑。

c. 美元被认为是世界上占主导地位的货币。

d. 所有以上选项。

e. 以上选项都不是。

27. 下列哪一项对一国投资率的影响最大：

a. 世界银行的政策。

b. 该国的储蓄率。

c. 该国的资本生产率。

d. 汇率。

e. 以上选项都不是。

28. 如果一国想要增加其实际收入，它可能试图：

a. 将本币增值。

b. 将本币降值。

c. 将本国的通货膨胀问题转移到其他国家。

d. 与其他国家的经济政策相协调。

e. 采用以邻为壑的政策。

29. 可能的汇率制度包括以下的：

a. 浮动汇率。

b. 固定汇率。

c. 有管理的汇率。

d. a 和 b。

e. a、b 和 c。

30. 假设一个实行固定汇率制的国家的国内价格高于进口产品的价格，那么这将会产生什么样的结果，以及需要做出怎样的调整？

a. 该国将产生国际收支盈余，产出和就业水平将上升。

b. 该国将产生国际收支赤字，产出和就业水平将下降。

c. 该国将产生国际收支盈余，产出和就业水平将下降。

d. 该国将产生国际收支赤字，产出和就业水平将上升。

31. 在 21 世纪前 10 年中国是怎样维持本国货币低估的？

a. 结合紧缩的货币政策和扩张的财政政策，控制货币量。

b. 以接近零利率的贷款利率向 IMF 借款。

c. 中央银行在外汇市场卖出人民币和买入外汇，以及通过降低利率促使私人部门做出相同的行为。

d. 中央银行在外汇市场买入人民币和卖出外汇，以及通过提高利率促使私人部门做出相同的行为。

## 七、解答题

下列问题旨在帮助你运用教材中提到的概念。

### A. 国际收支平衡表

1. 一国的国际收支是指在一定时期（通常为 1 年）内，所有与外国发生的经济交往的官方记录。其主要内容包括 4 个方面，请填于下面的空白处。
   a. ________________
   b. ________________
   c. ________________
   d. ________________

   记录的关键点在于交易对一国持有外币量的影响如何。

   e. 如果交易能赚取外汇，就被记入（**借方/贷方**）；因为外国公民（或机构）需要用本币支付，所以如果交易要花费外汇，那么这项交易就将被记入（**借方/贷方**）。

2. 欠发达国家总是力图将其借据出售给更多的发达国家，以建立本国的资本品存量。
   a. 从国际收支的角度看，上述证券交易应计入（**贷方/借方**）。
   b. 用证券销售收入进口资本设备或其他商品应计入商品交易项下的（**贷方/借方**）。
   c. 这一国家存在贸易（**顺差/逆差**）。

   这些事实都说明它是一个“年轻的债务国”。随着时间的流逝，该国不再借债，或借债规模变小。尽管它仍需为以往的债券或股票融资支付利息或红利，但是其出口能力增强了。

   d. 眼下，其商品的出口超过了进口，表现在账目上就是（**贷方大于借方/借方大于贷方**）。
   e. 这一交易的（**顺差/逆差**）大约与国际收支项目中投资收益的借方盈余规模相匹配。

   于是，“成熟的债务国”阶段到来了。进一步发展下去，该国已不再仅仅是偿付以往的债务了，它已开始向其他国家贷款。

   f. 这意味着国际收支账户中资本项目出现了（**贷方大于借方/借方大于贷方**）的情况。

   如果这种情况与商品的出口大于进口同时出现，那么就意味着“新兴的债权国”阶段开始了。最终，有望达到“成熟的债权国”阶段。在这一阶段，一国可能仍会向国外借款，但其利息和红利收入对于偿付债务可以说是绰绰有余了。

   g. 因此，在国际收支商品账户中（**贷方大于借方/借方大于贷方**），贸易差额属于（**贸易顺差/贸易逆差**）。
   h. 这一差额由投资收益账户中的（**借方/贷方**）余额来支持。

### B. 汇率的决定

3. 分析下面各种情形，回答哪种情形将提高（用 **I** 表示）用外币表示的美元价格，哪种情形将降低（用 **D** 表示）用外币表示的美元价格。提示：请利用图 13－2中的供求分析框架进行分析并给出答案。
   __ a. 美国公民对进口品的需求增加。
   __ b. 外国公民对美国产品的需求减少。
   __ c. 美国经济的一次衰退导致 GDP、就业和进口下降。
   __ d. 外国的通货膨胀率超过了美国。
   __ e. 美国居民决定减少对外投资，即美国对国外资产的需求减少了。
   __ f. 外国公司增加了红利的支出，而一些股东就是美国人。
   __ g. 外国人决定持有更少的美元。

**图 13－2**

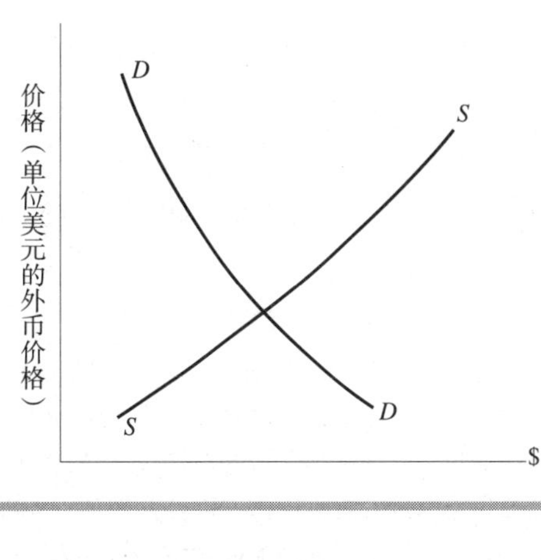


4. 表 13－1 为不同美元价格水平下对法郎的需求。
   a. 请将上表转换为以法郎表示的不同价格水平下美元的供给表。

提示：由“直线型”的需求表求得的，将是一张完全出人意料的供给表。其换算过程大致如下：如果1法郎的价格为90美分，即1法郎 = 90美分，那么，1美元即为100/0.90法郎（也就是说，1美元的价格约等于1.1法郎）。如表13－1所示，当法郎的价格为90美分时，对法郎的需求量是100；换言之，将有90美元用于购买上述法郎。由此可知，当美元的价格为1.1法郎时，美元的供给量是90。其他各点请按照上述方法计算出来。

b. 请在图13－3的（a）和（b）中分别画出需求曲线和供给曲线。（a）与（b）中的供给曲线应是对应镜像。

**表13－1**

| 法郎的价格（以美元表示） | 法郎的需求量 | 美元的价格（以法郎表示） | 美元的供给量 |
|---|---|---|---|
| 1.00 | 0 | ___ | ___ |
| 0.90 | 100 | ___ | ___ |
| 0.80 | 200 | ___ | ___ |
| 0.70 | 300 | ___ | ___ |
| 0.60 | 400 | ___ | ___ |
| 0.50 | 500 | ___ | ___ |
| 0.40 | 600 | ___ | ___ |
| 0.30 | 700 | ___ | ___ |
| 0.20 | 800 | ___ | ___ |
| 0.10 | 900 | ___ | ___ |

**图13－3**

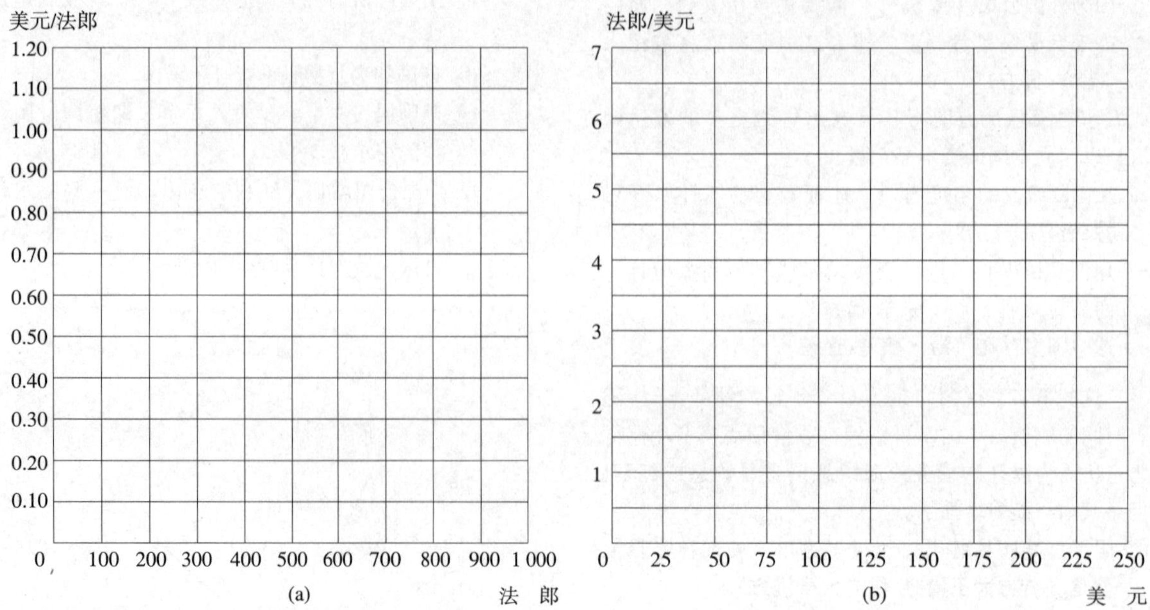


5. 请分析下列各事件对以美元表示的法郎价格的影响，如能使以美元表示的法郎的价格上升，在事件前端的空白处标填U；如能使法郎价格下降，在事件前端的空白处填D；没有影响，便在事件前端的空白处填N。

__ a. 瑞士公司需要向美国股东支付大量的美元做为利息。

__ b. 瑞士公司需要向美国股东支付大量的法郎做为利息。

__ c. 瑞士摆脱经济衰退，随着收入的增加，瑞士人希望购买更多的美国商品。

__ d. 美国居民决定购买瑞士债券。

__ e. 瑞士公司向纽约的美国居民出售债券以换取美元，因为那里的利率较低。所得收入将用于支付瑞士工人的工资及原料费用。

__ f. 外汇投机者认定以法郎表示的美元价格将下降。

__ g. 美国的美食家们喜欢的瑞士奶酪被威斯康辛奶

略所替代。

__ h. 瑞士政府认为美国的电影不道德，因而禁止美国电影的进口。

__ i. 一位美国公民给她的瑞士亲戚寄了一包商品。

__ j. 一位美国公民给他的瑞士亲戚汇出美元。

__ k. 一家瑞士银行决定将其在美国银行账户中的美元兑换成法郎。

6. 美国是加拿大最为重要的进出口伙伴。假定加拿大当局（对它来说，汇率的稳定与否当然很重要）认定，1 美元兑 1.15 加元的比率对于贸易最为有利。
   a. 如果美元的价格下浮到了上述比价之下，那么，加拿大政府可以进入外汇市场，（**卖出/买入**）美元以支持该比价。
   b. 基于同一目的，它将卖出（**美元/加元**）。
   c. 另一方面，如果美元上浮到了 1.15 加元以上，加政府便会（**买入/卖出**）美元。

加拿大政府还可选择其他的类似方案，比如说，将对美元的汇率维系在一定的范围，如 1.12 ~ 1.18 加元之间。当然，加政府不能无视供求的作用而任意地确定本币兑美元的比价。

   d. 如果美元价格的走势即将突破 1.18 加元的价位，那么加拿大将（**积聚太多的/耗尽**）美元。

7. “降值”这一概念需追溯至金本位制时期，因为在那时，每个货币单位据称都含有一定的“黄金量”，而每盎司黄金又存在着“官价”。
   a. 降值意味着由政府决定的本币黄金含量的（**下降/上升**），换句话说，就是黄金官价的（**下降/上升**）。
   b. 1933 年，罗斯福总统宣布，美元的黄金含量由 1/21 盎司降至 1/35 盎司，这（**就是/不是**）降值的一个例子。从外汇的角度来说，贬值指的是相对于他国货币而言，本币价格的下降。
   c. 假定 1 加元的价格为 90 美分，如果这一价格跌至 85 美分，那么，相对于美元来说，加元的价值（**上升/下降**）了。这是贬值的一个例子。
   d. 另一方面，如果该价格由 90 美分升至 95 美分，就表明加元（**贬值/升值**）了。
   e. （相对于美元而言）任何外币的贬值，都意味着对美国人来说，外国的产品变得更加（**便宜/昂贵**）了，而对外国居民而言，美国的产品变得更加（**便宜/昂贵**）了。
   f. 因此，一国货币的贬值，有助于（**增加/减少**）该国的出口，并（**增加/减少**）该国的进口。

### C. 国际货币制度

8. 假定在美国许多人渐渐开始偏好苏格兰威士忌
   a. 这将形成对（**美元/英镑**）需求的增加。
   b. 如果美国还采用金本位制，且这一需求增加幅度很大，那么黄金将（**流出/流入**）美国。
   c. 如果这一需求增加在很长时间内一直持续下去，那么美国将用完（**黄金/苏格兰威士忌**）的存量。

根据定义，金本位制使汇率保持稳定，但是供求力量仍在起作用。为什么一些国家在维持这一标准的同时而没有用完黄金储备呢？的确，一国如果因为进口增加或出口大幅下降而用完所有黄金或大部分黄金，那么它就“脱离”了金本位制。然而，存在一些“均衡”力量来遏制住黄金的这种过度流出。18 世纪的大卫·休谟首先提出了一种均衡机制。

9. 假定在上一题中，美国对进口品的需求增加，进口超过了出口。
   a. 根据休谟的分析，黄金（**流出/流入**）美国（**增加/减少**）了美国的货币供给，使价格水平（**上升/下降**）。
   b. 在一个或更多的其他出口国家会出现（**相同的/相反的**）情形。流出美国的黄金流入这些国家，使它们的货币存量增加，引起它们的价格（**上升/下降**）。
   c. 由于美国价格下降，而国外价格上涨，外国公民趋于（**增加/减少**）对美国商品的购买，而美国人趋于（**增加/减少**）对外国商品的购买。
   d. 也就是说，在美国，出口将（**增加/减少**），进口将（**增加/减少**），引起这一过程的美国进口的增加将被抵消。

按照常理来说，对于大规模的黄金流动，休谟的分析有一定的合理性。然而，在今天，一国的总黄金存量及其总货币供给之间几乎不存在联系。而且，休谟的分析在很大程度上取决于货币数量理论及其对充分就业的假设。这两点使休谟的分析变成了现代对经常账户不平衡的反应的描述。

10. 假定德国和瑞士达成协议，要在两国之间维持固定汇率。在图 13－4 中，最初的汇率为每欧元兑 3 法国法郎（德国的官方汇率）。假定发生了某件事情使欧元的需求增加了（图中表现为虚线）。

a. 需求曲线向右移动的一个可能原因是什么？假定德国政府想要重新确定初始汇率。

b. 德国政府想要这么做的一个可能的原因是什么？

c. 德国政府可能会采取什么措施来实现这一变化？

图 13 - 4

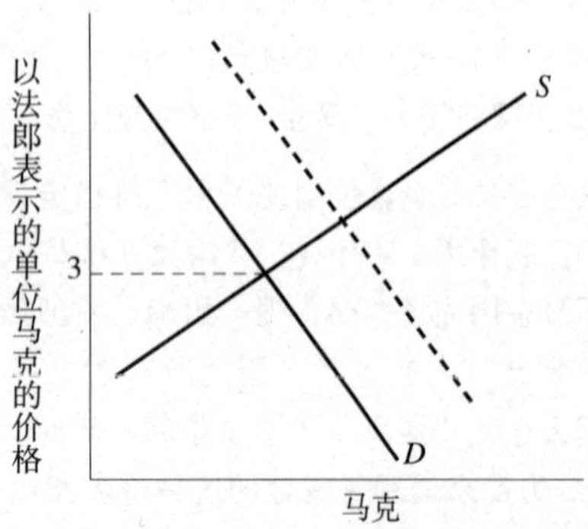


11. 假定日本和英国达成协议，要实行浮动汇率制。图 13 - 5 描绘的是这两个国家之间的外汇市场。假定初始的汇率是每英镑兑 320 日元。

a. 在初始的汇率水平，存在超额的（**英镑/日元**）供给。

b. 对这种超额供给的一个可能解释就是英国的商品和服务的相对价格太（**高/低**）。

c. 随着汇率的下降，日本公民将想要更多的（**日本/英国**）商品和服务。

d. 当这种情况发生时，将会出现（**沿着需求和供给曲线的移动/需求和供给曲线的移动**），直至新的均衡点。

图 13 - 5

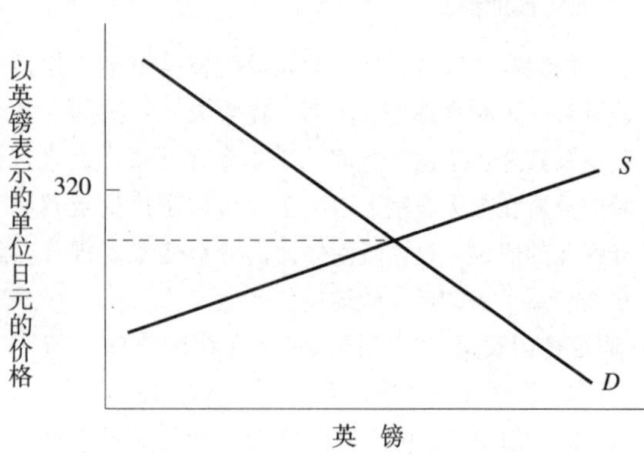


12. 简言之，世界银行的主要任务是为货币从富国移至欠发达国家提供一种渠道。

a. 稍微详细地说，世界银行的职能就是为穷国（**提供短期贷款/提供长期贷款/提供弥补国际收支短缺所需的外汇**）。

b. 世界银行为欠发达国家提供资金，（**即使该国能够/前提是该国不能**）以合理的利率从私人部门获得资金。

13. 20 世纪 80 年代早期国际金融最为显著的问题之一就是美元价值被高估。这个事件为今天提供了宝贵的经验。

a. 一些人估计美元从 1981 ~ 1984 年一直被高估（**10%/25%/50%**）。

b. 这种高估的情形起源于里根政府时期（**紧缩的/宽松的**）货币政策和（**扩张的/紧缩的**）财政政策，这些政策驱使美国的实际利率（**上升/下降**）。

c. 因此，国外投资（**流入/流出**）美国，（**增加/减少**）了对美元的需求，从而引起全球货币市场上美元的（**升值/贬值**）。

d. 因此，美国的出口商品和服务变得（**更加昂贵/较为廉价**），而从国外进口的商品和服务变得（**更加昂贵/较为廉价**）。

e. 结果，净出口（**增加了/减少了**）约（**500 亿美元/1 400 亿美元/2 500 亿美元**），并形成了经常账户的巨大（**赤字/盈余**）。

f. 但是，这一差额几乎被资本账户中的（**赤字/盈余**）所抵消，因此升值会持续下去，并使国外的利率（**上升/下降**）。

g. 结果是外国经济趋向于（**衰退/繁荣**），（**受压制的/过度扩张的**）进出口工业要求美国的（**自由贸易/保护和补贴**）。

## 八、讨论题

回答下列问题，并解释你这样回答的原因。

1. 为什么用 PPP 汇率而不是市场汇率衡量能提高低收入国家的 GDP 值？
2. 根据 PPP 原则，为什么通货膨胀率高的国家的货币趋向于贬值？
3. 简要解释休谟的黄金流动均衡机制的 4 个步骤。
4. 简要讨论一下一国干预外汇市场以影响本国货币汇率

的两种方式。

5. 什么因素造成了布雷顿森林汇率体系的崩溃？
6. 讨论一下欧洲在真正成为一个统一的、单一的经济体之前必须要达到的经济条件。

## 九、答案

### 三、关键概念复习

| | |
|---|---|
| 7 | 开放经济 |
| 10 | 外汇汇率 |
| 13 | 贬值 |
| 12 | 升值 |
| 9 | 降值 |
| 14 | 增值 |
| 15 | 汇率的购买力平价理论 |
| 5 | 国际收支平衡表 |
| 8 | 贷方 |
| 3 | 借方 |
| 2 | 经常账户 |
| 6 | 金融账户 |
| 4 | 官方储备 |
| 1 | 严格的固定汇率 |
| 11 | 货币委员会 |
| 17 | 浮动汇率制 |
| 19 | 固定汇率制 |
| 23 | 金本位制 |
| 21 | 四重机制 |
| 18 | 管理汇率制 |
| 16 | 干预 |
| 20 | 布雷顿森林体系 |
| 22 | 国际货币基金组织 |
| 24 | 世界银行 |
| 25 | 货币联盟 |

### 六、选择题

1. D　2. E　3. C　4. C　5. C　6. C　7. B
8. C　9. D　10. D　11. B　12. B　13. D　14. A
15. C　16. D　17. B　18. C　19. D　20. B　21. B
22. E　23. B　24. C　25. E　26. C　27. C　28. D
29. E　30. B　31. C

### 七、解答题

1. a. 经常账户
   b. 金融账户
   c. 官方储备
   d. 统计误差
   e. 贷方，借方
2. a. 贷方
   b. 借方
   c. 逆差
   d. 贷方大于借方
   e. 顺差
   f. 借方大于贷方
   g. 借方大于贷方，逆差
   h. 贷方
3. a. D
   b. D
   c. I
   d. I
   e. I
   f. I
   g. D 适当的移动见图 13－2。

**图 13－2**

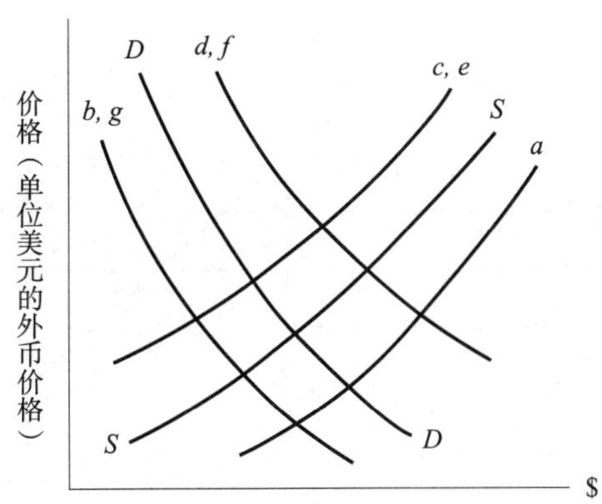


4. a. 见表 13－1
   b. 见图 13－3

**表 13－1**

| 法郎的价格（以美元表示） | 法郎的需求量 | 美元的价格（以法郎表示） | 美元的供给量 |
|---|---|---|---|
| 1.00 | 0 | 1.00 | 0 |
| 0.90 | 100 | 1.11 | 90 |
| 0.80 | 200 | 1.25 | 160 |
| 0.70 | 300 | 1.43 | 210 |
| 0.60 | 400 | 1.67 | 240 |
| 0.50 | 500 | 2.00 | 250 |
| 0.40 | 600 | 2.50 | 240 |
| 0.30 | 700 | 3.33 | 210 |
| 0.20 | 800 | 5.00 | 160 |
| 0.10 | 900 | 10.00 | 90 |

5. a. D b. D c. D d. U e. U f. U g. D h. U i. N j. U k. U
6. a. 买入
   b. 加元
   c. 卖出
   d. 耗尽
7. a. 下降，上升
   b. 就是
   c. 下降
   d. 升值
   e. 便宜，昂贵
   f. 增加，减少
8. a. 英镑
   b. 流出
   c. 黄金

**图 13－3**

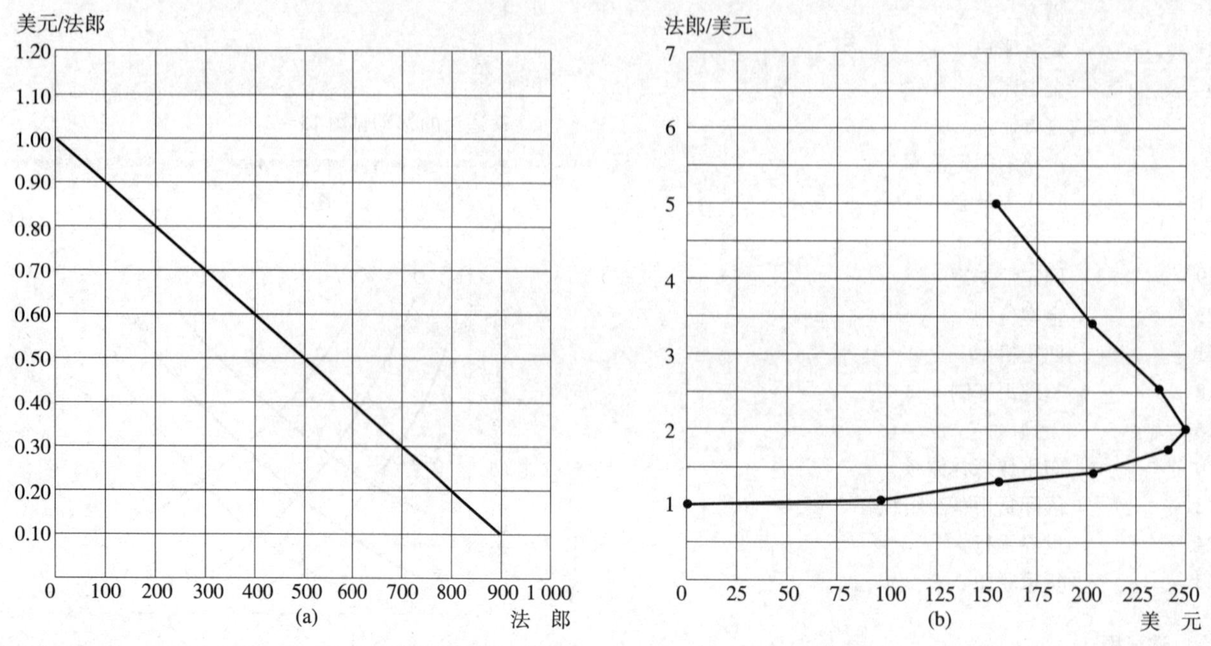


9. a. 流出，减少，下降
   b. 相反的，上升
   c. 增加，减少
   d. 增加，减少
10. a. 需求曲线向右移动可能是由于瑞士对德国商品和服务需求的增加。还有可能是从瑞士流入德国的金融资本增加。
    b. 由于马克升值了，德国出口品对瑞士人而言更加昂贵。同时，瑞士商品和服务的相对价格在德国将下降，因此德国公民会从瑞士进口越来越多的商品和服务，而减少购买本国的商品和服务。

c. 德国政府可能会卖掉欧元，或者可能会购买法郎。德国还有可能采用扩张的货币政策来降低国内利率，这将鼓励投资者将资金从德国转移至瑞士，结果，对欧元的需求将减少。

11. a. 英镑
    b. 高
    c. 英国
    d. 沿着需求和供给曲线的移动
12. a. 提供长期贷款
    b. 前提是该国不能
13. a. 50%
    b. 紧缩的，扩张的，上升
    c. 流入，增加，升值
    d. 更加昂贵，较为廉价
    e. 减少了，1 400 亿美元，赤字
    f. 盈余，上升
    g. 衰退，受压制的，保护和补贴

## 八、讨论题

1. 低收入国家往往存在大量的、低收入的劳动密集型服务部门。这些部门的产出由于自身的特点很难到国际市场上进行交易。采用市场汇率在确定交易商品的一般价值方面是一种较为准确的方法，但是它在评估未交易商品的价值方面不是很准确。当国与国之间存在着产品和生产方式的差异时，采用 PPP 汇率来估算一国产出的实际价值就更为精确了。
2. 有相对较高的通货膨胀率的国家存在着高价格，而高价格会对出口不利，从而外汇市场上对该国货币的需求将减少。换句话说，该国的货币将贬值。
3. a. 当一国有贸易赤字时，它必须用黄金来支付。黄金的减少会减少货币供给并降低价格水平。价格的下降使进口品变得相对昂贵，因此进口减少。
   b. 由于价格下降，出口将增加。
   c. 接受黄金的那个国家将出现货币供给的增加和价格的上升。由于价格上升了，出口将减少。
   d. 价格的上升同时还会鼓励该国公民购买越来越多的进口商品和服务。
4. 一国可以买卖本国货币或他国货币。一国还可以采用货币政策来改变国内利率。这将影响国外金融资本的流动，从而影响对本国货币的需求和汇率。
5. 随着世界各国经济在二次世界大战后的复苏，各国（尤其是德国和日本）对美国都有贸易盈余。贸易壁垒被降低，技术进步加速了各国之间金融资本的流动。对利率产生上升压力的美国巨大的预算赤字吸引了来自国外的金融资源。所有这些因素都使美国越来越难以维持在布雷顿森林体系中的汇率平价。
6. 一旦同意采用共同货币，就需要建立一个统一的中央银行来实施统一的货币政策。需要降低价格和工资刚性，以便于市场能够及时对冲击和动荡做出调整。基于相同的原因，需要劳动在各地区和各国之间自由流动。各国的利率和通货膨胀率必须类似——最好是保持在较低水平。此外，参与国还要控制它们的联邦政府预算赤字以及国债规模。还需要做很多的工作，但其回报也是很大的。

# 第 14 章

# 开放经济的宏观经济学

## 一、概述

本章将重温此前的乘数模型，并将国际贸易加入到分析中来。对外部门的加入不仅改变了总需求的组成部分，而且当进口对 GDP 的变化敏感时，财政政策和投资变化的整体效应也将发生改变。加入对外部门也会引起汇率影响和国际政策合作的问题，这些在本章中都将会讨论到，还讨论浮动汇率制下的货币传导机制。

本章第二部分的核心是全球经济中各国相互依存程度的不断加深，以及开放环境下经济增长的概念。此处最关键的问题是储蓄和投资的关系，以及一国利率和全球利率之间的关系。宏观经济政策的国际合作以及存在于各国之间的经济联系也将是讨论的重点。此外还将讨论近期美元价值的上下波动对美国和全球其他国家造成的影响。

本章最后一部分将对新世纪初我们所面临的主要国际经济问题进行评价。在这一部分，我们还将讨论到欧洲的新货币联盟。很显然，在全球经济中，没有哪个国家是一个孤岛。

## 二、学习目标

在你读完教材第 14 章并完成本书相应的习题后，你将能够做到以下几点。

1. 评价当今世界经济中对外贸易和国际金融的重要性。
2. 理解浮动汇率和固定汇率对于国际贸易和贸易政策的意义。
3. 理解对外贸易是如何同经济的**开放模式**（open model）融成一体的。
4. 计算**边际进口倾向**（marginal propensity to import）和**开放经济乘数**（open-economy multiplier）。
5. 讨论美国净出口的近期趋势。
6. 理解国际贸易和国外经济环境是如何影响国内经济增长的。
7. 解释开放经济中的货币传导机制。
8. 理解在开放经济中储蓄和投资之间的关系。
9. 论述开放经济下促进增长的战略。
10. 论述国家间存在的经济联系，以及宏观经济政策的国际合作必要性的理论依据。
11. 描述全球重大经济事件如何引起美元的价值上下波动，以及美元又是如何影响这些事件的。
12. 理解竞争力和生产率的区别，尤其是当它们被用于解释美国在全球经济中的地位时。
13. 描述欧洲货币体系，以及与欧洲货币体系的可行性相关的政策问题。

## 三、关键概念复习

在 B 栏中寻找与 A 栏中术语相应的解释，并将序号填在术语前边。

| A | B |
|---|---|
| __ 开放经济 | 1. 一国货币的价值相对于其他国家货币的价值上升。 |
| __ 封闭经济 | 2. 一种货币的价值高于其长期的或可持续的水平。 |
| __ 净出口 | 3. 与某一特定行业内的世界“领头羊”进行竞争。 |
| __ 国内需求 | 4. 没有国际贸易或国际金融的经济。 |
| __ 边际进口倾向 | 5. 指金融资本可以在各国之间轻易流动。 |

__ 对外净投资 6. 一国货币的价值相对于其他国家货币的价值下滑。

__ 贬值 7. 参与世界经济的国家，并且通过贸易和金融与其他国家相互联系。

__ 升值 8. 包括人力资本和其他类型的非实物资本。

__ 高度的资本流动性 9. 一个可以进行工资调整，且劳动力的流动性很高、足以适应经济变化的区域。

__ 无形资本 10. 在封闭经济中商品和服务的总支出，即 $C+I+G$，或 GDP $-X$。

__ 货币高估 11. GDP 每增加 1 美元时进口品增加的数额（用美元计）。

__ 竞争力 12. 出口商品和服务的价值减去进口商品和服务的净值。

__ 生产率 13. 一国在国外的净储蓄或投资：数值上约等于净出口的价值。

__ 全球化 14. 由每单位投入的产出来衡量，例如，每工时产出。

__ 理想货币区 15. 一国商品能够参与市场竞争的程度。

## 四、小结与本章提纲

本部分对教材第 14 章的关键概念进行总结。

### A. 对外贸易与经济活动

1. 当我们把贸易加入到分析中时，经济的总支出或总需求模型就变得完整了：

$$总需求 = C + I + G + X$$

2. 净出口（$X$）为一国出口（$Ex$）和进口（$Im$）之间的差额。

$$X = Ex - Im$$

一国的进口和出口主要由收入、相对价格差异以及汇率决定。当一国汇率上升时，进口商品的价格下降，而出口商品的价格则上升。

3. 有两种基本汇率制度：**浮动汇率制**（flexible exchange rate）和**固定汇率制**（fixed exchange rate）。在浮动汇率制下，汇率是由供给和需求的市场因素来决定的。在固定汇率制下，汇率则是由政府来决定的。

4. 一旦把贸易加入到宏观经济模型当中，我们就要对投资支出乘数和政府购买支出乘数进行调整，因为通常有一部分支出会漏出到其他国家。由于出口在很大程度上取决于国内经济以外的因素，如国外收入、国外价格和汇率，所以出口被认为是外生变量。进口也取决于国外的外生变量，不过它们的变化还是同（国内）GDP 的变化直接相关。随着收入和 GDP 的增长，在其他条件保持不变的情况下，一国会增加对国外商品和服务（如咖啡、香蕉、猕猴桃等）的购买。当净出口被加入到宏观经济模型当中时，GDP 的均衡水平可能会上升、下降或保持不变。

5. 回想一下我们此前有关边际和变化之间关系的讨论。边际进口倾向，即 $Mpm$，衡量的是 GDP 每变化 1 美元时进口品变化的数额（用美元计）。我们可以写成：

$$Mpm = \frac{m \text{ 的变化值}}{\text{GDP 的变化值}}$$

现在，我们又有了一个影响 $C+I+G+X$ 曲线或总支出曲线斜率的因素，该斜率由 $MPC$ 和 $Mpm$ 共同确定。在其他条件保持不变的情况下，随着 GDP 的增加，对国外商品和服务的支出也将会增加。因此，$Mpm$ 代表着经济的一个“漏出”，将会降低总支出曲线的斜率。

在教材所举的例子中，$MPC$ 为 0.67，给定 $Mpm$ 为 0.10。若 GDP 增加 300 美元，$C$ 将增加 200 美元（\$300 × 0.67），进口将增加 30 美元（\$300 × 0.10）。注意，这里进口的增加意味着对国外商品和服务的支出增加了 30 美元——这 30 美元不再在国内消费。支出（$C$ 和 $m$）的总变化为 170 美元（\$200 - \$30）。由于斜率衡量边际或变化，我们可以写出：

$$总支出曲线的斜率 = \frac{总支出的变化}{\text{GDP 的变化}} = \frac{170}{300} = 0.567$$

在这一模型的假设既定的情况下，在封闭经济中，总支出曲线的斜率为 $MPC$。在开放经济中，总支出曲线的斜率由于进口支出的漏出而趋于平缓。**出口**（export）的变化将使整个支出曲线向上移动或向下移动，如同投资支出和政府支出的变化一样。

6. 开放经济乘数要小于封闭经济支出乘数：

$$开放经济乘数 = \frac{1}{MPS + Mpm}$$

（由于分子式的分母变大，因而表达式的值就会变小。）

7. 当两个国家间实行的是固定汇率制度时，它们必须确保利率保持一致。如果两国间的利率存在差异，就会促使投机者将资金由低利率的国家转入高利率的国家。实质上，这两个国家间较小的一国再也不能实行独立的货币政策——它必须保证本国利率与其所钉住的伙伴国的利率相一致。
8. 在浮动汇率制下，货币政策将更加有效。在20世纪80年代初期，美联储通过提高利率抑制通货膨胀，并减缓经济增长。在国际市场上，高利率吸引国外金融资本流入，增加了对美元的需求，结果美元升值，随后出口减少，进口增加。这进一步抑制了经济的增长。
9. 浮动汇率制下的货币传导机制可通过对外贸易实现。例如，利率降低（扩张的货币供给）导致资本外流，结果使本国货币币值下降，但也会促使进口品更昂贵，出口品更便宜。所以，该国的净出口增加，总需求增加，均衡价格和产出也增加。

**B. 全球经济中的相互依存**

1. 在封闭经济中，政府财政赤字的增加会减少储蓄和投资。随着政府储蓄（$T-G$）的减少，这会降低经济的整体储蓄水平。在任意给定的利率下，由于可用于借贷的储蓄减少，因此，这会引起实际均衡利率上升。
2. 在开放经济中，实际利率由国际资本市场决定。如果一国国内的储蓄和投资未能达到均衡，汇率就会变动以确保达到适宜的净出口水平。这里需要明确的是，净出口等同于净国外投资。如果一国存在贸易顺差，即$Ex>Im$，那么，外国人购买的本国商品和服务比本国居民购买的外国商品和服务多。因此，本国将拥有外国货币的盈余。无论这些货币是否投资于国外，它们都被视为净国外投资。
3. 在开放经济中，一国为促进经济增长，可采取几种政策。为了鼓励国外投资，一国需要选择最佳的技术工艺。这时需要小心谨慎，适合A国的东西未必就适合B国，资源差异、教育和文化差异可能会使其难以适应新技术。无论如何，国外投资者需要确保他们的投资得到保障。贸易政策应趋于开放，竞争应该受到鼓励。一国除了对实物资本进行投资以外，还需要对人力资本进行投资。

**C. 国际经济问题**

1. 尽管美国在20世纪80年代和21世纪初竞争力有所下降，但生产率并未下降。美国在全球市场中的竞争力下降主要是因为美元升值，这使得美国的价格相对于其他国家来说上涨了。

   当外国生产率的领先者投资本国时，便提高了国内的生产率。举例来说，美国的汽车工业因日本汽车生产商在美国投资建厂而获益。开放市场增加了接触新技术的机会，并刺激了竞争。
2. 在1978年，欧洲一些大国同意将汇率保持在一个狭窄的波动区间内。只有每个国家都愿意放弃对本国利率的控制权，这种为了免受汇率市场波动所做出的努力才会成功。

   当1990年德国统一后，在将德意志民主共和国马克兑换成德意志联邦共和国马克的过程中，德国经历了一次剧烈的通货膨胀。德国央行提高利率以减少通货膨胀压力。高利率吸引国外金融资本流入，并增加了对德国马克的需求。结果，欧洲货币体系（EMS）的其他成员国不得不提高各自的利率以防止本国货币对德国马克的贬值。不久，事实表明各国为此付出了很大的代价。当投机者意识到货币已经被人为高估了的时候，市场就会开始作出反应。最终欧洲货币体系崩溃了。
3. EMS危机带来的结果催生了欧洲实行统一货币（“欧元”）计划的出台。实行统一货币能够消除国家间所有汇率问题，消除投机活动并降低交易成本。新组建的欧洲中央银行将为这个新的欧洲联盟中的各成员国执行货币政策。一些经济学家担忧，由于工资和价格的刚性，以及缺乏劳动力的流动性，一些地区将会因为长期失业和低增长而落后。
4. 尽管没有人能够准确地预期将来会发生什么事情，但是目前大多数国家都认为国际合作和协调是避免全球经济问题、增进全球福利的最佳方法。最后，由全社会而不是经济学家来决定如何分配稀缺资源：大炮和黄油；现在和未来等等。

## 五、学习提示

1. 注意，开放经济条件下的支出乘数要小于封闭经济条件下的支出乘数。这是因为随着收入或GDP的增加，进口（一种漏出）也会增加。出口主要取决于其他国家的经济是否健康，因而被视为一种外生变量。

2. 我们已经在先前几章用很长篇幅讨论了储蓄和投资对于经济增长的重要性。本章的讨论将进一步强调这一点。
3. 记住，萨缪尔森和诺德豪斯在本章谈到的"资本流动性"，指的是金融资本，而不是作为生产要素的实物资本。

## 六、选择题

下列问题按照教材中的顺序安排，从各选项中选出一个最佳答案。

### A. 对外贸易与经济活动

1. 假设条件如下：
   A. GDP 最初是均衡的。
   B. 政府随后增加了 20 亿美元的商品和服务总支出。
   C. 税收没有增加。
   D. 边际消费倾向为 0.75。
   E. 边际进口倾向为 0.25。

   假设在新的均衡条件下没有产生价格通货膨胀，那么 GDP 将：
   a. 减少 40 亿美元。
   b. 增加 20 亿美元。
   c. 增加 60 亿美元。
   d. 增加 80 亿美元。
   e. 增加 40 亿美元。
2. 如果政府支出没有增加，但由于本国货币贬值，出口增加了 20 亿美元，则第 1 题中的哪一个选项正确：
   a. 减少 40 亿美元。
   b. 增加 20 亿美元。
   c. 增加 60 亿美元。
   d. 增加 80 亿美元。
   e. 增加 40 亿美元。
3. 如果政府支出没有增加，但由于本国货币的升值，出口减少了 20 亿美元，则第 1 题中的哪一个答案正确：
   a. 减少 40 亿美元。
   b. 增加 20 亿美元。
   c. 增加 60 亿美元。
   d. 增加 80 亿美元。
   e. 增加 40 亿美元。
4. 20 世纪大部分时间：
   a. 美国实行孤立主义的政策。
   b. 美国经历了贸易顺差。
   c. 美国和加拿大两国间的贸易额减少。
   d. 所有以上选项。
   e. 以上选项都不是。
5. 国民产出与国内支出之间的差额为：
   a. 净进口。
   b. 出口减去进口。
   c. 进口减去出口。
   d. 储蓄。
   e. 以上选项都不是。
6. 假设日元兑美元的汇率下跌，下面哪一种陈述是正确的：
   a. 现在需要更多美元来兑换等量日元。
   b. 在其他条件保持不变的情况下，美国人可能会购买更少的日本商品和服务。
   c. 在其他条件保持不变的情况下，日本人可能能够购买更多的美国商品和服务。
   d. 相对于日元，美元贬值了。
   e. 所有以上选项。
7. 当我们从封闭经济转向开放经济时：
   a. 私人储蓄增加。
   b. 支出乘数增加。
   c. 一次性总付税收不会发生变化。
   d. 总支出曲线斜率不会发生变化。
   e. 出口和进口将会对经济产生同样绝对的影响，只不过是变化的方向不同。
8. 开放经济的乘数：
   a. 与总支出线的斜率相关。
   b. 等于支出乘数乘以 *MPC*。
   c. 等于 1/*Mpm*。
   d. 当进口超过出口时将会下降。
   e. 以上选项都不是。
9. 实行固定汇率制度且具有高度资本流动性的国家的重要特征是：
   a. 除了资本，其经济一定是封闭的。
   b. 参与彼此间的贸易。
   c. 它们的利率基本上是一致的。
   d. 一定是在金本位制度下。
   e. 所有以上选项。
10. 在一个开放经济中，紧缩性的货币政策将导致下列哪项结果？

a. 利率下降，本币贬值，净出口和总需求上升。
b. 利率上升，本币升值，净出口和总需求上升。
c. 利率下降，本币贬值，净出口和总需求下降。
d. 利率上升，本币升值，净出口和总需求下降。

11. 当美元升值时：
a. 进口趋于增加。
b. 出口趋于增加。
c. 货币政策被用于抵消升值带来的影响。
d. 政府预算赤字趋于减少。
e. 边际进口倾向趋于下降。

12. 开放经济的支出乘数：
a. 比封闭经济的大。
b. 比封闭经济的小。
c. 与封闭经济相同。
d. 等于零。
e. 比封闭经济的大或者小。

**B. 全球经济中的相互依存**

13. 推动经济增长需要：
a. 鼓励储蓄。
b. 扩大投资。
c. 实行适宜的贸易政策。
d. 采用最先进技术。
e. 所有以上选项。

14. 高的国内利率将会：
a. 吸引国外资金。
b. 有助于本国货币升值。
c. 引起出口减少。
d. 引起进口增加。
e. 所有以上选项。

15. 一国的国际贸易平衡主要取决于：
a. 国内储蓄。
b. 国内投资。
c. 生产率水平。
d. 所有以上选项。
e. 只有 a 和 b 正确。

16. 在长期内，提高一国人均产出和生活标准的唯一的也是最重要的方法是：
a. 提高储蓄率。
b. 增加国外投资。
c. 增加国内投资。
d. 在生产中采用最适用的先进技术。
e. 降低人均税率。

17. 当储蓄和投资之间存在缺口时，这个缺口应如何填补：
a. 通过净出口的变化。
b. 通过国际利率的变化。
c. 一国实行固定汇率制度。
d. 货币政策干预。
e. 时间（从长期看会自动恢复）。

18. 当国际利率高于国内利率时：
a. 本国货币升值。
b. 储蓄趋于流向国外。
c. 进口将超过出口。
d. 所有以上选项。
e. 以上选项都不是。

19. 无形资本：
a. 隐藏于地下经济中。
b. 包括经济中服务部门的投资。
c. 包括海外公司的资本投资。
d. 包括人力资本投资。
e. 主要是由欠发达国家的投资组成。

20. 在一个具有高资本流动性、采用固定汇率制的小的开放经济中：
a. 实际上丧失了货币政策这一宏观经济政策工具的独立性。
b. 财政政策成为一个有力的工具。
c. 货币政策成为一个有力的工具。
d. 实际上丧失了财政政策这一宏观经济政策工具的独立性。
e. a 和 b 正确。

**C. 世纪末的国际经济问题**

21. 当法国的利率上升时，我们预期：
a. 法国国内投资将减少。
b. 国外金融资本将流入法国。
c. 比利时的利率将上升。
d. 法国法郎将升值。
e. 所有以上选项。

22. 20 世纪 80 年代中期美元大幅贬值，其原因是：
a. 一些政府抛售美元。
b. 投机者抛售美元。
c. 美国以外国家的利率相对较高。
d. 所有以上选项。

e. 以上选项都不是。

23. 当投机者________时，就会出现投机行为：
  a. 认为一种货币将贬值，并开始购买。
  b. 认为一种货币将贬值，并开始抛售。
  c. 协调其在金融卡特尔中的活动。
  d. 将资产从股票和债券转化为外汇。
  e. 所有以上选项。
24. 20 世纪 80 年代美国竞争力下降的一个原因是：
  a. 美国生产率的下降。
  b. 美国经济衰退。
  c. 美元升值。
  d. 所有以上选项。
  e. 以上选项都不是。
25. 美国在 20 世纪 90 年代末出现的贸易赤字同________有关。
  a. 美元强劲升值。
  b. 国外经济增长疲软。
  c. 美国在同期的低通货膨胀率。
  d. 所有以上选项。
  e. 只有 a 和 b 正确。
26. 当国际利率上升时，小国的开放经济将会经历：
  a. 汇率上升，投资增加，净出口增加。
  b. 汇率上升，投资减少，净出口增加。
  c. 汇率下降，投资增加，净出口增加。
  d. 汇率下降，投资减少，净出口增加。
  e. 汇率下降，投资减少，净出口减少。
27. 当欧洲国家在 1978 年建立欧洲货币体系时，它们同意将汇率保持在狭小的区间之内，达成协议的一个结果是：
  a. 净出口减少。
  b. 放弃对本国利率的控制权。
  c. 本国货币被投机炒作的风险降低。
  d. 所有以上选项。
  e. 只有 a 和 c 正确。
28. 若一国希望金融资本跨国界自由流动，以及奉行独立的货币政策，那么它必须同时：
  a. 享有贸易顺差。
  b. 实行固定汇率制度。
  c. 实行浮动汇率制度。
  d. 具有政府预算盈余。
  e. 具有政府预算赤字。
29. 在加入欧盟之前，预加入的成员国必须要满足哪方面的准入条件：
  a. 通货膨胀率。
  b. 利率。
  c. 政府预算赤字。
  d. 国家债务。
  e. 所有以上选项。
30. 为确保欧元成功成为统一货币：
  a. 必须建立欧洲中央银行。
  b. 一些欧洲国家必须要降低工资和价格的刚性。
  c. 劳动力应该在各个市场之间自由流动。
  d. 参加国必须要使通货膨胀率和利率都接近最低国的水平。
  e. 所有以上选项。

## 七、解答题

下列问题旨在帮助你运用教材中提到的概念。

### A. 对外贸易与经济活动

1. 考察表 14－1 所界定的开放经济（单位：10 亿美元）。
  a. 利用 $GDP = G + I + G + X$，计算该开放经济的均衡 GDP 水平。均衡 GDP 水平或 $GDP^* =$ ______。
  b. 当 $GDP = GDP^*$ 时，计算以下各变量的值：
    （1）$I =$ ____美元
    （2）$S =$ ____美元
    （3）$T - G =$ ____美元
    （4）$Im - Ex =$ ____美元

    当经济处于均衡水平时，投资应该再次等于所有储蓄。正如我们加入政府储蓄一样，在这里我们需要加入国外储蓄。当进口大于出口时，国外储蓄为正（国外储蓄意味着美国人所购买的国外商品和服务要多于外国人所购买的美国商品和服务），因此我们需要将 $Im - Ex$ 作为储蓄的一部分。
  c. 当 $GDP = GDP^*$ 时，私人储蓄、政府储蓄和国外储蓄的总和等于____；该数值（**等于/小于/大于**）$GDP^*$ 下的投资。
  d. 如果该经济是封闭经济，则进口和出口均为零，那么均衡 GDP 将等于____。
  e. 根据表 14－1 所示开放经济，GDP 将（**上升/不变/下降**）____%。

表 14－1（单位：10 亿美元）

| GDP | C | I | G | T | Ex | Im |
|---|---|---|---|---|---|---|
| 900 | 340 | 200 | 500 | 500 | 250 | 90 |
| 950 | 370 | 200 | 500 | 500 | 250 | 95 |
| 1 000 | 400 | 200 | 500 | 500 | 250 | 100 |
| 1 050 | 430 | 200 | 500 | 500 | 250 | 105 |
| 1 100 | 460 | 200 | 500 | 500 | 250 | 110 |
| 1 150 | 490 | 200 | 500 | 500 | 250 | 115 |
| 1 200 | 520 | 200 | 500 | 500 | 250 | 120 |
| 1 250 | 550 | 200 | 500 | 500 | 250 | 125 |
| 1 300 | 580 | 200 | 500 | 500 | 250 | 130 |
| 1 350 | 610 | 200 | 500 | 500 | 250 | 135 |
| 1 400 | 640 | 200 | 500 | 500 | 250 | 140 |
| 1 450 | 670 | 200 | 500 | 500 | 250 | 145 |
| 1 500 | 700 | 200 | 500 | 500 | 250 | 150 |
| 1 550 | 730 | 200 | 500 | 500 | 250 | 155 |
| 1 600 | 760 | 200 | 500 | 500 | 250 | 160 |
| 1 650 | 790 | 200 | 500 | 500 | 250 | 165 |
| 1 700 | 820 | 200 | 500 | 500 | 250 | 170 |
| 1 750 | 850 | 200 | 500 | 500 | 250 | 175 |
| 1 800 | 880 | 200 | 500 | 500 | 250 | 180 |
| 1 850 | 910 | 200 | 500 | 500 | 250 | 185 |
| 1 900 | 940 | 200 | 500 | 500 | 250 | 190 |
| 1 950 | 970 | 200 | 500 | 500 | 250 | 195 |
| 2 000 | 1 000 | 200 | 500 | 500 | 250 | 200 |
| 2 050 | 1 030 | 200 | 500 | 500 | 250 | 205 |

由于进口水平随着国内经济活动水平的变化而变化，因此，在开放经济条件下，凯恩斯主义的乘数将发生扭曲。如果进口发生变化的同时，出口保持不变，那么净出口则必然发生变化。

衡量进口相对于 GDP 变动敏感度的指标是边际进口倾向（*Mpm*）。*Mpm* 为由 GDP 导致的进口变化与 GDP 变化的比率。

f. 依据表 14－1 可得边际进口倾向为____。

给定任意边际进口倾向，由政府支出和国内投资变动而引起的支出乘数将不再是 1/*MPS*，而是：

$$\frac{1}{(MPS+Mpm)}$$

g. 只要 *Mpm* 大于零，那么开放经济的乘数必然要（**大于/等于/小于**）封闭经济下的乘数。

因此，开放经济中投资变化或政府支出变化对 GDP 的影响较之封闭经济要小。为什么呢？因为在开放经济条件下，投资或政府支出的增加会部分地漏出到国外去。

h. 根据表 14－1 中的消费函数计算边际消费倾向，*MPC* =____。

i. 封闭经济的乘数为____，而开放经济的乘数为____。

2. 利用表 14－1 回答下列问题（单位：10 亿美元）。

a. 假定投资增加了 2 500 亿美元。如果在封闭经济中，你会预期 GDP 将（**增加/不变/减少**）____。

b. 如果在开放经济中，GDP 将（**增加/不变/减少**）____。

c. 利用投资等于储蓄的等式，证明 b 题的计算结果正确。

（1）GDP** =____美元

（2）$I$ =____美元

（3）$S$ =____美元

（4）$T-G$ =____美元

（5）$Im-Ex$ =____美元

d. 假定该经济的贸易伙伴奉行“以邻为壑”的贸易政策，禁止任何来自该经济的出口，即 *Ex* 降为 \$0，均衡 GDP 将（**增加/减少**）至____美元。

e. 现在假定汇率的变化使进口品更加昂贵，且在每一个 GDP 水平上，出口都增加 100 美元而进口减少 30 美元。因此，该经济的货币已经（**升值/贬值**）了，均衡 GDP 将（**上升/下降**）。

3. 考虑表 14－2。

**表 14－2 对外贸易的产出决定**（10 亿美元）

| (1)<br>GDP 的初始水平 | (2)<br>国内需求 ($C+I+G$) | (3)<br>出口 ($Ex$) | (4)<br>进口 ($Im$) | (5)<br>净出口 ($X=Ex-Im$) | (6)<br>总支出 ($C+I+G+X$) |
|---|---|---|---|---|---|
| 4 100 | 4 000 | 350 | 410 | ____ | ____ |
| 3 800 | 3 800 | 350 | 380 | ____ | ____ |
| 3 500 | 3 600 | 350 | 350 | ____ | ____ |
| 3 200 | 3 400 | 350 | 320 | ____ | ____ |
| 2 900 | 3 200 | 350 | 290 | ____ | ____ |

a. 填写表中第（5）栏和第（6）栏的数据，并估算经济中新的均衡 GDP 值。（这里的答案不可能是确切的数字，因为表中 GDP 的数字总是有 300 的变

化量。确切的答案应该位于这些数字的两者之间。）GDP（约）等于____。

b. $MPC=$____

c. $Mpm=$____

d. 开放经济的支出乘数 = ____

e. 出口的变化为 100。如果你把这个变化与开放经济条件的乘数相乘，你将得到____，这正好是 GDP 的变化！新的均衡 GDP 水平为____。

f. 思考一下图 14－1，在图中加上新的支出线。

**图 14－1**

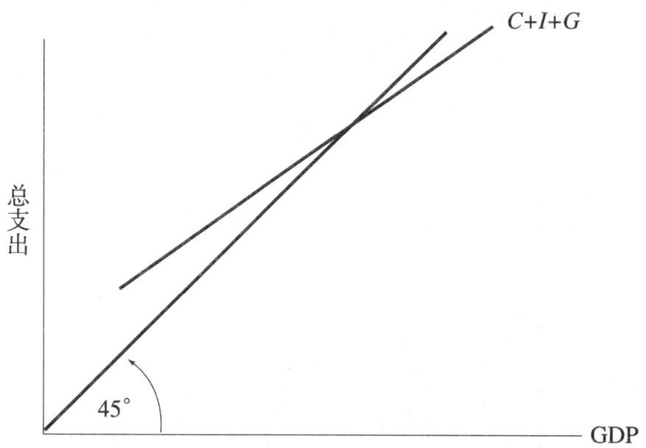


**B. 全球经济中的相互依存**

4. 图 14－2 描述了封闭经济中储蓄和投资间的关系。回想一下，*S* 代表包括居民和企业在内的总的私人储蓄，公共储蓄为政府税收（*T*）和支出（*G*）两项之差。经济的初始均衡点为 *A* 点。现在假定，在其他条件保持不变的情况下，政府增加了税收。

a. 其结果是，政府预算赤字将（**增加/减少/保持不变**）。

b. 在图 14－2 中画一条新的曲线以显示税收的变化。

c. 在经济的新的均衡点，实际利率（**下降/上升/保持不变**），投资支出水平已经（**下降/上升/保持不变**）。

d. 你认为政府增加税收的主要原因是什么？

**图 14－2　封闭经济中的储蓄与投资**

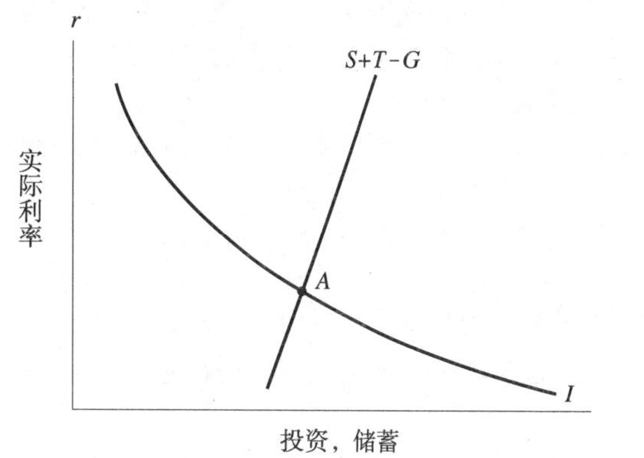


5. 图 14－3 表示在开放经济中储蓄和投资间的关系，这种关系对国际市场上的实际利率、即 $r^W$ 没有什么影响。回想一下，在开放经济中，存在着投资的其他来源和储蓄的其他出口。假定最初经济处于 A 点均衡状态中，国民总储蓄等于国民投资。

**图 14－3　开放经济中的储蓄与投资**

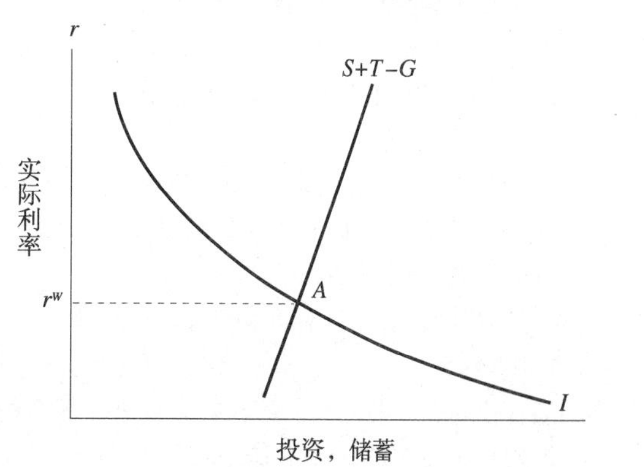


a. 假定国民节俭程度提高，储蓄率上升，请在图中画出新的 *SS* 曲线以描绘这一变化。

b. 结果，相对于国际利率而言，国内利率将（**上升/下降/保持不变**），国外投资将（**增加/减少/保持不变**）。

c. 相应地，本国货币将（**升值/贬值/保持不变**），出口将（**增加/减少/保持不变**）。

d. 相反，假定相对于国内利率而言，国际利率上升了，那么结果是，国内投资将（**增加/减少/保持

**不变**)，国内利率将（**上升/下降/保持不变**）。

e. 这将导致国内储蓄（**增加/减少/保持不变**）。由于人们的储蓄（**更多/更少/不变**），所以支出将（**减少/增加/保持不变**），且本国货币价值将（**升值/贬值/保持不变**）。

f. 最后，净出口和国外投资将（**增加/减少/保持不变**），从而重新达到均衡。

g. 将上述变化在图 14－3 中描述出来。

**C. 国际经济问题**

6. 过去国际金融问题中最显著的问题之一是美元价值被高估。
   a. 美元价值被高估这一情况是始于（**紧缩的/宽松的**）货币政策，以及实行的（**刺激性/紧缩性**）财政政策，从而推动美国的实际利率（**上升/下降**）。
   b. 国外投资因此（**流入/流出**）**美国，**（**增加/减少**）**了对美元的需求，并由此导致了美元在全球货币市场上的**（**升值/贬值**）。
   c. 因此，美国的出口变得（**更加昂贵/更加便宜**），而进口则（**更加昂贵/更加便宜**）。
   d. 净出口（**扩大/萎缩**），从而导致经常账户出现巨大的（**赤字/盈余**）。
   e. 不过，这一差异性因资本账户的（**赤字/盈余**）而近乎消除，因此美元持续被高估并会推动海外利率（**上升/下降**）。
   f. 结果便是国外经济趋向（**衰退/繁荣**），（**受压制的/过度扩张的**）美国竞争性的进出口行业呼吁（**自由贸易/保护和补贴**）。
7. 在全球经济中，一国利率的上升可能会对邻国产生一系列的影响。
   a. 随着德国利率的上升，德国将会吸引（**更多的/更少的**）来自美国的海外金融资源。
   b. 这将导致美元（**升值/贬值**）。
   c. 结果，美国的出口和 GDP 都将（**增加/减少**）。
   d. 同时，德国的高利率将引起美国利率（**上升/下降**），因为金融资源可能撤离出（**美国/德国**）。
   e. 因此，美国投资支出和 GDP 也将会（**减少/增加**）。
   f. 总而言之，德国的高利率对美国经济的影响是（**模糊的/明确的**）。

## 八、讨论题

回答下列问题，并解释你这样回答的原因。

1. 解释开放经济条件下总支出线的斜率要比封闭经济中的更为平缓的原因。
2. 什么原因引起 20 世纪 80 年代初实际净出口显著下降，并随后在 80 年代末和 90 年代初的回升，以及此后的再次下降？
3. 解释一国储蓄率和投资率之间的关系，在你的答案中将短期和长期区分开来。
4. 讨论欧洲在实现由共同货币和单一央行构成的严格固定汇率制时要致力解决的经济问题。

## 九、答案

### 三、关键概念复习

| | |
|---|---|
| 7 | 开放经济 |
| 4 | 封闭经济 |
| 12 | 净出口 |
| 10 | 国内需求 |
| 11 | 边际进口倾向 |
| 13 | 对外净投资 |
| 6 | 贬值 |
| 1 | 升值 |
| 5 | 高度的金融资本流动性 |
| 8 | 无形资本 |
| 2 | 货币高估 |
| 15 | 竞争力 |
| 14 | 生产率 |
| 3 | 全球化 |
| 9 | 理想货币区 |

### 六、选择题

1. E　2. E　3. A　4. B　5. B　6. E　7. C
8. A　9. C　10. D　11. A　12. B　13. E　14. E
15. C　16. D　17. A　18. A　19. D　20. E　21. E
22. D　23. B　24. C　25. D　26. D　27. B　28. C
29. E　30. E

### 七、解答题

1. a. $GDP^* = \$1\ 500$

b. （1）$I = \$200$

（2）$S = \$300$

（3）$T - G = \$0$

（4）$Im - Ex = -\$100$

c. \$200，等于

d. \$1 250

e. 上升，20

f. 5/50 = 0.10

g. 小于

h. 30/50 = 0.60，$C = 100 +$ （0.6 ¥ $DI$）

i. 2.5，2.0

2. a. 增加，\$250 × 2.5 = \$625

b. 增加，\$250 × 2.0 = \$500

c. （1）GDP** = \$1 500 + \$500 = \$2 000

（2）$I = \$200 + \$250 = \$450$

（3）$S = \$500$

（4）$T - G = \$0$

（5）$Im - Ex = -\$50$

d. 减少，\$250 × 2 = \$500，GDP*** = \$2 000 − \$500 = \$1 500。为了检查你的答案，请比较储蓄与投资：$I = \$450$，$S = \$300$，$T - G = \$0$，$m - e = \$150$

e. 贬值，上升

3. a. 见表 14－2，GDP 估计等于 \$3 700

b. 0.67

c. 0.10

d. 1/0.43 = 2.33

e. \$233，\$3 733

f. 见图 14－1

**表 14－2　存在对外贸易的产出决定**（单位：10 亿美元）

| （1）GDP 的初始水平 | （2）国内需求（$C+I+G$） | （3）出口（$Ex$） | （4）进口（$Im$） | （5）净出口（$X=Ex-Im$） | （6）总支出（$C+I+G+X$） |
|---|---|---|---|---|---|
| 4 100 | 4 000 | 350 | 410 | －60 | 3 940 |
| 3 800 | 3 800 | 350 | 380 | －30 | 3 770 |
| 3 500 | 3 600 | 350 | 350 | 0 | 3 600 |
| 3 200 | 3 400 | 350 | 320 | 30 | 3 430 |
| 2 900 | 3 200 | 350 | 290 | 60 | 3 260 |

**图 14－1**

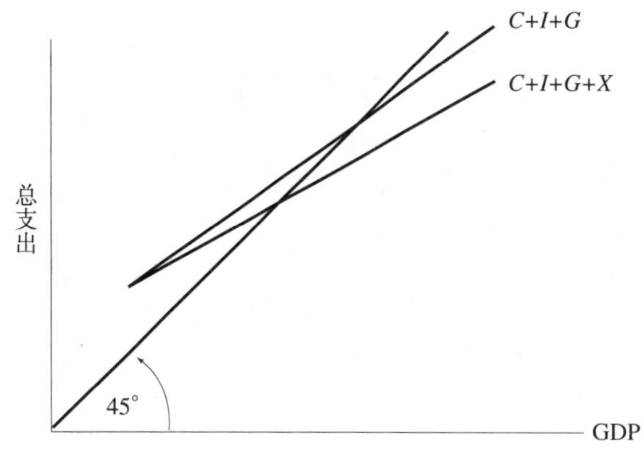


**图 14－2　封闭经济中的储蓄和投资**

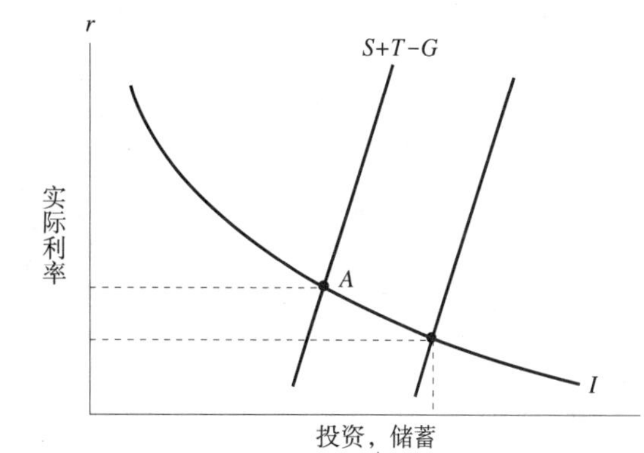


4. a. 减少

b. 见图 14－2

c. 下降，上升

d. 税收增加可能是为了抑制通胀和减缓经济增长，也可能是想要为某一新的支出项目融资。

5. a. 见图 14－3

b. 下降，减少

c. 贬值，增加

d. 减少，上升

e. 增加，更多，减少，贬值

f. 增加

g. 见图 14－3，国际利率为 $r^{W'}$，$BC$ 代表净出口或国外投资。

**图 14－3 开放经济中的储蓄与投资**

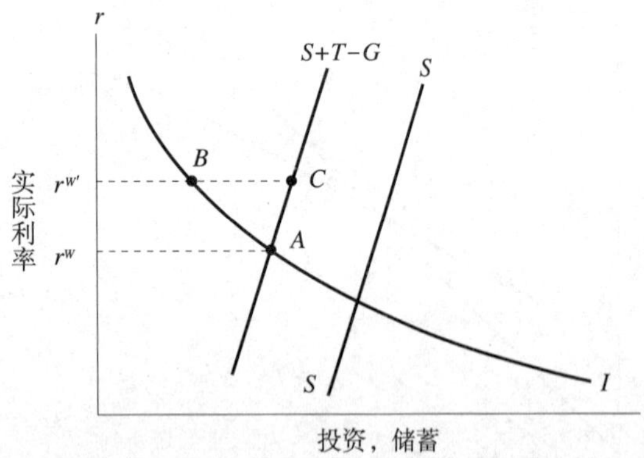


6. a. 紧缩的，刺激性，上升
   b. 流入，增加，升值
   c. 更加昂贵，更加便宜
   d. 萎缩，赤字
   e. 盈余，上升
   f. 衰退，受压制的，保护和补贴
7. a. 更多的
   b. 贬值
   c. 增加
   d. 上升，美国
   e. 减少
   f. 模糊的

## 八、讨论题

1. 在开放经济中，进口与国内经济的 GDP 水平相关。当收入增加时，其中一些收入将用于对国外商品和服务的支出；同样，当收入减少时，由于居民也会减少对进口商品的支出，国内支出将不会受到下滑带来的全面冲击。因此，开放经济下，支出线的斜率和乘数也减小。
2. 在 1982 年美国经济衰退以后，与其主要贸易伙伴相比，美国的经济出现了强劲增长。这引起了美国进口增加，出口减少。分析家还指出，美元货币被高估也对净出口下降起到了推波助澜的作用。随后出现的美元汇率下降，以及国外经济复苏，促进了美国在 20 世纪 80 年代后期和 90 年代初期贸易赤字的减少。此后，国内强劲的经济增长和国外经济的衰退同时推动了 20 世纪 90 年代和 21 世纪初美国净出口的减少。
3. 一国的投资主要是由该国的资本生产率来决定。只要金融资源可以在全球流动，那么它们将会流入那些资本生产率最高的国家。如果国内储蓄相对于投资率而言过低，储蓄的短缺能够通过国外金融资本的流入得到补偿。这一情形似乎已经发生了，至少在短期内，美国便是这样。
4. 当一个地区成为最优货币区时，采用共同货币才是适当的。这会带来较低的交易成本，并有可能达成最佳资本配置。另外还应该要求工资和价格的灵活性，以便针对宏观经济冲击而进行调整。

第 15 章

# 失业与总供给的基础

## 一、概述

第 11 章和第 12 章重点介绍了经济增长和发展。在本章的第一部分，我们研究总供给的基础。虽然我们在第 4 章首次接触了总供给（*AS*）的概念，但是在学完第 15 章之后，你应该会对国内产出和经济增长有更深一步的了解。很显然，没有产出就没有增长，也没有发展。

对于一些人而言，失业是一个主要的宏观经济问题，尤其是在增长和发展停滞时。而对于其他人而言，失业仅仅是衡量在目前的工资水平下有多少人不愿意就业的一种方法。第 15 章对这两方面都有所阐述。失业的准确定义是通过经济内容和统计方法来阐述的。本章也用了一些篇幅介绍失业的社会成本。此外，提请读者关注非自愿失业以及失业对人口中不同阶层的影响。

本章的重点并不是通过推动产出增加来减少失业的宏观经济政策，这些都是以前和以后章节所讨论的主题。相反，本章将讨论基于微观的失业原因，并与一些旨在减少失业的政策相结合。

## 二、学习目标

在你读完教材第 15 章并完成本书相应的习题后，你将能够做到以下几点。

1. 描述决定**总供给**（aggregate supply）曲线的两个基本因素。
2. 解释古典学派和凯恩斯主义对总供给曲线看法之间的差别。
3. 解释长期总供给曲线形状和短期总供给曲线形状之间的区别。
4. 理解**奥肯法则**（Okun's Law）的含义、意义以及实证上的合理性。
5. 理解失业的经济影响和社会影响：GDP 减少、投资减少、压力加大、疾病增多以及技能丧失。
6. 解释**失业率**（unemployment rate）是如何计算的，并讨论与衡量方法相关的问题。
7. 区分**摩擦性失业**（frictional unemployment）、**结构性失业**（structural unemployment）和**周期性失业**（cyclical unemployment）。
8. 区分**自愿失业**（voluntary unemployment）和**非自愿失业**（involuntary unemployment），理解工资粘性在解释存在非自愿失业时所发挥的作用。
9. 认识到失业是在不同工作群体间的不均衡分布。
10. 理解近期欧洲失业率上升的原因。

## 三、关键概念复习

在 B 栏中寻找与 A 栏中术语相应的解释，并将序号填在术语前边。

| A | B |
|---|---|
| __ 总供给曲线 | 1. 因为人们寻找工资率比现行市场工资率更高的工作而存在的失业。 |
| __ 潜在产出 | 2. 失业人数占总劳动力人数的比率。 |
| __ 就业者 | 3. 一个高度组织的竞争市场，这里的价格上下浮动以平衡供给和需求。 |
| __ 失业者 | 4. 在现行工资率下寻找工作的人的数量大于可提供的工作职位而存在的失业。 |
| __ 非劳动力 | 5. 工作机会与求职者的技能或类型不匹配的一种失业。 |

__ 劳动力　6. 相对于潜在 GDP，GDP 每下降 2 个百分点，失业率就会上升 1 个百分点。

__ 失业率　7. 在不会引致通货膨胀压力增大的条件下，经济所能够持续生产的最大产出。

__ 摩擦性失业　8. 由于对劳动的整体需求下降而引发的失业，往往发生在经济衰退时期。

__ 结构性失业　9. 其他条件保持不变的情况下，表示在每一个可能的价格水平上所生产的国民总产出的曲线。

__ 周期性失业　10. 现行工资率不同于市场出清下的均衡工资的劳动市场。

__ 自愿失业　11. 指那些从事有报酬的工作，但因病、休假或罢工而离职的人。

__ 非自愿失业　12. 根据某一衡量标准或预先定好的标准制定价格的市场。

__ 非出清的劳动市场　13. 由于人们在各个地区之间、各种工作职位之间不停地变动所引起的失业（被认为是一种自愿失业，但不算在自愿失业以内）。

__ 拍卖型市场　14. 没有在市场上工作，也没有寻找工作的人。

__ 管理型市场　15. 指那些未被雇佣但正在积极寻找工作的人，或正在等待重返工作岗位的人。

__ 奥肯法则　16. 包括失业者和就业者。

## 四、小结与本章提纲

本部分对教材第 15 章的关键概念进行总结。

### A. 总供给的基础

1. 经济中**总供给**（aggregate supply）的水平由经济体生产商品和服务的潜力，以及经济中的工资和价格行为来决定。
2. 古典理论认为工资和价格反应如此之快，以至于经济的业绩几乎完全是由潜在 GDP 来决定的。对于总供给和总需求，古典理论最具代表性的是在潜在 GDP 水平上的一条垂直的总供给曲线。
3. 凯恩斯主义认为工资和价格反应如此之慢，以至于经济可能在远低于潜在产出的水平上实现均衡。对于总供给和总需求，该学派认为为总供给曲线是水平的或者是非常平坦的，至少在潜在 GDP 的左边是这样。

### B. 失　业

1. **奥肯法则**（Okun's Law）是统计上的一个奇迹——一条符合实际的简单规则。它告诉我们，相对于潜在 GDP，实际 GDP 每下降 2 个百分点，失业率就会上升 1 个百分点。如果实际 GDP 与潜在 GDP 只是以相同的速度增长（确实每年都有小幅增长），那么失业率将保持不变。
2. 失业者（U）是指那些没有工作但正在积极寻找工作的人。就业者（E）是指那些在市场中从事有报酬工作的人。劳动力（LF）既包括就业者，也包括失业者（U + E）。失业率（用百分数表示）是指失业者在总劳动力中的比例。

$$失业率=\frac{失业人数}{失业人数+就业人数}\times 100\%$$
$$=\frac{失业人数}{劳动力}\times 100\%$$

那些虽然在工作（比如在家照顾家庭）但在劳动力范围之外的人，则属于非劳动力。在政府的失业统计中，他们既不属于就业者也不属于失业者！

3. 经过几十年的研究，经济学家们发现了失业的三种原因。**摩擦性失业**（frictional unemployment）是第一种主要类型，人们不停地变换工作，新进入或重新进入劳动力市场都会造成摩擦性失业。通常将其视为整个劳动力市场的润滑剂，因为它提高了市场的经济效率。然而，这种看法有时会走向极端，十几岁的青少年总是频繁更换工作，因此他们的失业率处在全国最高之列。

第二种类型是**结构性失业**（structural unemployment），它源于一些产业的紧缩。即使在一个增长的经济中，也有一些产业会随着对其产品需求的萎缩而日渐衰落，最后它们不得不裁员。

最后是**周期性失业**（cyclical unemployment），它是商业周期在劳动力市场上的自然反映。经济活动的全面紧缩意味着我们需要越来越少的人来实现期望的产出，从而导致就业人数下降。

4. 为了了解失业及其背后的原因，经济学家对**自愿失业**（voluntary unemployment，人们在现行工资下选择不工作）和**非自愿失业**（involuntary unemployment，人们愿意接受现行工资水平，但却找不到工作）做出了区分。他们认为粘性工资是产生非自愿失业的原因，因为当劳动力市场供过于求时，工资并没有相应地下降。
5. 不同类型的失业要求政府出台不同的政策。摩擦性失业或自愿失业可能不会给经济带来多少麻烦。周期性失业可以通过旨在熨平商业周期中低谷的政策来降低。对于结构性失业，仅做出这些努力是不够的，政府需要经常对结构性失业者进行培训，以使其获得新技能。
6. 经济衰退以及由此引起的失业对不同类型的人有不同的影响，但几乎每个群体都会遭受痛苦。每个群体的失业率都在上升（这种上升通常在各个群体间成比例分配），而且失业的周期也都在延长。
7. 美国和欧洲的失业趋势不同。在过去将近 30 年里，欧洲的失业率已经超过美国的失业率。两个重要因素可以解释这一现象。首先，美国中央银行——美联储——是单一的，因此其货币政策是统一的。而欧洲直到最近才开始有了共同的中央银行，其货币政策因而也是独立的。即使现在有了统一的央行，欧洲各国的财政政策仍然是分散的。此外，若欧洲各国不对称地遭遇商业周期（如某一个地区繁荣而另一个地区衰退），则共同货币政策的出台在减弱某个地区的经济波动时就会放大其他地区的经济波动。第二，欧洲劳工市场管制更加严格，且福利计划更为宽松。为享受扩大化了的福利补贴和失业救济而自愿失业的人，在统计数据上往往也被划归为失业者。

## 五、学习提示

1. 正在寻找工作的人才能被统计为失业者。全日制学校的学生、在家操持家务的人以及退休人员都不是正在寻找工作的人，因此他们不是失业者，也不在劳动力范围之内。一旦开始寻找工作，都将被统计为失业者，并计为劳动力的一部分，而不管有没有工作。
2. 所有非全日制工作的人都被统计为就业者。这些人也许想工作更长的时间，而且实际上正在寻找其他工作，但他们还是被计为就业者。从某种程度上讲，目前由于这一状况的存在，导致官方统计低估了实际的失业率。
3. 那些没有工作的人可能不会知道，更不会留心他们到底属于哪一个失业类型。然而，对政策制定者而言，分清他们是摩擦性、结构性还是周期性失业者是非常重要的。例如：
   a. 摩擦性失业者不需要政府出资对他们进行培训，但结构性失业者却需要。
   b. 全面减税对结构性失业效果不大但对周期性失业意义重大。
4. 失业率是指所有劳动力中失业的平均程度。注意，不同失业群体的失业率是不同的。一个国家的失业率可能为 6%，但对一个正在寻找工作的人来说，其个人的失业率为 100%！

## 六、选择题

下列问题按照教材中的顺序安排，从各选项中选出一个最佳答案。

### A. 总供给的基础

1. 你预期以下哪一个选项将使总供给曲线向右移动：
   a. 政府支出增加。
   b. 净出口减少。
   c. 劳动力参与率下降。
   d. 采用先进的生产技术。
   e. 美元贬值。
2. 假定政府支出增加，如果经济正处于潜在 GDP 水平，那么这一政策变化的长期效果应该是：
   a. 价格上升，产出不变。
   b. 价格上升，产出增加。
   c. 价格上升，产出减少。
   d. 价格下降，产出增加。
   e. 价格下降，产出不变。
3. 如果实际产出接近于但低于潜在 GDP 水平，考察政策变化的短期效果，那么第 2 题的哪一个选项正确：
   a. 价格上升，产出不变。
   b. 价格上升，产出增加。
   c. 价格上升，产出减少。
   d. 价格下降，产出增加。
   e. 价格下降，产出不变。
4. 如果从凯恩斯主义的角度考察政策变化的长期效果，那么第 2 题的哪一个选项正确：

a. 价格上升，产出不变。
b. 价格上升，产出增加。
c. 价格上升，产出减少。
d. 价格下降，产出增加。
e. 价格下降，产出不变。

5. 如果从技术生产率改进的古典主义角度，考察政策变化的长期效果，那么第2题的哪一个选项正确：
a. 价格上升，产出不变。
b. 价格上升，产出增加。
c. 价格上升，产出减少。
d. 价格下降，产出增加。
e. 价格下降，产出不变。

6. 假设同时存在投入要素供给的减少，按照凯恩斯主义的观点，考察政策变化的长期效果，那么第2题的哪一个选项正确：
a. 价格上升，产出不变。
b. 价格上升，产出增加。
c. 价格上升，产出减少。
d. 价格下降，产出增加。
e. 价格下降，产出不变。

7. 在短期内，成本中的粘性要素在下列哪个方面发挥了作用：
a. 企业获利的能力。
b. 企业随价格上升增加生产的意愿。
c. 短期总供给曲线的斜率为正。
d. 所有以上选项。
e. 以上选项都不是。

8. 古典学派是产出决定分析中重要的一员。下列属于古典学派的观点的是：
a. 价格与工资是有弹性的。
b. 任何过剩的需求或供给都会很快地得到调整，从而实现充分就业。
c. *AS* 曲线是垂直的。
d. 短期之内价格与工资具有刚性。
e. a、b 和 c。

**B. 失业**

9. 如果潜在 GDP 在 2005 ~ 2008 年间增长了 9%，但实际 GDP 没有发生变化，那么根据奥肯法则，失业率会从 2005 年的 5.8% 上升至：
a. 6.1%。
b. 10.3%。
c. 11.2%。
d. 8.8%。
e. 9.7%。

10. 2008 年末美国失业者的一个关键特征是
a. 大约一半的失业者是“工作丢失者”——非自愿失业。
b. 失业人数为 200 万
c. 他们从事高科技和出口行业
d. 大多数都是自己选择失业的

11. 心理学研究表明，从工作岗位上被解雇：
a. 对于个人的劳动市场经验来说，是一个积极因素。
b. 是每个人在一生中都应该至少经历一次的事情。
c. 通常让人感到如同一个密友去世那样沮丧。
d. 一般而言，对大多数人没有损害也没有益处。
e. a 和 b 正确。

12. 一个正在等待重新回到工作岗位的人属于：
a. 就业者。
b. 失业者。
c. 非劳动力。
d. 非充分就业者。
e. 一个失去信心的工人。

13. 如果一个人因病而不能工作，那么第 11 题的哪一个选项正确：
a. 就业者。
b. 失业者。
c. 非劳动力。
d. 非充分就业者。
e. 一个失去信心的工人。

14. 假如一名大学本科生在毕业那天就进入一家家族企业工作，那么我们预期失业率将：
a. 根本没有什么变化。
b. 略有上升。
c. 略有下降。
d. 有轻微波动，先上升后下降。
e. 以上选项都不是，信息不充分。

15. 非自愿失业的存在：
a. 关键取决于凯恩斯关于工资并不会随着劳动市场上需求的增加而上涨的假设。
b. 关键取决于凯恩斯关于工资并不会随着劳动市场上供给的增加而下降的假设。
c. 即使是古典经济学家也承认这一点。

d. 在全面的失业统计中，只占很次要的地位。
e. 以上选项都不是。

16. 下面哪一项陈述是正确的：
a. 不同群体的失业率是不同的。
b. 当经济出现商业周期的波动时，失业率也呈现类似波动。
c. 当经济处于衰退期时，失业的持续时间趋于延长。
d. 摩擦性失业率的上升未必是一件坏事情。
e. 所有以上选项。

17. 那些由于经济衰退而失业的人属于：
a. 摩擦性失业。
b. 结构性失业。
c. 周期性失业。
d. 永久性失业。
e. 以上选项都不是。

18. 如果把题干换成由于美国钢铁业衰落而失业的人，那么第 17 题的哪一个选项正确：
a. 摩擦性失业。
b. 结构性失业。
c. 周期性失业。
d. 永久性失业。
e. 以上选项都不是。

19. 如果把题干换成刚进入劳动力范畴，但还没有找到工作的人，那么第 17 题的哪一个选项正确：
a. 摩擦性失业。
b. 结构性失业。
c. 周期性失业。
d. 永久性失业。
e. 以上选项都不是。

20. 德国统一后欧洲失业率上升，部分原因是：
a. 世界范围的经济衰退。
b. 法国大选以及政治经济周期。
c. 美国经济增长减缓。
d. 美联储的货币政策。
e. 德国央行的货币政策。

## 七、解答题

下列问题旨在帮助你运用教材中提到的概念。

### A. 总供给的基础

1. a. 总供给的两个主要决定因素是______和______。
b. 表 15－1 中列出了一系列经济环境的变化。针对每一种变化，请在第（2）栏标出属于 a 题中哪一个总供给决定因素。
c. 在第（3）栏填出图 15－1（a）、（b）或（c）中哪一幅最能反映 *AS* 变化至 *AS'* 的图形效果，并在第（4）栏解释你的推理。表中的第一行已经填好，以供参考。

**表 15－1**

| (1)<br>变化 | (2)<br>*AS* 决定因素 | (3)<br>图 | (4)<br>解释 |
|---|---|---|---|
| a. 人口增加 | 潜在产出 | (a) | 可获得的投入增加 |
| b. 工资率上升 | ____ | __ | ________ |
| c. 投入价格上升 | ____ | __ | ________ |
| d. 生产技术改进 | ____ | __ | ________ |
| e. 毁灭性地震 | ____ | __ | ________ |
| f. 消费增加 | ____ | __ | ________ |

2. 下列是一些经济事件。针对每一个事件，请分别指出凯恩斯学派和古典经济学派就该事件对 GDP 和价格的影响的预期。在表 15－2 中的空格处只需标明预期影响的方向，请用 **U** 表示“上升”，**D** 表示“下降”，**0** 表示“没有变化”，？表示“模棱两可的影响”。在总供给图上表示出这些事件，也许对解答问题有所帮助。运用图 15－2 和图 15－3 来帮助你找到答案。
a. 潜在产出增加。
b. 总需求大大增加。
c. 利率上升，抑制了总需求。
d. 国外的石油供给急剧下降，引起石油价格上升，这抑制了对国内商品和服务的需求，并提高了整体的投入价格。
e. 一场巨大灾难导致潜在产出下降 25%。

**表 15－2**

| | 凯恩斯主义 | | 古典理论 | |
|---|---|---|---|---|
| 事件 | 价格 | 产出 | 价格 | 产出 |
| a. | ____ | ____ | ____ | ____ |
| b. | ____ | ____ | ____ | ____ |
| c. | ____ | ____ | ____ | ____ |
| d. | ____ | ____ | ____ | ____ |
| e. | ____ | ____ | ____ | ____ |

**图 15－1**

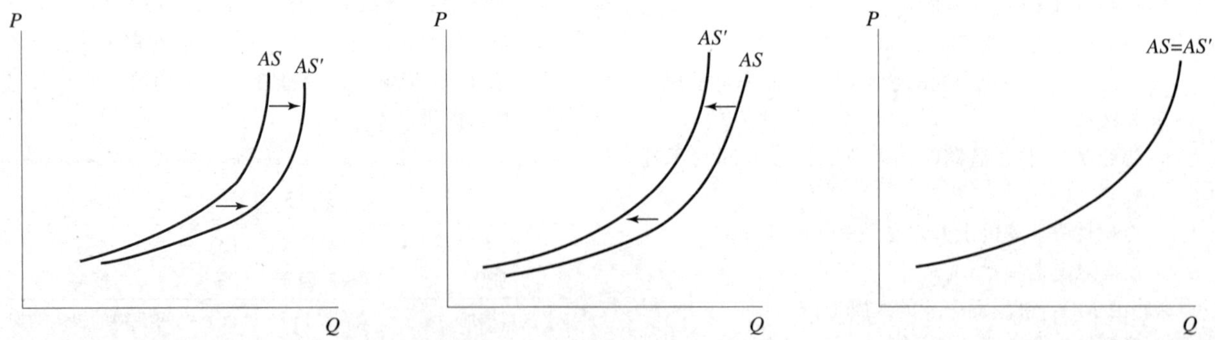


(a) (b) (c)

**图 15－2**

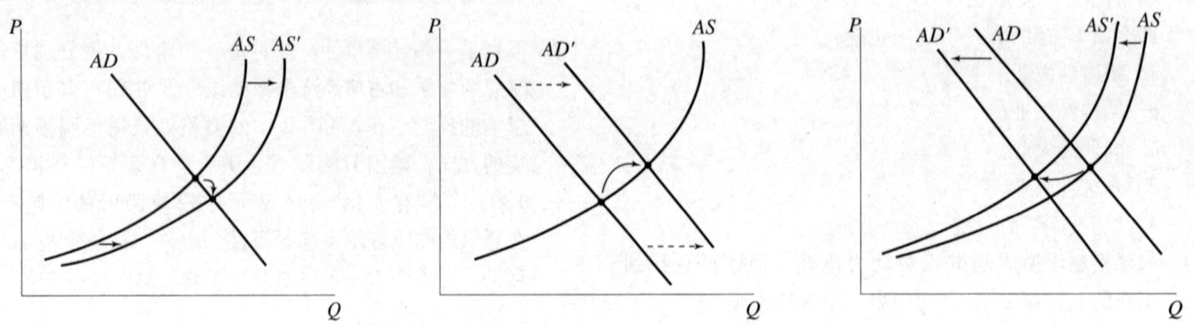


(a) (b) (c)

**图 15－3**

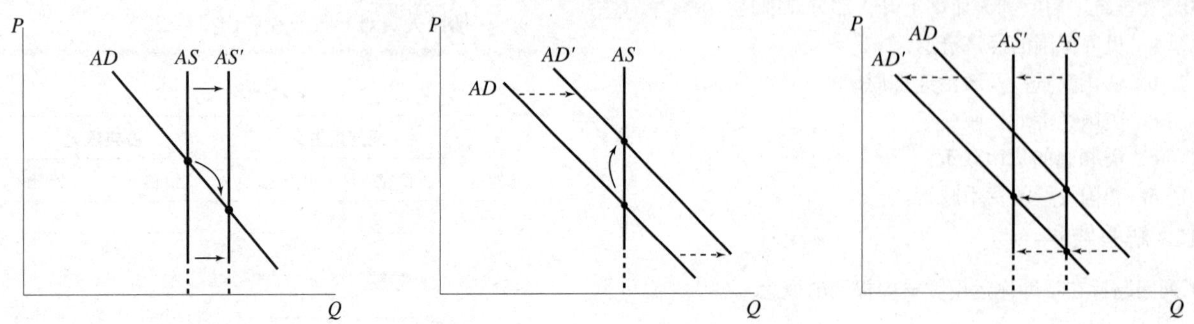


(a) (b) (c)

3. 一个“纯粹”的凯恩斯主义模型将总供给曲线认为是一条水平线，或者至少在 GDP 小于潜在 GDP 时是平坦的。
   a. 因此，在这一区域内，任何刺激总需求的经济手段，如调整税收或增加政府支出，都对 GDP（**没有/有积极的/有消极的**）影响，而对价格则（**没有/有积极的/有消极的**）影响。
   b. 在另一个极端，古典学派认为刺激性财政政策对 GDP（**没有/有积极的/有消极的**）影响，而对价格则（**没有/有积极的/有消极的**）影响。
   c. 在这两个极端中间，财政政策的变化被预期（**同时影响价格和 GDP/只影响 GDP/只影响价格**）。
4. 在表 15－3 的空白处填上各种政策变化的预期影响。与第 2 题相同，**U** 代表“上升”，**D** 代表“下降”，**0** 代表“没有变化”。注意，你必须根据相应的理论回答。

**表 15－3**

| | 凯恩斯主义 | | 古典理论 | |
|---|---|---|---|---|
| 事件 | 价格 | 产出 | 价格 | 产出 |
| a. 税收增加 | ____ | ____ | ____ | ____ |
| b. 政府支出增加 | ____ | ____ | ____ | ____ |
| c. 税收减少 | ____ | ____ | ____ | ____ |
| d. 政府支出减少 | ____ | ____ | ____ | ____ |

**B. 失　业**

5. 以表 15－4 为例，运用奥肯法则，根据给出的数据计算各年实际失业率的预期值

**表 15－4**

| | 年增长率 | | 失业率 | |
|---|---|---|---|---|
| 年份 | 潜在 GDP（%） | 实际 GDP（%） | 初始失业率（%） | 预期失业率（%） |
| 1 | 3.3 | 2.2 | 5.5 | ____ |
| 2 | 3.3 | 6.0 | 4.8 | ____ |
| 3 | 3.3 | -0.2 | 3.5 | ____ |
| 4 | 3.3 | -1.1 | 5.6 | ____ |
| 5 | 2.7 | -1.3 | 7.5 | ____ |

6. 为了降低失业率，实际 GDP 必须比潜在 GDP 增长得更快。假定潜在 GDP 每年增长 2%，目前的失业率为 9%。又假定国会希望失业率在 3 年内降至 6%。根据奥肯法则，实际 GDP 的年增长率必须达到______才能实现这一目标？
7. a. 失业率可以通过每个月随机抽取（**10 000/30 000/60 000**）个家庭，调查它们的就业状况来衡量。
   b. 一国的所有人口可以划分为三类：就业者、失业者和非劳动力。请问下列情形分别属于哪一个分类？请用（**E**）表示就业者，（**U**）表示失业者，（**N**）表示非劳动力：
   __（1）一位被解雇的汽车工人正在寻找工作。
   __（2）一位被解雇的汽车工人，目前在 Wendy's 公司有一份兼职工作。
   __（3）一位病得很重不能工作的律师。
   __（4）一位失业的钢铁工人因不抱希望而放弃寻找工作。
   __（5）一位全日制大学生。
   __（6）一位上夜校的汽车修理工。
   __（7）一位管理人员离职去上法学院。
   __（8）一位整天忙于家务的家庭主妇。
   __（9）一位在图书馆做一份兼职工作的家庭主妇。
   __（10）一位义务在图书馆兼职的家庭主妇。
8. 对于下列每一个人，请指出属于哪一种失业类型：（**S**）表示结构性失业，（**F**）表示摩擦性失业，（**C**）表示周期性失业：
   __ a. 一位即将毕业的大学生，目前还未找到工作。
   __ b. 一位钢铁工人由于持续的国际竞争而失业。
   __ c. 在经济衰退时，一位汽车工人失业。
   __ d. 由于油价上涨导致总需求减少，一位管理人员失业。
   __ e. 由于油价上涨导致对燃油机械需求下降，一位管理人员失业。
   __ f. 一位丈夫（或妻子）因为搬家不得不辞掉工作。
   __ g. 面对国外廉价劳动力冲击，服装工会拒绝降低工资，因此，服装工会的一个成员失业。
9. 我们可以运用图 15－4 来考察自愿失业与非自愿失业之间的区别。曲线 *SS* 表示一条典型的劳动供给曲线，假定可获得的劳动力规模为 1 000 人。曲线 *DD* 表示对劳动的需求。
   a. 均衡工资为____美元，在这一工资水平上，有____人愿意工作并能找到工作，有____人选择不

工作。

b. 因此，自愿失业人数为____，非自愿失业人数为____。

假定需求状况有所恶化，$D'D'$曲线表示现在对劳动的需求。

c. 如果工资可以下降，那么新的均衡工资将为____美元，就业总人数为____。

d. 非自愿失业的总人数将为____，自愿失业的总人数将为____。

e. 但是，如果工资无法下降，那么就业总人数将为____，非自愿失业的总人数将为____，自愿失业的总人数将为____。

本题的重点是：非自愿失业存在的关键取决于，在劳动市场供过于求的情况下，工资不能做出下降反应。简言之，如果工资拥有充分弹性，在现行工资水平下愿意工作的任何人都能找到工作。

f. 这（等于/不等于）说，如果对劳动的需求减少了，总的就业人数将不会减少。这只不过说明，如果愿意接受较低的工资水平，人们是可以找到工作的。

**图 15-4**

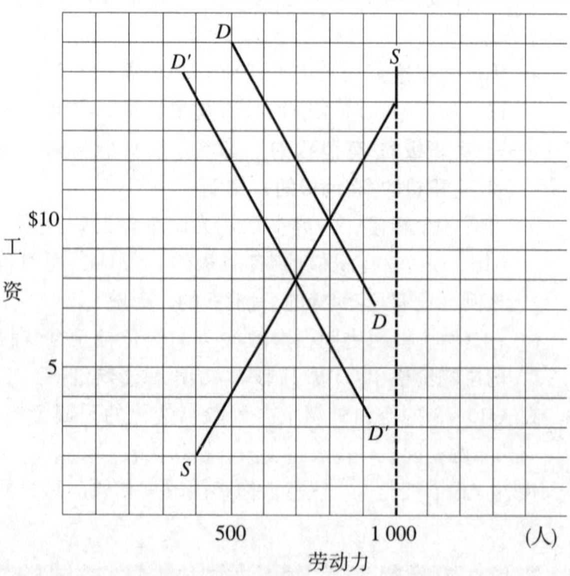


**图 15-5**

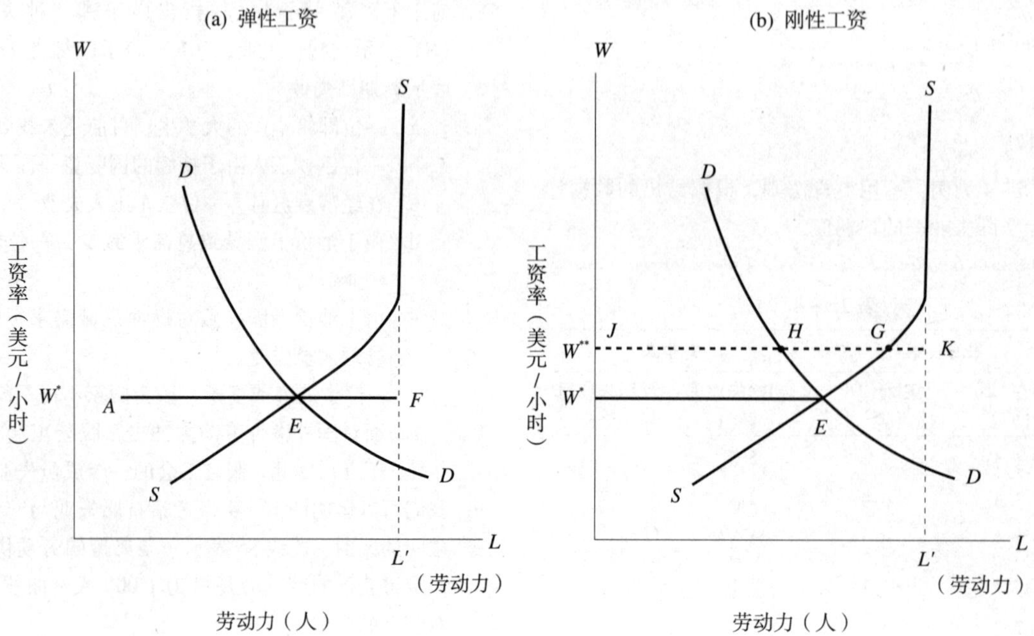

10. 请看图 15－5。

a. 在（a）幅图的弹性工资下，市场在工资率为 $W^*$ 时出清。用图中的字母表示，就业水平为____，失业水平为____，这被认为是（**自愿/非自愿**）失业。

b. 在（b）幅图中，工资率被粘在 $W^{**}$。就业水平为____，自愿失业水平为____，非自愿失业水平为____。

11. a. 请看表 15－5，该表按照失业原因列出了失业水平。该图表明经济衰退会引起失业率上升：劳动力中失业者的比例上升，因为他们已经（**重新进入劳动市场/失业/自愿失业/首次进入劳动市场**）。

b. 1982 年的失业率为____%，2000 年的失业率为____%。

c. 根据表 15－5，人们失业有 4 个主要原因。请计算由每一种原因引起的失业在每年所占的百分比，完成表 15－6（1982 年的第一个数字已经填出）。

**表 15－5 不同原因的失业**
**（不同原因失业者占劳动力的%）**

| 原 因 | 衰退年份 1982 年 | 繁荣年份 2000 年 |
|---|---|---|
| 失业者 | 5.7 | 1.8 |
| 重新进入者 | 2.2 | 1.3 |
| 新进入者 | 1.1 | 0.3 |
| 放弃工作者 | 0.8 | 0.5 |

**表 15－6**

| 原 因 | 1982 年对失业率的贡献 | 2000 年对失业率的贡献 |
|---|---|---|
| 失业者 | 58.2 | ____ |
| 重新进入者 | ____ | ____ |
| 新进入者 | ____ | ____ |
| 放弃工作者 | ____ | ____ |

d. 在哪一年中进入者（包括新进入者和重新进入者）在总数中占有较大的比例？

e. 在哪一年中失业者在总数中占有较大比例？

f. 请用你学过的商业周期中的失业模式解释 d 和 e 的答案。

______________________________

______________________________

g. 在哪一年中人们更有可能放弃工作，寻找其他更好的就业机会？请简要解释。

______________________________

______________________________

## 八、讨论题

回答下列问题，并解释你这样回答的原因。

1. 解释短期总供给曲线和长期总供给曲线之间的区别。
2. 解释凯恩斯主义和古典学派对总供给的看法有哪些不同。
3. 解释凯恩斯主义和古典学派对产出决定的不同路径。

## 九、答案

### 三、关键复习概念

| | |
|---|---|
| 9 | 总供给曲线 |
| 7 | 潜在产出 |
| 11 | 就业者 |
| 15 | 失业者 |
| 14 | 非劳动力 |
| 16 | 劳动力 |
| 2 | 失业率 |
| 13 | 摩擦性失业 |
| 5 | 结构性失业 |
| 8 | 周期性失业 |
| 1 | 自愿失业 |
| 4 | 非自愿失业 |
| 10 | 非出清的劳动市场 |
| 3 | 拍卖型市场 |
| 12 | 管理型市场 |
| 6 | 奥肯法则 |

### 六、选择题

1. D 2. A 3. B 4. A 5. D 6. C 7. D
8. E 9. B 10. A 11. C 12. B 13. C 14. C
15. B 16. E 17. C 18. B 19. A 20. E

## 七、解答题

1. a. 工资和成本，潜在产出
   b. 见表 15－1
   c. 见表 15－1

**表 15－1**

| (1) | (2) | (3) | (4) |
|---|---|---|---|
| b. | 工资和成本 | (b) | 成本增加使 *AS* 向左移动 |
| c. | 工资和成本 | (b) | 成本增加使 *AS* 向左移动 |
| d. | 潜在产出 | (a) | 在每一个价格水平上 *Q* 增加 |
| e. | 潜在产出 | (b) | 投入和资源被毁灭 |
| f. | 两者都不属于 | (c) | 消费影响 *AD* |

2.

**表 15－2**

| | 凯恩斯主义 | | 古典理论 | |
|---|---|---|---|---|
| 事件 | 价格 | 产出 | 价格 | 产出 |
| a. | D | U | D | U |
| b. | U | U | U | 0 |
| c. | D | D | D | 0 |
| d. | ? | D | ? | D |
| e. | U | D | U | D |

3. a. 有积极的，则没有
   b. 没有，有消极的
   c. 同时影响价格和 GDP
4.

**表 15－3**

| | 凯恩斯主义 | | 古典理论 | |
|---|---|---|---|---|
| 事件 | 价格 | 产出 | 价格 | 产出 |
| a. 税收增加 | 0 | D | D | 0 |
| b. 政府支出增加 | 0 | U | U | 0 |
| c. 税收减少 | 0 | U | U | 0 |
| d. 政府支出减少 | 0 | D | D | 0 |

5. 6.05%，3.45%，5.25%，7.80%，9.50%
6. 4%（如果实际 GDP 每年比潜在 GDP 增长快 2%，那么失业率将下降 1%。如果这一速度能持续 3 年，那么失业率将会下降 3%。）
7. a. 60 000
   b. (1) U
   (2) E
   (3) N
   (4) N
   (5) N
   (6) E
   (7) N
   (8) N
   (9) E
   (10) N
8. a. F
   b. S
   c. C
   d. C
   e. S
   f. F
   g. S
9. a. 10，800，200
   b. 200，0
   c. 8，700
   d. 0，300
   e. 600，200，200
   f. 不等于
10. a. *AE*，*EF*，自愿
    b. *JH*，*GK*，*HG*
11. a. 失业
    b. 9.8%，4.2%
    c.

**表 15－6**

| 原　因 | 1982 年对失业率的贡献 | 2000 年对失业率的贡献 |
|---|---|---|
| 失业者 | 58.1 | 46.2 |
| 重新进入者 | 22.5 | 33.3 |
| 新进入者 | 11.2 | 7.7 |
| 放弃工作者 | 8.2 | 12.8 |

    d. 2000 年
    e. 1982 年
    f. 在扩张期，有更多的进入者被吸引到劳动力中。在衰退期，失业率随着失业者的增加而上升。表中的数据证实了这一观点。

g. 2000 年。当经济增长时，新的就业机会增加，于是人们放弃现有的工作去寻找更好的就业机会。

## 八、讨论题

1. 短期总供给曲线的斜率为正。随着产出的增加，价格会越来越高。但是，在长期内，总供给是由经济的潜在产出来决定。潜在产出反过来又是由人口增长、科技进步和其他因素决定的，但是不受价格水平的影响。因此，长期总供给曲线是一条垂直线。
2. 关注大萧条的凯恩斯认为，总供给曲线是一条水平线。通过对经济的观察，以及看到大量的失业和闲置资源，在凯恩斯看来，实际 GDP 有可能大量增加，而不会给价格带来任何上升的压力。但另一方面，古典经济学派认为，经济总是会将任何失调现象（如失业）调节到长期均衡状态。对他们而言，总供给曲线是一条正好处于潜在 GDP 水平的垂直线。
3. 古典学派认为，价格与工资都是灵活的，因而任何的过剩供给或需求都能够得到迅速的调整，从而在总供给或总需求冲击之后迅速得实现充分就业。而凯恩斯主义认为，由于刚性契约（如工会合同）的存在，短期之内，工资和价格都是具有粘性的。正是由于价格和工资对外界冲击的调整十分缓慢，因此实现充分就业将是一个长期缓慢的过程，经济体也将承受长时间的失业。

第 16 章

# 通货膨胀

## 一、概述

在教材前面的每一章几乎都提到了**通货膨胀**（inflation）和**价格**（price）这两个术语，现在该用一整章的篇幅来讨论这些重要概念了。前几章，我们关注的主要是经济条件的变化如何使实际 GDP 上下波动。前面几章已经分析了在两种情况下的这些变化：宏观经济学总供给和总需求模型和基本凯恩斯模型的总支出结构。最近，人们一直在用奥肯法则将实际 GDP 的变化转化为就业的变化。现在则要扩展我们的视野，将价格水平的变化也考虑进来，同时，还要特别考虑通货膨胀的起源和代价。

当你学习本章内容时，你会碰到一些最基本的经济问题。为什么历史记录了一次偶然的恶性通货膨胀事件？怎样才能避免再发生类似事件？通货膨胀的代价是什么？这些代价是怎样取决于经济环境的？有没有其他类型的代价更大或更小的通货膨胀？

我们还要探讨失业与通货膨胀之间的替代关系。一个经济体会注定永远都忍受高水平的失业或通货膨胀吗？能用财政和货币政策来减轻替代的严重后果吗？能否采用其他类型的政策，使失业在可以忍受的范围的同时，降低通货膨胀？最后，通过忍受高失业来降低通货膨胀的代价是用短期的还是长期的观点来评估？

## 二、学习目标

在你读完教材第 16 章并完成本书相应的习题后，你将能够做到以下几点：

1. 描述衡量通货膨胀的方法，并了解**通货膨胀**（inflation）、**通货紧缩**（deflation）和**反通货膨胀**（disinflation）之间的区别。
2. 总结美国（还有其他一些国家）的通货膨胀史。
3. 区分温和的通货膨胀、急剧的通货膨胀和恶性通货膨胀。
4. 描述通货膨胀如何对财富的分配、资源配置以及相对价格产生经济影响。
5. 解释**预期的**（anticipated）和**不可预期的**（unanticipated）通货膨胀之间的差别，以及**平衡的**（balanced）和**不平衡的**（unbalanced）通货膨胀之间的差别。
6. 区分**预期的**（expected）通货膨胀、**需求拉动型**（demand-pull）通货膨胀和**成本推动型**（cost-push）通货膨胀。解释对经济的冲击如何促使预期的通货膨胀率上升。
7. 运用总供给和总需求图，解释各种类型的通货膨胀。
8. 总结预期的通货膨胀在短期和长期**菲利普斯曲线**（Phillips curve）中的作用。
9. 定义**非加速通货膨胀的失业率**（nonaccelerating inflation rate of unemployment，NAIRU），并解释对降低 NAIRU 的一些质疑。
10. 利用短期和长期菲利普斯曲线推导出失业与通货膨胀关系的螺旋线，它综合描述了美国在 20 世纪 70 年代、80 年代、90 年代和 21 世纪初的经历。

## 三、关键概念复习

在 B 栏中寻找与 A 栏中术语相应的解释，并将序号填在术语前边。

| A | B |
|---|---|
| __ 通货膨胀 | 1. 名义或货币工资除以消费者价格指数。 |

| | | |
|---|---|---|
| __ 价格指数 | 2. | 一种机制：工资、价格和合同随一般价格水平变动而进行的部分或完全的调整，以弥补价格水平的变动。 |
| __ 实际工资 | 3. | 高失业与高通货膨胀共存。 |
| __ 预期的通货膨胀率 | 4. | 价格指数增长率的降低。 |
| __ 需求拉动型通货膨胀 | 5. | 总需求的增长速度超出经济潜在生产能力时发生的情况。 |
| __ 成本推动型通货膨胀 | 6. | 表示通货膨胀率稳定的情况下（也对应于潜在的 GDP），能够长期维持的最高就业水平。 |
| __ 滞胀 | 7. | 一般价格水平的上涨。 |
| __ 菲利普斯曲线 | 8. | 可以被预期到并加在合同和非正式协议中的通货膨胀率，也叫核心通货膨胀率、基础通货膨胀率或预期的通货膨胀率。 |
| __ 非加速通货膨胀的失业率 | 9. | 为追求反通货膨胀政策而放弃的产出的累积损失。 |
| __ 指数化 | 10. | 当失业率很高且资源利用不足时，由于成本上升所造成的通货膨胀，也叫供给冲击型通货膨胀。 |
| __ 反通货膨胀 | 11. | 一组商品和服务价格的加权平均。 |
| __ 牺牲率 | 12. | 表明了通货膨胀的“替代”理论——通货膨胀是低失业率的替代。 |

## 四、小结与本章提纲

本部分对教材第 16 章的关键概念进行总结。

### A. 通货膨胀的定义及影响

1. 人们常常用某一期（如 1 年）到下一期价格指数的变化率来衡量通货膨胀。如果用 $P_1$ 表示第一年的价格指数，$P_2$ 表示第二年的价格指数，那么在第一年和第二年之间的通货膨胀率为：

$$\frac{P_2 - P_1}{P_1} \times 100\%$$

因此，这里的一个重要问题就是价格指数是如何构成的。通货膨胀并不是说所有价格都上涨，它是价格和成本的一般水平的上升。

2. 尽管历史上偶尔发生过恶性通货膨胀，但令人欣慰的是，在没有采取猛烈的反通货膨胀政策措施的情况下，即使是急剧的通货膨胀也不一定会走到无法管理的一步。同时，温和的通货膨胀并不会严重扭曲相对价格，所以并不可怕。人们不会为了避免实际购买力下降所带来的损失而花太多的时间和精力来管理货币收支，而且通货膨胀预期十分稳定并可以预测。事实上，温和的通货膨胀预期会引起温和的工资水平的上涨，因而这种预期就可能成为可自我实现的预言。
3. 均衡的通货膨胀使所有商品或大多数商品的价格（大致）成比例上升；不均衡的通货膨胀则只影响特定的商品或商品类别。不均衡的通货膨胀让人们花费更多的时间管理他们手中的货币（请回忆一下本章关于“皮鞋”成本的例子），而且扭曲了市场上的价格信号，使经济运行缺乏效率。
4. 人们可以通过事先的计划来应付可预期的通货膨胀。不可预期的通货膨胀会产生再分配效应（比如将财富从债权人手中再分配给债务人），人们不得不采取有巨大潜在成本的套期保值策略以规避损失。因此，最具破坏力的通货膨胀是不均衡且不可预期的。
5. 大多数经济学家都同意，每年小幅增长的稳定物价是经济的最好“药方”。虽然与通货膨胀做斗争在政治上不得人心（因为这样会导致失业率上升），但大多数工业国家的中央银行都是热情的反通货膨胀战士。

### B. 现代通货膨胀理论

1. **需求拉动型**（demand-pull）通货膨胀是由过多的总需求引起的，而且通常与更高的实际 GDP 和名义 GDP 联系在一起。（如果经济正在潜在 GDP 水平上运行，那么 GDP 的增长将完全是名义上的。）**成本推动型**（cost-push）通货膨胀产生的原因是成本上升推动总供给上升。因此，它与更低的实际 GDP 水平联系在一起，而名义 GDP 既有可能更高，也有可能更低。
2. 通货膨胀率本身具有某种惯性——也就是说，除非有推动力，一般会保持不变——只是因为价格具有一贯的稳定上升的动力。因此，**预期的通货膨胀率**（expected inflation）反映的是内在的通货膨胀率，处于这种通货膨胀率时，经济会有一个良好的运行环境。于是人们对它产生预期，而这一预期很可能成为可自我实现的预言。这是因为：政府在制定政策时会把这一预期考虑在内；利率包括适应这些预期的溢价；转移支付做出调整与这些预期保持一致；等等。因此，预期通货膨胀率是与人们的预期所适应的比率——这一比率会一直持续，直到冲击使其上升或下降。

无论是需求拉动型还是成本推动型通货膨胀，都会对预期的通货膨胀产生作用，这一作用的最佳反映就是总供给曲线和总需求曲线同时向上移动。

3. 由于经济的动态性，我们永远不能期望可以完全消除失业。人们不停地寻找新的、更好的工作（摩擦性失业）；在旧产业的废墟上，不断涌现出新的产业（结构性失业）。为了在所有的工人可接受的工资水平上提供就业，工资率必须比大多数企业愿意支付的高出一些，这对经济中的通货膨胀产生了巨大的向上的压力。NAIRU 是最低的可持续失业率，这是在没有这种通货膨胀压力的情况下，我们可以预期达到的最低失业率。有证据表明，由于美国工会的影响力减弱，经济中的竞争加剧，美国的 NAIRU 在近 10 年已有所下降。
4. **菲利普斯曲线**（Phillips curve）表示的是通货膨胀与失业之间的反向关系。曲线的位置是由 NAIRU 和预期的通货膨胀率共同决定的。尤其是当失业率降到 NAIRU 之下（之上）时，我们可以预期这会使通货膨胀率在短期内高于（低于）预期的通货膨胀率，而且在长期内，也促进了预期的通货膨胀率的上升。因此，短期菲利普斯曲线可以到处移动。
5. 现代理论认为，在长期内，通货膨胀和失业之间并不存在替代关系。因此，长期菲利普斯曲线是在 NAIRU 水平上的一条垂直线。

#### C. 反通货膨胀政策的两难困境

1. 在某种程度上，经济可以采取措施使自己与通货膨胀的作用绝缘。这一绝缘措施包括将转移支付（如社会保障）指数化，调整名义利率以维持期望的实际利率等等。例如，一家银行预期会有 10% 的通货膨胀率，而且它希望能有 3% 的实际收益率，那么它会把贷款的名义利率提高到 13%。
2. 为了降低预期的通货膨胀率，经济必须情愿接受经济增长速度减缓和失业率上升的后果。**牺牲率**（sacrifice ratio）衡量产出的累积损失，以年损失在 GDP 中的百分比来衡量，单位是“每持续减少一个百分点的通货膨胀”。据估计，美国的通货膨胀率每下降 1 个百分点，由此造成的就业和产出方面的损失高达 3 040 亿美元（以 1996 年美元价格计算）。经济学家们也提出了另外一些建议：工资和价格管制、自愿的指导规则以及基于税收的收入政策。但迄今为止，没有一个经济能够在实现完全稳定的价格和自由市场的基础上长期维持充分就业。

## 五、学习提示

1. 有时，我们很难严格区分需求拉动型通货膨胀和成本推动型通货膨胀的成因。例如，假定由于政府支出增加造成价格上涨，工人们要求提高工资水平。如果我们仅仅把注意力集中在工人身上，上述情况造成的通货膨胀看起来像是成本推动型的。然而，工人们是对价格上涨——这是由总需求增加引起的——做出了反应。如果我们要弄清楚，必须回头去收集所有相关信息。在这个例子中，根本的问题应该是需求拉动型通货膨胀而不是成本推动型通货膨胀。
2. 如果你试图将失业率降到 NAIRU 水平以下，同时又不改变经济的基础结构，那么你一定会遇到通货膨胀的麻烦。
3. 在本章的模型中，对 *AS* 和 *AD* 曲线移动的分析都假定“……潜在产出保持不变……”。你应该认识到，在一个增长的经济中，更多的实际商品和服务能够被生产出来，而且通货膨胀率并不一定会上升。
4. 从历史上看，工资和价格管制在降低通货膨胀方面没有起多大作用。工资和价格管制无异于给一锅烧开的汤加上锅盖以免溢出，而没有采取任何降低热量的措施，这里的“热量”指的是经济中通货膨胀的压力。只有在偶尔情况下，长期实行工资和价格管制才会成功地降低通货膨胀预期，从而减轻经济中通货膨胀的压力。

## 六、选择题

下列问题按照教材中的顺序安排，从各选项中选出一个最佳答案。

#### A. 通货膨胀的定义及影响

1. 美国的价格水平：
   a. 在第二次世界大战之后，波动性降低。
   b. 自经济大萧条以来一直保持稳定。

c. 自第二次世界大战以来，上涨的速度比工资要快。
d. 自第二次世界大战以来一直在上涨，仅仅是因为越南战争和欧佩克石油冲击。
e. 以上选项都不是。

2. 温和的通货膨胀：
a. 其特征是通货膨胀率小于两位数。
b. 其特征是相对价格相对稳定。
c. 并没有让人们花费过多的时间和精力管理他们的账户收支平衡。
d. 产生了相当稳定的通货膨胀预期。
e. 所有以上选项。

3. 通货膨胀与以下哪一项有联系：
a. 只有名义 GDP 增加。
b. 实际 GDP 的增加或减少，取决于通货膨胀产生的原因。
c. 只有实际 GDP 减少。
d. 当经济运行超出其潜在水平时，只有名义 GDP 增加。
e. 以上选项都不是。

4. 不可预期的通货膨胀的潜在成本之一是：
a. 将财富从债权人手中再分配给债务人。
b. 将财富从债务人手中再分配给债权人。
c. 将财富从政府手中再分配给购买国债的人。
d. 将转移支付根据通货膨胀指数化。
e. 可变利率抵押贷款的消失。

5. 在不可预期的通货膨胀的风险增加时，你将预期：
a. 银行在其贷款利率上加上风险溢价。
b. 受社会激励的政府会把其对固定收入者的转移支付指数化。
c. 银行会对购房者提供可变利率的抵押贷款。
d. 人们会寻求价值不受通货膨胀影响的资产。
e. 所有以上选项。

6. 不平衡的而且是不可预期的通货膨胀通常会造成：
a. 无损失。
b. 效率损失。
c. 收入和财富的再分配。
d. 伴随着收入和财富再分配的效率损失。
e. 以上选项都不是。

7. 均衡的而且是可预期的通货膨胀的一个潜在成本是：
a. 由于人们管理其货币而造成的资源浪费。
b. 出于政治上的原因，人为提高通货膨胀率造成就业损失。
c. 房地产价格过度膨胀。
d. 一国的进口减少。
e. 以上选项都不是。

8. 人们只是为了保护自己规避不可预期通货膨胀带来的风险，通常会采取一些保值措施，以下哪一项是他们有可能选择的：
a. 在长期工资合同中，对生活成本条款进行协商。
b. 接受可调整利率的抵押贷款，即利率随通货膨胀率上升而攀升。
c. 向朋友提供一笔贷款，其利率低于已采取保值措施的银行贷款利率。
d. 从浮动利率储蓄账户提取现金，开始一项新的业务。
e. 所有以上选项。

9. 大多数恶性通货膨胀具备以下两个共同特征：
a. 对货币的实际需求减少，相对价格的稳定性下降。
b. 对货币的实际需求增加，相对价格的稳定性下降。
c. 对货币的实际需求减少，相对价格的稳定性上升。
d. 对货币的实际需求增加，相对价格的稳定性上升。
e. 总体储蓄率上升。

10. 最近，美国最强有力的而且也是最成功的反通货膨胀战士是：
a. 总统。
b. 国会。
c. 联邦储备委员会。
d. 财富500强企业。
e. 有组织的劳工。

11. 非加速通货膨胀的失业率（NAIRU）是指在这一失业率水平上：
a. 作用于价格和工资膨胀的向上和向下的力量得以平衡。
b. 通货膨胀率保持稳定。
c. 在没有向上的通货膨胀压力的情况下，经济能够长期维持的最低失业率。
d. 所有以上选项。
e. 只有 b 和 c 正确。

12. 没有预期到的通货膨胀往往对谁有利：
a. 债务人。
b. 冒风险的投机者。
c. 债权人。
d. 固定收入阶层。
e. a 和 b。

**B. 现代通货膨胀理论**

13. 预期的通货膨胀：
   a. 通常可以追溯到某种供给方面的价格冲击。
   b. 通常可以追溯到总需求的某种上升。
   c. 反映的是一种预期通货膨胀率，经济中的大型机构都已根据这一预期做了调整。
   d. 具有高度不稳定性，无法预期。
   e. 以上选项都不是。
14. 如果第 13 题问的是成本推动型通货膨胀，那么哪一个选项正确：
   a. 通常可以追溯到某种供给方面的价格冲击。
   b. 通常可以追溯到总需求的某种上升。
   c. 反映的是一种预期通货膨胀率，经济中的大型机构都已根据这一预期做了调整。
   d. 具有高度不稳定性，无法预期。
   e. 以上选项都不是。
15. 如果第 13 题问的是需求拉动型通货膨胀，那么哪一个选项正确：
   a. 通常可以追溯到某种供给方面的价格冲击。
   b. 通常可以追溯到总需求的某种上升。
   c. 反映的是一种预期通货膨胀率，经济中的主要机构都已根据这一预期做了调整。
   d. 具有高度不稳定性，至少是无法预期。
   e. 以上选项都不是。
16. 以下哪一项反映出了预期的通货膨胀率：
   a. 利率。
   b. 工资结算。
   c. 长期价格细则。
   d. 联邦宏观经济政策细则。
   e. 所有以上选项。
17. 在图 16-1 中，$AS_1$ 和 $AS_2$ 分别代表连续两年的总供给曲线，$AD_1$ 和 $AD_2$ 则分别代表相应的总需求曲线，从第 1 年到第 2 年的变化过程中：
   a. 价格向上攀升，是古典的成本推动型通货膨胀。
   b. 价格向上攀升，是预期的通货膨胀。
   c. 价格保持稳定，但实际 GDP 下降了。
   d. 价格向上攀升，属于需求拉动型通货膨胀。
   e. 价格保持稳定，但实际 GDP 由于总需求减少而下降。

**图 16-1**

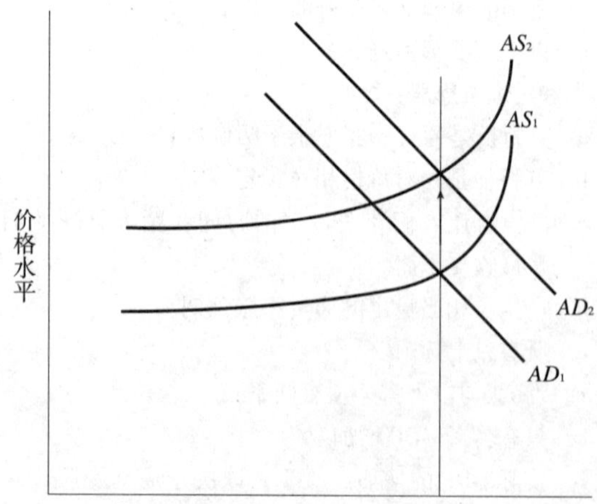


18. 我们可以用以下原因来解释滞胀现象：
   a. 由供给冲击引起的成本推动型通货膨胀。
   b. 预期的通货膨胀率上升。
   c. 由总需求增加引起的需求拉动型通货膨胀。
   d. 所有以上选项。
   e. 以上选项都不是。
19. 下面哪一项正确描述了 NAIRU 与预期的通货膨胀率之间的相互关系：
   a. 只要非劳动力成本与劳动力成本以相同速度增长，预期的通货膨胀率就能维持在 NAIRU 水平。
   b. 如果失业率下降到 NAIRU 水平以下，那么就可以预测预期的通货膨胀率会攀升，反过来也是如此。
   c. 如果失业率上升到 NAIRU 水平以上，那么就可以预测预期的惯性通货膨胀率会攀升，反过来也是如此。
   d. a 和 b 正确。
   e. a 和 c 正确。

根据图 16-2 回答 20~23 题，假定 NAIRU 为 5%，各圆圈表示连续的年份（即圆圈 1 表示第 1 年，圆圈 2 表示第 2 年，以此类推）。

图 16－2

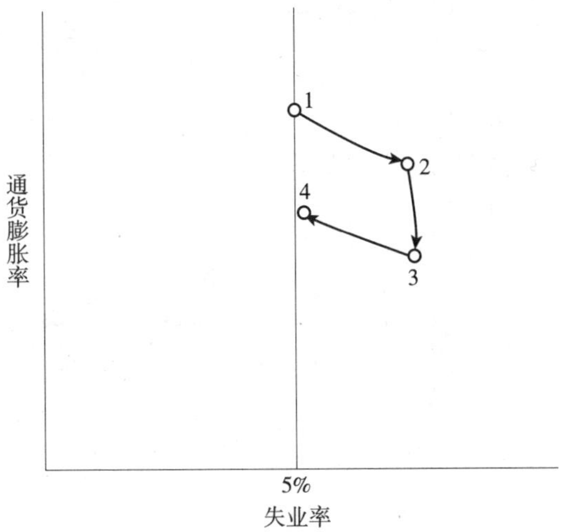


20. 该图描绘了：
    a. 一个紧缩周期。
    b. 一个繁荣周期。
    c. 一个完整的商业周期。
    d. 一个供给方面的价格冲击。
    e. 以上选项都不是。
21. 从圆圈 1 移动到圆圈 2 表示：
    a. 沿着短期菲利普斯曲线向更高的失业率水平方向的移动。
    b. 由于供给增加，菲利普斯曲线的移动。
    c. 由于预期的通货膨胀率下降，菲利普斯曲线的移动。
    d. 沿着短期菲利普斯曲线向更低的失业率方向的移动。
    e. 沿着长期菲利普斯曲线的移动。
22. 如果是从圆圈 2 移动到圆圈 3，那么第 21 题中哪一个选项正确：
    a. 沿着短期菲利普斯曲线向更高的失业率水平方向的移动。
    b. 由于供给增加，菲利普斯曲线的移动。
    c. 由于预期的通货膨胀率下降，菲利普斯曲线的移动。
    d. 沿着短期菲利普斯曲线向更低的失业率方向的移动。
    e. 沿着长期菲利普斯曲线的移动。
23. 如果是从圆圈 3 移动到圆圈 4，那么第 21 题中哪一个选项正确：
    a. 沿着短期菲利普斯曲线向更高的失业率水平方向的移动。
    b. 由于供给增加，菲利普斯曲线的移动。
    c. 由于预期的通货膨胀率下降，菲利普斯曲线的移动。
    d. 沿着短期菲利普斯曲线向更低的失业率方向的移动。
    e. 沿着长期菲利普斯曲线的移动。
24. 菲利普斯曲线揭示了哪两者之间的关系：
    a. 生产商品的成本和它的售价。
    b. 通货膨胀和失业率。
    c. 通货膨胀和出口。
    d. 失业率和 GDP。
    e. 以上选项都不是。

### C. 反通货膨胀政策的两难困境

25. 下列哪一项更好地说明了短期菲利普斯曲线的替代关系：
    a. 降低出口竞争的政策。
    b. 降低预期的通货膨胀率的收入政策。
    c. 缓解国外价格冲击的贸易政策。
    d. 提出一项宪法修正案，要求不得通过增加政府支出促进 GDP 的增长。
    e. 以上选项都不是。
26. 实行收入政策的目的是：
    a. 在使一国免受高失业率的同时，降低预期的通货膨胀率。
    b. 同时缓解尽可能多的工人的工资要求。
    c. 降低银行对通货膨胀率的预期，使银行在利率上附加的通货膨胀风险溢价下降。
    d. 使旨在降低通货膨胀率的货币政策在推行时不会引起失业。
    e. 所有以上选项。
27. 通货膨胀研究中的悖论是：
    a. 低失业率有时与高通货膨胀率联系在一起，有时则不。
    b. 为了使经济免受通货膨胀影响而进行指数化有可能会使通货膨胀更加恶化。
    c. 有时，通货膨胀预期对经济具有与真实事件相同的重要性。

d. 国内通货膨胀率影响了国际贸易。

e. 所有以上选项。

28. 下面哪个原因能够解释美国在20世纪末的几年通货膨胀率和失业率均下滑：

a. 替换劳动力的低成本设备增加。

b. 美国经济逐步解除管制。

c. 冷战支出减少。

d. 所有以上选项。

e. 只有a和b正确。

29. 假设在一个通货紧缩周期内，核心通货膨胀率下降了1%，在周期开始时，累积产出损失为GDP的25%，则牺牲率应该是：

a. 2.5

b. 0.4

c. 10

d. 25

e. 40

**图16－3**

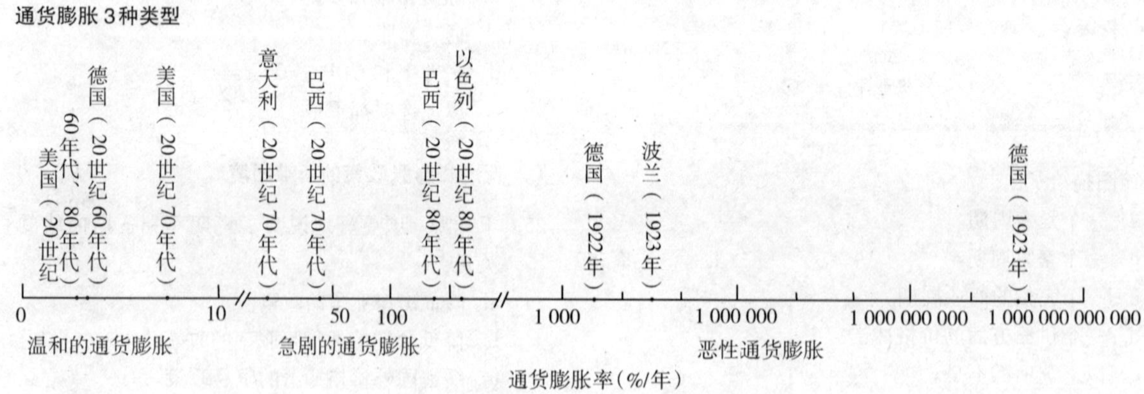


## 七、解答题

下列问题旨在帮助你运用教材中提到的概念。

### A. 通货膨胀的定义及影响

1. a. 根据严重程度的差别，我们把通货膨胀分为3种类型，它们分别是：

(1) ________________

(2) ________________

(3) ________________

b. 运用图16－3，判断表16－1中所列国家在指定年份的通货膨胀各属于哪一种类型。在第1列的空格处，填上每个国家的通货膨胀率的近似值，在第2列填上通货膨胀的类型。

**表16－1**

| 国家/时期 | 通货膨胀率(%) | 类 型 |
|---|---|---|
| 1. 美国（20世纪70年代） | ___ | ___ |
| 2. 德国（1922年） | ___ | ___ |
| 3. 德国（1923年） | ___ | ___ |
| 4. 以色列（20世纪80年代） | ___ | ___ |
| 5. 德国（20世纪60年代） | ___ | ___ |
| 6. 巴西（20世纪70年代） | ___ | ___ |
| 7. 波兰（1923年） | ___ | ___ |

2. a. 考虑通货膨胀对GDP的影响，请在图16－4的前3幅图中画一条新的总需求线（记为*AD'*），以说明需求增加（由政府支出增加或减税引起的）可能会引起通货膨胀。图中，*AS*代表总供给曲线，*AD*代表增加前的总需求曲线。

b. 从以上分析中我们可以知道，当均衡GDP（近似

**等于/远高于/远低于**）潜在 GDP 时，更高的总需求很有可能导致更高的价格。

c. 此外，当经济发展接近其潜在水平时，我们可以预期实际 GDP（**上升/下降/基本保持不变**）。

d. 当预期会发生温和的价格上涨时，实际 GDP 也许事实上（**下降了/上升了**）。

e. 请在图 16－4 的后 3 幅图中，画一条新的总供给曲线，记为 $AS'$，以说明当潜在 GDP 固定不变时，外在价格冲击引起总供给变化可能会导致通货膨胀。

f. 在图 16－4 的后 3 幅图中，可以预期实际 GDP 将（**上升/下降**）。

**图 16－4**

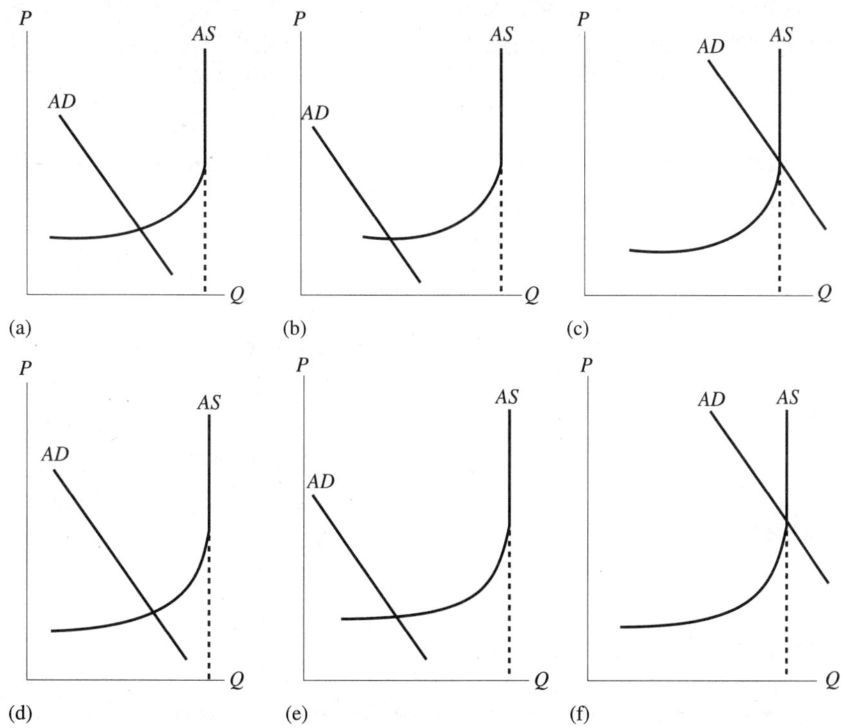


3. 通货膨胀一般可以产生两种效应，第一种效应是财富与收入的分配；第二种效应涉及相对价格及其包含的信息内容的效率。可以认为这些效应的产生严格取决于通货膨胀：（a）是可预期的还是不可预期的；（b）是均衡的还是不均衡的。

a. 如果所有商品价格是以相同比率上升，由此导致的通货膨胀是______。

b. 如果通货膨胀是可预期的，我们（**也将/将不**）认为通货膨胀会产生出因个人和机构购买和生产不同商品和服务而形成的"赢家和输家"。换句话说，通货膨胀（**将/将不**）造成效率损失。

c. 如果一些商品的价格上升不成比例，那么有些人会获利，另一些则遭受损失，因此人们会花（**更多的/更少的**）时间来管理其货币，以避免陷入财务困境。

d. 在极端的情况下，相对价格包含的信息可能会被（**增加/扭曲**），因为价格变化太快，没有谁能跟上它的速度。

e. 如果均衡的通货膨胀完全可以预期，那么就（**几乎不会有/当然会有显著的**）通货膨胀成本。对那些可以让自己与价格上涨绝缘的人们来说，通货膨胀看起来和价格稳定时没什么两样。

f. 如果通货膨胀不可预期，那么即使它是均衡的，也会产生（**再分配/政府**）效应。例如，债务人的处境会（**恶化/好转/不受影响**），因为它们可以用（**价值较高/价值较低**）的货币来偿还债务。债权人的情况正好相反。因此，当存在高通货膨胀风险时，债权人会采取保值措施，在发放新贷款时要求（**更高的/更低的/相同的**）利率，以避免不可预期的通货膨胀带来的损失。

g. 债权人的另一种选择是通过（**政策游说/不再提供贷款/提供可调整利率贷款**），把这一风险转嫁到债务人身上。

4. 通过指出与每一种通货膨胀相关的适当成本，请在表16-2中总结一下各种通货膨胀的潜在成本。请在表的空格处填上成本所对应的字母（每个空格填一个字母）。

**表 16-2**

| | 均衡的通货膨胀 | 不均衡的通货膨胀 |
|---|---|---|
| 可预期的通货膨胀 | | |
| 不可预期的通货膨胀 | | |

<u>成　本</u>

a. 本质上是无成本的。
b. 效率损失。
c. 分配损失。
d. 同时存在效率和分配损失。

**B. 现代通货膨胀理论**

5. 假定劳动是某一经济唯一可得的生产要素，那么它只有一种生产成本——支付给雇佣工人的工资。假定劳动生产率的增长率为零，而且工人预期明年价格会上升5%。因此，在进行当年的劳动合同谈判时，他们应该要求工资上涨5%。

a. 结果一定是生产的平均成本上升____%，产出的价格上升____%，从而通货膨胀率将为____%。因此，工人对通货膨胀的预期（**超过了/正好等于/小于**）实际的通货膨胀率。

b. 受到上述经历的鼓舞，工人会要求第2年的工资继续上涨，其增长率将（**高于/等于/低于**）开始的第1年。因此（**下降的/稳定的/上升的**）价格和工资上涨在缺少外在冲击的情况下可能会永恒不变。

现在，假定经济受到外来冲击，使价格在原有基础上上涨了5%，那么第2年总的通货膨胀率为10%。

c. 如果工人预期第2年的通货膨胀会延续到第3年，那么他们会要求第3年工资上涨（**5%/10%/15%**），这样，即使没有再一次的外在冲击，第3年也会有基于工资的（**5%/10%/15%**）的通货膨胀率。再一次地，工人的预期（**超过了/正好等于/小于**）实际的通货膨胀率，预期通货膨胀率会（**上升/保持不变/下降**）。

6. a. 请在图16-5中填上各图所说明的通货膨胀的类型。

**图 16-5**

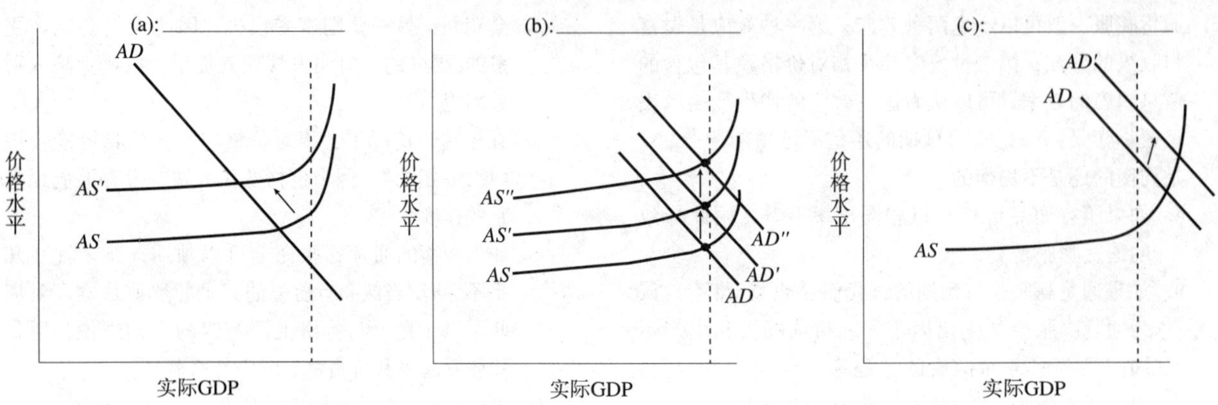

b. 完成 a 题后，我们发现当经济运行（**高于/正处于/低于**）其潜在水平时，会发生成本推动型通货膨胀，并且实际 GDP（**增加/没有变化/减少**）。因此（**成本推动型/需求拉动型**）通货膨胀被认为是造成滞涨的原因之一。

现在让我们关注一下通货膨胀产生的原因，请在空格处填上每一事件可能引起的通货膨胀的类型，请用（**C**）表示成本推动型，（**D**）表示需求拉动型，（**I**）表示预期的通货膨胀。

__ c. 石油价格急剧上升。

__ d. 因为正在进行一场战争，政府支出急剧增加。

__ e. 由于与通货膨胀紧密相连的生活成本条款的存在，工人工资自动上升。

__ f. 全体人口的储蓄突然减少。

__ g. 订立了一个工资方案，使钢铁成本上升。

__ h. 突然大幅度削减个人所得税。

7. 图 16－6 给出了 3 条总供给曲线，$AS_1$ 表示第 1 年年初的总供给，$AS_2$ 表示第 2 年年初的总供给，$AS_3$ 表示第 3 年年初的总供给。与之相对应的总需求曲线分别为 $AD_1$、$AD_2$ 和 $AD_3$。

a. 第 1 年的通货膨胀率为____%，第 2 年的通货膨胀率为____%。

b. 如果在这两年期间，潜在 GDP 的年增长率为 4%，那么在初始失业率为 6% 的情况下，根据奥肯法则，第 1 年年末的失业率将（**上升/下降**）至____%，第 2 年年末失业率为____%。

**图 16－6**

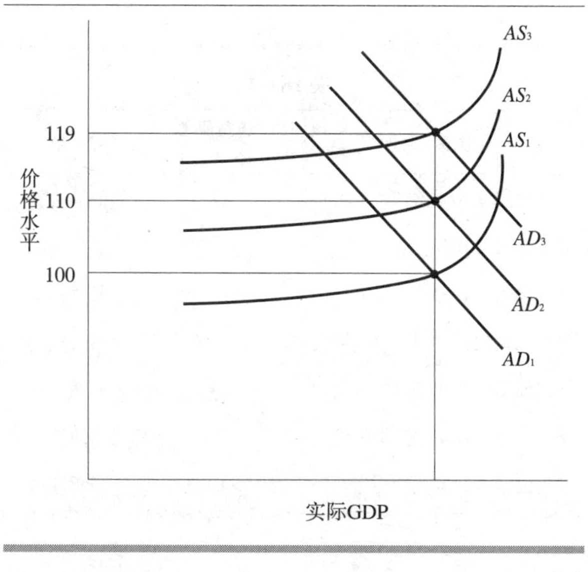


8. 菲利普斯曲线的几何图形既可以用价格增长率为纵轴，也可以用工资增长率为纵轴。

a. 在数学上，这种等价关系可以用加成定价理论进行解释，这一理论说明，工资增长率与价格增长率之差（**恒等于 2.45%/等于劳动生产率的增长率/等于稀缺能源的保护率**）。

b. 在这一等式的基础上，完成表 16－3。

**表 16－3**

| 工资增长率（%） | 价格增长率（%） | 生产率增长率（%） |
|---|---|---|
| 10 | ____ | 3 |
| 10 | ____ | 0 |
| 3 | 5 | ____ |
| ____ | 7 | 2 |
| ____ | 150 | 0 |

9. 假定工人签订了一份长期劳动合同，保证工资将以上一年物价上涨率的 80% 的比率上涨，请利用第 8 题中的等式（也就是通货膨胀率等于工资增长率减去生产率增长率），完成表 16－4。设劳动生产率的年增长率恒为 2%，价格的最初增长率为 20%。

劳动生产率增长率在工资增长和价格增长之间起到一个缓冲器的作用，使得经济预期的通货膨胀率在一段时间后有所下降。同时你也应注意到，在这个世界上，没有一个指数化系统能使人们的生活水平提高得比实际产出（在这里是指劳动生产率）还快。

**表 16－4**

| 年　份 | 工资增长率（%） | 价格增长率（%） |
|---|---|---|
| 1 | ____ | ____ |
| 2 | ____ | ____ |
| 3 | ____ | ____ |
| 4 | ____ | ____ |

## C. 反通货膨胀政策的两难选择

10. 假定一个只有 1 000 个工人的小国经济。在生产率没有任何增长、也不存在外部冲击的情况下，进一步假定工资增长了几个百分点，产出的价格也就增长几个百分点，那么 X% 的工资增长率总是会转化成 X% 的价格增长率。

如果这些工人预期明年的通货膨胀率为 10%，

那么他们就会要求工资也上涨10%，以维持实际生活水平不变。

a. 当然，这样就会产生____%的通货膨胀率。

如果一个工人意识到他的工资上涨会引起通货膨胀，那么他为了当个“好公民”，会拒绝接受工资上涨10%的条件。

b. 在这种情况下，他的实际工资将（**上涨/下降/保持不变**）____%，但通货膨胀率将（**上升/急剧下降/基本保持不变**），因为生产的平均成本的增加将（**上升/急剧下降/只有轻微下降**）。

c. 与之相对比，如果每个人都意识到其工资增长会引起通货膨胀，并只要求工资上涨5%，那么通货膨胀率将为____%。如果所有工人都同意不增加工资，那么这一简单经济的通货膨胀率事实上将为____%。

因此，关键在于让每个人同时调整他的工资要求，谁都不希望只有自己取得较低的工资，但总有些东西会鼓励每个人都采取相同的温和一些的方法，从而使其对价格膨胀的影响也相应缓和一些。收入政策的目的就在于为每个人采取相同的行动提供激励。

## 八、讨论题

回答下列问题，并解释你这样回答的原因。

1. 请简要讨论一下不同的恶性通货膨胀的3个共同特征。
2. 请解释一下为什么工人更关注实际工资而不是名义工资。大多数劳动合同中规定的是名义工资还是实际工资？
3. 请解释一下财富是如何通过通货膨胀进行再分配的。
4. 目前美国的NAIRU呈下降趋势，这可以用什么理由进行解释？执行什么样的政策可以降低NAIRU？

## 九、答案

### 三、关键概念复习

| | |
|---|---|
| 7 | 通货膨胀 |
| 11 | 价格指数 |
| 1 | 实际工资 |
| 8 | 预期的通货膨胀率 |
| 5 | 需求拉动型通货膨胀 |
| 10 | 成本推动型通货膨胀 |
| 3 | 滞胀 |
| 12 | 菲利普斯曲线 |
| 6 | 非加速通货膨胀的失业率 |
| 2 | 指数化 |
| 4 | 反通货膨胀 |
| 9 | 牺牲率 |

### 六、选择题

1. A 2. E 3. B 4. A 5. E 6. D 7. A
8. A 9. A 10. C 11. D 12. E 13. C 14. A
15. B 16. E 17. B 18. A 19. D 20. A 21. A
22. C 23. D 24. B 25. B 26. E 27. B 28. D
29. A

### 七、解答题

1. a. （1）温和的通货膨胀
   （2）急剧的通货膨胀
   （3）恶性通货膨胀
   b. 见表16－1。
2. a. 见图16－4的前3幅图。
   b. 近似等于
   c. 基本保持不变
   d. 上升了
   e. 见图16－4的后3幅
   f. 下降

**表16－1**

| 国家/时期 | 通货膨胀率（%） | 类 型 |
|---|---|---|
| 1. 美国（20世纪70年代） | 7 | 温和的通货膨胀 |
| 2. 德国（1922年） | >1 000 | 恶性通货膨胀 |
| 3. 德国（1923年） | >1 bil | 恶性通货膨胀 |
| 4. 以色列（20世纪80年代） | >100 | 急剧的通货膨胀 |
| 5. 德国（20世纪60年代） | 4 | 温和的通货膨胀 |
| 6. 巴西（20世纪70年代） | 45 | 急剧的通货膨胀 |
| 7. 波兰（1923年） | >1 000 | 恶性通货膨胀 |

**图 16－4**

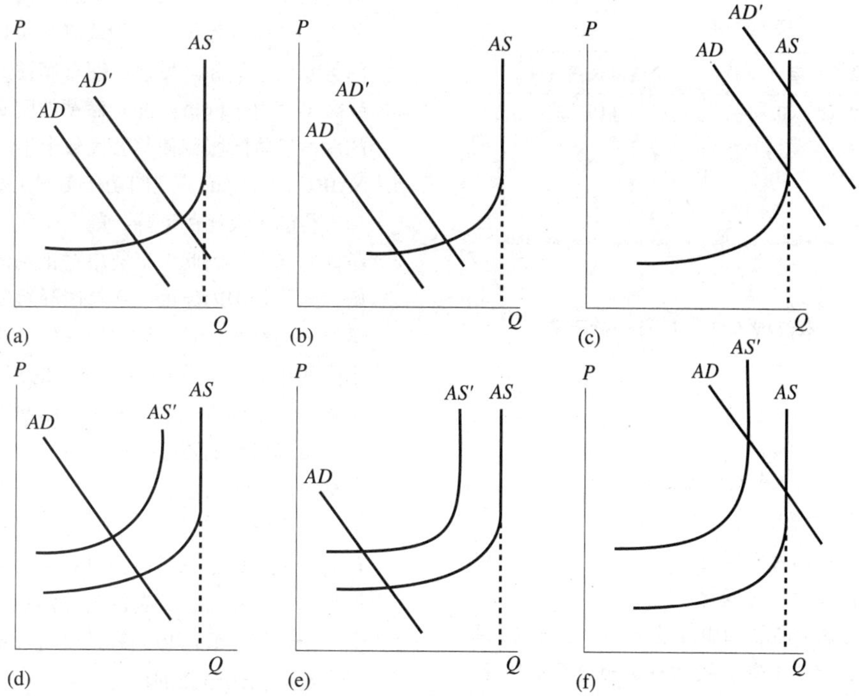


3. a. 均衡的
   b. 将不，将不
   c. 更多的
   d. 扭曲
   e. 几乎不会有
   f. 再分配，好转，价值较低，更高的
   g. 提供可调整利率贷款
4.

**表 16－2**

| | 均衡的通货膨胀 | 不均衡的通货膨胀 |
|---|---|---|
| 可预期的通货膨胀 | a | b |
| 不可预期的通货膨胀 | c | d |

5. a. 5，5，5，正好等于
   b. 等于，稳定的
   c. 10%，10%，正好等于，上升
6. a.（a）成本推动型通货膨胀，（b）预期的通货膨胀，（c）需求拉动型通货膨胀
   b. 低于，减少，成本推动型
   c. C
   d. D
   e. I
   f. D
   g. C
   h. D
7. a. 10，8（第 2 年的价格指数由 110 上升到 119）
   b. 上升，8，10
8. a. 等于劳动生产率的增长率

**表 16－3**

| 工资增长率（%） | 价格增长率（%） | 生产率增长率（%） |
|---|---|---|
| 10 | 7 | 3 |
| 10 | 10 | 0 |
| 35 | －2 | －2 |
| 9 | 7 | 2 |
| 150 | 150 | 0 |

   b. 按行的方向，表 16－3 中应填入的数据分别为 7，

10，-2，9，150。

9.

表 16-4

| 年　份 | 工资增长率（%） | 价格增长率（%） |
|---|---|---|
| 1 | 16.0（20×0.8） | 14.0（16-2） |
| 2 | 11.2 | 9.2 |
| 3 | 7.4 | 5.4 |
| 4 | 4.3 | 2.3 |

10. a. 10
    b. 下降，10，基本保持不变，只有轻微下降
    c. 5，0

## 八、讨论题

1. 所有恶性通货膨胀的 3 个共同特征是：
   (1) 对实际货币的需求急剧下降；
   (2) 相对价格扭曲而且不稳定；
   (3) 财富的分配发生显著变化。
2. 工人们应该关心购买商品和服务的成本。当通货膨胀率达到 10% 时，名义工资上涨 10%，相当于实际工资增长 0%。许多工人都在签订劳动合同时写入生活成本自动调整条款。在通货膨胀率很高的情况下，这一条款显得尤其重要。
3. 不可预期的通货膨胀把财富从债权人手中再分配给债务人。借债人和机构（如政府）可以用实际价格较低的美元偿还债务。另外，拥有储蓄的人因为通货膨胀变穷了。由于价格上涨，储蓄的购买力在下降。德国的恶性通货膨胀曾使其公民数十年的储蓄化为乌有。
4. NAIRU 的下降部分应归功于美国工会力量的减弱。参加工会的工人比例下降，削弱了工会决定就业或工资条件的能力。因此，工资率对市场的变化反应更加灵敏。无论是国内原因，还是国际贸易及移民，都使美国经济的竞争性日益增强，这将对 NAIRU 产生进一步下降的压力。导致 NAIRU 下降的其他因素包括：美国工人生产率的提高、（美国产品和服务）在前苏联国家的市场份额的不断增长。冷战的结束和市场管制的逐渐解除也改善了美国经济的资源配置效率。

   为了降低 NAIRU，可以采取措施增加劳动力市场信息。完善的信息可以在寻找工作的人和工作机会中间架起一座桥梁。完善的就业培训可以减少结构性失业，全面修正政府计划有助于向（潜在的）劳动力市场参与者发出适当的信号。

# 第 17 章

# 宏观经济学前沿问题

## 一、概述

与其他领域科学家一样，经济学家的背景和哲学观点也是各不相同的。而且，各种思想流派提出的解决方法常常是相互矛盾而非相互支持的。我们必须要记住，经济学不是存在于真空或受控的实验室里。政策制定者不可能奢侈地在一个受控的环境里首先尝试新想法，以观察它们将如何发挥作用。

本章开头说明了主要的政策问题：特别是联邦赤字和债务的经济效果。继而本章讨论了宏观经济学的不同思想流派，包括新兴的宏观经济学分枝，同时解释了不同思想流派关于宏观经济学的争论，例如稳定性政策所扮演的角色和有效性。本章总结了一些未来经济增长过程中的长期政策的注意事项和前景。

## 二、学习目标

在你读完教材第 17 章并完成本书相应的习题后，你将能够做到以下几点。

1. 区分**结构性预算**（structural budget）和**周期性预算**（cyclical budget）。
2. 解释为什么会存在关于（投资）**挤出效应**（crowding out）的争论，并论述它与货币政策的关系。
3. 区分**内债**（internal debt）和**外债**（external debt），并讨论国债和外贸赤字之间的关系。
4. 解释税收和潜在的资本替代所导致的效率损失是如何影响债务负担的。
5. 评论宏观经济学的不同思想流派：古典学派和现代古典学派（modern Classical school）。理解**古典学派**（Classical）的观点：假设工资和价格的反应非常迅速，经济的表现基本上由潜在 GDP 决定。**凯恩斯学派**（Keynesian）的观点：假设工资和价格的反应非常缓慢，经济在其潜在产出水平以下的某点处于均衡状态。
6. 解释**理性预期**（rational expectations）、**实际商业周期**（real business cycles）、**李嘉图等价**（Ricardian equivalence）、**效率工资理论**（efficiency wage theory）和**供给学派经济学**（supply side economics），以及它们对宏观经济政策的重要性。
7. 阐述政策无效性定理及它对制定政策的含义。
8. 评估管理总需求的财政政策和货币政策的相对有效性。
9. 对经济中所采取的**财政－货币政策组合**（fiscal-monetary mix）形成自己的观点。
10. 理解固定规则与相机抉择的差异。
11. 解释中央银行以通货膨胀为货币政策规则的优缺点。
12. 强调长期生产力的重要性，并了解美国市场经济中的企业家精神。

## 三、关键概念复习

在 B 栏中寻找与 A 栏中术语相应的解释，并将序号填在术语前边。

| A | B |
|---|---|
| __ 预算 | 1. 当政府债务增加时，人们积累的是政府债务而非私人资本，从而使得一国私人资本存量被公债取代。 |

__ 预算盈余 2. 表示如果经济在潜在产出水平上运行，政府收入、支出和赤字应该是多少。

__ 预算赤字 3. 为了支付债务利息，政府必须增加税收。税收的增加可能会使人们减少工作或储蓄。

__ 预算平衡 4. 在既定年度内，政府项目的预计支出和来自税收体系的预期收益。

__ 政府债务 5. 国家对其公民的负债，在一国公民购买其政府债券时产生。

__ 财政政策 6. 认为在理性预期、价格和工资灵活的情况下，被预期到的政策实际上不能影响实际产出或失业。

__ 相机抉择的财政政策 7. 支出大于税收和其他收入时的情况。

__ 结构性预算 8. 政府的税收和支出计划。

__ 周期性预算 9. 政府借债总额或积累额，也叫公债或国债。

__ 通胀目标 10. 一国对外国人的负债，在外国人购买本国政府债券时产生。

__ 内债 11. 支出和总收入相等的情形。

__ 外债 12. 政府调整税率或支出计划时发生，通常是通过新的立法来完成。

__ 资本替代 13. 实际预算与结构性预算的差额，它衡量的是商业周期对预算的影响。

__ 需求管理 14. 一年内的全部税收和其他收入大于政府支出的情形，这在美国是不常见的。

__ 财政—货币政策组合 15. 衡量一国生活水平的关键性决定因素。

__ 生产力 16. 运用货币政策和财政政策来积极地影响总需求的水平。

__ 古典理论 17. 人们在做经济决策时，将所能得到的信息都考虑进来。因为他们预期到了政策方面可预测的变化并随之做出反应，所以政策本身就缺乏效率了。

__ 萨伊定律 18. 强调激励，鼓励人们工作和更多地储蓄，从而刺激产出和降低价格。

__ 理性预期假说 19. 宣布通货膨胀率的官方目标范围，并明确承诺通过主动的货币政策维持较低且稳定的通胀水平。

__ 政策无效性定理 20. 强调灵活的工资和价格的作用，但同时也考虑了理性预期。

__ 实际商业周期理论 21. 宏观经济学的研究方法，强调了主要因为灵活的工资和价格的存在而使经济中自我纠错的力量非常强大。

__ 供给学派经济学 22. 人们简单、机械地根据过去的信息形成预期。

__ 李嘉图等价 23. 如果家庭认识到今天的税收减免价值与日后税收增加额的现值相等，那么政府债务就不会被当做家庭的净财富。

__ 新古典宏观经济学 24. 供给创造了对自身的需求，从本质上说，不可能出现生产过剩。

__ 适应性预期 25. 解释商业周期纯粹是总供给变化的结果（主要由技术扰动造成），与货币或其他需求方面的因素无关。

__ 效率工资理论 26. 支付高于市场出清水平的工资以维持工人的高士气，并阻止其在工作中渎职。

## 四、小结与本章提纲

本部分对教材第 17 章的关键概念进行总结。

### A. 政府债务的经济后果

1. **结构性**（structural）预算反映的是在潜在产出水平下政府的收支状况，它是衡量财政政策效果的最佳指标。**周期性**（cyclical）预算反映的是商业周期对政府收支的影响。当经济处于紧缩或衰退期时，政府的收入由于税收的减少而减少，政府的支出则由于转移支付（失业救济、食品券等等）的扩大而增加。在这样的年份，结构性预算事实上可能是平衡的，但实际预算则可能由于周期性预算的影响而出现巨额赤字。

周期性预算 + 结构性预算 = 实际预算

“差的”年景中出现的实际预算赤字与经济繁荣出现的预算赤字是不可同日而语的。“好的”年景中，正的周期性预算将使实际预算出现盈余。但在 20 世纪 80 年代中后期，这种情况并未发生，尽管这段时间内美国的经济呈长期增长态势。

2. 自二战以来，联邦政府的名义债务呈稳定增长态势，但在 20 世纪 80 年代初，政府债务骤然膨胀。里根政府的结构性赤字加上庞大的周期性赤字，使政府的支出超过收入达 2000 亿美元之巨。在 20 世纪 90 年代末期，联邦政府实现了预算盈余。2008 年，由于外部事件（恐怖主义）和经济状况，联邦政府预算重新回到赤字。
3. 当一国以赤字作为财政政策的手段时，由此带来的债务负担不容忽视。几种主要的考虑因素包括：
   a. 支付外债的成本。
   b. 为支付内债而征税所引致的扭曲。
   c. 潜在的资本挤出效应。
   d. 偿债成本的增长超过 GDP 增长的可能性。
4. 政府债务可能替代私人资本。当人们用持有的政府债券替代私人资本或财产（例如股票、企业债券和抵押贷款）时就会发生这种情况。私人资本存量的减少会对潜在产出的长期增长造成负面影响。
5. 赤字和债务的经济影响取决于时间限定等条件。短期内，当经济低于充分就业水平运行时，更高的政府支出和更低的税收便会增加总需求和产出水平，进而减少失业。长期内，当经济在接近或恰好是在充分就业水平上运行时，赤字财政刺激对产出的影响便会变得有限。尽管如此，政府债务对私人资本的替代还是可能对总供给产生不利的影响。

**B. 现代宏观经济学的新进展**

1. 对**古典主义模型**（classical model）最简练的概括就是萨伊的市场定律：供给会创造出对它自身的需求。根据此观点，宏观经济政策（无论是货币政策还是财政政策）的存在作用有限。在所有市场上，价格的灵活性这一假定确保了经济能够达到充分就业下的均衡水平。在市场上，政府没有必要进行干预，干预只会对价格水平产生影响。由于经济总是趋向于充分就业状态，因此总供给曲线在潜在 GDP 水平上是一条垂直线。
2. **凯恩斯主义**（Keynesian view）则认为，由于工资和价格调整较慢，因此在短期内，总供给曲线是向上倾斜而非垂直的。从而，需求的变动有望在短期内改变 GDP 水平；在长期内，总供给曲线在潜在 GDP 水平上垂直。古典主义与凯恩斯主义的一个重要分歧在于失业的持续期间。凯恩斯主义认为，低于潜在 GDP 水平的均衡至少在一定时期内可以维持，因此存在持续的失业。这种现象之所以出现的原因就在于，对于经济中的变化，尤其是经济紧缩期的变化，价格和工资的反应存在时滞。企业不愿意调低价格，而工人对于工资的下降更是不能容忍。
3. 与古典学派和货币主义者相同，**新古典经济学**（new classical economics）强调工资和价格的作用。然而，新古典经济学引入了**理性预期**（rational expectations）的概念。理性预期的捍卫者们认为，个体能够有效并理性地运用经济中可获得的信息来形成预期。因此，旨在改变总需求的任何可预测的政策将是无效的，因为人们认识到了这一政策的机制及其内在的力量，因此经济仍保持在潜在 GDP 水平。例如，由于能够预见到减税引发的赤字将导致将来的利率上升，于是人们便会把减税所得用于储蓄以应付未来的高利率，由此减税政策的刺激效应便被抵消掉了。由此可见，“政策法则”优于审慎的相机抉择原则。理性预期学派的批评者们迅即指出，该学派无法解释持续的失业问题。
4. 实际**商业周期（RBC）理论**（real business cycle theory）将商业周期纯粹地解释为总供给的变化。长期（垂直的）总供给曲线的移动不依赖于总需求，并会引起实际产出的变化。RBC 理论的支持者指出，总供给曲线的移动可能会引起短期菲利普斯曲线的出现。
5. **李嘉图等价**（Ricardian equivalence）认为，对于有前瞻性的个人，政府债务不会构成净财富。例如，得到税收减免的消费者知道政府为了维持其长期政府预算平衡，在未来必定会增加税收，并且其现值与税收减免价值相同。相反，如果政府收入的现值低于政府支出的现值，那么政府将无力清偿债务。因此，消费者自己的收入现值是不变的。今天的税收减免与未来的税收增加的现值相当。因此，税收减免并不会刺激个人消费支出，也不会成为稳定经济的有力手段。李嘉图法则的批评者对于消费者是否具有远视性持怀疑态度。另一方面，即使消费者有前瞻性，人口或经济增长在长期将未来的税收负担分摊到更大更富有的群体中。由此看来，未来税收负担的现值可能小于当前的税收减免规模，因此，消费者一生的收入将会增加。

6. **效率工资理论**（efficiency-wage theory）将古典经济学与凯恩斯经济学部分地结合起来。该理论指出，企业将使员工的工资保持在使市场出清的水平之上，以提高劳动的生产率。伴随着人们对这些高收入职位的竞争，劳动市场将不会出清，而非自愿失业也将持续存在。效率工资可以帮助解释实际工资的向下刚性，此处的“效率”是指失业可能会起到约束作用。在市场出清的工资水平下，被解雇的工人可以重新被雇佣。对失业的担心可以对工人产生激励，增加企业收益并提高生产率。另外，支付工人高于市场出清水平的工资可以在工人中鼓舞士气，这也会提高工人的生产率。
7. 里根与撒切尔政府的**供给学派**（supply side）政策，强调财政政策对经济增长和总供给的决定作用。该政策通过对个人和企业大幅度减税来激励人们努力工作、储蓄和投资。供给学派的支持者们坚信，虽然税率降低了，但是由此引发的经济和产出的增长将带来更多的税收收入。

   20 世纪 80 年代大部分时期，美国的经济确实呈现出了强劲增长的态势，但许多经济学家认为，这更多的是得益于总需求的增加而非总供给的变动。同时，国民储蓄并未如供给学派所预期的那样出现增长，而减税则导致联邦预算赤字的大幅增加，至今仍在妨碍着经济的发展。

### C. 稳定经济

1. 除了要确定经济的适宜产出和增长水平，政策的制定者们必须考虑如何综合地运用财政政策和货币政策，以期达到这一目标。例如，为了获得高投资（这一点对经济增长至关重要），财政预算应保持平衡或略有盈余（以减少挤出效应发生的可能性）；而货币政策则应是扩张型的或宽松型的以维持低利率。然而，一直到最近，联邦政府的预算赤字却一直居高不下，因为政府要么就是支出“太”多，要么就是税收“太”少；而货币政策则一直是相对紧缩的，其目的就在于抑制通货膨胀和降低通货膨胀预期。
2. 至少在美国，财政政策稳定经济的功效颇有些差强人意。由于时滞的存在，限制了财政政策对商业周期中的波动的反应能力。明确问题所在、选择适宜的政策、通过新的立法以及政策执行（通过乘数）后对产出、就业、收入产生影响等等，都需要时间。等到其对经济能够产生实际影响时，经济形势可能已经发生了变化，此时政策本身已不再有利而是有害于经济的发展了。从而，原来正确的政策由于时滞的困扰竟成了阻碍经济发展的绊脚石。
3. 较之财政政策，货币政策显得更为间接，它通过利率、信贷条件以及汇率的变化来影响支出。无疑，美联储已成为美国经济更为有效的稳定器。实证数据表明，货币供给的变化在短期内首先影响产出；在长期内，较之价格和工资，货币供给引起的名义 GDP 的变化更为明显。
4. 财政政策与货币政策的灵活运用都是稳定宏观经济的工具。然而，一些经济学家、政策制定者乃至现实经济都已经转而采行固定规则而非相机抉择。他们反对使用反周期的财政和货币政策，认为这样做只会给经济带来更多的扰动（或不稳定因素），或是给一些政治家肆意操纵经济而置公共利益于不顾的机会。反对者则认为政策灵活性的优势会远超过所担忧的弊端，也即，经济是复杂的，同时会受到各种冲击，而若对这些冲击听之任之，则将会更严重地影响经济（如导致持久的失业、通货膨胀与增长停滞）。

### D. 经济增长和居民福利

1. 在长期，一国的生产力水平对一国的产出潜力和生活水平有巨大的影响。
2. 在长期，增长率的微小变化也可能对总产出和人均产出产生巨大的影响，因为影响会随着时间不断积累。
3. 一国的总财富不仅包括有形资产和实物资本。在全球经济拥有大量高度流动性资源的今天，一国的劳动力和体现于其中的人力资本成为经济长期繁荣的关键所在。在当今世界经济中，一国的财富越来越多的取决于无形资产，如知识资本。
4. 国家也可以通过鼓励企业家精神或为其创造良好的环境、政策以及宏观经济稳定而实现繁荣。具有资源固然有利，但并不能够成为经济增长和发展的充要条件。一些经济体例如日本和中国香港资源匮乏，相反非洲却资源丰富。一国经济必须拥有适当的政策和制度环境，使其拥有的资源、能力和技术能够被企业有效地组织并激励企业。
5. 技术进步不是外生的。技术进步可以通过促进对高技术的需求和新技术的供给而产生。

## 五、学习提示

1. 政府债务是各年预算赤字的*累加*。任何一年里，只要预算没有达到平衡，政府就必须借更多的钱来弥补这一差额，这就增加了政府债务。如果一国政府五年内每年都有 2 000 亿美元的赤字，那么国债就会增加 1 万亿美元。现有债务的利息支付也会增加债务总量。因此，即使政府预算是平衡的（例如，收入 = 支出），政府债务也会增长。要停止债务增长或减小债务总量，政府收入必须足够超过政府支出。
2. 政府通过发行债券而借债。当一国政府缺乏足够的收入、不能凭借税收来支付所有的欲支付款项时，就会通过发行债券来弥补。
3. 随着一国经济的发展，政府能够承担更多的债务。这就如同随着某人收入的增加，便能够借到更多的钱一样。从目前的情况看，不同于个人的是，政府无需为如何还清债务而发愁，而债权人同样不必担心借款不能收回。其部分原因在于：与个人不同，政府不会随着时间的流逝而变得衰老，也不会因长期债务缠身而烦恼。目前，美国政府债券仍然是世界上最安全的、最有保障的投资工具之一。
4. 国债与贸易平衡间存在着下述关系：
   a. 政府借债越多，对利率的压力就越大。
   b. 美国较高的利率吸引了更多的国外金融资本。
   c. 外汇市场上对美元的需求增加（美国政府出售债券以获取美元。如果外国投资者想购买美元债券，他必须首先将本币兑换成美元）。
   d. 美元升值。
   e. 美国的商品和服务的价格相对于外国人而言更加昂贵，而国外的商品和服务的价格对于美国人而言却更为低廉。
   f. 结果就是，美国的出口减少而进口增加。
5. 记住，未经分析的政府预算赤字数额并不能让我们对财政状况有一个精确的评估（例如，政府采取的是紧缩的抑或是扩张的财政政策）。请考察经济的发展状况。经济是处于商业周期中的紧缩期还是扩张期？考察结构性预算的情况。
6. 本章强调的一个要点在于考察经济的产出、就业和增长只是研究经济问题的一部分，对于经济是如何走到这一步的，以及如何综合地运用财政政策和货币政策组合，同样是非常重要的。
7. 注意不要将这里的*新古典学派*与第 11 章的“新古典增长模型”相混淆，它们是不同的模型，阐述的也是不同的问题。
8. 实际商业周期的支持者与传统的凯恩斯主义经济学家的争论，说到底还是关于市场出清问题。实际商业周期经济学家认为产出和其自然水平的背离只能是暂时的、有限的。因此，产出的波动都是平衡现象（也即 $AS = AD$，只是 $AS$ 时有波动）。因此，看似是经济周期（产出偏离长期趋势），实际上是潜在产出的变化。实际商业周期的另一个重要特点是认为失业是自愿的。人们自主选择工作时间和闲暇时间。因此不工作也是一种选择（就像度假）。因此修改政策是不必要的。但支持实际商业周期理论的经验数据却有一些问题。虽然根据实际商业周期模型可以用电脑模拟美国商业周期（例如 GDP 的变化）的一些特征，但是它们却无法解释失业率的波动。如果失业确实是自愿的，或者是自主选择的，那么为什么失业率的波动幅度又会如此之大？也就是说，真实世界中的失业波动事实上要远超 RBC 模型的预测的程度。
9. 比较不同国家经过购买力平价调整后的 GDP 水平通常是很有用的，也即，所采用的汇率考虑到了各国货币可以购买到的商品和服务的数量。

## 六、选择题

### A. 政府债务的经济后果

1. 结构性赤字：
   a. 其规模随着相机抉择的财政政策的变化而变化。
   b. 其规模随着税收收入对经济增长的敏感程度而变动。
   c. 其规模的变化取决于当经济出现下滑时福利专项计划的范围。
   d. 是货币政策对经济刺激程度的反映。
   e. 以上选项都不是。
2. 周期性赤字是：
   a. 相机抉择的财政政策的产物。
   b. 财政政策激励特征的恰当反映。
   c. 部分地取决于经济的失业率。
   d. 除非严格的货币控制导致挤出效应的出现，否则一般不予考虑。
   e. 以上选项都不是。
3. 增加 500 亿美元的国防支出是一种：
   a. 用以降低通货膨胀的货币政策行为。

b. 用以降低通货膨胀的财政政策行为。
c. 能够直接扩大结构性赤字的财政政策行为。
d. 能够直接扩大周期性赤字的财政政策行为。
e. 以上选项都不是。

4. 如果我们的问题是关于经济增长及累进的所得税导致税收收入增加，那么第3题中的哪一个选项正确：
a. 用以降低通货膨胀的货币政策行为。
b. 用以降低通货膨胀的财政政策行为。
c. 能够直接扩大结构性赤字的财政政策行为。
d. 能够直接扩大周期性赤字的财政政策行为。
e. 以上选项都不是。

5. 相机抉择的财政政策：
a. 对于抵御衰退更为有效。
b. 对于抑制通货膨胀更为有效。
c. 总是包括一项新的公共事业计划。
d. 必须得到国会的认可。
e. 以上选项都不是。

6. 20世纪80年代初期出现巨额赤字的部分原因在于里根政府：
a. 追求带来高结构性赤字的扩张性财政政策。
b. 实行了紧缩的货币政策。
c. 受到衰退的困扰，并导致周期性赤字扩大。
d. 所有以上选项。
e. 以上选项都不是。

7. 政府支出对私人投资的挤出，可由下述因果关系最好地加以概述：
a. 支出增长引起产出增长，对货币的资产需求增加，最终使利率上升，而高利率会减少投资。
b. 支出增长引起产出减少，对货币的交易需求增加，对货币的资产需求减少，最终使利率下降，而低利率会鼓励更多的投资。
c. 支出增长引起产出增长，对货币的交易需求增加，对货币的资产需求减少，最终使利率上升，而高利率会减少投资。
d. 支出增长引起产出增长，对货币的交易需求和资产需求增加，进而带来更多的投资。
e. 以上选项都不是。

8. 关于联邦债务规模，下述哪种说法是合理的：
a. 近些年来，联邦债务占GDP的比例在增长。
b. 近些年来一直处于增长态势，由此带来的利息支出的增长速度已超过GDP的增长速度。
c. 通过扭曲金融市场，高赤字可能会取代资本。
d. 为偿付利息而征税会带来效率的损失。
e. 所有以上选项。

9. 下述关于联邦预算赤字与政府债务关系的陈述中，哪一项是正确的：
a. 如果债务规模变小，那么一定意味着预算出现了盈余。
b. 巨额的周期性预算盈余将导致债务的减少。
c. 每个预算年发生的赤字都使得债务总量增加。
d. 所有以上选项。
e. 以上选项都不是。

10. 内债：
a. 是指一国政府对本国公民的负债。
b. 为支付利息而征税将导致效率损失。
c. 将导致财富由税收承担者向债券所有者的再分配。
d. 所有以上选项。
e. 只有a和b正确。

11. 当下述哪种情况出现时，会导致资本被替代：
a. 外国人拥有债务的大部分。
b. 利率上升时。
c. 人们的储蓄变少时。
d. 人们积聚更多的政府债券而减少私人资本时。
e. 所有以上选项。

12. 巨额公债带来潜在的严重后果是：
a. 把资本从私人财富的居民的股票中转移。
b. 经济增长步伐放慢，同时人们未来的生活质量会下降。
c. 不会对经济产生影响，因为“我们所欠的都是我们自己的”。
d. 人们将累积政府债务而不是私人资本。
e. a、b和d。

**B. 现代宏观经济学的新进展**

13. 下面哪一位经济学家不属于古典学派：
a. 约翰·斯图亚特·米尔。
b. 让·巴蒂斯特·萨伊。
c. 大卫·李嘉图。
d. 阿尔弗雷德·马歇尔。
e. 上述各位都是属于古典学派。

14. 为什么古典主义经济学家认为经济会迅速地恢复到其长期均衡的状态：
a. 因为古典主义经济学家认为人们能够有效地对信

息进行处理并做出回应。

b. 因为古典主义经济学家认为财政政策能够有效地影响总需求。

c. 因为古典主义经济学家认为货币供给是以固定的比率增长的。

d. 因为古典主义经济学家认为价格和工资是有弹性的。

e. 因为古典主义经济学家认为短期过短，从而是没有意义的。

15. "供给创造了对自身的需求" 意味着：

a. 经济在潜在 GDP 水平之下或之上运行。

b. 供给者成功的宣传，因此所有商品均可以被出售。

c. 工人被要求购买自己生产的产品。

d. 过量生产是不可能的——无论工厂生产什么，人们都有能力购买（调整价格即可）。

16. 凯恩斯探索关于商业周期的另一种理论是基于他对什么的观察？

a. 股票市场泡沫不会破灭。

b. 工资和价格频繁变化。

c. 大量的失业和半失业的工人。

d. 在现行工资水平下，大量工人选择不工作。

e. 以上选项都不是。

17. 理性预期宏观经济学的基本假设包括：

a. 假定人们对于将来的预期是理性的和有效的。

b. 假定价格的变动是非常灵活的。

c. 假定工资的变动是非常灵活的。

d. 所有以上选项。

e. 只有 a 和 c 正确。

18. 根据理性预期的假设，减税对于刺激消费：

a. 像宣传的那样有效。

b. 只有辅之以相应的货币政策才会生效。

c. 无效，因为人们会预期将来的税收增加，从而将因减税而增加的收入储蓄起来。

d. 如果不存在向国外市场漏出的问题，该政策可能会有效。

e. 以上选项都不是。

19. 理性预期宏观经济学的政策建议包括：

a. 确立并坚持稳定的货币政策规则，从而使货币周转率的变化维持在潜在 GDP 的均衡水平。

b. 应该避免相机抉择政策。

c. 认为任何政策的调整都不会有助于解决类似 1973 年或 2007 年石油危机的问题。

d. 应利用财政政策一次性地决定公共和私人支出组合，然后不再管它。

e. 所有以上选项。

20. 实际商业周期理论：

a. 同样依赖于理性预期与竞争性市场的假设。

b. 将商业周期纯粹地解释为总供给的变动。

c. 认为失业率的变化是最低可持续失业率变动的结果。

d. 所有以上选项。

e. 以上选项都不是。

21. 效率工资理论：

a. 认为随着时间的流逝，自然失业率会下降。

b. 为实际工资的刚性及非自愿失业的存在提供了一种解释。

c. 指出工资率与劳动生产率之间没有或几乎没有任何联系。

d. 最早由凯恩斯提出。

e. 探讨的更多的是生产和产出而非工资。

22. 财政政策的李嘉图规则认为，税率变动对消费支出没有影响，其原因在于：

a. 当减税时家庭储蓄增加，因为他们认为政府在将来某个时间一定会增加税收以支付新贷款的利率。

b. 政府有预算盈余。

c. 当减税时家庭减少储蓄，以充分利用乘数和增长的经济。

d. 从贸易和比较优势中的获益能够补偿减税。

e. 投资支出的变化能够抵消减税的效应。

23. 关于用于刺激经济复苏的供给学派政策，下列哪一种陈述是正确的：

a. 这意味着对宏观经济行为的凯恩斯模型的摒弃。

b. 这意味着人们相信价格和工资的调整确保了衰退的短期性。

c. 它隐含了一个假设，那就是增加由一条近乎垂直的总供给曲线决定的潜在产出是最有效率的。

d. 该政策倾向于通过减少个人所得税来增加总需求。

e. 所有以上选项。

24. 供给学派认为下列哪个因素具有重大的激励功效：

a. 储蓄。

b. 投资。

c. 增加产出。
d. 努力工作。
e. 所有以上选项。

25. 基于下列哪些条件新宏观经济学综合才可以成立？
a. 新古典经济学家战胜凯恩斯主义经济学家的事实。
b. 前瞻性行为和理性预期之间的不一致。
c. 新闻事件导致的资产价格的连续变化。
d. 新古典主义对于预期的观点和凯恩斯主义对于不完美的工资和价格调整的观点的融合。
e. 货币政策和财政政策角色的交换。

**C. 稳定经济**

26. 为了摆脱停滞的状态，一国政府可以：
a. 通过提高货币增长速度来管理总需求。
b. 通过减税来管理总需求。
c. 通过增加结构性赤字来管理总需求。
d. 只有 a 和 b 正确。
e. 所有以上选项。

27. 财政政策有效性的最大的障碍是：
a. 联邦赤字的规模。
b. 紧缩的货币政策。
c. 对外贸易赤字。
d. 白宫和国会之间的意见分歧。
e. 劳动生产率的下降。

28. 在保持条件不变的情况下，利率的上升将会：
a. 减少投资和进口。
b. 增加投资和进口。
c. 减少投资和出口。
d. 减少投资，增加净出口。
e. 减少投资，但对贸易不会产生可预见的影响。

29. 假如政策制定者担心国民储蓄率过低，就会：
a. 削减税收，降低货币供给增长率。
b. 增加税收，提高利率。
c. 增加税收和支出。
d. 取消最高利率限制。
e. 平衡预算。

30. 像格拉姆拉德曼法案的预算规则是：
a. 政府债务减少了。
b. 联邦政府赤字减少了。
c. 国民储蓄率提高了。
d. 所有以上选项。
e. 以上选项都不是。

31. 在过去的 30 年里，财政政策在很大程度上失去了其吸引力，因为：
a. 周期性冲击和有效的反应之间存在时滞。
b. 减税比增税更加容易。
c. 增支比减支更加容易。
d. 甚至在政策付诸实施的时候，财政政策的作用也不如宏观经济学家曾经认为的那样。
e. 以上选项都是。

**D. 经济增长和居民福利**

32. 政府如何推进新技术的供给？
a. 政府可在基础科学、工程学以及技术上予以适当的支持。
b. 政府可以通过鼓励外资企业投资促进技术进步。
c. 政府可以通过健全的宏观经济政策促进新技术的发展。
d. a 和 b。
e. a、b 和 c。

33. 为什么激烈竞争可以鼓励创新？
a. 竞争者通过创新在竞争中改良其产品。
b. 中央计划经济更容易实现。
c. 技术创新只有在大企业中才会产生。
d. 以上选项都不是。

34. 以下哪个场景已经实现？
a. 资本主义自己播下了毁灭的种子。
b. 经济增长会降低环境质量。
c. 政府干预经济会导致农奴制。
d. 企业创造并增加了世界的财产。

## 七、解答题

下列问题旨在帮助你运用教材中提到的概念。

**A. 政府债务的经济后果**

1. 请于下列各题前面的空白处，标出各项政策是对结构性预算（S）、周期性预算（C）产生影响，还是都不会产生影响（N）。
__ a. 税率降低 25%。
__ b. 衰退时期对失业救济金的增加。
__ c. 国防支出增加 500 亿美元。
__ d. 社会保障税率降低了。

__ e. 货币供给增加了。
__ f. 经济快速增长时期税收的增加。
__ g. 学前儿童教育计划以及其他福利项目基金的减少。

表 17－1

| 经济条件或政策的变化 | 结构性赤字 | 周期性赤字 |
|---|---|---|
| a. 永久性的税收 | ____ | ____ |
| b. 私人投资的急剧增加 | ____ | ____ |
| c. 紧缩的货币政策 | ____ | ____ |
| d. 农业灾害 | ____ | ____ |
| e. 福利支出增加 | ____ | ____ |
| f. 逃税行为增加 | ____ | ____ |

2. 表 17－1 列出了一系列的经济条件的变化，请在表中的空白处标出其对结构性赤字和周期性赤字的短期影响。其中，“－”表示减少，“＋”表示增加，“0”表示没有影响。
3. 假定经济出现停滞后，总统力图在不改变货币政策的前提下刺激经济的复苏。
   a. 作为总统的经济顾问，你应该建议总统（**增加/减少**）政府支出，或（**增加/减少**）联邦税收。
   b. 该建议的即期结果将是（**结构性赤字/周期性赤字**）规模的（**下降/上升**）。
   c. 如果你的政策得以执行并有效地刺激了经济复苏，那么，最终结果将是（**结构性赤字/周期性赤字**）的（**增加/减少**）。
   d. 为促使实际赤字的减少，你还应建议（**最终取消积极的政策干预/不必采取任何变动措施**）。当然，当情况刚好相反时，你应该做出相反的建议。
   e. 如果你有权建议利用货币政策的调整来支持上述扩张性的财政政策，那么你应该建议通过（**公开市场业务/减少法定储备/提高贴现率**）来（**减少/增加**）货币供给。
   f. 期望的结果应是，由于利率（**上升/下降**）或可能发生的引致投资引起投资（**增加/减少**）。
4. 在下列赞成或反对巨额预算赤字的说法中，请用 V 表示有效，用 I 表示无效。
   __ a. 你不能永远地面对赤字，政府也不例外。
   __ b. 债务是内部性的，因此无问题可言。
   __ c. 为支付利息而征税将带来效率损失。
   __ d. 私人债务同样很高，这不需要担心。
   __ e. 巨额赤字很有可能会使资本从私人贷款者转移到公共贷款者。
   __ f. 如果利息支付的增长快于 GDP 的增长，那么，GDP 中越来越大的部分将以税收形式用于支付债务。
   __ g. 在其他条件保持不变的条件下，外债越多，贸易盈余越多。

**B. 现代宏观经济学的新进展**

5. a. 古典经济学模型假设经济中存在（自动修正力量/持续失衡）。该思想的一个代表为________定律，该定律认为经济中的生产过剩是（不可能/固有的），表达为________，建立了其自己的________。
   b. 凯恩斯在 20 世纪 30 年代用普遍的（失业/通货膨胀/市场出清）的证据对生产过剩的（可能性/不可能性）提出了挑战。
   c. 现代古典宏观经济学的学术体现为________，主要由芬恩·基德兰德和爱德华·普雷斯科特发展（注：2004 年诺奖得主），他们认为产出的波动是由于________，并认为（很少/很大）程度上是由于货币和需求方的力量。
   e. 新古典主义认为系统的财政政策和货币政策在减少失业方面是（有效的/无效的）。他们提倡（固定规则政策/相机抉择政策）。
   f. 新综合宏观经济学认为劳工市场和商品市场存在（灵活的/刚性的）工资和价格，经济中的代理人（企业和消费者）的预期是具有（前瞻型的/后视性的）。
6. 这个练习和下一个练习将引导你对一些传统古典宏观经济学和新古典宏观经济学之间的政策争论进行概念分析。

   图 17－1 表示的是劳动市场上的供给和需求曲线。其中，*SS* 曲线代表供给曲线，*DD* 曲线代表初始的需求曲线。
   a. 理性预期的支持者认为，衰退时期存在的绝大多数失业都是（**自愿的/非自愿的**）。
   b. 初始的均衡工资为____美元，自愿失业者的人数为____。也就是说，这些人（**情愿/不情愿**）接受既定工资下的工作，因为（**他们认为这一工资水平太低了/他们根本找不到工作**）。

图 17－1

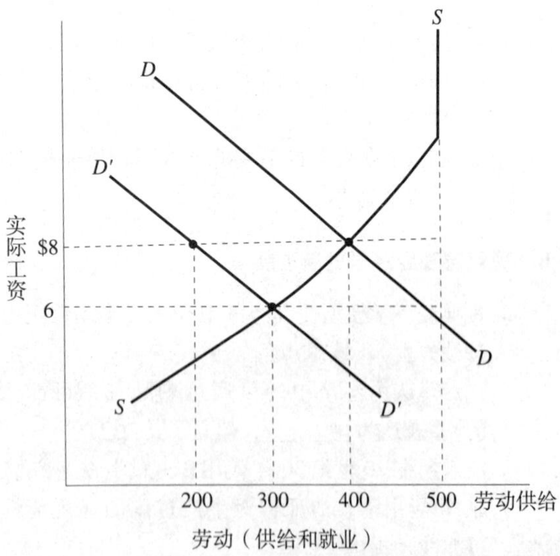


c. 如果需求曲线降至 $D'D'$，那么理性预期理论就会预期工资将（**立即/缓慢而痛苦地**）降至____美元，与此相对应的自愿失业人数为____，非自愿失业人数为____。

d. 如果工资没有下降，那么将有____人有工作，____人没有工作，其中自愿失业人数为____，非自愿失业人数为____。

图 17－2

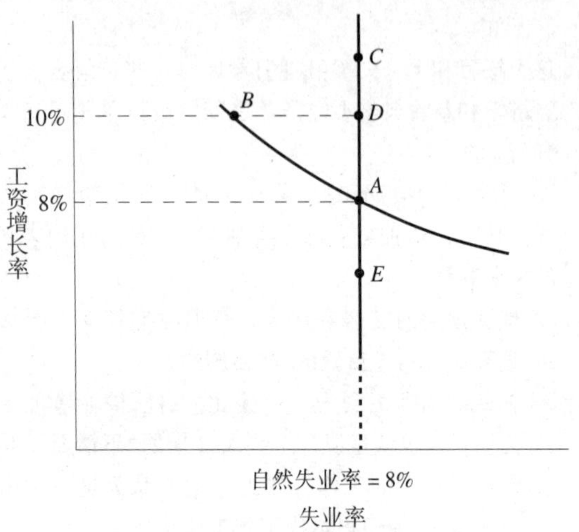


7. 理性预期宏观经济学认为，短期菲利普斯曲线的斜率是导致人们产生困惑和误解的根源之一。如图 17－2 所示。

   a. 在初始 A 点，失业率为自然失业率 6%，工资膨胀率为____%。

   假定现在政府通过经济政策来刺激就业，使经济沿短期菲利普斯曲线移动到 *B* 点。

   b. 理性预期理论指出，失业者将（**只接受更高的实际工资的增长/误以为更高的名义工资的增长就是实际工资的增长**），从而促使经济的上述变化。只有当劳动者认为（**名义/实际**）工资上升了，他们才会被吸引到工作中来（记住，6% 的自然失业率中包括了大量的自愿失业者），从而失业率才会下降。

   c. 按照理性预期理论，图中 *B* 点____% 的工资的增长将被价格的上涨所抵消，因而实际工资的增长将为（**预期的正增长/0/实际上为负增长**），于是原来在 *A* 点上的自愿失业者将再次离开工作岗位。

   d. 其结果就是，经济将回到（***C* 点/*D* 点/*E* 点**）而不是 *B* 点。即使在短期内，由于劳动者不会受愚弄，政策的激励也只会导致工资和价格的上升而不是失业率的下降。

   e. 注意：激励是源于货币政策的变化还是财政政策的变化（**很重要/并不重要**），其最终结果在任何一种情况下（**是/不是**）相同的——短期菲利普斯曲线呈不稳定状态，并且是出于政策的目的，而实际上是（**目前失业率/自然失业率**）水平上的（**垂直线/水平线**）。

## C. 稳定经济

8. 财政—货币政策组合：

   考虑下面的 *AD*－*AS* 模型以及表示在两种不同情形下，政府支出减少和联邦基金利率下降的激励作用的表格，一种情形是投资需求 I 对利率非常敏感，另一种情形是投资需求 I 对利率不敏感。

| | 投资变化 | 净出口变化 | 政府支出变化 | 个人消费变化 |
|---|---|---|---|---|
| 情境一（I 对利率敏感） | +200 | +100 | －150 | －100 |
| 情境二（I 对利率不敏感） | + 50 | +100 | － 150 | － 50 |

**图 17－3**

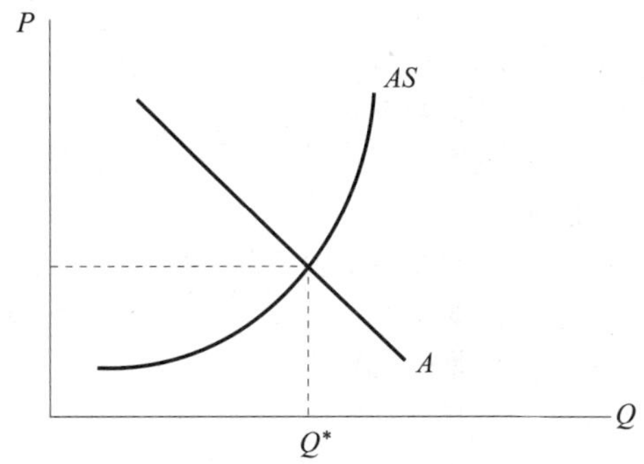


a. 用 *AD*－*AS* 图形（图 17－3）表示在第一种情境下的结果，并进行直观的解释。

b. 用 *AD*－*AS* 图形（图 17－3）表示在第二种情境下的结果，并进行直观的解释。

c. 在两种情境下，长期最可能发生什么？

### D. 经济增长和居民福利

9. 下表为四个不同国家的人均增长率。每个国家初始人均 GDP 水平相等。就 GDP 而言，国家 A 增长最慢而国家 D 增长最快。后三列表示如果第二列的人均 GDP 的增长率保持不变，那么各国 10 年、20 年和 50 年之后的人均 GDP 将达到什么水平。

| 国家 | 人均 GDP 平均增长率 | 当前人均 GDP | 10 年后的人均 GDP | 20 年后的人均 GDP | 50 年后的人均 GDP |
|---|---|---|---|---|---|
| A | 2% | 100 美元 | 122 美元 | 149 美元 | 272 美元 |
| B | 2.5% | 100 美元 | 128 美元 | 165 美元 | 349 美元 |
| C | 3% | 100 美元 | 135 美元 | 182 美元 | 448 美元 |
| D | 7% | 100 美元 | 201 美元 | 406 美元 | 3 312 美元 |

a. 检验前三个国家：A、B 和 C 国。在 A 国与 B 国，B 国与 C 国的人均 GDP 增长率之间只有 0.5% 的差距。对这几个国家人均 GDP 的增长路径进行评论。

b. 对于 D 国，如果平均增长率为 7%，那么 10 年之后人均 GDP 将达到多少？在 10 年、20 年和 50 年后，D 国比 A、B、C 国富裕多少倍？

c. 对于一国长期财富的决定因素，你能得到什么结论？

d. 讨论能够促进经济增长的政策。

e. 讨论能够明确增加技术进步的政策。

## 八、讨论题

回答下列问题，并解释你这样回答的原因。

1. 根据你的经济学知识以及对当前宏观经济的了解，你认为本章提及的哪种学派的观点从现在看最为正确？哪一种是最不正确的？
2. 请解释供给学派经济政策的主要组成部分和经验证据。
3. 请解释为什么了解结构性预算的实质可能非常困难。
4. 简要地解释与政府债务（全部是内债）相关的一些问题。
5. 请简要阐述政府债务对经济增长的长期影响。
6. 请简要阐述“固定规则与相机抉择”争论的实质。
7. 一国应如何鼓励发展新技术？
8. 请解释与财政政策相比，货币政策所具备的有效性。

## 九、答案

### 三、关键概念复习

| | |
|---|---|
| 4 | 预算 |
| 14 | 预算盈余 |
| 7 | 预算赤字 |
| 11 | 预算平衡 |
| 9 | 政府债务 |
| 8 | 财政政策 |
| 12 | 相机抉择的财政政策 |
| 2 | 结构性预算 |
| 13 | 周期性预算 |
| 19 | 通胀目标 |
| 5 | 内债 |
| 10 | 外债 |
| 1 | 资本替代 |
| 3 | 需求管理 |
| 16 | 财政—货币政策组合 |
| 15 | 生产力 |
| 21 | 古典理论 |
| 24 | 萨伊定律 |
| 17 | 理性预期假说 |

| | |
|---|---|
| 6 | 政策无效性定理 |
| 25 | 实际商业周期理论 |
| 18 | 供给学派经济学 |
| 26 | 李嘉图等价 |
| 20 | 新古典宏观经济学 |
| 22 | 适应性预期 |
| 23 | 效率工资理论 |

## 六、选择题

1. A 2. C 3. C 4. E 5. C 6. D 7. C
8. E 9. D 10. D 11. D 12. E 13. E 14. D
15. D 16. C 17. D 18. C 19. E 20. D 21. B
22. A 23. E 24. E 25. D 26. E 27. A 28. C
29. E 30. E 31. E 32. E 33. A 34. D

## 七、解答题

1. a. S
   b. C
   c. S
   d. S
   e. N
   f. C
   g. S
2. a. +，-（也可能为0，取决于削减的程度）
   b. 0，-
   c. 0，+
   d. 0，+
   e. +，-（也可能为0，取决于支付的数量）
   f. +，0（假定逃税与商业周期无关）
3. a. 增加，减少
   b. 上升，结构性
   c. 减少，周期性
   d. 最终取消积极的政策干预
   e. 增加，公开市场业务
   f. 增加，下降
4. a. I
   b. I
   c. V
   d. I
   e. V
   f. V
   g. V
5. a. 自动修正力量，萨伊定律，不可能，供给创造其自身的需求
   b. 不可能性，失业
   c. 实际商业周期理论，技术冲击，很少
   d. 无效的，固定政策规则
   e. 灵活的，前瞻性
6. a. 自愿的
   b. 8，100，不情愿，他们认为这一工资水平太低了
   c. 立即，6，200，0
   d. 200，300，100，200
7. a. 8%
   b. 误以为更高的名义工资的增长就是实际工资的增长，实际
   c. 10%，0
   d. *D* 点
   e. 并不重要，是，垂线，自然失业率
8. a. *AD* 曲线右移，得到一个更高的价格水平和产出水平。这个特定的财政政策组合的结果是总支出的净增长。利率的下降使净出口和投资增加，并超过了政府支出和个人消费的减少量。个人消费的变化是一个先验的不明确项。利率的下降应当鼓励个人的家庭支出（例如买车或者其他耐用品），但是如果保持其他因素不变，政府支出的下降对减少总收入有乘数效应（例如，政府对商品和服务购买的减少会降低销量和利润，进而影响消费者的分红收入和奖金）。这种财政政策组合的净影响是减少个人消费。
   b. 如数据所示，*AD* 曲线左移，导致更低的价格 *P* 和产量 *Q*。
   c. 长期内，利率降低很可能会促进资本形成，因此，*AS* 曲线可能右移。
9. a. 长期内，人均 GDP 增长率的轻微变化也会导致人均收入水平的巨大差异。
   b. 若人均 GDP 增长率为 7%，则人均产出翻倍需要十年。[若感兴趣，计算公式为，T 年之后的人均产出 $= e^{Tn} \times 0$ 时刻的人均产出，$e$ 为指数函数，$n =$ 人均 GDP 的增长率（例如，如果增长率为 7%，则 $n = 0.07$）。]

| | D 国的（人均）要素（倍数）多于 | | |
|---|---|---|---|
| | A | B | C |
| 10 年之后 | 1.65 | 2.72 | 12.18 |
| 20 年之后 | 1.57 | 2.46 | 9.49 |
| 50 年之后 | 1.49 | 2.23 | 7.39 |

c. 一国潜在生活标准很大程度上取决于其发展生产力的能力（例如其人均产出或每工人产出）。

d. 鼓励储蓄、积累资本、企业家精神、人力资本投资，制定技术创新政策。

e. 对研发（R&D）进行补贴或税收减免，支持科学技术培训和教育，强有力的知识产权保护和全球竞争（刺激发展以及吸收先进技术）。当然，稳定的宏观经济环境，例如合理的货币政策和财政政策，将为创新提供良好的环境。

## 八、讨论题

1. 这是你自己的选择，仔细思考再作答！
2. 供给学派的政策由三部分组成：第一，更多地关注中期而不是短期；第二，激励个体更加努力地工作，增加生产并更多地投资；第三，认为减税会更多地影响总供给而不是总需求。同时还预期由于减税所提高的生产率和增加的产出将增加税收收入。在 20 世纪 80 年代，储蓄率下降，经济增长缓慢，投资和生产率的增长也都呈下滑趋势。尽管也可能存在一些导致这些变化出现的其他因素，但归根结底，供给学派的支持者们没能看到他们所期望的结果。
3. 经济总是处于商业周期的某一阶段，人们只有在事后才能确定经济气候。当我们观察实际预算时，很难将其独立分成结构性预算和周期性预算。
4. 如果一国持有内债，那么财富将自纳税人手中转向债权人（能得到政府对其借款所支付的利息）手中。如果政府需要增加税收以支付利息，就会对工作和储蓄模式带来影响。债务额度越高，政府越需要利用其有限的预算支付债务，而不是为公民提供更多的项目。
5. 由于政府借款越来越多，人们就会认购越来越多的公共债务（政府债券），并减少认购私人债务。由此私人投资资金便会枯竭，从而造成投资支出减少，资本扩张萎缩，并导致该国商品生产和服务能力降低。私人投资支出是经济增长的一个重要组成部分。
6. 相机抉择的支持者认为，美联储在制定货币政策时需采取灵活的方式，以便对经济冲击和动荡做出回应。固定规则的支持者认为，预先知道货币增长路径能够消除金融市场的不确定性，并提高美联储作为一个反通货膨胀卫士的信誉度。
7. 自由市场似乎最适宜新观点和新技术的发展。竞争能够充分激发企业和个人的能力。在这种市场机制下，政府有必要鼓励和支持私人产业的研发，还要鼓励国外投资以及在技术方面与美国进行合作。
8. 与财政政策相比，货币政策更为间接的作用于经济，美联储可以比财政政策的制定者们更好的维持政策的稳定性。当有政策需要时，美联储可以快速采取行动。同时美联储独立于国会和总统，因而能够做出一些在政治上不太受欢迎的决策。

# 后　记

历经两年译校编辑，萨缪尔森《经济学》教科书第19版《学习指南》校样终于摆上了主译人的案头。应该说这的确有点姗姗来迟，甚至有负读者。

萨缪尔森《经济学》教科书第19版是先生在世亲订的最后一部。国外出版社、国际代理机构，国内出版团队包括新曲线出版咨询公司、商务印书馆和人民邮电出版社等，应该说都特别重视。所出中译本品种也属空前，俨然形成了一大家族。

就主书而言，2012年最先问世的是人民邮电出版社的《宏观经济学》和《微观经济学》，然后是商务"汉译世界名著"系列中的"学术版"；接着是悼念萨缪尔森逝世一周年的"最后的宣言译丛"，包括4本专论：《萨缪尔森谈效率、公平与混合经济》《萨缪尔森谈财税与货币政策》《萨缪尔森谈金融、贸易与开放经济》和《萨缪尔森谈失业与通货膨胀》问世。到2013年初，商务又出了"教材版"，以弥补"学术版"幅面偏小难以满足教学需要等问题。目前，也即2014年春，商务正隆重推出印制上"不再逊色于洋人"的"典藏版"。

就辅书而言，《学习指南》译稿于2012年初已基本收齐；2013年春节后我的审校润色工作告一段落，交由徐向娟和王润秋两女士着手编辑。2014年春节前夕，"宏观部分"校样已递我手中，"微观部分"则到2014年3月初。速度上不尽如意的原因，除了无法分身和工作繁杂，也确实遇到一点意外。"微观部分"年轻责编累病，难寻替代，专抓此经典的出版社副总这期间又突逢高堂遇哀。尽管如此，诸多无私奉献精神仍值得大家尊重。

就翻译团队而言，主书、分册和专论完稿后，主译人已是身心俱疲。更需咬牙坚持的是，期间所积压的大量的工作和文债，还一直在盯着你快马加鞭、全力拼搏和认真兑现。经典翻译无疑意义重大而又深远，但毕竟不在高校教授的"岗位考核"和"规定动作"之列。好在北大年轻学生委实不无龙凤、富有悟性、善解忘我、令人欣慰。杜月、翟菲菲、杨镇瑀、陈凤平等同学，总是力图"做得比要求多一点"。而国经系主管教学的李权副教授，这方面则更是习以为常。

新曲线出版咨询公司的总裁刘力先生和副总裁陆瑜女士，长期以来都是不到完美不肯放行的制书人。敬业精神显然值得尊敬，然而翻译的确是件没有标准答案并永有遗憾的工作，经济学的“真谛”并非在于追求“完美”，而应该在于“适用”。15年前第16版译稿三校之后，两位（当时还分别是华夏出版社的副社长和经济学部主任）竟然还要在全社“悬赏”（每个错奖20元）挑错……，真是不堪回首！

第19版宏观经济学《学习指南》中文翻译具体分工如下：第1章及其附录，杜月；第2章，杜月；第3章，韩鹏飞；第4章，陈凤平；第5章，杨镇瑀；第6章，杜月；第7章，刘叶；第8章，翟菲菲；第9章，刘博；第10章，杨镇瑀；第11章，翟菲菲；第12章，刘博；第13章，杨镇瑀；第14章，韩鹏飞；第15章，陈凤平；第16章，翟菲菲；第17章，刘叶。初稿收齐后，杜月和我进行了修补与调整，最后再由我和李权共同审校定稿。

鉴于品种繁多和精力“瓶颈”，《学习指南》的质量一直是我的忧心之处。好在前几版反馈一直不错，这次应更有信心。不过还是需要重复我的一句老话：“在经济转型的岁月里，在‘自由骑士’难免的集体行动中，精品总是需要千呼万唤的。限于时间和精力，译者再次恳请各位切勿过于厚望”。不足之处，还要恳请各位不吝赐教。文字工作的终身烦恼恐怕是：对于过错和疏漏你几乎永远都无法斩尽杀绝！更何况，《学习指南》包括“习题解析”之类，更可谓有点“硬碰硬”，如果你不直接上课堂反复讲授的话。

最后请允许我代表大家沉痛地提议：向“20世纪最后一位经济学通才”、美国首位诺贝尔经济学奖得主，本书作者萨缪尔森教授，表示最诚挚最真切的哀悼！老人于2009年12月13日在美国家中永远地离开了我们，享年94岁。但是，他的精神财富，包括本书在内，必将在全世界永垂不朽！

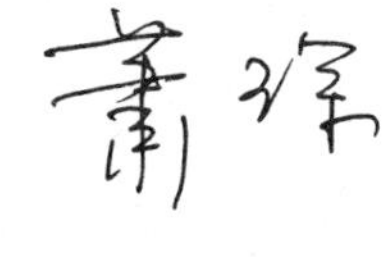

**2014年3月5日**

于北大清华蓝旗营小区